O USO
DOS
CONCEITOS

Dados Internacionais de Catalogação na Publicação (CIP)
(Câmara Brasileira do Livro, SP, Brasil)

Barros, José D'Assunção
  O Uso dos Conceitos : uma abordagem interdisciplinar / José D'Assunção Barros. – 1. ed. – Petrópolis, RJ : Vozes, 2021.

  ISBN 978-65-5713-165-7

  1. Ciências sociais 2. Conceitos 3. Interdisciplinaridade – Estudo e Ensino 4. Linguagens 5. Pesquisa 6. Ciência 7. História 8. Música I. Título.

21-60363   CDD-301

Índices para catálogo sistemático:
1. Conceitos : Ciências sociais   301

Maria Alice Ferreira – Bibliotecária – CRB-8/7964

JOSÉ D'ASSUNÇÃO BARROS

O USO DOS CONCEITOS

Uma abordagem interdisciplinar

Petrópolis

© 2021, Editora Vozes Ltda.
Rua Frei Luís, 100
25689-900 Petrópolis, RJ
www.vozes.com.br
Brasil

Todos os direitos reservados. Nenhuma parte desta obra poderá ser reproduzida ou transmitida por qualquer forma e/ou quaisquer meios (eletrônico ou mecânico, incluindo fotocópia e gravação) ou arquivada em qualquer sistema ou banco de dados sem permissão escrita da editora.

CONSELHO EDITORIAL

Diretor
Gilberto Gonçalves Garcia

Editores
Aline dos Santos Carneiro
Edrian Josué Pasini
Marilac Loraine Oleniki
Welder Lancieri Marchini

Conselheiros
Francisco Morás
Ludovico Garmus
Teobaldo Heidemann
Volney J. Berkenbrock

Secretário executivo
João Batista Kreuch

Editoração: Fernando Sergio Olivetti da Rocha
Diagramação: Sheilandre Desenv. Gráfico
Revisão gráfica: Nilton Braz da Rocha
Capa: Rafael Nicolaevsky

ISBN 978-65-5713-165-7

Editado conforme o novo acordo ortográfico.

Este livro foi composto e impresso pela Editora Vozes Ltda.

Sumário

Prefácio, 7

Primeira parte: O reino dos conceitos, 13
1 Conceitos: uma introdução interdisciplinar aos seus principais aspectos, 15
2 Linguagens conceituais, 37
3 A 'Compreensão' e a 'Extensão' dos conceitos, 96

Segunda parte: Harmonia conceitual, 129
4 Uma digressão: a Música como inspiração interdisciplinar, 131
5 Acordes conceituais: uma nova possibilidade de conceber os conceitos, 151
6 Algumas análises de acordes conceituais, 190

Considerações finais, 269

Referências, 275

Índice onomástico, 293

Índice remissivo, 297

Índice geral, 305

"Ouvi dizer que havia um acorde secreto
através do qual Davi tocou
o próprio Criador
Mas você não liga muito para Música,
não é mesmo?"
(Leonard Cohen, *Hallelujah*)

Prefácio

Gostaria de começar a dizer o que preciso dizer, mas não sei bem como. Talvez pudesse tocar música! Provocar suavemente uma melodia, para que ela se desprenda do silêncio. Deixar que os sons – de piano, violino ou flauta – gradualmente se transformem em palavras. Primeiro... *palavras sonoras*, ressonantes, palatáveis – que mais valem pelo que soam do que pelo que dizem. Depois, viriam os significados. Palavras com sentidos obscuros, indefinidos, *claros*, e por fim plenos. E então, sem percebermos exatamente quando isso aconteceu, já estaríamos no reino dos conceitos – olhando e ouvindo os acordes secretos que se abrigam no interior de cada um deles, como um fogo interior que pede para ser tocado.

Entretanto, não é bem assim que se inicia um ensaio científico, de modo que terei de encontrar outros meios. Buscar o sentido original das palavras, antes de começar a falar sobre o que elas significam já nos dias de hoje, é um caminho que tem sido muito trilhado por aqueles que querem refletir seriamente sobre qualquer assunto. Em nosso caso particular, a busca etimológica parece ser uma boa maneira de começar um ensaio que falará das próprias palavras – e, mais ainda, deste tipo especial de palavras que são os *conceitos*. Depois, é verdade, veremos que nossos objetivos não serão apenas as palavras, uma vez que os conceitos também podem ser expressos eficazmente através de imagens, símbolos e fórmulas, ou mesmo através de uma musicalidade especial, conforme discorreremos no momento oportuno. Não obstante, por ora vou me ater às palavras.

Entre os muitos sentidos e adaptações de sentidos que podemos encontrar para a palavra 'conceito' – ou, para evocar um peculiar jogo de palavras: entre os muitos conceitos de conceito – encontramos o antigo significado desta palavra no Latim. *Conceptus* deriva do verbo *concipere* (conceber), que significa "formar dentro de si". A partir desta definição apenas inicial, pois há outras, a palavra "concepção" proporciona dois usos alternativos. Por um lado remete à ideia de "geração de um ser vivo"; por outro lado se refere à "geração de ideias." Em boa parte das línguas derivadas do Latim, inclusive o Português, usamos correntemente a palavra para uma coisa e outra. Podemos perguntar a alguém sobre o processo de concepção de uma mulher que terá o seu filho, ou podemos indagar alguém sobre qual é a sua concepção – seu "modo de ver", ou seu "ponto de vista" – com relação a este ou àquele assunto. Podemos falar na "concepção de ideias", tanto quanto falamos na "concepção de filhos"[1].

Estas interpenetrações entre diferentes caminhos de sentidos que têm origem em uma mesma língua-mãe, e que depois se desdobram por outras trilhas em línguas dela derivadas, são sempre elucidativas. Encontramos também, para o verbo latino *concipere*, os sentidos adicionais de "conter por inteiro", "tomar juntamente", "reunir". Não deixa de ser igualmente interessante lembrar que a ideia de "conter por inteiro" também está presente nos próprios atributos naturais da concepção – seja a partir dos processos vivíparos nos quais a mãe abriga em seu ventre o novo ser, seja a partir dos processos ovíparos onde o futuro ser é protegido por um ovo que, embora gerado pelo organismo materno, é depois mantido fora da mãe. Conceber, portanto, dialoga tanto com a ideia de "gerar" como de "abrigar" aquilo que foi gerado ou que está vivo. Divertidamente, também podemos lembrar que, assim como uma ave defenderá obstinadamente os seus ovos diante de qualquer ameaça, as concepções científicas (ou os conceitos por ela produzidos) também podem ser defendidas.

Considerada esta analogia entre os dois âmbitos de concepções – a da vida e a das ideias –, não é difícil entender que "conceito", no sentido teórico e filosófico, possa conter estas várias possibilidades de sentido. Um conceito é

---

1 Não apenas nas línguas latinas – como o português, espanhol, francês, italiano, romeno – mas também em línguas derivadas de outras matrizes, como o inglês, alemão, holandês, russo, croata, albanês, e mesmo o javanês, encontramos palavras similares a "concepção" (ou *conceptum*). O esperanto também incorporou a palavra *koncepto*. Nestes vários exemplos, vemos preservada a mesma duplicidade de sentidos, voltada tanto para a concepção da vida como para a concepção das ideias.

um 'instrumento teórico' (uma espécie de artefato abstrato relacionado a um "modo de ver") que gera ideias e torna-se capaz de abrigá-las. Além disso, por mais que anseiem por simplicidade, os conceitos são complexos, e a sua formação implica a confluência de elementos que interagem entre si – as 'notas' da 'compreensão' do conceito – de modo que este também pode ser analisado nas suas partes constitutivas, ou com relação aos elementos básicos que abriga. Mais uma vez *concipere* nos oferece um sentido interessante para compreender este outro aspecto dos conceitos, uma vez que já vimos que o verbo também proporciona o sentido de "reunir" e "tomar juntamente". Um conceito reúne dentro de si algumas ideias perfeitamente articuladas, ou mesmo novos conceitos que funcionam como 'notas' do conceito maior – aspecto ao qual voltaremos oportunamente neste livro.

Por fim, *concipere* também traz o sentido possível de "inflamar-se", de "incendiar-se". Não seriam os conceitos, agora explorando de maneira mais livre o universo metafórico, comparáveis a tochas incandescentes que ajudam a iluminar o mundo perceptível – ou, para utilizar uma metáfora mais moderna, como lanternas que apontam na direção daquilo que se quer examinar, enfrentando o desafio do caos e da escuridão cognitiva? Iluminar algo em uma determinada direção, é claro, é deixar outras áreas da realidade à sombra ou na penumbra, e este é certamente um desafio a ser enfrentado pela chama conceitual. Conceituar, conforme veremos no decorrer deste livro, é fazer escolhas: é decidir o que será iluminado, e o que ficará à contraluz. Trata-se de decidir também o grau de intensidade da luz, com a consciência de que esta também já poderá alterar, de alguma maneira, aquilo mesmo que é observado. De todo modo, podemos lembrar que, filosoficamente, também se entende o conceito como aquilo que se refere à "essência necessária" de alguma coisa: aquilo que caracteriza um ser ou uma ideia nos seus aspectos mais irredutíveis e singulares. O conceito busca o âmago daquilo a que se refere – ou, quem sabe poderíamos dizer, procura tocar audaciosamente o seu intenso "fogo interior"[2].

---

2 Pensar o conceito como um instrumento teórico que visa a "essência necessária" daquilo a que se refere, é importante frisar, não significa investir na noção essencialista e platônica de que há essências previamente dadas e estabelecidas de uma vez por outra como "universais" que pairam intocáveis e imutáveis no "mundo das ideias". As essências necessárias – relativas à enunciação, em uma definição, daquilo que o objeto definido não pode deixar de ter – devem ser percebidas como construídas. Podemos compor diferentes compreensões para um mesmo conceito. Cada autor, ao se esforçar em definir um conceito, estará visando o que acredita ser o âmago de um conceito com vistas a determinada instrumentalização. As essên-

*

Neste texto, derivado inicialmente de uma palestra que foi elaborada com outro título[3], discutiremos esta questão essencial e compartilhável por todos os campos científicos, seja os relativos às ciências humanas, às ciências físicas e da terra, às ciências agrárias ou às ciências da saúde. Todas estas ciências precisam de conceitos para tecer a sua linguagem científica, para estender diante do caos cognitivo uma rede teórica capaz de apreender os seus objetos e problemas de estudo, para elaborar tentativas de compreensão das realidades por elas examinadas e, por fim, para estabelecer uma possibilidade de comunicação entre seus pares. O uso de conceitos é comum a todas as ciências, embora possam coexistir modos um pouco diferenciados nos usos conceituais de cada ciência que seja possível considerar na sua especificidade. Isto posto, todas as ciências se aquecem à luz ou ao fogo dos conceitos, e sem eles haveria apenas as frias noites sem fim, e principalmente sem princípios.

Nossa intenção com este livro será refletir interdisciplinarmente sobre a importância dos conceitos para as ciências, sobre as suas funções na produção do conhecimento, sobre a relação interativa entre a 'compreensão' (ou 'intensão') e a 'extensão' de um conceito, bem como sobre algumas de suas ca-

---

cias, enfim, são construídas; são elaboradas, por aquele que conceitua, no seu encontro com o objeto ou ideia que é conceituada. Nicola Abbagnano, em seu *Dicionário de Filosofia*, assim se refere a esta perspectiva que – por contraste com a "essência substancial" de Aristóteles, e distintamente da "essência nominal" dos nominalistas – pode ser categorizada como uma "essência-significado": "Desse ponto de vista, não existe uma essência privilegiada do termo (nem nominal nem real), mas existem possibilidades diferentes para defini-lo para fins diferentes; todas as possibilidades podem, embora em graus diferentes, ser declaradas essenciais aos seus fins" (ABBAGNANO, 2014, p. 274).

3 A palestra que originou este livro teve o título de *A Música dos Conceitos*. Foi preparada para ser proferida na Universidade Federal do Pará, no dia de 23 de março de 2020, para o Programa de Pós-Graduação em Educação em Ciências e Matemáticas. A mesma terminou por não ser realizada naquele momento, uma vez que a data prevista para a conferência se tornou inviabilizada pelo isolamento social ocasionado pela propagação da pandemia de *Covid 19*, no primeiro semestre do ano de 2020. Com o texto da conferência pronto e finalizado, iniciei um processo de aprofundamento do ensaio, que me levou a expandi-lo em novas direções. O *Power Point* da palestra está disponibilizado no sítio https://www.researchgate.net/publication/340105130_A_Musica_dos_Conceitos, e todos os quadros que aparecem neste livro podem ser lá encontrados, a cores. Além disso, a obra complementa um livro anterior: *Os Conceitos – seus usos nas ciências humanas* (BARROS, 2015). Quanto à palestra "A Música dos Conceitos", foi depois proferida em 13 de agosto de 2020.

racterísticas principais, tais como a polissemia, historicidade e potencial de generalização[4]. Abordaremos ainda as nuances e distinções que surgem entre os diversos tipos de saberes no que tange ao uso dos conceitos, ao lado dos aspectos que todos eles compartilham neste mesmo uso. Um capítulo especial será dedicado à reflexão sobre o uso de conceitos em outras linguagens que não necessariamente a verbal, em particular abordando a linguagem visual e simbólica através de exemplos mais específicos. Neste ponto, aplicaremos à análise de imagens conceituais uma metodologia apropriada, mostrando que os símbolos conceituais diferem radicalmente dos símbolos comuns, da mesma maneira que os conceitos verbalizados diferem das palavras simples.

Os capítulos mais inovadores do ensaio, situados na sua segunda parte, serão constituídos por uma livre-reflexão sobre a possibilidade de trazer uma noção muito conhecida na área da Música – a de 'acorde' – para favorecer uma nova definição e esclarecimento sobre o que é um conceito. Segundo a definição à qual chegaremos, o conceito poderá ser entendido como um 'acorde conceitual' cuja compreensão é constituída por diversas notas que interagem umas sobre as outras, e todas sobre o todo. Para chegar a este ponto será necessário desenvolver, a seu tempo, uma digressão sobre a possibilidade de tratar a Música como uma disciplina que pode trazer uma inspiração interdisciplinar aos demais campos de saber, renovando a possibilidade de se conceber de uma nova maneira os seus próprios instrumentos teóricos, inclusive os seus usos conceituais.

---

4 Conforme será esclarecido no momento oportuno, a "compreensão" de um conceito é a definição irredutível que o anima, ou este "acorde secreto" que evocamos metaforicamente para remontar às notas interiores que compõem a definição de um conceito. A palavra "compreensão" passou a ser utilizada para se referir ao "conteúdo" de um conceito desde o século XVII com o tratado *A lógica ou a arte de pensar*, de Antoine Arnauld e Pierre Nicole (1662); mas a partir de certo momento alguns filósofos, como Leibniz (1646-1716), preferiram utilizar a palavra "intensão" (de "intenso", "intensividade"). No entanto, em Português essa palavra destoa aos olhos dos leitores desta língua, pois no registro escrito estamos habituados a nos deparar mais comumente com a palavra "intenção" (com "ç"), que se refere à pretensão de fazer algo. "Intenção" – palavra portuguesa derivada de *intentio* – nada tem a ver com "intensão", palavra portuguesa derivada de *intensionis*. Para evitar este choque, preferi utilizar a palavra "compreensão", ao invés de "intensão", ressaltando que estas duas palavras são sinônimas no que concerne ao que significam na Teoria dos Conceitos e na Filosofia da Linguagem. Com relação à "extensão", ela se refere ao campo de aplicação de um conceito, a partir do momento em que definimos a sua "compreensão" ou "intensão". Ao longo deste livro, esta relação entre a "compreensão" de um conceito e a sua "extensão" (ou entre a sua intensividade e a sua extensividade) ficará muito clara.

O uso da imagem do 'acorde' para compreender o que é um conceito, e da ideia musical de 'harmonia' para esclarecer como os conceitos se relacionam uns com os outros e se integram a uma trama teórica – instituindo dissonâncias e modos de resolver as tensões por elas provocadas em novos pontos de estabilidade – seria uma destas possibilidades proporcionadas pela inspiração interdisciplinar da Música. Os conceitos, como os acordes, constituem estruturas integrais, que podem ser apreendidas de uma única vez pelo olhar ou pelo ouvido – ou, antes, pela mente – mas que também conservam, disponíveis à leitura ou à escuta, as diversas notas que os formaram. Concretizam o aparente paradoxo de se apresentarem como 'unidades múltiplas'. Principalmente – longe de serem estruturas estáticas como faróis ou postes de luz que ficam imobilizados para auxiliar os navegantes e caminhantes que buscam conhecimento – os conceitos se movimentam, dançam, interagem uns com os outros, produzem composições teóricas deslumbrantes. Daí o título original que propus para a palestra que originou este ensaio: "A Música dos Conceitos".

PRIMEIRA PARTE
O reino dos conceitos

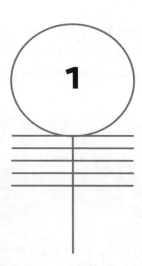

Conceitos: uma introdução interdisciplinar aos seus principais aspectos

1.1 Os conceitos e seu lugar na produção do conhecimento científico

Os conceitos são familiares, e necessários, a qualquer campo de saber. Também os encontramos na própria vida comum – na qual lidamos cotidianamente com conceitos mesmo que sem termos plena consciência disto – assim como em diversos outros âmbitos de atividades humanas, a exemplo dos vários campos profissionais, de áreas de atividades diversificadas como o esporte e o entretenimento, ou ainda em campos como os da política, religião e arte. Um lutador de judô precisa criar conceitos para lidar com as diversas formas de luta que sua arte marcial oferece, assim como para repertoriar os golpes e imobilizações que terão a sua funcionalidade nesse tipo de luta. Um músico, para criar suas composições e performatizá-las, terá de lidar com conceitos já seculares e bem familiares ao seu campo artístico, como os de 'acorde', 'harmonia' ou 'polifonia'. Uma religião precisará dos conceitos para pensar, invocar ou compreender as suas figuras de mediação entre este e o outro mundo, sejam estas anjos, demônios, espíritos ou orixás. Os políticos, por fim, precisarão dos conceitos para pensar o mundo político nas suas diferentes possibilidades, e também para se comunicarem uns com os outros. Os conceitos, logo veremos por que, são imprescindíveis nas mais distintas áreas da ação e criação humana, conforme está esquematizado no 'Quadro 1'.

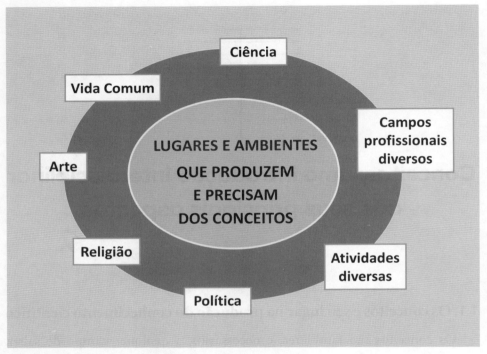

Quadro 1: *Lugares e ambientes que produzem conceitos*[5]

Na Ciência, entrementes, os conceitos são fundamentais e realmente imprescindíveis. São eles que permitem a organização de qualquer saber em bases mais objetivas, as reflexões mais aprofundadas que são exigidas de todo campo científico, e a própria possibilidade de comunicação em maior nível de sofisticação por parte dos cientistas de vários tipos. De fato, por um lado os conceitos funcionam como eficazes 'unidades de conhecimento'; e por outro lado constituem eficientes 'unidades de comunicação'. Esta dupla finalidade dos conceitos espelha-se nas seis funções básicas que estão expostas no 'Quadro 2'.

---

[5] Todos os quadros expostos neste livro podem ser encontrados, a cores, no domínio https://www.researchgate.net/publication/340094792_A_Musica_dos_Conceitos

Quadro 2: *Para que servem os conceitos?*

A primeira das funções atribuíveis aos conceitos é a de 'organizar' a realidade ou certo aspecto da realidade, que de outra forma seria percebida caoticamente pelos seres humanos. Se, ao olharmos para o céu, não dispuséssemos de conceitos como os de 'planeta', 'estrela', 'meteoro', 'cometa' – os quais permitem classificar, comparar e contrastar os distintos corpos celestes – e se não pudéssemos pensar em conceitos como os de 'rotação', 'gravitação', 'translação', que possibilitam a compreensão das relações que os corpos celestes estabelecem entre si, o céu nos pareceria absurdamente caótico e não poderia ter se desenvolvido uma ciência como a da Astronomia, capaz de fazer previsões de todos os tipos e de vasculhar o imenso espaço sideral apenas através da observação, do cálculo e de outros tipos de procedimentos intermediados pelos conceitos e por instrumentos inventados para finalidades diversas. Uma teoria amparada por conceitos apropriados, e uma metodologia constituída a partir dos procedimentos adequados a cada caso, constituem a base do conhecimento científico em qualquer um dos campos de saber configurados como ciências.

Da mesma forma que o céu nos pareceria incompreensível e irremediavelmente desordenado se não tivéssemos conceitos para organizá-lo mentalmente, também teríamos um passado humano a princípio caótico e confuso se os historiadores não dispusessem de diferentes conceitos para tornar inteligíveis, por exemplo, as variadas formas de governo que já foram desenvolvidas pela humanidade – como a 'democracia', a 'tirania', a 'monarquia' e tantas outras – ou para apreender os diferentes tipos de violência coletiva que ocorrem nas relações entre as sociedades, tais como a 'guerra', as 'revoluções', os 'golpes de estado', o 'banditismo'. Também os matemáticos precisaram inventar o seu conceito primordial – o 'número' – e em seguida criar outros conceitos para transitar no infinito universo que este conceito faz surgir. Com isso, criaram subconjuntos como o dos números reais ou o dos números imaginários, e – dentro do espectro dos números reais – as mais diversas possibilidades numéricas, como os números inteiros, fracionários, positivos, negativos, racionais, irracionais, cada qual estabelecendo relações de pertencimento ou de mútua exclusão entre as diversas categoriais. Com os desdobramentos dos diferentes conceitos relacionados aos distintos tipos de números, apenas para ficarmos em um dos mais simples exemplos da matemática, os praticantes deste campo de saber conseguiram efetivamente organizar o espaço numérico. Também puderam criar conceitualmente diversas formas de entender as possíveis relações entre os números, enriquecendo a arquitetura matemática e conceituando operações como divisão, soma, subtração, potenciação, e assim por diante. Com estes exemplos, na verdade muito simples, quero apenas mostrar que os conceitos permitem 'organizar' as realidades percebidas ou imaginadas nos diversos campos de saber, das ciências humanas às ciências exatas.

Organizar uma realidade percebida ou imaginada é também 'comparar' os diversos fenômenos ou objetos que participam desta realidade, pois assim podemos encontrar semelhanças e diferenças entre os objetos examinados e – neste mesmo movimento – agrupar uns com os outros, ou uns *contra* os outros. Certos conceitos, conforme veremos oportunamente, criam grupos, demarcam territórios, mapeiam realidades. Os conceitos, ao examinar a essência necessária de alguma coisa, ou ao tentar enxergar os elementos comuns – singulares e irredutíveis – que existem ou não entre diferentes objetos ou fenômenos, estabelecem imprescindíveis parâmetros de comparação e contraste. Permitem-nos também ultrapassar a leitura superficial das coisas e 'aprofundar' nossa perspectiva sobre algo, criar 'problemas' que lançam novas luzes sobre os objetos e fenômenos examinados. Vejamos, então, como estas seis funções – 'organizar', 'generalizar', 'comparar', 'problematizar', 'aprofundar' e 'comunicar' – são integradas pelo uso de conceitos, e o que elas implicam. Para isso, daremos um passo além, e compararemos imaginariamente os diversos conceitos – tarefa desde já impossível, mas que apenas evocaremos mentalmente – de modo a dar a perceber o que todos os conceitos têm em comum.

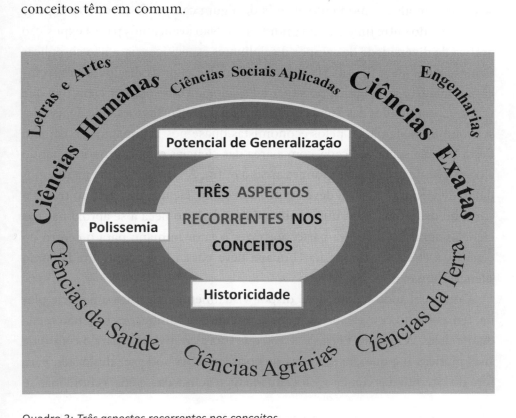

Quadro 3: *Três aspectos recorrentes nos conceitos*

1.2 Características inerentes aos conceitos

Existiriam propriedades compartilhadas por todos os conceitos, as quais se tornariam evidentes no seu papel de conformarem eficientes 'unidades de pensamento' e 'unidades de comunicação'? Sobre esta questão, esquematizada no 'Quadro 3', sustentaremos a ideia de que 'polissemia', 'historicidade' e 'potencial de generalização' constituem os três principais aspectos que são recorrentes nos conceitos mobilizados em quaisquer campos de saber, embora com variações de intensidade no que se refere ao impacto destes atributos na história de cada campo científico.

O quadro proposto dispõe ao redor de uma forma circular os diversos saberes, das ciências humanas às ciências exatas[6]. A tradicional árvore do conhecimento foi aqui distendida em um cinturão que interliga as diversas 'grandes áreas'. Buscamos aproximar na disposição gráfica aquelas que de certa maneira se tocam em algum momento através de algum campo de saber que já pode ser encaixado entre uma e outra grande área. Não avançamos para a exposição gráfica da diversidade de campos disciplinares específicos para não complicar demasiadamente a figura. Mas se quiséssemos incluir as disciplinas específicas no quadro, seria oportuno situar a Psicologia como o saber científico que une as extremidades das 'ciências humanas' e das 'ciências da saúde'. O uso desenvolto da matemática pelos economistas quase nos faz imaginar o contato desta 'ciência social aplicada' com a área das ciências exatas, proporcionando a transição de uma destas grandes áreas à outra. A Geografia, que na sua modalidade Geografia Física deve ser situada como 'ciência da terra', ao trazer o conceito de 'bioma' para uma maior centralidade começa a se aproximar das ciências agrárias; de outra parte, ao trazer o fator humano para o centro do cenário, a chamada Geografia Humana deve passar a ser configurada como 'ciência humana'.

Como em toda tentativa de dispor visualmente, em uma superfície plana, temas muito complexos, a figura apresenta suas limitações mas não recua diante delas. A área de 'Letras e Artes', que traz a criatividade para o centro de suas práticas – e que, no caso das diversas 'artes', já pode ser deslocada para fora do circuito das ciências – foi situada logo acima das 'ciências humanas'; e

---

6 Baseei-me na proposta do CNPq para sistematização formal das várias áreas de saber que encontram sítio nas universidades e instituições científicas brasileiras. As taxonomias que objetivam sistematizar as diversas divisões da ciência ou do conhecimento têm sido elaboradas desde a Antiguidade, mas adquirem uma complexidade cada vez maior nos tempos modernos, com o progressivo surgimento de muitos novos campos disciplinares no interior de cada uma das grandes áreas, e de muitos campos intradisciplinares no interior de cada disciplina. No caso da "árvore do conhecimento" proposta pelo CNPq, esta é muito próxima da proposta pela FOS (*Fields of Science and Technology*), divulgada pela OECD em 2002 (*Frascati Manual*) e revisada em 2007. Cf. ainda o sistema proposto pela HECoS (*The Higher Education Classification of Subjects*) – classificação de saberes adotada mais recentemente pelos órgãos que gerem a Educação Superior no Reino Unido (HESA, 2014).

a área das 'Engenharias' – importante campo prático de aplicação do conhecimento científico em âmbitos como a habitação, transporte, tecnologia, usos da energia e tantos outros – foi situada imediatamente acima das 'ciências exatas', mas já fora do circuito científico tradicional. Uma visão tridimensional ou esferoide deste quadro, se fosse aplicada, permitiria ainda visualizar as fronteiras possíveis entre as 'engenharias' e as 'artes' através do 'urbanismo' ou da 'arquitetura'.

Com relação à presente temática de estudos – os conceitos e sua inserção nos diversos saberes científicos – os diferentes campos disciplinares também foram organizados na figura proposta de modo a mostrar que os saberes à direita tendem a apresentar maior estabilidade conceitual em comparação com os saberes à esquerda. No limite, acredito que possamos dizer que a Matemática apresenta o campo conceitual mais estável entre as ciências exatas, ao mesmo tempo em que a História apresenta o campo conceitual mais instável entre as ciências humanas[7]. À parte esta distinção mais geral entre a menor

---

7 No último capítulo de seu livro *A Música dos Números Primos*, Marcus Du Sautoy assim se expressa sobre a relativa estabilidade teórica da Matemática, pelo menos no que concerne à preservação dos axiomas alcançados em períodos anteriores de sua história: "A matemática é um edifício construído sobre axiomas, no qual um teorema provado na Grécia Antiga continuará sendo um teorema no século XX" (DU SAUTOY, 2007, p. 312). Em que pese a correção desta observação, é preciso ressaltar que os pesquisadores de História da Matemática atuais já destronaram as narrativas que constroem a ideia de uma única matemática que vem progredindo desde a Antiguidade, pois passaram a estudar as rupturas, os caminhos perdidos e abandonados, as diferentes maneiras de lidar com a matemática que foram motivadas por distintos contextos nas várias civilizações, além dos tateamentos e experiências que foram necessários para consolidar conceitos hoje mundialmente aceitos. A fascinante história dos números complexos, por exemplo, mostra como o desenvolvimento deste conceito (e o de 'número imaginário', que ele pressupõe) foi precedido por outras percepções e designações, como a das 'quantidades sofisticadas', encaminhada no século XVI pelo matemático italiano Girolamo Cardano (1501-1576), ou também por experimentos no modo de representar as quantidades imaginárias, como as propostas de Wessel (1798) e de Argand (1806), até chegarmos finalmente à estabilização desta questão com Gauss (1831), no século XIX. Ou seja, mesmo nesta disciplina que mostra maior estabilidade conceitual – a Matemática – cada um dos vários conceitos apresenta uma história peculiar que ajudou a construí-los e a representá-los de uma maneira que depois se generalizou. Sobre a história dos números complexos, cf. Flament, 2003 e Nahin, 2007. / Para considerar agora o outro hemisfério de saberes científicos, a História – ciência humana que aborda dois planos conceituais ao lidar com os conceitos produzidos pelos próprios historiadores e os conceitos trazidos pelas fontes históricas – precisa enfrentar problemas diversos como o do 'anacronismo', que é a utilização de um conceito produzido em certa época mas que se mostra inadequado para abordar uma outra, apenas para mencionar um dos problemas conceituais centrais que desafiam os historiadores. Ainda sobre o contraste entre a Matemática e a História, podemos lembrar que as *provas* alcançadas por um matemático podem ser definitivas, mas já as provas trabalhadas

estabilidade conceitual das ciências humanas e a maior estabilidade conceitual das ciências exatas, o principal objetivo da figura é expor os três aspectos recorrentes quando precisamos falar de conceitos nas várias áreas de saber. Situamos em torno do círculo central as três palavras-chave que se referem a estes aspectos, cada qual dotado de sua própria complexidade: 'potencial de generalização', 'polissemia', 'historicidade'.

A polissemia é a propriedade dos conceitos apresentarem variações de sentido, tanto no espaço sincrônico de discussão constituído por uma mesma comunidade científica como ao longo do tempo que demarca a história de um conceito e de seu uso neste ou naquele campo de saber. Nas ciências humanas, a polissemia adquire maior destaque ou impacto do que nas ciências exatas, onde podem ocorrer maiores acordos entre os praticantes do campo a respeito dos significados aceitáveis para este ou aquele conceito. Assim, embora o sentido e a configuração de elementos definidores que devem fazer parte da compreensão do conceito astronômico de 'planeta' possa mudar com o tempo – e, de fato, estas mudanças ocorrem, a exemplo da redefinição do conceito de 'planeta' acordada pela União Astronômica Nacional em congresso realizado em 24 de agosto de 2006[8] – já para a ampla maioria de conceitos mobilizados nas ciências hu-

---

pelos historiadores (suas buscas de comprovações ou bases empíricas presentes nas fontes) nada mais favorecem do que demonstrações de que esta ou aquela interpretação pode ser proposta com relação à análise de certo problema histórico, sem no entanto qualquer pretensão de, com isso, constituir uma verdade única e definitiva.

8 De acordo com o Congresso de 2006, a comunidade astronômica passou a definir planeta como "um corpo celeste que (a) está em órbita em redor de uma estrela, (b) tem suficiente massa para que a sua própria gravidade supere as forças de corpo rígido, de modo a adquirir um equilíbrio hidrostático (forma praticamente esférica), e (c) limpou a vizinhança da sua órbita [de outros corpos celestes que não sejam seus satélites]" (resolução 51 da União Astronômica Internacional, de 24 de agosto de 2006). Com esta nova definição, Plutão – que vinha sendo enquadrado como planeta desde sua descoberta em 1930 – passou a ser reclassificado como "planeta anão", um conceito criado para abarcar outros corpos celestes do Sistema Solar, tais como Ceres, Éris, e o próprio Plutão. Tendo-se mostrado incapaz de limpar a vizinhança de sua órbita – um dos três critérios que passaram a compor a nova 'compreensão' do conceito de planeta – Plutão precisou ser excluído do seleto conjunto de planetas do Sistema Solar. O exemplo nos mostra, antecipando um aspecto que discutiremos mais adiante, como qualquer modificação na 'compreensão' de um conceito (sua definição formal), termina por produzir alterações na sua "extensão" (conjunto de objetos aos quais o conceito se aplica). / Sobre Plutão, incluindo a polêmica final sobre sua reclassificação conceitual, cf. Boyle, 2010. Sobre a controvérsia, cf. ainda: Yudell, Roberts, Desalle e Tishkoff, 2016; e Weintraub, 2007. Para a discussão anterior sobre o conceito de planeta, cf. Freedman, 1998. Para uma discussão sobre classificações astronômicas, cf. Dick, 2013.

manas existe uma margem muito maior e mais inevitável de polissemia. Um conceito como "ideologia", nas ciências humanas, apresenta um certo número de usos e variações de sentido muito empregados no momento atual, e poucos são os conceitos que – a exemplo do conceito geográfico de 'densidade demográfica' – apresentam um sentido consensual nas ciências humanas. Também nas ciências humanas a história de um conceito é muito mais agitada pela introdução de novos sentidos. De todo modo, mesmo em uma ciência como a Física podemos observar variações de sentido no uso de conceitos clássicos, como os de 'espaço' e 'tempo', e a célebre Teoria da Relatividade de Einstein tornou-se um dos exemplos mais conhecidos ao propor um novo conceito de 'espaço-tempo'.

A variação de sentidos atribuíveis a um conceito em momentos distintos de sua história também nos coloca diante de um segundo aspecto importante, que é o atributo da 'historicidade'. Em qualquer campo de saber, os conceitos apresentam 'historicidade', no sentido de que se desenrolam através de uma história que pode não apenas lhes trazer novos sentidos, mas também tornar este ou aquele conceito menos ou mais recorrente nos trabalhos científicos de determinado campo, menos ou mais adequado conforme as novas perspectivas científicas que vão surgindo. Os conceitos surgem, desenvolvem-se, e podem mesmo desaparecer no decorrer de uma história que os redefine ou reatualiza seus sentidos. O mesmo conceito, por sinal, pode apresentar histórias bem diferentes em cada campo.

Pode-se dar o exemplo do conceito de "evolução". Na Biologia, a partir de suas primeiras formulações no século XIX, tem tido longa vida este conceito – aplicável ao processo permanente de transformações nas várias espécies de seres vivos, com base na pressuposição de que estas vão se aperfeiçoando cada vez mais na luta pela vida e contra a alternativa de se extinguirem quando se mostrarem inaptas para tal. Na Antropologia ou na História, contudo, o conceito conheceu um período em que foi adaptado ao estudo das diferentes sociedades, mas já a certa altura da primeira metade do século XX começou a ser rejeitado rapidamente pela comunidade de historiadores e antropólogos no que se refere à sua aplicação a sociedades humanas – uma vez que seu uso implicava em conceber que algumas sociedades humanas são mais evoluídas do que as outras e que todas caminham para um mesmo modelo que seria aquele instituído pelas sociedades industrializadas da Europa.

"Raça" – conceito antigo que trazia outras conotações, mas que passa a ser encaminhado no mundo moderno para produzir concepções hierarquizadas sobre diferentes grupos humanos – também teve sucesso na Biologia durante bastante tempo, mas passou a ser questionado pelos biólogos, nas últimas décadas do século XX, com relação à possibilidade de ser aplicado a populações humanas. Os antropólogos e historiadores acompanharam este mesmo movimento. O conceito, no entanto, persiste no mundo político e jurídico já bem ajustado à ideia de "igualdade entre as raças". Estes exemplos nos mostram que os conceitos estão carregados de historicidade, e que os seus diferentes usos produzem distintos impactos nos vários campos de saber e de práticas aos quais se aplicam.

1.3 O potencial de generalização dos conceitos

Para avançar na discussão sobre os três atributos centrais que são compartilhados por todos os conceitos nas várias áreas de saber, devemos ressaltar que estes devem sempre apresentar um significativo 'potencial de generalização'. Já observamos anteriormente (Quadro 2) que uma das funções dos conceitos é a de 'generalizar', o que traz a este tópico certa obviedade. Os conceitos permitem agrupar objetos diversificados pela identificação de aspectos que lhes são comuns, ao mesmo tempo em que possibilitam contrastá-los em relação a outros objetos mais distintos em relação a este grupo. Com isso, atendem a outra função importante que é a de 'organizar' a realidade examinada. Nesta operação, frequentemente geram possibilidades de classificar fenômenos e objetos, as quais atendem ao papel dos conceitos como 'unidades de conhecimento' e 'unidades de comunicação' que favorecem os diálogos sistematizados entre os praticantes de certo campo ou estudiosos das várias disciplinas. Por outro lado, os conceitos são generalizadores não só porque alguns deles produzem possibilidades de gerar mentalmente agrupamentos, englobamentos ou classificações úteis para as ciências, mas também porque outros tipos de conceitos possibilitam discutir aspectos que incidem sobre situações várias. Podemos perceber, neste ponto, duas possibilidades de generalização conceitual que nos autorizam a falar em duas ordens de conceitos no que concerne à sua função de produzir generalizações (Quadro 4).

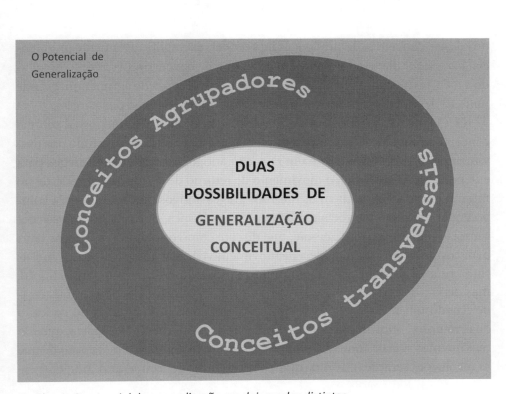

Quadro 4: *O potencial de generalização em dois modos distintos*

Já mencionamos os 'conceitos agrupadores', que são aqueles que – ao identificar aspectos compartilhados por certos objetos ou fenômenos – favorecem a organização e compreensão da realidade ao estabelecer conjuntos e subconjuntos. A Astronomia desenvolveu inúmeros conceitos para a compreensão da grande diversidade de tipos de objetos celestes – como as estrelas, planetas, cometas, meteoros, e assim por diante – e a Biologia produziu conceitos que possibilitam classificar organizadamente a enorme variedade de seres vivos, estabelecendo taxonomias nas quais podem ser inscritas as diversas espécies existentes e já extintas. De sua parte, as ciências humanas também geram os seus conceitos agrupadores para favorecer a compreensão organizada e sistematizada dos diversos fenômenos por elas estudados. Dizíamos atrás que a História e outras ciências sociais – e a própria vida política nas mais variadas sociedades que já existiram ou existem até hoje – produziram muitos conceitos para compreender as diferentes formas de violência que afloram em um mundo humano permanentemente atravessado por 'guerras', 'revoluções', 'revoltas', 'golpes', 'motins', 'banditismos', e assim por diante. Vamos investir no exame mais aprofundado de um destes conceitos, de modo a compreender, exemplificativamente, o potencial *agrupador* que está presente em certo tipo de conceitos. O conceito escolhido é o de 'revolução' – um conceito que se mostrou capaz de agrupar um grande número de processos históricos que já aconteceram ao longo da história.

O 'Quadro 5' nos mostra, em seu eixo central, uma reflexão visual sobre o conceito de 'revolução' nos momentos em que este é aplicado ao estudo dos movimentos sociais. Revolução é um conceito antigo, usado desde os gregos para entender, na Astronomia, o movimento de retorno de certos objetos celestes ao mesmo ponto. Mas também os mesmos gregos antigos o utilizaram para compreender movimentos sociais. Há uma rica polêmica, que não poderá ser desenrolada no espaço deste ensaio, que discute como os pensadores gregos também costumavam aplicar a ideia de movimento circular aos movimentos sociais (uma tirania se estabelece sobre um povo, privando-o do seu equilíbrio inicial, mas depois de certo tempo este povo oprimido consegue depor a tirania, estabelecendo um novo equilíbrio) – e como esta concepção circular do conceito de revolução é substituída por outra a partir da modernidade europeia, quando movimentos sociais como a Revolução Francesa inauguram a percepção de que as revoluções sempre introduzem o 'novo', ao invés de recuperar o 'antigo'.

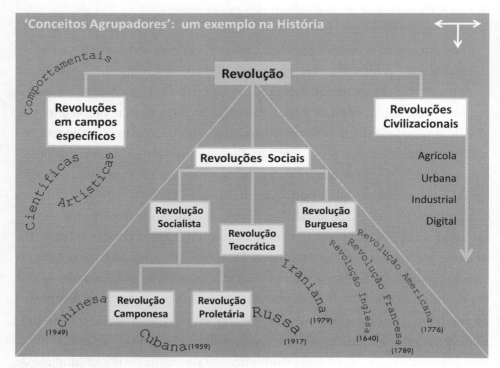

Quadro 5: *Revolução – um conceito agrupador*

Por ora, o que queremos mostrar é que, à medida que a modernidade foi trazendo novos acontecimentos e processos sociais classificáveis como revolucionários, foi-se consolidando a necessidade de introduzir conceitos que designassem tipos mais específicos de revoluções. Desta maneira, o conceito mais geral de 'revolução' passa a agrupar, ele mesmo, dois ou três conceitos mais específicos de revoluções sociais, se considerarmos como eixo de análise os diferentes tipos de agentes sociais e políticos que conduzem estes movimentos sociais, ou os seus diferentes objetivos finais. Se desde fins do século XVIII a Revolução Francesa (1789) havia consolidado o modelo das 'revoluções burguesas', a Revolução Russa introduz mais tarde (1917) o modelo das 'revoluções socialistas', e bem mais tarde a Revolução Iraniana (1979) traz ao cenário político um novo modelo que pode ser conceituado como uma 'revolução teocrática'[9]. Por outro lado, a revolução socialista introduzida historicamente pela Rússia – a qual trouxe como principais atores históricos os trabalhadores das indústrias e similares – logo poderia ser comparada com outra revolução socialista, a da China, ocorrida em outubro de 1949. Mas esta, ao contrário do agitado cenário das cidades e fábricas, tivera como palco principal o campo. Com estes acontecimentos ao mesmo tempo comparáveis e contrastáveis, surgiu a possibilidade de que o conceito de 'revolução socialista' agrupasse e se desdobrasse em dois outros: o de 'revolução socialista proletária' e o de 'revolução socialista camponesa'.

Este padrão de sucessivo desdobramento de um conceito em novos conceitos mais especificados – favorecendo a formação de *conjuntos* e *subconjuntos* – é muito comum nas diversas ciências. Para entender isso em todas as suas implicações, vamos comentar um aspecto que será mais aprofundado na próxima seção deste ensaio. Um conceito deve ser definido por alguns elementos (notas) que se associam e que o esclarecem – sendo esta definição do conceito chamada de *compreensão* (ou, em diversos autores, de *intensão* do conceito). Os 'conceitos agrupadores' – os quais recebem este nome porque são eficientes em evocar pontos em comum que permitam abarcar diferentes objetos ou fenômenos dentro do seu domínio – frequentemente exercem o seu modo de generalização e a sua tendência a gerar novos conceitos através de um pro-

---

9 Pensar em conjuntos e subconjuntos também traz a possibilidade de abordar eventuais intersecções entre conjuntos. Assim, nada impede a possibilidade de conceber uma revolução teocrático-socialista.

cesso de desdobramento[10]. Este ocorre quando é acrescentada uma nova nota ao conceito original, agregando-se concomitantemente uma especificidade que pode fazer do novo conceito um caso particular do conceito anterior. Em nosso exemplo pertinente ao campo da História, temos o moderno conceito de 'revolução', que logo começa a abrir a possibilidade de se desdobrar em revoluções de tipos específicos (as revoluções se desdobram em 'revoluções burguesas' e 'revoluções socialistas', e as revoluções socialistas se desdobram em 'revoluções socialistas proletárias' e 'revoluções socialistas camponesas').

Entrementes, o conceito de revolução passou a ser utilizado também de maneira transversal, agora para se referir a outros fenômenos que não apenas os movimentos sociopolíticos. Falamos também em 'revoluções artísticas' e em 'revoluções científicas'. Para além disto, um novo uso para o conceito de revolução surge quando este começa a ser aplicado para revelar as mudanças radicais que transformaram a face da humanidade ao longo de sua história. Seria possível, nesta nova perspectiva, falarmos na revolução agrícola, revolução urbana, revolução industrial – e, mais recentemente, em uma revolução digital – para nos referirmos a grandes mudanças no padrão geral da vida humana. Quando os seres humanos, que já viviam a mais de dois milhões de anos com seu modo de vida nômade-coletor (caçando, pescando e colhendo frutos da natureza), passam a planejar o plantio do seu alimento e a domesticar os animais, implicando um novo padrão de vida já sedentário, temos uma mudança tão radical na face da humanidade que já podemos falar em uma 'revolução agrícola'. De igual maneira, quando, alguns milênios antes da Era Comum, o mundo começa a se encher de cidades, seria possível se falar na 'revolução urbana', de tal modo que se transforma a partir de então a fisionomia do planeta. Depois, quando as cidades e os campos se enchem de fábricas, surge a possibilidade de lançarmos mão do conceito de 'revolução industrial' para caracterizar toda uma nova época. Mais recentemente, o mesmo pode-se dizer da necessidade de se pensar em um novo conceito que procura entender e esclarecer mais uma mudança civilizacional: o conceito de 'revolução digital'.

---

10 O conceito de "pássaro" – associável a animais que apresentam certas características como a presença de bico, penas, asas, reprodução ovípara e bipedalismo – é eficiente para agrupar, como referência classificatória, as diversas espécies animais que compartilham todas estas características juntas. O conceito de "planeta" é eficaz para agrupar sob sua égide um número indefinido de objetos celestes, entre os quais a própria Terra. O conceito de "guerra" permite agrupar mentalmente o imenso conjunto de enfrentamentos bélicos entre duas ou mais nações que têm ocorrido ao longo da história humana.

Estes são usos transversais do conceito de revolução. No caso, conceitos como o de "revolução agrícola" referem-se a fenômenos que afetam a humanidade como um todo, redefinindo uma nova fase de sua existência.

Voltemos, por ora, ao âmbito dos conceitos que mostram uma potencialidade para se desdobrar em conceitos mais específicos, formando agrupamentos que se bifurcam em novos agrupamentos. Na Biologia, para antecipar um exemplo de sistema conceitual ao qual retornaremos no final deste livro, cada nova 'espécie' de ser vivo acrescenta suas próprias notas àquelas que já são características do acorde conceitual da sua Ordem, Família e Gênero. Podemos partir do conceito agrupador de 'ser vivo', o qual se refere a todos os seres vivos existentes porque todos compartilham certas características em comum (cf. base do 'Quadro 31', no último capítulo deste livro). Já a presença de certas características (notas) em alguns tipos específicos de seres vivos, e de outras características distintas em outros, permitem fazer avançar um modelo através do qual os seres vivos vão se desdobrando em diferentes reinos como o animal e o vegetal (entre outros). Mas os animais, conforme as notas que cada tipo acrescenta àquelas que são comuns a todos os animais, podem começar a ser distribuídos em novos grupos de animais, como os vertebrados e invertebrados, e os vertebrados em distintas 'classes' como a dos mamíferos, répteis, peixes, aves e anfíbios. Desdobrando-se mais e mais – de modo a formar as ordens, famílias, gêneros e espécies – temos uma taxonomia biológica que termina por produzir um sistema de classificação que abarca todas as possibilidades conhecidas de diferentes tipos de seres vivos, através de uma série de conceitos que a cada passo se desdobram em conceitos mais específicos, até chegar ao último grupo da taxonomia biológica, que é a 'espécie'.

Desta maneira, o animal humano pode ser progressivamente classificado, através de conceitos agrupadores que se desdobram em outros, como um ser vivo, animal, chordato, vertebrado, mamífero, primata, hominídeo, *Homo sapiens* – sendo que cada qual destes níveis de classificação confere ao animal homem certo número de características que terminam por culminar com aquelas que só pertencem à espécie humana. Assim, ao final desta cadeia de conceitos agrupadores, o conceito de "homem", de um ponto de vista biológico, apresenta muitas e muitas notas características – algumas relativas ao fato de ser um ser vivo (a capacidade de reagir a estímulos externos, a de se reproduzir e transmitir características a seus descendentes, a estruturação em células etc.), outras relacionadas ao fato de ser um animal (a mobilidade, por exemplo), outras relativas ao fato de ser um grande primata (como a possibilidade do bipedalismo), e outras tantas para cada novo nível de classificação, até chegar a características somente próprias de sua espécie, como o telencéfalo extraordinariamente desenvolvido, a grande flexibilidade manual, o uso de linguagens simbólicas, e a incomparável capacidade de construir impondo alterações ao mundo à sua volta.

Se este exemplo se mostrou um tanto complexo e desdobrado, a Química, de sua parte, oferece um exemplo de entendimento mais imediato com o conceito de 'substância', que se desdobra nos conceitos mais especificados de 'substância simples' e 'substância composta'. Enquanto isso, a Matemática traz o exemplo histórico dos diferentes tipos de números que progressivamente foram surgindo na palheta de estudos dos matemáticos, e por vezes para atender a situações práticas que vão das atividades comerciais ao desenvolvimento de altas tecnologias. É muito interessante observar que, neste caso, a necessidade de conceitos mais abrangentes de números é que foi se impondo cada vez mais a partir dos primeiros tipos de números conhecidos, e isso em uma história que se inicia na mais remota Antiguidade e chega a seu termo atual no século XIX, com a sistematização dos números complexos. Estes podem ser conceituados como um conjunto numérico que abrange todos os outros tipos de números a partir da fórmula (a + bi) – uma expressão matemática na qual o segundo termo da adição passa a ser compreendido como a parte imaginária de todo número complexo[11].

_____

11 De acordo com a fórmula $x = a + bi$, onde i é igual à $\sqrt{-1}$ (a chamada unidade imaginária), todos os números conhecidos ou até hoje utilizáveis nas operações matemáticas estão incluídos no universo dos números complexos. Por exemplo, o número 3, um número natural simples, não é nada mais do que $3 + 0i$ (parte imaginária nula). Já $\sqrt{-5}$ (ou 5i) – um número totalmente adstrito à coordenada imaginária – nada mais é do que um número complexo com a parte real nula. Essa fórmula permite compreender o conjunto dos números complexos como um universo mais amplo que inclui o conjunto dos números reais, da mesma forma que este abrange o conjunto dos números racionais (números reais que podem ser expressos sob a forma de uma fração). O conjunto dos números racionais, por sua vez, engloba o conjunto dos números inteiros (positivos e negativos), ao passo em que este último abrange o conjunto dos números naturais, formado apenas pelos números inteiros positivos. Para a questão que nos interessa, pode-se dizer que o conceito de 'número complexo' engloba o conceito de 'número real', enquanto este engloba o conceito de 'número racional', e assim por diante. A teoria dos números nos oferece o interessante exemplo de conceitos que, embora aparentemente acrescentando mais notas à sua compreensão (sua fórmula) produzem uma extensão de maior amplitude. Veremos mais adiante que, geralmente, ocorre o contrário na maior parte das situações: cada enriquecimento na 'compreensão' de um conceito (cada nota que

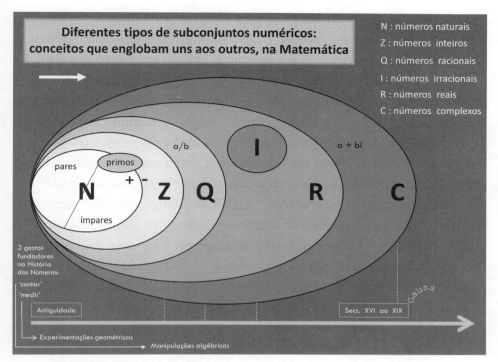

Quadro 6: *Diferentes conjuntos numéricos*

Esta sofisticada 'história dos números' pode ser ilustrada com o 'Quadro 6', o qual se orienta sobre uma linha do tempo que vai acompanhando o progressivo surgimento histórico de novos tipos de números (novos conceitos numéricos), partindo dos chamados números naturais e chegando ao universo mais amplo dos números complexos. Nesta esquematização foi necessário desconsiderar a possibilidade de uma exposição mais completa de caminhos abandonados e das tentativas e hesitações que ajudaram a compor o resultado histórico final que terminou por conformar este bem-articulado sistema conceitual numérico, no qual alguns conjuntos de números englobam outros. Para o que nos interessa, de todo modo, temos aqui um bom exemplo de sucessivos 'englobamentos conceituais'.

---

a esta se acrescenta) produz, inversamente, uma redução na sua 'extensão' (universo de casos ao qual se aplica o conceito). Voltaremos a este tema para um ajuste posterior. Por ora, apenas anteciparemos o comentário de que é possível utilizar um artifício lógico para demonstrar que, mesmo neste caso, a compreensão mais enriquecida de notas é na verdade a dos universos numéricos de extensão mais reduzida, por mais que a coleção de conjuntos de números pareça inverter esta lógica em uma primeira aproximação do problema. Depois veremos como isso se dá.

O quadro sobre os diferentes campos conceituais de números mostra-nos também o aspecto da historicidade. Os conceitos vão sendo produzidos pelos praticantes de um campo à medida que os problemas a eles apresentados assim o demandam. O conceito de 'número' tornou-se necessário porque os seres humanos precisaram "contar" (avaliar quantidades) e "medir" (lidar de forma mais precisa com o espaço). Estes dois gestos estão na origem da Aritmética e da Geometria. As experimentações geométricas e manipulações algébricas progressivamente começaram a demandar novos tipos de números, assim como também existiram demandas derivadas de situações práticas em campos como o do comércio e contabilidade, que desde tempos antigos começaram a exigir conceitos como o de "números negativos" ou como o de "números fracionários". Outras áreas de saber, como a Física, também frequentemente demandaram o aumento da complexidade conceitual no que se refere à teoria dos números. Isso sem falar, é claro, nos próprios desenvolvimentos da Matemática pura, nas suas diferentes áreas[12].

O importante é perceber aqui que os conceitos surgem de uma história que os demanda, ao mesmo tempo em que, uma vez criados e permanentemente reatualizados, passam a interferir na história subsequente (na história de maneira geral, e, em particular, na história da disciplina que os coloca em pauta). Com isso, cada conceito que surge da história passa a gerar mais história, e mais desenvolvimentos conceituais. O 'potencial generalizador' dos conceitos e a 'historicidade' interagem um sobre o outro, da mesma forma que as varia-

---

12 Quero registrar um aspecto interessante, relativo ao universo conceitual dos números na Matemática. Ainda que o âmbito numérico tenha atingido uma estabilidade consensual desde meados do século XIX, quando foi admitido o conjunto dos números complexos como o universo numérico mais englobante – e isto depois de muitos desenvolvimentos e tentativas até que pudessem ser aceitos números como os negativos, fracionários, irracionais e imaginários – há também muita historicidade envolvida nesta grande construção da qual hoje podem se valer as várias áreas da Matemática. Aristóteles, por exemplo, não considerava o "1" – por representar a unidade – como um número (*Metafísica*, NI 1088a). Esta mesma perspectiva ainda seria adotada por Euclides, para quem um número é sempre uma multiplicidade – ou uma quantidade composta de unidades (*Elementos*, livro VII, definição VII-2). Assim, conforme aquele filósofo e este matemático grego, o *Uno* – ou o nosso número "1" – estaria decididamente excluído da extensão conceitual proporcionada pela noção de *número*. Além disso, como para estes pensadores gregos a unidade não seria divisível, falar em números fracionários também era inconveniente. O uso prático de frações, de fato – ainda que demandado como uma necessidade desde o Antigo Egito, de modo a medir perdas de lotes de terra em decorrência das cheias do rio Nilo –, precisou esperar todo um desenvolvimento histórico até confluir para o conceito de *número fracionário*. Enquanto isso, a criação de um símbolo para representar o "zero" somente se deu pela primeira vez com os hindus, no século V e.C. (antes disso o "zero" era apenas uma casa vazia no ábaco). Com isso, já no século VII e.C. veremos o matemático indiano Brahmagupta explicar diversas operações envolvendo o zero.

ções polissêmicas de um mesmo conceito também ocorrem no seio de uma história e introduzem novos potenciais generalizadores que redefinem a 'compreensão' e a 'extensão' de um conceito (aspectos que já discutiremos).

1.4 Conceitos transversais

A capacidade de generalizar que é própria dos conceitos manifesta-se não apenas na atuação de certos conceitos como 'agrupadores' de objetos da realidade e formadores de novos desdobramentos conceituais que os especificam mais e mais. De fato, a capacidade conceitual de generalização também pode operar eficazmente de maneira transversal – atravessando temas e realidades várias. Deste modo, para além dos conceitos agrupadores que produzem conjuntos e subconjuntos, podemos ainda falar de *conceitos transversais*. Estes são generalizadores porque se aplicam a realidades e situações diversas, e não porque produzem o efeito "guarda-chuva" ou potencialmente conjuntista dos conceitos agrupadores. Todos os campos de saber produzem os seus conceitos transversais. No 'Quadro 7' indicamos alguns exemplos em quatro diferentes ciências.

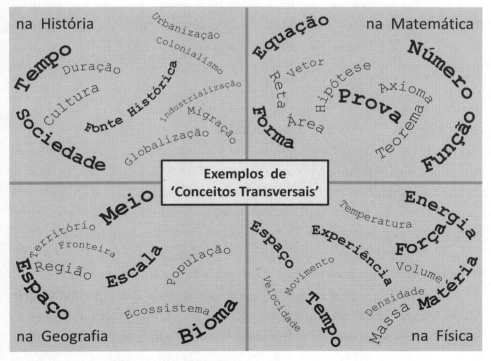

Quadro 7: *Exemplos de conceitos transversais*

Disciplinas como a História, Geografia, Física, Matemática, e todas as outras, produzem inúmeros 'conceitos transversais', tanto para a abordagem de seus temas e problemas mais específicos como para operacionalizar a sua própria prática e pensamento científicos. O quadro expõe apenas alguns exemplos. Para trazer o caso da História, podemos dar como exemplo de conceito transversal a 'globalização'. Este conceito aplica-se a todas as sociedades contemporâneas apoiadas na alta tecnologia, na reciprocidade dos mercados nacionais em sua inserção no mercado global, na imediaticidade das telecomunicações, no aparato digital que permite a interligação imediata das mais distantes localidades do planeta e na facilidade de comunicação entre indivíduos, por mais distanciados que estejam no espaço tradicional. A globalização, e seus efeitos, vieram trazer um traço muito característico à recém-surgida civilização digital. Quando evocamos o conceito de 'globalização', percebemos que ele atravessa realidades e situações as mais variadas. De ainda maior amplitude histórica, por se relacionar às mais distintas temporalidades, podemos lembrar o conceito de 'migração' – este necessário para explicar uma diversidade de fenômenos envolvendo populações humanas desde o Paleolítico até hoje.

Conceitos como estes são tipicamente transversais: eles não 'agrupam' situações específicas, mas 'atravessam' situações diversificadas, inclusive bem diferentes umas das outras. Há também, ainda considerando a História, conceitos transversais que atravessam a sua própria *metodologia*, e assim ocorre com os demais saberes. No 'Quadro 7', situei no centro de cada quadrinho menor o conceito transversal que demarca de modo mais característico a metodologia de cada campo. Por exemplo, 'fonte histórica' é o conceito por excelência sobre o qual repousa toda a metodologia da História. Não importa o assunto ao qual se dedique, um historiador precisa encontrar 'fontes históricas' que permitam acessar a sociedade ou o processo histórico que almeja examinar, pois estes já desapareceram no tempo, e só mesmo as fontes históricas – entendidas como vestígios, resíduos e discursos do passado que chegaram ao presente – capacitam o historiador a realizar sua viagem metodológica no tempo. Deste modo, 'fonte histórica' é um conceito que atravessa toda a prática historiográfica.

A Matemática – pelo menos o tipo de matemática que passou a vigorar nas sociedades ocidentais a partir do século XIX – também tem um conceito transversal que se coloca no centro da sua metodologia: o de 'prova'. Descobertas intuitivas, ou meras comprovações empíricas que abarquem um número mesmo que gigantesco de casos para alguma formulação matemática, não estão habilitadas a constituírem 'teoremas' (outro conceito fundante da matemática), a não ser que encontrem as suas provas. Se 'prova' é um conceito fundamental para os procedimentos metodológicos dos matemáticos modernos, toda a teoria matemática é ainda atravessada por outro conceito, o de 'número'. No quadro proposto, procurei situar nas quinas dos quadrinhos menores alguns conceitos que são fulcrais para a teoria de cada campo de saber exemplificado. "Número" é um conceito tão importante para a matemática – ou "forma" é um conceito tão fundante para as concepções teóricas e para as práticas que permeiam a Geometria – como 'tempo' e 'sociedade' são para as concepções dos historiadores. O quadro proposto, ao evocar visualmente exemplos pertinentes a quatro campos distintos de saber, tem apenas propósito exemplificativo.

Os conceitos transversais podem ser pertinentes a objetos muito diversificados. Eles não 'agrupam' classes de objetos ou fenômenos, como ocorre com os conceitos taxonômicos da biologia ao tentar exprimir conceitualmente toda a vasta diversidade de tipos de seres vivos até hoje conhecidos. Os conceitos transversais atravessam ou sintonizam com situações várias. Por exemplo, 'nutrição', 'respiração' e 'reprodução' são conceitos que atravessam toda a diversidade de seres vivos, independente da classe, ordem, família, gênero e espécie dentro dos quais estes seres vivos possam ser agrupados. A tríade formada pelos conceitos de 'espaço', 'meio' e 'bioma' atravessa todo o saber geográfico, da mesma forma que o conceito de sociedade (ou de 'homem', genericamente falando) torna-se igualmente essencial para o caso específico da Geografia Humana. Por outro lado, o conceito de 'escala' é central para a metodologia dos geógrafos. Correlacionados com o polo conceitual centrado na noção de 'espaço', podemos evocar outros conceitos transversais importantes para a teoria geográfica, como os conceitos de lugar, território, região, e muitos outros.

Com os exemplos quisemos mostrar que, nos diversos campos de saber, os conceitos podem exercer o seu potencial generalizador de duas maneiras – como 'conceitos agrupadores' e como 'conceitos transversais'. O que torna ambos os casos relacionados ao atributo generalizador dos conceitos é que as várias possibilidades conceituais por eles geradas nunca se referem a uma situação única, mas tocam uma certa diversidade de casos. 'Revolução' é um conceito porque ocorreram diversas revoluções ao longo da história (vários processos que apresentam as características evocadas pelo conceito de 'revolução'). Mas 'revolução francesa' não é um conceito, e sim um processo único – um acontecimento que se ajusta bem ao conjunto de casos ao qual se aplica o conceito de 'revolução'. O 'número 23' não é um conceito, mas um número específico. Mas 'número ímpar' ou 'número primo' são conceitos que podem se relacionar a uma infinidade de números, inclusive ao número 23. Vamos encerrar esta seção com uma definição provisória de conceito, que procura reunir os vários aspectos até aqui abordados e alguns outros que serão discutidos na próxima seção:

CONCEITO

'Um conceito é uma representação complexa, elaborada e abstrata da realidade percebida – habitualmente evocada através de uma simples expressão verbal, imagem ou fórmula – e capaz de funcionar como uma unidade de conhecimento e de comunicação'

Quadro 8: *Uma definição de conceito*

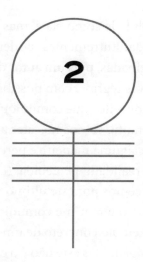

Linguagens conceituais

2.1 Conceito: uma construção abstrata a partir de uma referência concreta

Com a definição anterior, relacionada ao próprio conceito de 'conceito', quis evocar sinteticamente algumas das características essenciais de todos os conceitos, sejam quais eles forem e a que áreas de aplicação eles possam se referir. O primeiro aspecto que vale a pena considerar é que o conceito não é a própria realidade (e nem mesmo algo real, a não ser que tenhamos como proposta filosófica a 'teoria das ideias' de Platão). Entretanto, se um conceito não é a realidade, ele pode ser definido como uma tentativa de representação da realidade em seus aspectos essenciais. Na definição acima, postulei que o conceito é uma representação da 'realidade percebida' – isto é, da realidade que temos diante de nós, conforme podemos apreendê-la através de nossos sentidos ou de instrumentos científicos. Estes últimos, aliás, nada mais oferecem que uma ampliação potencializada de nossos sentidos, ou até a possibilidade de ultrapassá-los (se um telescópio amplia extraordinariamente nossa visão à distância, um aparelho de raios-x permite, de sua parte, enxergar através das coisas). Quis ressaltar com a definição acima que os conceitos talvez não se refiram propriamente à realidade como ela é, mas que pelo menos buscam se referir à 'realidade percebida'. Entrementes, poderia ter estendido este traço também às 'realidades imaginadas', pois um autor de ficção pode perfeitamente criar um mundo com novas regras e com possibilidades imaginárias, e também precisará criar novos conceitos que comuniquem algo desta realidade aos seus leitores. Por ora, entretanto, vamos nos ater ao campo científico e trabalhar com a realidade que de alguma maneira é percebida pelos seres humanos.

Essa representação da 'realidade percebida' (ou imaginada) é 'complexa, elaborada e abstrata'. Comecemos por este último aspecto. Se alguém me perguntar o que é um lápis, posso tentar me comunicar com o meu interlocutor mostrando um lápis (um exemplo concreto de um dos muitos objetos que podem ser entendidos como *lápis*). Mas este não é o caminho da conceituação. O conceito me permite explicar ao meu interlocutor o que é um lápis sem ter um lápis para dar como exemplo. Este procedimento criativo e abstrato é típico e mesmo específico dos seres humanos como espécie animal[13].

Será oportuno, em uma rápida digressão antes de retomar o nosso exemplo conceitual, compreender perfeitamente o que é a *abstração* (e a capacidade de abstração). Quando estamos diante de um objeto concreto ou de uma cena, temos perante nossos sentidos e possibilidades de percepção um fragmento da realidade que reúne uma miríade de características e especificidades. Abstrair, no entanto, é a capacidade de desconsiderar este emaranhado de aspectos que constituem a totalidade concreta do objeto abordado e considerar só aqueles aspectos que nos interessam. O homem paleolítico começou a se distinguir de outros animais quando passou a olhar para os galhos caídos ao chão de uma nova maneira, deixando de enxergá-los como o que são concretamente – isto é, abstraindo uma série de elementos que fazem de cada galho um objeto único – para passar a enxergar este ou aquele galho como um "apanhador de

---

13 Até o momento, a capacidade de abstração é entendida como uma nota característica que só surge com a espécie humana, e que neste aspecto distingue o homem de outros primatas e dos diversos animais. No entanto, por enquanto apenas em nível de ficção criativa, pode-se especular se outros animais não poderiam ter essa capacidade, sem que o saibamos. Mais de um autor de ficção explora esta ideia. Podemos dar o exemplo da célebre série satírica de ficção científica *O Guia do Mochileiro das Galáxias* (1979-1992), escrita por Douglas Adams, a qual aventa a ideia de que, entre os animais que habitavam a Terra, os golfinhos (mas também os ratos) constituíam uma espécie ainda mais inteligente que a dos seres humanos. Por sinal, a considerar o tamanho do cérebro proporcionalmente em relação à massa corporal, os golfinhos são animais que se aproximam muito do animal humano no que concerne ao índice de encefalização (cf. ELIAS & SCHWARTZ, 1969, p. 111-113).

frutas". Visto desta nova maneira – com a abstração de todas as características desnecessárias e a preservação, na mente, apenas das propriedades de solidez e forma alongada do galho – este objeto pôde assumir a função de cutucar uma árvore para precipitar a queda de um fruto. A abstração, enfim, transformou o galho seco em um "apanhador de frutas" – um instrumento capaz de interferir e modificar a realidade, no caso expandindo a capacidade manual de se disponibilizar de alimentos. Com a capacidade de abstração, os seres humanos começaram a transformar pedras pontiagudas em armas, troncos flutuantes em pequenas embarcações improvisadas. Ainda no período paleolítico, passariam a juntar diferentes objetos para construir ferramentas sofisticadas: lanças de ponta de sílex, machados de pedra, agulhas. Com a capacidade de abstração, logo desenvolveriam a linguagem simbólica, e também aprenderiam a contar[14]. Por fim, os seres humanos aprenderiam a conceituar. O conceito é o produto mais refinado da capacidade de abstrair, já que, para conceituar, precisamos nos abstrair de alguns aspectos concretos para passar a enxergar mentalmente apenas aquilo que nos interessa. Abstrair é o ato de abandonar momentaneamente a realidade concreta – ou deslocá-la, por instante, para um contracanto – para recriar uma outra realidade: operacional, funcional, referencial, audaciosa, liberta de amarras.

Voltando ao 'conceito de lápis', "abstrair", neste caso, corresponde a nos livrarmos de todos os aspectos não essenciais deste objeto, uma vez que queremos situá-lo em uma coleção mais ampla de outros objetos similares, para preservar apenas os aspectos que nos parecerem essenciais, úteis ou funcionais. Podemos dizer que – mais do que mostrar concretamente um lápis específico apontando-o com o dedo – o conceito de lápis permite mostrar com maior precisão o que todos os lápis têm em comum, pois se eu mostrar ao meu interlocutor um lápis verde (supondo que este interlocutor não saiba mesmo o que é um lápis), ele poderá imaginar que a cor 'verde' configura um atributo comum a todos os lápis. No entanto, posso expressar o conceito de lápis

---

14 A capacidade humana de "contar" e as próprias noções de "quantidade" e de "número" surgem também do potencial para abstrair. Quando comparamos duas coleções de objetos distintos, com vistas a tomar consciência de suas respectivas quantidades, precisamos nos abstrair momentaneamente da qualidade dos objetos que participam de cada coleção. "A definição de número implica uma abstração em relação à qualidade dos seres que estão em cada coleção, para que apenas a quantidade seja considerada" (ROQUE, 2012, p. 87). O conceito de número, desta forma, foi criado pelos seres humanos a partir de uma relação complexa entre pensamento concreto e pensamento abstrato.

verbalmente ressaltando as características que todos os lápis têm em comum. Posso definir lápis como um objeto manuseável que serve para escrever, o qual é constituído de um longo cilindro de madeira que envolve um fino tubo de grafite que, quando "apontado" corretamente, é capaz de riscar e deixar rastros no papel. Mesmo que eu tenha pensado em um lápis verde como motivação inicial para elaborar esta definição conceitual, sei que o 'verde' não faz parte dos atributos necessários de um lápis. Esta ou aquela cor não faz parte, efetivamente, do conjunto de 'notas' que ajudam a definir este conceito. Mas o aspecto cilíndrico alongado, ou a função de escrever sobre o papel, sim. Estas notas que conformam a definição de *lápis* são um exemplo daquilo que, em filosofia, chamamos de 'compreensão' (ou 'intensão') de um conceito, conforme veremos adiante.

A definição que produzi sobre o conceito de lápis mostra que deve haver certa complexidade na elaboração de um conceito. Não é apenas um objeto utilizado para escrever – função que também poderia ser desempenhada por uma caneta – mas um objeto que deixa no papel marcas de grafite, e não de tinta. A forma cilíndrica alongada – atributo também compartilhado pela caneta – é um aspecto importante; assim como o material do qual o lápis é constituído: *madeira*, e não metal. Por mais simples que seja um objeto, um conceito o reelabora em determinado nível de complexidade, pois quem conceitua não quer deixar de fora nenhuma das características essenciais que fazem parte do objeto a ser conceituado. Também não se quer acrescentar nenhuma outra característica que não seja essencial, pois se acrescentarmos indevidamente a cor verde já não caberão no universo de aplicação deste conceito (sua 'extensão') todos os lápis possíveis. O conceito, portanto, busca precisão. Seu primeiro papel é funcionar como uma eficiente 'unidade de conhecimento' (através do conceito de lápis podemos entender o que todos os lápis têm em comum, e ainda uma série de aspectos interligados, como a forma, matéria, função, e mesmo os efeitos previsíveis de todos os lápis ao serem aplicados a esta função). Ao lado disso, o conceito é também uma 'unidade de comunicação'. Porque temos o conceito de lápis, podemos nos comunicar com precisão a respeito deste objeto.

Embora eu tenha evocado o meu exemplo de conceito através de uma expressão verbal muito simples – *lápis* – e agregado à sua explicação (definição da palavra) um conjunto de 'notas' que também foram esclarecidas através da linguagem verbal, é importante esclarecer que os conceitos também podem ser expressos através de outras linguagens que não apenas a verbal, seja esta uma linguagem verbal escrita ou uma linguagem verbal falada. Os conceitos, conforme veremos, ainda podem ser expressos ou elaborados através de linguagem simbólica ou de linguagem matemática. Antes de passar ao 'Quadro 9', que evoca algo desta variedade de linguagens que podem ser utilizadas para a formulação conceitual, quero lembrar que, embora até aqui eu tenha eventualmente citado situações muito simples e corriqueiras – a exemplo do objeto 'lápis' –, logo passaremos a exemplos bem mais complexos, e relacionados aos diversos campos de saber.

Quadro 9: *Diferentes tipos de linguagens que possibilitam a formulação conceitual*

2.2 Três diferentes linguagens conceituais

Podemos pensar, a princípio, em três diferentes tipos de linguagens que possibilitam a formulação conceitual: verbal, simbólica e matemática. Trarei como exemplo de linguagem simbólica aquela que pode ser produzida através de imagens, mas nada impede que alguém desenvolva uma linguagem simbólica com palavras, tal como ocorre em certos tipos de poesia. Poderia acrescentar também as possibilidades simbólicas (e eventualmente conceituais) incluídas na linguagem mítica. Como farei mais adiante, também poderemos pensar as potencialidades conceituais que podem ser expressas a partir da música. Entretanto, neste primeiro momento busquei uma maior simplificação ao destacar três universos importantes de conceituação, que podem ser dispostos nos três lados de um triângulo: linguagem simbólico-imagética, linguagem verbal, linguagem matemática.

No lado esquerdo do 'Quadro 9', a linguagem simbólico-imagética foi representada, exemplificativamente, por um antigo símbolo da filosofia chinesa – o *Yin Yang* – que vou postular que pode ser compreendido como um 'conceito visual', conforme esclarecimentos que desenvolverei mais adiante. A formulação conceitual através da matemática pode ser evocada exemplificativamente através de uma fórmula qualquer (por exemplo, $V = E/T$). E a formulação conceitual através da linguagem verbal pode ser exemplificada com um conceito qualquer, expresso por uma palavra simples (por exemplo, "revolução"). Estes, no entanto, são apenas exemplos que visam trazer uma compreensão mais imediata sobre cada um destes distintos campos de expressão que podem comunicar um pensamento conceitual.

O 'Quadro 9' procura sugerir ainda os espaços de fronteira. Na fronteira entre o mundo das imagens e o mundo das expressões verbais, à esquerda, podemos ver uma linha pontilhada que entenderemos como a linha das metáforas. As metáforas, conforme será esclarecido oportunamente, trabalham verbalmente com imagens e também podem funcionar simbolicamente; ocasionalmente, também elas podem se prestar à elaboração conceitual. Na mesma linha, eu poderia ter citado certos gêneros de poesia que – ao invés de trabalharem verbalmente com as imagens – trabalham imageticamente com as palavras, tal como ocorre com a poesia concreta. Algumas das experiências da poesia concreta também poderiam se prestar a elaborações conceituais, mas refletir mais demoradamente sobre isto nos conduziria para muito longe dos objetivos deste ensaio.

Posso entrever outras possibilidades, que também não discutirei: entre o mundo dos símbolos e o mundo de possibilidades que aflora através da linguagem matemática, poderíamos pensar uma fronteira pontilhada onde seria possível situar experiências como a da numerologia: campos de especulação nos quais os números passam a funcionar como símbolos. A numerologia é um campo de expressão que trabalha simbolicamente com os números. De outra parte, poderíamos imaginar também outro campo, girando no spin contrário (estou apenas utilizando aqui uma metáfora simbólica), que trabalhasse matematicamente com os símbolos (o inverso da situação descrita anteriormente). Por fim, poderíamos pensar experiências situadas entre os espaços da linguagem verbal e da linguagem matemática: formas de trabalhar numericamente com as palavras, ou formas de trabalhar verbalmente com os números.

Os espaços de fronteiras entre os três campos de expressão fundados na 'imagem', na 'palavra' e no 'número' podem proporcionar possibilidades conceituais muito interessantes. O célebre 'número áureo' (φ), encontrável sempre que satisfazemos a equação $a + b / a = a / b$, alcançou alto poder simbólico, e passou a ser amplamente utilizado por pintores renascentistas nas suas representações imagéticas da realidade e elaborações pictóricas[15]. Para trazer outro exemplo célebre de diálogo entre a imagem e o número, podemos lembrar que um dos investimentos mais preciosos nesta interação, partindo da Matemática, foi oferecido por Bernhard Riemann (1826-1866), matemático alemão que abordou o problema da aparente aleatoriedade na ocorrência sequencial dos números primos – sendo esta uma questão que já intrigava os matemáticos desde a Antiguidade. Sob o instigante prisma das 'paisagens imaginárias' – as quais possibilitaram enxergar uma ordem oculta na ocorrência de números primos ao longo da infinita série dos números inteiros – Riemann conseguiu conceber visualmente suas formulações matemáticas na notória hipótese que trabalhou com a *função zeta*[16].

---

15 Esse número irracional – descoberto na Antiguidade a partir de experimentações geométricas e da percepção da sua ocorrência em certos fenômenos e formas da natureza – pode ser obtido algebricamente através da expressão numérica ($\phi = 1 + \sqrt{5} / 2$), a qual resulta em uma dízima não periódica que prossegue infinitamente para além de 1,61803398874988... Seu uso geométrico pelos pintores e arquitetos humanistas da Renascença italiana, gerando a chamada 'proporção áurea', assumiu propriedades simbólicas no trabalho destes e de vários outros artistas e escritores de épocas posteriores. Como se disse acima, é um número definido pela relação entre dois segmentos de reta (a e b) na qual se produz a equivalência a + b / a = a / b. Esta proporção pode ser aplicada a um número indefinido de figuras geométricas. Neste sentido, podemos nos perguntar se não seria possível considerar as potencialidades conceituais deste número, que aliás também se aplica a muitos fenômenos naturais. Este pensamento coloca-nos um interessante problema matemático-filosófico: visto como 1,61803308875... o ϕ é um número simples, como outro número irracional qualquer. Mas visto nas circunstâncias geométricas em que ocorre a equivalência a + b / a = a / b, poderia ser já vislumbrado como um conceito. / Para uma história do número áureo, cf. Lívio, 2006.

16 O matemático alemão Carl Friedrich Gauss (1777-1855), em meados do século XIX, já havia se valido da imaginação visual de mapas bidimensionais para consolidar o conceito de 'número complexo': em um mundo plano estruturado em torno de um sistema de or-

À luz destas possibilidades, podemos considerar o rico potencial tanto das linguagens que se abrem para a formulação conceitual – a exemplo daquelas que se baseiam na palavra, na imagem ou no número – como também das experiências criadas nos espaços de fronteira e mistura entre estas diferentes linguagens. De resto, o triângulo da 'imagem', da 'palavra' e do 'número' poderia ser ainda enriquecido com um quarto elemento, em uma dimensão adicional: o 'som musical'. Neste caso, teríamos uma nova dinâmica de linguagens, pois seria possível 'pensar musicalmente os conceitos' (e, no spin contrário, 'pensar conceitualmente a música')[17]. Será tema da segunda parte deste ensaio a reflexão sobre esta possibilidade de usar a Música – e os diversos elementos de sua linguagem – como inspiração para conceber de uma nova maneira o uso de conceitos nos vários campos de saber. Por ora, vamos nos ater à possibilidade de refletir sobre a expressão dos conceitos através da 'palavra' e da 'imagem' (ou do 'símbolo visual', em nosso caso mais específico).

2.3 A expressão de conceitos a partir da linguagem verbal

Quando pensamos em 'conceitos', frequentemente vêm a primeiro plano as suas formulações a partir de expressões verbais, nos diversos campos de saber. Há um primeiro aspecto a se considerar nesta direção, que é a distinção

---

denadas e abscissas, o eixo norte-sul (y) indicaria a possibilidade de explorar a componente imaginária dos números complexos (na fórmula $a + b\sqrt{-1}$, o segundo termo desta adição é um número imaginário, considerando i, ou $\sqrt{-1}$, como a unidade imaginária). Enquanto isso o eixo leste-oeste (eixo x das abscissas) registraria a parte real de um número complexo. Bernhard Riemann (1826-1866) acrescentou mais duas dimensões às suas paisagens imaginárias (cf. DU SAUTOY, 2007, p. 96). Estas experiências e descobertas não teriam sido possíveis sem a capacidade destes dois gênios de imaginar visualmente o infinito mundo dos números. Aproveito para lembrar uma experiência distinta: o matemático Arquimedes, na Grécia Antiga, explorou genialmente a possibilidade de enxergar mecanicamente a geometria. Sua obra *Método sobre os Teoremas Mecânicos* mostra os resultados admiráveis obtidos nesta fronteira de perspectivas.

17 Ao lado disso, tanto a 'palavra' como a 'imagem' e o 'número' podem interagir conceitualmente com o 'som'. Com relação a este último diálogo interdisciplinar, os matemáticos, em diversas oportunidades, investiram na possibilidade de colocar em interação com uma imaginação musical as suas experimentações e formulações algébricas e matemáticas. André Weil (1906-1998), matemático francês que ajudou a fundar o campo da geometria algébrica e proporcionou contribuições importantes para a história da compreensão matemática dos números primos, trabalhou com 'tambores matemáticos' imaginários (DU SAUTOY, 2007, p. 317). Antes dele, nos anos de 1920, também os físicos lidaram com 'tambores quânticos' imaginários que não teriam sido possíveis se eles não tivessem sido capazes de acionar uma imaginação musical capaz de interagir com a perspectiva da Física.

entre os 'conceitos' propriamente ditos e as 'palavras comuns'. Ninguém estranharia, a princípio, se disséssemos que 'ideologia' e 'classe social' são conceitos importantes nas áreas de História e Sociologia, e que 'gravitação' e 'número primo' são conceitos importantes na Física e na Matemática, respectivamente. Posso também recolher certo conjunto de palavras, aleatoriamente escolhidas, e postular que são palavras comuns, como mostra o 'Quadro 10'. 'Desastre', 'tentativa', 'pedra', 'copo', 'aflição' são palavras que empregamos em nosso dia a dia, o que também não impede que empreguemos cotidianamente – inclusive como 'palavras comuns' – algumas das palavras que situamos na parte de cima, como 'classe social'. A rigor, conforme veremos, não existem palavras que sejam sempre conceitos, nem palavras que sejam sempre 'palavras comuns' – embora isso possa ocorrer com certas interjeições como "oh", ou com os diversos nomes que são dados aos habitantes de qualquer sociedade. À parte vocábulos como os nomes ou as interjeições, muitas palavras oscilam de fato entre um uso comum e um uso conceitual. Busquemos entender, antes de mais nada, o que é esse "uso conceitual" de uma palavra.

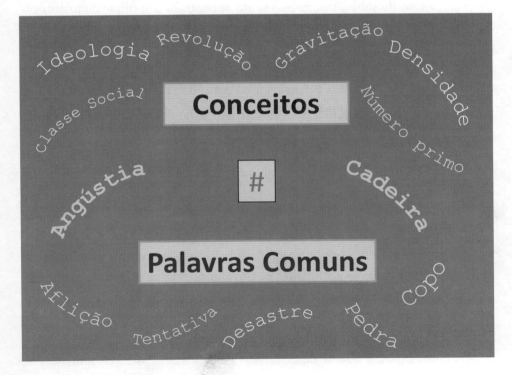

Quadro 10: *'Conceitos' e 'Palavras Comuns'*

45

Já mostramos, na primeira seção deste ensaio, que os conceitos têm dois papéis importantes na produção de conhecimento científico, ou mesmo no interior de comunidades relacionadas a práticas diversificadas, como os esportes, trabalho, religiões ou política. Além de funcionarem como 'unidades de comunicação', os conceitos atuam como 'unidades de conhecimento' porque através deles podemos estender um olhar mais preciso, aprofundado e sofisticado sobre aspectos de uma determinada realidade, sempre a partir de certo campo de pensamento ou de práticas específicas. Como 'unidades de conhecimento', os conceitos servem para 'organizar' a realidade à nossa volta, em maior nível de complexidade. Servem também para, em um dado campo de saber, 'comparar' diferentes objetos, identificando propriedades em comum e, nesta mesma operação, agrupando uns por oposição a outros que com eles contrastam. Os conceitos, como vimos, estabelecem generalizações.

É claro que as palavras comuns também podem ajudar a organizar a realidade no seio da nossa vida cotidiana, e de fato elas fazem isso. Mas os conceitos, conformando uma estimulante rede semântica e operacional no interior de cada campo de saber, fazem isso tanto agregando um olhar de profundidade como instituindo um processo de comunicação importante entre os praticantes dos vários campos de saber. É por isso, aliás, que dissemos que os conceitos, além de serem 'unidades de conhecimento', são também 'unidades de comunicação'. Os cientistas lidam com os conceitos de um modo específico: eles os discutem sempre, reatualizam seus usos, aprimoram suas possibilidades de aplicação, fazem ajustes na sua definição – podem discuti-los em longas sessões de congressos científicos. Na sua vida diária, os cientistas usam palavras comuns, como todos os seres humanos. Mas na prática do seu saber, eles pensam e se comunicam através de conceitos (além de, é claro, continuarem a usar palavras comuns). Os conceitos, nestas situações, tornam-se palavras que adquirem destaque no interior de cada campo de saber que precisa deles tanto para uma análise mais objetiva da realidade como para uma comunicação mais sofisticada entre os praticantes de um campo. O que estamos ressaltando aqui é ainda válido para outros campos além das ciências, como as artes, política, sistema jurídico, prática de esportes, religião, e vários outros. Mas vamos nos ater mais especificamente ao caso das diversas ciências.

Os conceitos são objeto de discussão permanente entre os cientistas. Se apenas usamos de maneira mais flexível as palavras comuns em nossas atividades diárias, uma vez que elas só precisam atender a um processo comunicativo mais superficial, já os conceitos precisarão ser discutidos e definidos a cada momento que os utilizarmos com finalidades científicas. Determinados campos de saber podem utilizar consensualmente certos conceitos durante muito tempo, mas a possibilidade de sua discussão está sempre em pauta, mesmo porque a ciência vê a si mesma como um campo de saber falível, que precisa ser aprimorado constantemente, propondo novas leituras da realidade que não raramente substituem outras, ou então as aperfeiçoam. Por isso os conceitos basilares de cada ciência, e também os conceitos mais específicos relacionados à diversidade dos seus objetos de estudo, estão sempre em pauta, como palavras especiais que permitem ver as coisas de uma certa maneira. Os conceitos, neste sentido, são instrumentos da teoria.

Na próxima seção, veremos que elaborar conceitos – em contraste com a simples menção de uma 'palavra comum' – implica agregar a este conceito uma definição constituída de diversos elementos mínimos que lhe trazem clareza, precisão e complexidade (a chamada 'compreensão' do conceito), e também implica considerar os objetos e situações às quais o conceito se aplica (a 'extensão' do conceito). Por ora, quero destacar que, se não costumamos pensar isso para as palavras comuns que empregamos no dia a dia e na maior parte de nossas atividades comuns, já para os conceitos, em ambiente científico, esta operação está sempre presente, seja de forma implícita ou explícita. Deste modo, a prática científica vai deixando muito clara a distinção entre os conceitos e as meras palavras comuns (em referência a este ou àquele campo específico). No entanto, é preciso considerar que algumas palavras podem oscilar perfeitamente entre o seu uso comum e o seu uso conceitual. Uma palavra que habitualmente é vista como 'conceito' em determinado campo de saber, em outro pode só aparecer como uma 'palavra comum'. Além disso, um mesmo conceito – ou uma mesma palavra que designa um conceito – pode se abrir a determinados sentidos e significados em um campo de saber, e a outros sentidos e significados em outro. Uma definição válida para um conceito em certo campo de saber pode não ter nenhuma operacionalização em outro campo.

Vamos ilustrar essa situação oscilante com a palavra "angústia", que frequentemente utilizamos como palavra comum em nosso dia a dia, mas que pode se apresentar como expressão verbal associada a diferentes conceitos em determinados campos de saber. Por isso, trouxe a palavra para meio-caminho entre a área dos conceitos e a área das palavras comuns, no quadro anterior (10), mesmo que esta palavra na maior parte do tempo esteja imersa na dinâmica de palavras comuns com as quais nos comunicamos uns com os outros todo o tempo. Neste novo momento, vamos nos aproximar da palavra 'angústia' com vistas a refletir sobre as suas potencialidades como palavra comum e como conceito (Quadro 11).

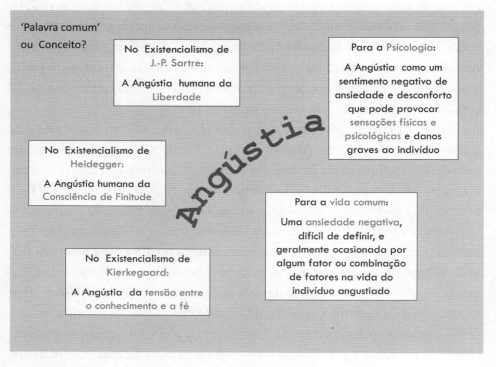

Quadro 11: *'Angústia', em diferentes situações conceituais*

Na vida comum, quando empregamos a palavra "angústia" estamos nos referindo a uma ansiedade negativa, difícil de definir, e geralmente ocasionada por algum fator ou combinação de fatores na vida do indivíduo angustiado. Todos nós sentimos angústia diante de certas situações, em maior ou menor grau, e por menor ou maior período de tempo. Ao nos comunicarmos com outros indivíduos e dizermos que estamos angustiados com relação a determinada questão, ou mesmo que estamos sofrendo de angústia de modo mais geral, não precisamos dar maiores explicações acerca do sentido que estamos atribuindo à palavra angústia. A compreensão desta palavra é mais ou menos imediata para qualquer pessoa, e particularmente no sentido comum com o qual definimos a palavra no início deste parágrafo. Contudo, se a angústia está provocando muito desconforto e sofrimento, pode ser que tomemos a decisão de recorrer a um psicólogo.

Para a Psicologia, 'angústia' é um conceito importante, pois pode se referir a uma doença ou distúrbio que requeira tratamento ou maiores cuidados. Os psicólogos discutem o conceito de angústia em seus congressos, e operam com os seus sentidos mais precisos em sua prática clínica diária. A angústia, para eles, pode ser entendida como um sentimento negativo de ansiedade e desconforto que pode provocar sensações físicas e psicológicas, bem como danos graves ao indivíduo. Ao discutir a angústia, os psicólogos provavelmente darão um uso conceitual clínico a esta palavra. Há tratados de psicologia sobre a angústia e sobre as diferentes formas de tratá-la. Os pesquisadores da área também produziram teses, ensaios, conferências, documentos, estatísticas, pareceres técnicos e trabalhos analíticos bem especializados sobre esta disposição mental, e em cada um destes diferentes tipos de textos precisarão trabalhar conceitualmente com a expressão verbal "angústia". Para eles, neste momento, não teremos aqui mais uma palavra comum, mas sim um conceito.

Passando da Psicologia à Filosofia, podemos encontrar outros desenvolvimentos conceituais aplicáveis à ideia de angústia. Na filosofia existencialista e pré-existencialista, em suas várias correntes e contribuições autorais, "angústia" torna-se um conceito central. O próprio ser humano, nesta nova perspectiva filosófica, passa a ser visto como o único animal que tem a sua vida permanentemente interferida e redefinida pela angústia. Neste sentido, a capacidade de se angustiar (ou a incapacidade de não se angustiar) pode ser mesmo pensada como uma nota significativa que vem se somar ao acorde conceitual que define a espécie humana e amplia a distinção desta em relação a outras espécies animais. De todo modo, o que importa para nossa discussão é dar a perceber que – tanto para filósofos existencialistas como Jean-Paul Sartre (1905-1980) como para filósofos precursores desta corrente como Søren Kierkegaard (1813-1855) – a angústia não pode mais ser utilizada como uma palavra comum, devendo, sim, ser operacionalizada como um conceito.

Qual é a principal angústia dos seres humanos? Isso vai variar de filósofo a filósofo no ambiente existencialista, mas todos concordam que a angústia é basilar para definir as condições e características essenciais da existência humana. Para Sartre, por exemplo, a angústia central é a 'liberdade', outra palavra que frequentemente é empregada de forma comum nas conversas cotidianas, mas que nas discussões filosóficas inspiradas em Sartre ou em outros autores assume o *status* e funcionalidade de um conceito. É bem conhecida a célebre frase de Sartre: "o homem está condenado a ser livre". Esta frase, não raramente, é muito usada de maneira descaracterizada, deslocada de suas conotações existencialistas, para significar poeticamente que "o homem está destinado à liberdade". Ou seja, nessa interpretação popularizada (e desvirtuada) da frase sartreana, a liberdade é abordada em seu aspecto positivo e a expressão "está condenado" é desvinculada de suas implicações filosóficas para assumir um matiz poético, como se quiséssemos dizer que, não importa as tiranias que se abatam sobre a humanidade, nada poderá impedir a liberdade que está destinada à espécie humana. A frase de Sartre, em seu contexto original, não trata, todavia, disto.

O que ocorre é que o conceito de "liberdade", na filosofia existencialista de Sartre, conecta-se com o conceito de "angústia", central na postura existencialista. A liberdade faz parte da condição humana através de um viés angustiante: diante de qualquer situação, das mais corriqueiras às mais decisivas, os seres humanos não apenas têm direito a fazer escolhas – eles são obrigados a fazer escolhas. A todo instante de suas vidas, os seres humanos têm a *liberdade* e a *responsabilidade* de fazer escolhas (estes dois conceitos também estão incontornavelmente ligados na filosofia existencialista sartreana). O único tipo de escolha que está vedado a um ser humano, diante das situações concretas que a ele se apresentam, é o de não fazer escolhas. Aqui, a ideia de que "o homem está condenado a ser livre" adquire seu pleno sentido. Em síntese, a angústia humana estabelece-se diante da sua responsabilidade de escolher.

Existe ainda outra famosa frase de Sartre que fala implicitamente das incontornáveis escolhas humanas: "o homem é um projeto inacabado". Dito de outro modo, cada homem e cada mulher fazem-se a si mesmos – e estão sempre por se fazer. Ao mesmo tempo, a própria espécie humana como um todo terá de fazer suas próprias escolhas ao longo da história, e decidir coletivamente seu destino a cada novo lance de dados. Poluir o planeta? Aniquilar a si e ao mundo na fornalha atômica? Construir a paz? Usar ciência com consciência, e agregar ética aos empreendimentos científicos? Enquanto isso, fora o humano, os demais animais já têm a sua existência determinada desde o nascimento de cada um dos indivíduos de sua espécie. Uma abelha, ao nascer, já está destinada a habitar uma colmeia, a se inserir na função que a ela foi indicada pela sua casta biológica dentro da espécie das abelhas, e a trabalhar em um grande sistema voltado para a produção de mel e para a estabilidade da hierarquia que culmina com a abelha-rainha – esta também já apresentando seu destino individual determinado desde o seu nascimento destacado de todas as demais abelhas. As abelhas, como as ovelhas, não podem escolher: o seu modo de *existência* já está definido previamente e sintonizado com a sua *essência* (mais dois conceitos centrais no existencialismo). O próprio Sartre utiliza um exemplo enfático ao se referir aos objetos e contrastá-los com a existência humana:

> "Consideremos um objeto fabricado, como, por exemplo, um livro ou um corta-papel. Tal objeto [...] é ao mesmo tempo um objeto que se produz de uma certa maneira e, por outro lado, que tem uma utilidade definida, e não é possível imaginar um artífice que produzisse um corta-papel sem saber para que há de servir tal objeto. Diremos, pois, que, para cada corta-papel, a essência – quer dizer, o conjunto de receita e de características que permitem produzi-lo e defini-lo – precede a existência. E assim a presença, frente a mim, de tal corta-papel está bem determinada" (SARTRE, 1946).

Com o animal humano, entretanto, "a existência precede a essência" (outra célebre frase de Sartre). A essência de um homem (aquilo que ele pode vir a se tornar) procede diretamente de suas escolhas. Mesmo um africano livre que fosse capturado no século XVII para ser transformado em escravo e enviado ao cativeiro nas Américas, em que pese a crueldade que foi praticada contra ele, precisará fazer suas escolhas. Adaptar-se, resistir, definhar e morrer, atirar-se ao oceano na viagem a que será obrigado em sua diáspora? Chegando ao cativeiro, o que escolherá? Aprender a língua do seu opressor, e através dela negociar melhores condições de existência? Resistir ao aprendizado da língua, como uma forma de não ser tragado pela cultura do opressor? Fugir solitariamente? Fugir em grupo? Suicidar-se? Matar seus escravizadores, arriscando-se contra as terríveis consequências que poderão daí advir? Até mesmo o escravizado sobre o qual se abate a crueldade do cativeiro estaria "condenado a ser livre", pois precisaria fazer as suas escolhas – conscientes ou inconscientes. Dessas escolhas decorrerá a sua essência, aquilo que ele poderá vir a ser.

Nosso objetivo aqui não é discutir todos os meandros e complexidades da filosofia existencialista sartreana, mas apenas mostrar que o conceito de angústia, nessa filosofia, adquire delineamentos próprios. Para além do que propõe a Psicologia, que se compromete a tratar a angústia no plano individual e normalmente como uma disfunção, o conceito de angústia é generalizado na filosofia sartreana para toda a espécie humana: torna-se uma característica fundante de cada um dos indivíduos da espécie e um aspecto que se conecta a outros conceitos que se ajustam uns aos outros na filosofia proposta por esta corrente existencialista. Enquanto isso, o conceito de angústia mostra-se igualmente central na filosofia também existencialista de Martim Heidegger (1889-1976) – mas, aqui, a angústia que se coloca no centro da vida humana é a "consciência de finitude". O homem é o único animal que, a todo instante, tem a consciência de que vai morrer; e que, em um nível consciente ou inconsciente, em todos os instantes pensa na sua morte. Já na filosofia de Kierkegaard (1813-1855), filósofo dinamarquês que é apontado como um precursor do Existencialismo, a angústia é constituída a partir de uma tensão entre o conhecimento e a fé.

Com esta pequena digressão, nossa intenção foi mostrar que a palavra angústia pode desempenhar o papel simples de um vocábulo empregado na vida comum, ou pode ser alçada à posição de um conceito pronto a assumir distintos significados e funções em correntes filosóficas diferenciadas, ou ainda em outros campos como o da prática clínica dos psicólogos. De igual maneira, em certos ambientes filosóficos como o existencialismo sartreano o conceito de *angústia* gera conexões específicas, ligando-se a outros conceitos como o de *existência* e *liberdade*, palavras que também podem se apresentar como expressões verbais simples inseridas nas conversas cotidianas, e que só assumem a função de conceitos em determinados contextos filosóficos ou científicos. O exemplo nos mostra que não existe propriamente esta "palavra comum" ou aquele "conceito" específico como expressões verbais que habitam necessariamente espaços diferenciados do repertório de uma comunidade linguística. Também pudemos ver, com o exemplo proposto, que a polissemia se apresenta nas diversas definições do conceito de angústia e nos ajustes singulares que ocorrem em cada corrente filosófica que o traz para a centralidade de seus discursos.

No lado direito do 'Quadro 10', também havíamos trazido para o centro da figura, a meio-caminho entre o vasto território das palavras comuns e a espacialidade seleta onde repousam os conceitos, a singela palavra *lápis*. A princípio, ninguém diria que lápis é, senão, uma palavra comum. Quando pedimos a alguém um lápis emprestado estamos certos de que seremos bem compreendidos e de que o nosso interlocutor nos estenderá a mão para nos passar um lápis, e não um livro ou um corta-papel. Dificilmente, e isso seria mesmo ridículo, alguém responderá ao nosso pedido de empréstimo de um lápis com uma solicitação para que definamos melhor o que entendemos por lápis. No entanto, se estivermos negociando com um fabricante de lápis, ou mesmo procurando este objeto em uma papelaria especializada, no mesmo instante seremos indagados acerca do tipo de lápis que estamos procurando. Há lápis próprios para o desenho, outros para fazer contornos em telas de pintura, outros para marcar paredes. Há também lápis que funcionam melhor com certos tipos de papéis, e assim por diante. Para o fabricante de lápis, e para os profissionais que usam estes instrumentos de desenho e escrita, lápis pode se apresentar como um conceito. De igual modo, se costumamos empregar a palavra *cadeira* de maneira cotidiana, já um marceneiro certamente utilizará a palavra cadeira como conceito, e buscará se valer dela como um conceito agrupador que prevê tipos mais específicos de cadeiras. Poderíamos dar inúmeros outros exemplos para mostrar que, a princípio, a mais inocente palavra comum pode, em certas situações, envergar as majestosas vestes de um conceito. O uso verbal dos conceitos pode ser uma questão técnica, e também uma arte. A linguagem verbal – escrita ou falada – é o campo em que mais habitualmente podemos observar a instigante dança dos conceitos. Entrementes, veremos no próximo item que a linguagem visual, e particularmente o âmbito visual simbólico, também pode acolher de modo criativo o uso de conceitos.

2.4 A expressão de conceitos a partir da linguagem simbólico-visual

Por um instante abandonaremos o universo das expressões verbais nesta nossa busca de um entendimento mais aprimorado e abrangente sobre o que são os conceitos. Nesta seção, discorreremos sobre a instigante possibilidade de formularmos conceitos também através da linguagem simbólica, e, em especial, através dos símbolos visuais. Para tal, precisaremos distinguir muito claramente as situações em que temos apenas 'símbolos comuns' – ou mesmo meros sinais, ícones e imagens simples – daqueles casos especiais em que, efetivamente, estamos diante de imagens que podemos chamar mais propriamente de 'símbolos conceituais'. O 'Quadro 12' ajudará a nos orientarmos nesta reflexão através de alguns exemplos bem escolhidos para esta finalidade.

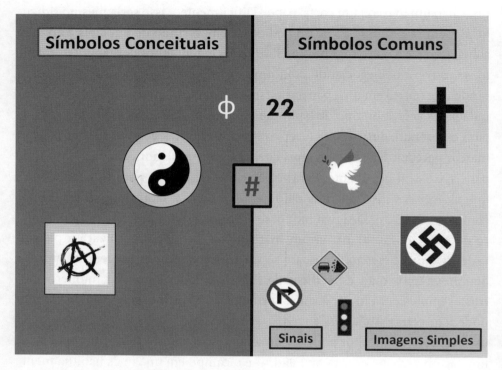

Quadro 12: *Símbolos Conceituais e Símbolos Comuns*

De maneira mais geral, um símbolo é um tipo específico de signo – que, neste caso, poderá ser uma imagem, um sinal, e em algumas situações até mesmo uma palavra ou uma letra –, o qual estabelece uma relação entre um traço concreto de realidade e algo abstrato que este traço busca representar. O traço concreto de realidade ao qual nos referimos corresponde ao chamado "significante", e a realidade abstrata que se quer ver representada seria o "significado"[18]. Por exemplo, a imagem da cruz, em diversas sociedades europeias e americanas, tem cumprido o papel de representar o Cristianismo. Este uso

---

18 Todo signo (e os símbolos constituem apenas um tipo específico de signos) é constituído de duas partes conectadas: o significante, que é o elemento tangível e perceptível do signo, e o significado, que é o elemento abstrato do signo.

simbólico se apoia no fato de que Cristo, figura máxima desta religião, teria morrido pregado em uma cruz no antigo Império Romano, além de se basear no fato de que os crucifixos e imagens de cruz tornaram-se objetos bem familiares e comuns para os praticantes desta religião. A eficácia simbólica da cruz para representar o Cristianismo dá-se através da contiguidade semântica: a cruz, como objeto familiar ao Cristianismo – e, portanto, como parte reconhecível do universo concreto das práticas religiosas desta religião – representa o todo, simbolizando o Cristo crucificado e também o sistema do Cristianismo na sua totalidade.

Por outro lado, uma imagem também pode remeter simbolicamente a algo abstrato através de uma convenção compartilhada pela comunidade, tal como ocorre com a suástica que foi adotada como símbolo pelo Nazismo alemão no período hitleriano, e que posteriormente foi reapropriada para simbolizar grupos, práticas e atitudes neonazistas nas gerações seguintes (Quadro 12, à direita). De igual maneira, a conhecida figura do "A" enviesado que se superpõe ao "O" tornou-se, por convenção, o símbolo do Anarquismo, sistema de pensamento e prática política que rejeita a autoridade e o poder estatal, ao propor uma organização social espontânea e autogestionária (Quadro 12, à esquerda).

Disse acima que um símbolo é um signo em que o significante, no caso inspirado em um elemento da realidade concreta, remete a um significado abstrato. É preciso esclarecer que, se todos os símbolos são signos, nem todos os signos são símbolos. O universo dos signos é muito mais abrangente do que o universo simbólico (e o inclui). As palavras que fazem parte do repertório de qualquer idioma conhecido, por exemplo, constituem os nossos conjuntos mais familiares de signos (mas que não são símbolos). Podemos nos referir às palavras como 'signos linguísticos'. Em um exemplo anterior evoquei a palavra 'lápis'. Podemos verbalizar oralmente esta palavra, pronunciando um conjunto de sons que será imediatamente reconhecido pelos falantes de nossa língua, ou podemos escrever esta palavra utilizando, em uma determinada ordem, as cinco letras que constituem este vocábulo – as quais também serão reconhecidas pelo grupo mais restrito dos falantes alfabetizados. Tanto os sons como as imagens das letras, neste caso, serão familiares a qualquer falante ou ouvinte alfabetizado na língua portuguesa[19]. Estes sons ou estas letras, formadores de

---

19 Quando evocam mentalmente uma palavra, os praticantes alfabetizados de uma determinada língua – ou os conhecedores de seu léxico – terminam por fundir em sua mente estes

palavras verbalizadas ou escritas, constituem o 'significante', o elemento tangível do signo 'lápis'. Enquanto isso, o 'significado' seria o próprio conceito de lápis – que atrás defini como um instrumento manuseável que é utilizado para escrever ou desenhar, e que apresenta uma forma cilíndrica alongada projetada especialmente para abrigar um tubo de grafite protegido por um revestimento de madeira[20].

Através do significante de lápis (as letras ou sons que o designam) o significado *lápis* pode ser direcionado a um objeto real 'lápis' (que na teoria dos signos seria compreendido como o 'referente' neste processo de comunicação). O referente é um lápis real, específico, ao qual estou me referindo em um processo comunicativo: "aquele lápis verde que está pousado sobre a mesa". Desde já é importante ressaltar que a palavra lápis, que acabei de empregar para me referir a um lápis concreto e específico, é um 'signo', mas não um 'símbolo'[21]. Em contrapartida, a imagem inclinada de um pequenino lápis (cf. 'Quadro 12', detalhe do canto inferior direito), é frequentemente utilizada, na linguagem visual dos sistemas operacionais de blogs, como símbolo para indicar que, clicando na imagem, o usuário poderá editar o texto do seu blog. A imagem simples e estilizada do objeto concreto 'lápis', neste caso, é utilizada

---

dois caminhos de representação proporcionados pela palavra: a imagem e o som. Tanto que Saussure (1857-1913), um dos maiores sistematizadores da Linguística, chega a falar em uma "imagem sonora". Quando pensamos na palavra 'lápis', formamos uma 'imagem sonora' desta palavra, não com o som material físico que seria produzido se pronunciássemos oralmente esta palavra, mas através da impressão psíquica trazida por estes sons.

20 Na Linguística, o signo linguístico é considerado como uma interação entre a 'imagem acústica' do signo (seu significante), e o seu significado, que seria o 'conceito' implicado neste signo. No entanto, como sempre utilizaremos a palavra 'conceito' em um sentido muito mais específico – filosófico e científico – esta expressão não poderá ser aqui utilizada como sinônimo de 'significado'. 'Conceito', para nós, será necessariamente uma expressão que envolve maior complexidade na estruturação das 'notas' que interagem para compor o seu significado. Para nossa reflexão mais específica, um conceito nunca poderá ser uma representação simples, pois deverá configurar sempre "uma representação complexa, elaborada e abstrata da realidade percebida" tal como postulamos na definição evocada na seção anterior deste ensaio. Além disso, o 'conceito', para nós, incluirá concomitantemente o seu 'termo' ("a expressão verbal, imagem ou fórmula" que o evoca), e o significado que está sendo proposto para o conceito naquele momento (a sua 'compreensão' ou "intensão").

21 O conjunto de signos que constitui uma linguagem, como o idioma português, é definido como o seu 'léxico'. O que possibilita que os vocábulos deste léxico se articulem de modo a ensejar um processo comunicativo é a *sintaxe*, sistema de regras de procedimentos que, por ser familiar aos interlocutores que utilizam a língua, torna-se eficaz para integrar os vocábulos a discursos que farão sentido efetivo.

como símbolo que remete ao ato de escrever, ou mais especificamente à ideia abstrata de "editar um texto".

Esse tipo de símbolo – apto a funcionar como um sinal muito simples que enseja uma ligação quase direta entre a imagem significante e aquilo que se quer representar – enquadra-se na categoria do 'ícone'. A simplicidade dos ícones, conforme veremos adiante, contrasta bastante com a complexidade maior que deve ser apresentada pelos conceitos visuais. O ícone é uma imagem que faz ressoar uma única nota: o ato de escrever ou a permissão para editar o texto são representados pela figura, esquematizada ao máximo, de um lápis – objeto que pode ser usado para escrever e que é imediatamente reconhecido como tal ao primeiro olhar. Logo adiante veremos que não é isso o que ocorre com os conceitos – inclusive os 'conceitos visuais' – pois estes mobilizam muitas notas, situando-as em uma estrutura complexa que corresponde à 'compreensão' do conceito. Em sua simplicidade, os ícones se aproximam dos 'sinais', sendo que estes estabelecem também uma relação direta, mas agora através de uma convenção que é acordada ou por um grupo social específico que utiliza o sinal (uma saudação partidária, por exemplo), ou, de modo mais geral, pela comunidade linguística que com este ou aquele sinal se familiarizou, a tal ponto que ao enxergarmos o sinal imediatamente sabemos o que significa. A cor vermelha em um semáforo, por exemplo, é reconhecida por motoristas e pedestres em trânsito como sinal para parar; no entanto, a luz vermelha, no contexto das casas noturnas, pode sinalizar os ambientes onde se encontram os serviços de prostituição. Já o sinal de trânsito que evocamos no lado direito do 'Quadro 12' – uma seta que se desvia bruscamente para a direita, concomitantemente cortada por uma diagonal vermelha – é imediatamente percebido por qualquer motorista como uma proibição de virar à direita. Trata-se de um 'sinal', apoiado em uma convenção reconhecida por todos os motoristas. Já o sinal de trânsito registrado mais acima no 'Quadro 12', indicador de que o motorista está prestes a passar por uma área sujeita a desmoronamentos, volta a sintonizar com a ideia de 'ícone', pois a figura remete imediatamente à imagem de um desmoronamento que pode se abater sobre os automóveis[22].

---

22 Para a Semiótica, o 'ícone' é um signo visual que representa outro objeto, ou uma situação específica, *por força da semelhança*. Mas há ícones que, ao evocar metáforas conhecidas, funcionam de forma simbólica. A figura de um leão, por exemplo, tem sido utilizada como ícone para o Imposto de Renda.

Para destacar uma última possibilidade, conhecemos muitos 'símbolos comuns' na Matemática. Os algarismos – por exemplo, '22' – são símbolos gráficos que remetem aos numerais ("vinte e dois") e que representam certas quantidades, como aquela que é evocada pelo cardinal 22, no seu sentido mais abstrato. Mas os matemáticos também lidam com inúmeros símbolos relacionados às operações que podem estabelecer uma relação ou interação entre dois ou mais números – adição (+), subtração (-), multiplicação (x), e muitos outros – ao lado daqueles que podem ser empregados em fórmulas, tais como igualdade (=), desigualdade (≠), equivalência (≡), somatório (Σ), intersecção (∩) e tantos mais. Estes símbolos, ao lado dos algarismos, funcionam mais como *signos* que indicam o léxico da linguagem matemática do que como *símbolos* propriamente ditos, mas não deixa de ser notável que normalmente haja uma lógica simbólica subjacente às imagens escolhidas para estes sinais. Que melhor sinal poderia evocar a "igualdade" do que dois pequenos traços exatamente iguais que se posicionam em paralelo (=), ou que signo melhor traria à mente a operação da "adição" do que dois traços atravessados que se juntam um ao outro (+)? Que operador representaria melhor a "divisão" que um traço que produz a separação entre duas quantidades representadas por dois pequenos pontos (÷)?[23]

Compreendida esta distinção inicial entre os signos e os símbolos – estes últimos constituindo apenas um tipo específico de signos – podemos começar a explorar a distinção entre os símbolos que podem funcionar como conceitos (os que aqui chamaremos de 'símbolos conceituais') e os símbolos comuns. Vou postular neste ensaio que os símbolos que situei à esquerda do 'Quadro 12' são símbolos conceituais – sendo que dois deles – o símbolo *Yin Yang*, e o símbolo do Anarquismo – são também 'imagens conceituais'. Enquanto isso, os símbolos, ícones, sinais e imagens simples que situei à direita não apresentam propriedades conceituais, ou as apresentam de maneira muito escassa, limitada e deficiente. Ainda que sejam eficazes para simbolizar, não podem ser

---

23 Além da utilização de algarismos e operadores como signos matemáticos, a utilização de letras para representar "quantidades desconhecidas" (*arithmos*) demarca o próprio surgimento da Álgebra. Por outro lado, é importante frisar que cada símbolo matemático tem a sua própria história particular. O uso do sinal de =, por exemplo, surgiu pela primeira vez em um livro inglês de álgebra, em 1557; e o símbolo da raiz quadrada aparece na Alemanha em 1525 (ROQUE, 2012, p. 267). Para frente e para trás no tempo, uma história particular poderia ser levantada para cada símbolo ou grupo de símbolos. O léxico de símbolos matemáticos, desta forma, é uma grande construção histórica e coletiva.

considerados os equivalentes imagéticos dos conceitos que eles buscam representar. Antes de aprofundar três estudos de caso, vou realizar algumas exemplificações mais simples.

Um pombo branco é frequentemente utilizado como símbolo da paz. No entanto, na imagem de um pombo branco, como esta que selecionei, não há propriamente nada que se refira às notas que deveriam ser evocadas para construir de maneira mais elaborada o conceito de "paz". Por que o pombo foi escolhido como símbolo da paz? Podemos levantar cuidadosamente a história deste símbolo, mas certamente não encontraremos nela a história de um verdadeiro conceito. Convencionou-se que o pombo seria o símbolo da paz, e entende-se perfeitamente que tal papel não poderia ser atribuído à imagem de um leão – animal que favorece mais a representação do poder, da força, realeza, bravura, e que, portanto, poderia ser escolhido como símbolo para estes aspectos ou para instituições sociais que desejem evocar tais atributos na construção de sua própria imagem. No entanto, se a figura do pombo é apropriada para representar a paz, não é a única figura de animal que poderia desempenhar este papel com eficácia. Por que não outros pássaros, como os canários, ou outros animais, como os coelhos? Além disso, se a figura de pombo pode ser boa para representar a paz, essa não é a única coisa que ela poderia representar. O pombo, muito utilizado pelos antigos correios, poderia representar a comunicação; ao lado disso, como acabam produzindo muita sujeira, não duvido que alguém pudesse usar a imagem de pombos para representar este outro aspecto.

O que quero trazer com estes exemplos simples em torno da figura do pombo e de sua escolha para símbolo da paz – uma escolha francamente amparada por uma convenção – é que um 'símbolo conceitual' não é apenas um símbolo que foi arbitrado para desempenhar tal função. Entre o símbolo conceitual e o conceito ao qual aquele se liga deve haver mais do que uma simples relação de convenção. Quando olhamos para um símbolo conceitual realmente adequado, não podemos nem ficar com a impressão de que outra imagem poderia ter sido escolhida para transpor o conceito para a linguagem visual-simbólica, nem ficar com a sensação de que esta imagem, escolhida para representar um determinado conceito, poderia também ter sido escolhida para representar um conceito totalmente diferente. O símbolo conceitual parece ter sido feito para o conceito que ele representa; e isto ocorre porque, na verdade, este símbolo contém todas as notas essenciais do conceito abstrato ao qual ele se liga. Para que um símbolo conceitual represente adequadamente certa ideia – ou determinado campo filosófico, propriedade teórica ou sistema político, se for o caso – nada que seja fundamental e inerente a esta ideia ou perspectiva teórica pode ficar de fora da imagem escolhida. A imagem escolhida para um 'conceito visual', com um paradoxo que na verdade é apenas aparente, precisa ao mesmo tempo conter 'complexidade' e se apresentar com simplicidade.

Se, conforme já vimos, nos conceitos expressos em linguagem verbal temos dois componentes em separado – o *termo* que é utilizado para evocar o conceito de forma simples e rápida (por exemplo, a palavra "revolução"), e a *definição* que precisa acompanhar este termo sempre que convocada ("uma revolução é um movimento social radical que institui uma ordem completamente nova") – já com os conceitos visuais estas duas instâncias estão presentes de uma só vez. A imagem que simboliza o conceito e as notas que compõem a 'compreensão' deste mesmo conceito precisam estar amalgamadas em um único sistema imediatamente apreensível ao olhar. Além disso, as notas importantes para o conceito (os elementos cruciais para a sua definição) precisam estar todas ali, e não pode faltar nenhuma delas.

Também não devem aparecer na imagem elementos imagéticos desnecessários – e menos ainda aqueles que possam trazer imprecisão ou incongruência ao conjunto (a brancura do pombo, associável à paz, não pode ser atrapalhada pela sujeira dos pombos na vida diária). Se uma imagem desnecessária ou incongruente se intromete – mesmo que de forma subjacente – na componente visual de uma 'imagem conceitual', é como se, ao elaborar verbalmente a definição de um conceito (a sua 'compreensão'), acrescentássemos a esta definição elementos que não deveriam estar ali. Por exemplo, se lápis é um "instrumento manipulável utilizado para a escrita e para o desenho, feito de um tubo de madeira alongado que reveste uma fina coluna de grafite", não posso acrescentar entre os atributos do lápis a "cor verde". Isso fica muito claro quando utilizamos a linguagem verbal para compor a definição de um conceito; e deve ficar claro quando escolhemos os elementos que vão interagir na visualidade de uma 'imagem conceitual'.

O segredo das imagens que podem funcionar como conceitos visuais é o entendimento de que, na linguagem conceitual-simbólica de tipo imagético, o 'termo' e a 'compreensão' do conceito estão juntos em uma coisa só. Já no 'símbolo comum' temos apenas um 'termo visual' que representa algo (mesmo que este algo seja um conceito bem constituído, fora do mundo da imagem). Aquilo que o símbolo comum pretende evocar através deste *termo visual* (desta imagem que foi escolhida) não está inscrito na própria imagem, mas é apenas evocado como uma referência externa. Neste caso, as notas do conceito a ser representado não estão todas ali – podem faltar algumas, ou mesmo todas – e se não explicarmos o que aquela imagem pretende significar, o espectador dificilmente poderá deduzi-la. Nas culturas ocidentais contemporâneas, e possivelmente no mundo todo, estamos muito familiarizados com o símbolo do Nazismo (a suástica que anuncia um movimento giratório para a direita). Mas reconhecemos o Nazismo através deste símbolo porque conhecemos a sua história. O habitante de uma comunidade distante, no espaço e no tempo, que não estivesse familiarizado com esta história, não poderia deduzir as características do Nazismo através deste símbolo. De fato, a suástica já significou outras coisas em distintas culturas do passado, mas não é ainda o momento de discutirmos este aspecto em pormenor. Por ora, quero apenas mostrar que as 'notas' que caracterizam o Nazismo (os elementos que deveríamos acrescentar à sua 'compreensão' para obtermos uma boa definição deste sistema político) não estão todas presentes na imagem da suástica. Por isto, esta é apenas um 'símbolo' que foi escolhido para representar o Nazismo, mas não é uma 'imagem conceitual', e tampouco um 'conceito simbólico' que expõe esta visão de mundo ou sistema político (voltaremos a isto)[24].

Neste momento, passaremos ao exame de um conceito visual específico. Com isso, demonstrarei que não só a linguagem verbal, tão usada em várias ciências, é apropriada para a formulação conceitual. As imagens, e também a linguagem matemática, são igualmente eficazes para esta finalidade, embora neste livro não possamos nos deter em maior detalhe nesta última[25].

---

24 Toda 'imagem conceitual' é um 'conceito simbólico'. O inverso não é verdadeiro, pois podemos elaborar símbolos que funcionem como conceitos utilizando outras linguagens que não a visual. Na fronteira entre imagem e palavra, posso explorar o universo conceitual-simbólico através de metáforas. O número φ, que envolve a 'proporção áurea', também pode ser entendido como um símbolo conceitual – ou como um 'número conceitual' –, mas não se trata de uma imagem conceitual-simbólica.

25 Apenas para dar um exemplo de conceituação em linguagem matemática, quero evocar a bela e célebre equação da relatividade, formulada por Albert Einstein conforme a

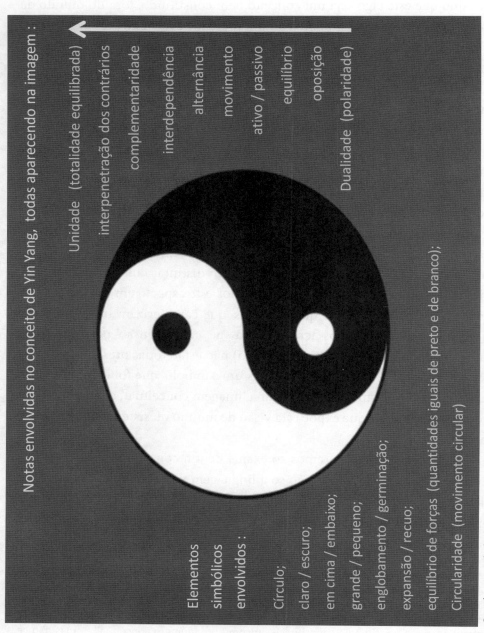

Quadro 13: *Símbolo Yin Yang, das antigas filosofias chinesas*

2.5 Análise de uma imagem conceitual: o símbolo do *Yin Yang*

O exemplo que analisarei a seguir é o símbolo *Yin Yang*, celebrizado pelas mais antigas filosofias chinesas[26]. No 'Quadro 13', expus ao centro este símbolo – que vou argumentar que pode ser efetivamente considerado como uma 'imagem conceitual'. No lado esquerdo do quadro, registrei os elementos simbólicos envolvidos neste símbolo. Entre as soluções imagéticas e as 'relações entre imagens' que configuram a base da linguagem simbólica trazida por este símbolo, destacamos todas as que se pode perceber sem maior dificuldade. Algumas configuram elementos bem simples: 'círculo'; 'claro / escuro'; 'em cima / embaixo'; 'grande / pequeno'. Outras conformam ações ou movimentos derivados destes elementos mais simples, como 'englobamento, germinação', 'expansão / recuo', 'descida / subida'; 'equilíbrio de forças', 'circularidade'. Já no lado direito do quadro dispus os aspectos que considero como as notas essenciais envolvidas na compreensão do conceito de *Yin Yang*, todas elas aparecendo na imagem.

---

fórmula $E = mc^2$. Esta equação sintetiza dentro de si alguns conceitos, de maneira explícita e implícita. Ela permite definir a 'energia', em uma perspectiva física e matemática, como 'massa' multiplicada pelo 'quadrado da velocidade da luz' (c^2). De saída, somos colocados diante de uma das maiores descobertas de Einstein: nos limites de nosso universo, somente a luz, desde que considerado o seu movimento no vácuo, apresenta uma velocidade absoluta e *constante* conforme todos os pontos de vista, independente tanto do movimento da fonte de onda como do referencial inercial do observador – o que implica que a velocidade de um feixe de luz emitido por uma fonte em alta velocidade será a mesma de um feixe de luz emitido por uma fonte estacionária. A constante *c* (velocidade da luz) já havia sido deduzida das equações de Maxwell, desde o século XIX, como próxima a 300.000 quilômetros por segundo, mas foi Einstein quem extraiu disto todas as consequências físicas e matemáticas. Uma decorrência importante da nova formulação conceitual é que o espaço e o tempo passam a ser vistos como relativos e como configurando uma única estrutura de quatro dimensões – o 'espaço-tempo' – deformável pela presença de matéria ou energia. Esta última perspectiva, aliás, é uma das mais fascinantes contribuições da equação: como energia é igual à massa multiplicada pelo quadrado de uma constante (a velocidade absoluta da luz), tudo se redefine e surge um novo conceito: o de "matéria-energia". Doravante, percebe-se que matéria não é senão a energia condensada. Em contrapartida, energia não é mais do que a matéria que sofreu um desadensamento de 90 bilhões (o quadrado da constante 'velocidade da luz'). Todos estes conceitos acham-se entrelaçados nesta bela fórmula matemática.

26 O conceito de *Yin Yang* aparece no Taoismo, e também foi incorporado basilarmente pelo *I Ching* (O *Livro das Mutações*). Artes marciais como o *Baguazhang* e o *Tai Chi Chuan* também assimilaram este conceito na elaboração dos seus repertórios de movimentos, no caso se valendo da forma mais sofisticada dos *Ba Gua*, que são constituídos por diagramas octogonais envolvendo os oito trigramas utilizados no *I Ching*, conforme comentaremos mais adiante (cf. 'Figura 1' e nota n. 31). O *Tao Te Ching* (350-250 a.C.) e o *Zhuangzi* são os textos antigos mais importantes do Taoismo. Quanto ao *I Ching* remonta ao terceiro milênio anterior à Era Comum.

De baixo para cima, temos a 'dualidade' (polaridade), 'oposição', 'equilíbrio', 'atividade / passividade'; 'movimento'; 'alternância', 'interdependência', 'complementaridade', 'interpenetração dos contrários', 'unidade' (totalidade equilibrada). Estes dois âmbitos de análise (os elementos simbólicos envolvidos e as 'notas' do conceito visual) vão interagir um sobre o outro na minha análise, com vistas a demonstrar que o *Yin Yang* pode ser de fato compreendido como uma 'imagem conceitual', ou como um 'conceito visual-simbólico'. Começaremos com a apreensão inicial das imagens e elementos simbólicos envolvidos nesta imagem conceitual.

A primeira coisa que me impacta quando este símbolo se coloca diante de mim é a sua forma circular. Acredito que a constatação de que sua forma externa é um 'círculo' seja a primeira coisa que todas as pessoas tenham tendência a perceber ao olhar a figura. Imediatamente depois, atingem nossa percepção as cores branca e preta – ou as ideias simbólicas de 'claro/escuro' às quais estes polos cromáticos sempre se referem quando contrapostos um ao outro sem a mediação de outras cores[27]. Concomitantemente, percebe-se que o hemisfério claro e o hemisfério escuro são separados suavemente por uma 'linha sinuosa' que também faz parte do jogo de imagens[28].

Se percebemos – através da oposição entre o *branco* e o *negro* – que a figura apresenta um 'lado esquerdo' e um 'lado direito', ao mesmo tempo somos logo impactados por outra percepção, trazida pelos pequenos círculos preto e branco: há nesta imagem um 'em cima' e um 'embaixo'. Os dois pequenos círculos de cor preta e branca que agora percebemos – além

---

27 Quero aproveitar para ilustrar um aspecto que discuti anteriormente. Se em algum lugar desta imagem nós deixássemos que se intrometesse um pequenino ponto azul, o símbolo imediatamente desmoronaria em relação ao conceito que ele representa. O ponto azul seria uma nota estranha, inaceitável neste acorde conceitual. Com esse ponto azul, o *Yin Yang* deixaria de ter a força de um conceito, porque isto afetaria todos os demais componentes da imagem e do conceito. É o que dizíamos anteriormente: em uma imagem conceitual nada pode ser gratuito, e cada um dos componentes imagéticos precisa estar justificado como uma contribuição para os esclarecimentos sobre o conceito e suas notas características. Na melhor das hipóteses, com um ponto azul essa imagem passaria a significar outra coisa totalmente diferente.

28 Este aspecto é particularmente importante. Se a linha que separa os dois hemisférios fosse uma diagonal reta que sobe se inclinando para a direita, a figura assumiria a forma de um mecanismo e perderia toda a sua conformação viva e orgânica. Novamente, um detalhe como este comprometeria incontornavelmente o todo, e o conceito resultante seria totalmente outro.

de sinalizarem para a oposição entre 'alto' e 'baixo' – também nos trazem em novo momento uma nova relação: 'grande e pequeno'. Esta relação é reforçada tanto pela comparação de cada pequeno círculo com o círculo maior que configura a totalidade da imagem como pelo fato de que os pequenos círculos estão no interior das duas grandes formas (branca e negra) que se opõem de cada lado da imagem. Estas duas formas semicirculares que se assemelham vagamente a dois peixes de aspecto fluido representam o Grande Yin (a forma negra) e o Grande Yang (a forma branca).

Espelhadamente, podemos prosseguir na descrição destes aspectos simbólicos. O Grande Yang (forma branca) inclui dentro de si o pequeno círculo negro (o pequeno Yin). O Grande Yin (forma negra) inclui dentro de si o pequeno círculo branco (o pequeno Yang). Vem-nos à mente, com estas duas relações, a ideia de 'englobamento' (o grande está englobando o pequeno), ou de 'germinação' (o pequeno está dentro do grande como uma semente que está prestes a germinar). Já na relação entre as duas grandes figuras, uma com a outra, transparece a ideia de 'expansão' e 'recuo'. Uma figura avança sobre a outra, uma por baixo e a outra por cima, e cada avanço é compensado com um recuo que preserva o 'equilíbrio de forças' através da manutenção de 'quantidades iguais de preto e de branco' no interior da totalidade. O último passo nos leva mais uma vez ao início. Depois da interação de todos estes elementos entre si, o 'círculo total' – que havia sido percebido logo no princípio como a primeira informação que nos atinge os sentidos – revela agora que não constitui simplesmente um círculo, mas também uma figura que apresenta 'circularidade', girando sobre si mesma, de modo que podemos perceber que o *Yin Yang* também traz dentro de si a possibilidade (ou a necessidade) de simbolizar o 'movimento circular' – no caso, em sentido horário. Os elementos simbólicos estão colocados; mas o que eles nos dizem com relação às 'notas' deste símbolo conceitual (as ideias que este veicula, articuladas em sua compreensão)?

A leitura dos antigos textos chineses que se valem do *Yin Yang* autoriza-nos partir da ideia de 'dualidade' ou 'polaridade', que por isso situamos na base do acorde conceitual que foi elaborado na parte direita do 'Quadro 13'. A nota fundamental deste conceito parece ser mesmo esta polarização, e, de fato, a filosofia envolvida nesta imagem é a de que tudo é constituído por estas duas forças em 'oposição'. Não se trata, porém, de uma simples oposição, mas de um 'equilíbrio' – e não é por acaso que todas as terapias orientais baseadas no *Yin Yang* trabalham com a ideia de buscar o equilíbrio entre as duas polaridades. Nesta dinâmica, o Yang (a porção branca) assume o papel 'ativo', enquanto o Yin (a porção negra) assume o papel 'passivo'.

Estas quatro primeiras notas do conceito adquirem um novo sentido quando as confrontamos com a quinta nota, que expressa a ideia de 'movimento'. Posto o círculo a girar, percebemos que Yin e Yang estabelecem uma dinâmica de 'alternância' na qual estas duas forças trocam de lugar incessantemente. Na verdade, podemos agora compreender que não se trata simplesmente de forças opostas, mas sim de forças 'interdependentes' e 'complementares'. Diante destes últimos aspectos, o sistema conceitual com o qual estamos lidando *não* autoriza, em absoluto, a que pensemos no equilíbrio interdependente e complementar das forças brancas e negras como uma oposição entre o Bem e o Mal, pois aquela imagem conceitual está muito longe de mostrar uma luta, aproximando-se mais de uma dança cósmica ou existencial que nossa imaginação pode estender simultaneamente ao macrocosmo do Universo e ao microcosmo da experiência humana. A dança entre os dois princípios que ao mesmo tempo se atraem (*Yin* e *Yang* se atraem por si mesmos) e se repelem em decorrência do próprio movimento circular no qual estão encaixados, poderia inclusive nos levar a pensar a possibilidade de sua aplicação ao próprio nível subatômico da constituição da matéria[29].

A principal mensagem da filosofia *Yin Yang*, agora expressa através da nona nota do seu acorde conceitual, é a ideia de 'interpenetração dos contrários'. Conhecemos bem este princípio, em algumas das filosofias ocidentais, através da célebre concepção dialética. Tudo engendra o seu contrário, ou a sua contradição, de modo que podemos agora compreender perfeitamente a função simbólica dos pequenos círculos de cores contrá-

---

29 Penso nas forças eletroforte e eletrofraca que, respectivamente, mantêm o átomo coeso e explicam processos que regem sua transformação, como o decaimento radioativo. Com relação a estas forças, o modelo padrão da Física reconhece quatro forças presentes na natureza: a interação eletromagnética, a interação forte, a interação fraca, e a interação gravitacional. Uma teoria recente (a *flavordinâmica*, ou teoria de Glashow, Weinberg e Salam) passou a conceber a interação eletromagnética e a interação fraca como uma única força, que passou a ser chamada de 'força eletrofraca'. Mas este pensamento já nos levaria longe. Por ora, é interessante ressaltar que o físico dinamarquês Niels Bohr (1885-1962) também vislumbrou as relações do conceito de *Yin Yang* com a física quântica.

rias no interior de cada uma das grandes figuras. Quando o *Yang* chega ao seu máximo, ele gera em si a semente do *Yin*, e vice-versa (a forma de peixe é bem apropriada para expressar o crescimento). Ao mesmo tempo, a semente que foi gerada no interior e no apogeu da força que lhe era oposta também irá crescer, sendo que este crescimento de um dos dois princípios se faz à custa do outro, de modo que o *Yin* consome o *Yang*, e o *Yang* consome o *Yin*, em um movimento que nunca cessa de reconstruir a totalidade. Ao mesmo tempo em que tudo tem um princípio e tem um fim, já a circularidade não tem fim, pois cada ciclo dá origem a novos ciclos. Podemos encerrar aqui a leitura deste acorde conceitual. Percorrido o caminho da nota conceitual mais grave à mais aguda, percebemos finalmente que a 'dualidade' polarizada também pode ser vista como uma 'unidade' – ou como uma 'totalidade equilibrada'.

A proposta da filosofia *Yin Yang* é que esse modelo poderia explicar a origem do Universo, a sua permanente reatualização, a aventura humana e as oscilações existenciais que se aplicam aos pequenos ciclos de cada indivíduo em especial. O conceito também pode amparar uma orientação ética – um modo de encarar a vida e agir sobre ela – tal como ocorre com a aplicação dos princípios por ele sugeridos ao taoismo. É importante ressaltar ainda que, tal como nos mostra o símbolo conceitual analisado, as representações interligadas das polaridades *Yin* e *Yang* (as figuras fluidas em forma de peixe) propõem uma compreensão relativística do Universo. Os diversos objetos, aspectos e elementos que compõem a realidade não seriam *Yang* ou *Yin* por si mesmos, sempre e de uma vez por todas. Se a noite se mostra *Yin* quando comparada ao dia que surge a cada manhã, a manhã também será *Yin* em relação ao meio dia. A água morna é *Yang* em relação à água fria; mas a água fervente será *Yang* em relação à água morna. Essa relatividade criada pela contraposição entre as diferentes coisas, concretas e abstratas, também é evocada pela imagem.

Com relação ao que nos interessa mais diretamente no exemplo que estamos abordando, não é o caso de sustentar a validade ou não das visões de mundo que se amparam na dinâmica *Yin Yang*, mas apenas de discutir a sua estruturação conceitual. O que quisemos mostrar com a análise do *Yin Yang* como uma 'imagem conceitual', ou como um 'conceito simbólico', é que este se enquadra perfeitamente na definição de conceito que foi exposta na seção anterior. Não se trata de uma representação simplória, mas sim de "uma representação complexa, elaborada e abstrata da realidade percebida (ou da realidade imaginada)". O conceito em análise apresenta dez notas que fazem parte da sua 'compreensão', e que interagem umas sobre as outras (e todas sobre o todo)[30]. Nada impede que estas notas sejam apresentadas com simplicidade, em uma imagem bem articulada, na qual cada elemento simbólico e imagético mobilizado desempenha o seu papel.

Não há nenhum elemento gratuito nesta imagem, e tampouco nenhum elemento – nenhum 'ponto azul' – que atrapalhe o que a imagem precisa dizer. As diversas ideias envolvidas nas filosofias chinesas que se apoiaram no *Yin Yang* estão todas elas presentes, de modo que podemos dizer que o símbolo conceitual apresentado transpõe para a imagem todos os aspectos essenciais desta concepção filosófica. O *Yin Yang* representa perfeitamente bem a filosofia chinesa que o gerou, de uma maneira incomparavelmente mais satisfatória do que o que temos quando escolhemos a figura de um pombo branco para representar a paz. Contemplando demoradamente o *Yin Yang*, podemos nos instruir durante muito tempo acerca da filosofia chinesa, como se estivéssemos ouvindo em nossas mentes a definição filosófica de um conceito (ou sua 'compreensão'). Em contrapartida, ao olhar a figura do pombo branco, podemos apenas entender que ela foi escolhida convencionalmente para representar a paz – o que não nos acrescentará nenhum entendimento maior sobre o que é a "paz", particularmente de um ponto de vista conceitual.

Um conceito, quando é bem formulado, proporciona discussões, desdobramentos, e novas possibilidades de enxergar a realidade. Ele se torna operacional e não se encerra no pequeno círculo que o viu nascer. Como um 'acorde' que pode ser incorporado de muitas maneiras em diferentes composições musicais – para já antecipar uma metáfora que constituirá a base de nossas reflexões na segunda parte deste ensaio – o conceito torna-se não apenas uma 'unidade de conhecimento' e uma 'unidade de comunicação' entre os praticantes de certos campos, mas também um instrumento que pode ajudar a produzir novas visões da realidade. Um bom conceito

---

30 Conforme veremos na última parte deste livro, a estruturação em notas que interagem umas sobre as outras, interagindo também todas com a totalidade conceitual, pode ser postulada como uma segunda definição (complementar) para 'conceito', se privilegiarmos o seu aspecto formal e estrutural.

pode "fazer andar a ciência", pode dar margem a novas leituras da realidade, e também permitir que se ensejem novas discussões filosóficas.

O símbolo conceitual do *Yin Yang*, por exemplo, foi assimilado por campos distintos da filosofia chinesa, tal como ocorreu com a sua reelaboração proporcionada pelo *I Ching*. Este se vale da imagem baseada na 'dualidade' de uma nova maneira, prevendo distintas associações de *Yin* e *Yang* em combinações matemáticas de dois três a três. Nos signos do *I Ching*, o *Yang* é representado por uma linha contínua (–), e o *Yin* é representado por uma linha cortada (- -). Como cada símbolo do *I Ching* é constituído de uma tríade, temos oito possibilidades de tríades envolvendo os princípios ativos do *Yang* e do *Yin*:

Figura 1: *A apropriação do* Yin Yang *pelo* I Ching

Essa nova proposição – ao combinar a 'dualidade' com a 'tríade' para produzir oito novos símbolos, acrescenta à imagem novos potenciais conceituais que não poderão ser esmiuçados nos limites deste ensaio[31]. De fato, não é

---

31 A figura acima é denominada "Céu Posterior" no livro *I Ching* (há também outro arranjo circular com os mesmos oito trigramas – outro *ba gua* – que já é chamado "Céu Primordial"). Na figura, temos os seguintes significados para as palavras em mandarim: *li* (fogo), *kun* (terra), *dui* (lago), *qián* (céu), *kan* (água), *gén* (montanha), *zhen* (trovão), *xun* (vento). Estes oito signos – "oito mutações" derivadas de combinações de *Yang* e *Yin* em diferentes proporções – assumem novas propriedades simbólicas. Em um segundo momento, os trigramas também podem ser combinados dois a dois de modo a produzir 64 hexagramas, que também fazem parte do sistema de signos nos quais se baseia o *I Ching*. Ao final, se substituirmos as linhas cheias que correspondem a *Yang* por "1", e as linhas interrompidas que correspondem a *Yin* por "0", verificamos inclusive que estamos diante de um surpreendente sistema binário. Leibniz (1646-1716), inventor da arit-

nossa intenção discutir mais demoradamente os exemplos da filosofia chinesa. Apenas quisemos mostrar que os conceitos geram sempre novas possibilidades. Esta é outra de suas funções. Os conceitos não são apenas palavras ou imagens que representam algo, substituindo meramente o significado pelo significante. Eles abrem novos caminhos de reflexão, construção, ação e criação. Em nossa metáfora, os conceitos produzem música. Na sequência desta seção, vamos aprofundar o esclarecimento sobre o que é um 'símbolo conceitual' a partir de um duplo exemplo: a comparação entre os símbolos do Anarquismo e do Nazismo. Nesta comparação, postularemos que o símbolo do Anarquismo pode ser apresentado como um 'símbolo conceitual', ao passo que o símbolo do Nazismo é apenas um símbolo comum, que não expõe nas notas expostas na imagem da suástica senão alguns dos aspectos essenciais da visão de mundo nazista.

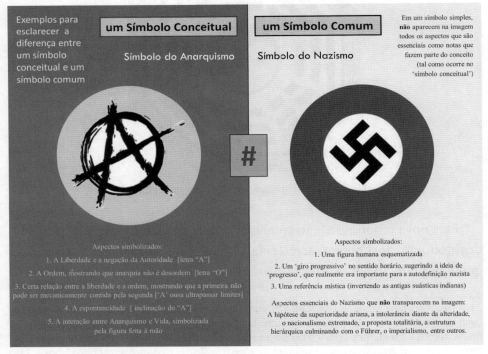

Quadro 14: *Os símbolos do Anarquismo e Nazismo em perspectiva comparada*

mética binária na Europa do início do século XVIII, surpreendeu-se particularmente ao perceber esta correlação, e em seu artigo *Explicação sobre a Aritmética Binária* (1703) identifica a presença deste curioso sistema binário já desde as antiquíssimas figuras de Fuxi (rei chinês que viveu em -2900 a.C.). Sobre isto, cf. Leibniz, 2011, p. 93.

2.6 Duas imagens em confronto: o símbolo do Anarquismo e a suástica do Nazismo

Um conceito gera perguntas; e, ainda mais do que isso: perguntas dotadas de complexidade. Não podem ser perguntas simples, do tipo "o que significa esta cruz", para o caso do símbolo simples do Cristianismo. Estas perguntas mais simplórias – "o que significa isto" – são as perguntas típicas que sempre fazemos aos símbolos. Perguntar "o que significa isto" é perguntar "o que isto simboliza".

As perguntas que legitimam a que nos refiramos a uma imagem como um 'símbolo conceitual' precisam ser mais sofisticadas. Fizemos várias destas perguntas ao símbolo *Yin Yang*, em nossa análise anterior. Por que a imagem lida apenas com círculos e formas arredondadas? Sim... há duas "pontas", excepcionalmente, no início da cauda de cada peixe. O que isso significa? A ponta não estaria ali para evocar a ideia do 'início' de um processo que se desenvolve – por vezes depois de aflorar pontualmente –, e que mais tarde atinge seu apogeu na cabeça do "peixe"? E por que, nesta região mais protuberante, aparece um pequeno círculo da cor contrária? Não seria para abrigar a ideia de que a forma *Yang*, ao chegar ao seu máximo desenvolvimento, gera a semente da forma oposta? Em nossa análise, pudemos seguir fazendo muitas outras perguntas. Por que a imagem só possui duas cores, e francamente dicotomizadas em uma relação claro / escuro? "Por que" – aqui teremos uma pergunta ainda mais sofisticada – "as duas cores são apresentadas em quantidades exatamente iguais na imagem"? Qual a relação do círculo grande, que abriga a totalidade da forma, com cada um dos pequeninos círculos, que se referem ao início de novos processos de expansão? Estaria implícita a ideia, nesta correlação, de que os princípios que se aplicam ao macrocosmo também são pertinentes ao microcosmo?

Podemos prosseguir fazendo muitas perguntas ao *Yin Yang*, porque os símbolos conceituais geram sempre muitas indagações. Muitos destes questionamentos mencionam simultaneamente diferentes partes da forma conceitual, e almejam conhecer o tipo de relação que talvez possa existir entre estas partes, e entre cada uma destas partes e o todo. Estes tipos de perguntas mais sofisticadas – para além do simples "que significa isso" – são as *perguntas conceituais*.

Se, ao olharmos para o símbolo do Nazismo, só pudermos perguntar: "o que significa a suástica", isto será apenas uma pergunta simples sobre o seu significado simbólico, e muito mais relacionada à convenção acordada para este símbolo do que a qualquer outra coisa. Mas se já perguntarmos: "por que a suástica parece movimentar-se em sentido horário" – aqui já começamos a ter uma pergunta conceitual. Podemos tentar responder que a escolha do sentido horário remete à ideia de progresso – e já começamos aqui a ter uma resposta conceitual. A imagem-símbolo do Nazismo permite algumas perguntas conceituais. Mas se estas perguntas forem muito poucas, e não derem conta de todas as notas essenciais que devem fazer parte de uma definição satisfatória do conceito de Nazismo – tal como o conhecemos fora da imagem –, isso significará que estamos apenas diante de um mero símbolo comum: um símbolo que apenas cumpre a função de simbolizar, mas não a função de conceituar, de produzir debates, de abarcar todos os aspectos essenciais da coisa representada e de sintetizar os seus sentidos.

Para o símbolo do Anarquismo, seria uma 'pergunta simples' indagarmos o que significa o "A". Mas seria já uma 'pergunta conceitual' indagar por que esta letra está levemente inclinada na imagem, ou ainda perguntarmos por que esta letra ultrapassa ligeiramente os limites do outro símbolo, a letra "O". Na análise comparativa que faremos entre os símbolos do Anarquismo e do Nazismo, pretendo mostrar que o primeiro possibilita mais perguntas conceituais do que o segundo. Pretendo também mostrar que o primeiro expõe todas as notas que são essenciais para definir o conceito de Anarquismo, o que não ocorre com o símbolo do Nazismo – uma vez que, deste último símbolo, ficam de fora muitos aspectos que são cruciais e inerentes à ideologia, ao sistema ou à prática nazista. Se o 'símbolo comum' em comparação fosse a "cruz" – símbolo do Cristianismo – também poderíamos mostrar que esse símbolo não dá conta de presentificar todas as notas que são essenciais para começar a entender o Cristianismo como sistema religioso ou visão de mundo. Pode ser que a cruz responda a algumas perguntas conceituais sobre o Cristianismo, mas está longe de responder a todas[32], da mesma maneira que o símbolo do Nazismo também não consegue

---

32 Por exemplo, uma pergunta importante sobre a cruz poderia se referir ao que representam as travas horizontal e vertical que se entrecruzam neste símbolo. Uma resposta válida é que a trava horizontal representa o mundo humano, e a trava vertical o mundo sobrenatural ou divino. O Cristo crucificado, presente nos crucifixos ou ausente nas cruzes comuns, estaria se mostrando nesta imagem como um mediador entre estes dois mundos. Além disso, a cruz remete a um acontecimento histórico, que foi a crucificação – o que faz do Cristianismo uma religião historicizada, que se ampara em uma narrativa linear que começa com a Criação, passa pela crucificação e termina no Apocalipse ou no julgamento final. Estes aspectos podem estar sugeridos no símbolo da cruz e são de fato importantes. Ainda assim, estão muito longe de serem suficientes para entendermos, através da imagem, tudo o que o Cristianismo é. O messianismo, a mediação de sacerdotes, o papel das Escrituras como textos sagrados

formular e responder algumas das perguntas mais importantes que seriam necessárias para esclarecer o que é o Nazismo. Comecemos então por aqui.

A suástica parece sugerir a forma de uma figura humana esquematizada. Ao mesmo tempo, deixa-nos a impressão de um giro progressivo, no sentido horário, o que pode evocar a ideia de "progresso" – um aspecto que, de fato, era realmente importante para a autodefinição nazista. A figura da suástica, além disso, é totalmente construída com linhas retas, o que sugere a ideia de um mecanismo – de uma roda dentada que avança inexoravelmente para o futuro, de maneira impetuosa e sem recuar diante de nada. Não é um "organismo", como aquele que parecia estar implicado nas curvas do *Yin Yang*, mas sim um "mecanismo" que remete à técnica. Aspectos como a técnica e o progresso eram de fato importantes para o Nazismo. Entre muitas outras coisas, aliás, o Nazismo poderia incluir em sua definição a ideia de que termina por constituir uma estranha amálgama de modernidade técnica e conservadorismo social.

O primeiro termo desta combinação (modernidade técnica) parece estar simbolizado satisfatoriamente pelo símbolo, mas não o segundo. Ao ter diante de si a imagem da suástica – supondo que não conhecesse a história do Nazismo – dificilmente alguém poderia suspeitar que o símbolo ligou-se um dia a um movimento social extremamente conservador. Hoje, sabemos também que aquele símbolo envolve uma referência mística, pois inverte as antigas suásticas indianas. O misticismo fez parte das práticas e concepções da alta cúpula do Nazismo, como sabem os historiadores, e a suástica de fato sinaliza para isto. Entrementes, para além dos aspectos mencionados até aqui, não parece haver mais nenhuma nota essencial do Nazismo indicada na imagem da suástica – fora, talvez, a escolha da cor de fundo ser o vermelho, o que remete à cor simbólica do antigo Império Alemão[33].

---

incontornáveis desta prática religiosa, e tantas outras coisas essenciais que não podem ser sugeridas pela imagem da cruz, fazem dela apenas um símbolo comum – adequado, mas longe de ser um 'símbolo conceitual'.

33 O próprio Adolf Hitler esclarece a escolha dos elementos simbólicos da bandeira nazista em seu livro *Mein Kampf* (1924): "Eu mesmo, entretanto, após inúmeras tentativas, encontrei um desenho final, uma bandeira com um fundo vermelho, um círculo branco e uma suástica preta ao meio. Depois de várias tentativas, pude definir a relação entre o tamanho da bandeira e o tamanho do círculo branco, assim como a forma e a espessura da suástica". Um panfleto nazista posterior esclarece algumas correlações simbólicas adicionais: "a cor vermelha representa o lado social, o branco o pensamento nacionalista do movimento, e a suástica a vitória dos povos arianos sobre o judaísmo". Este último ponto confirma a impressão atrás mencionada sobre a suástica que gira no sentido horário, como se fosse uma força

Coisas muito importantes sobre o Nazismo, e aspectos essenciais para um entendimento mais preciso acerca deste movimento de ultradireita, certamente ficaram de fora desta imagem configurada basicamente por uma suástica no interior de um círculo branco sobre um fundo vermelho. A hipótese da superioridade ariana, a intolerância diante da alteridade – sempre apoiada pelos discursos de ódio com destaque para o racismo e o antissemitismo – o nacionalismo extremado, a proposta política totalitária, a estrutura hierárquica culminando com o Führer, o imperialismo que se autojustificava na busca de espaço vital, o fanatismo da militância, o militarismo exacerbado... nenhum destes aspectos tão essenciais à definição de Nazismo aparece na imagem da suástica, que foi escolhida por convenção para representar o movimento. Não existe um sistema descrito nesta imagem, e há muito pouco da visão de mundo em referência exposto nas suas notas visuais – ao contrário do que ocorria com o *Yin Yang*, que através de um conjunto econômico de elementos visuais conseguia expor toda uma filosofia em muitos de seus detalhes. A imagem da suástica remete a alguns traços importantes do Nazismo, mas não expõe o seu conceito em seus aspectos principais. É eficaz como símbolo comum, mas não chega a se configurar em um 'símbolo conceitual'.

Agora vejamos o símbolo do Anarquismo[34]. Vou argumentar que agora estamos diante de um 'símbolo conceitual' bastante efetivo, embora este lide com um número muito restrito de elementos visuais (duas letras apenas – "A" e "O" – e algumas maneiras específicas de dispor estas letras). A economia de elementos imagéticos é tão simplificada no símbolo do Anarquismo como o é no símbolo do Nazismo. No entanto, postulo que, ao contrário deste último, o símbolo do Anarquismo consegue dizer muitas coisas essenciais sobre as ideias que procura representar. Mobilizando apenas alguns poucos elementos

---

que avança para frente e para o futuro, disposta a esmagar o que estiver no caminho. Cf. o panfleto *The Life of the Führer* (1938) em: https://research.calvin.edu/german-propaganda-archive/pimpfhitler.htm

34 O símbolo anarquista populariza-se mundialmente, e generaliza-se como símbolo mais universal para todos os movimentos e atitudes anarquistas, a partir de maio de 1968, com os movimentos de contestação que se iniciam na França, e que logo se estendem para o resto da Europa. Na França, por outro lado, já fora utilizado desde 1964 pelo grupo anarquista francês *Jeneusse Libertaire*, e desde 1966 difundira-se também pela Itália, a partir de seu uso pelos anarquistas de Milão. Ao lado do reconhecimento bem comprovado de sua rápida e espetacular difusão a partir de 1968, podemos encontrar versões do símbolo anarquista com uso mais local ou esporádico em momentos bem anteriores, tal como ocorreu com a utilização de um símbolo similar que já apresentava o "A" e o "O" superpostos desde 1868, em uma seção espanhola de anarquistas ligados à Primeira Internacional (AIT).

imagéticos e algumas maneiras criativas de relacionar estes elementos imagéticos, este símbolo conceitual acaba dizendo muita coisa. Ele contém adequadamente – como deve ocorrer com todo 'símbolo conceitual' – tanto o *termo* como a *compreensão* do conceito que pretende materializar imageticamente.

O símbolo anarquista, embora tenha se popularizado principalmente a partir dos movimentos libertários de 1968, remete a uma frase pronunciada por um dos pioneiros do pensamento anarquista e de sua transformação em movimento social: Joseph Proudhon (1809-1865). Este filósofo e político francês – além de algumas outras frases que se tornaram particularmente emblemáticas para o movimento – foi o criador da sentença que está por trás da superposição entre o "A" e o "O" no símbolo libertário: "Anarquia é Ordem"[35]. Essa frase foi muito importante, pois o movimento anarquista esbateu-se desde os seus primórdios contra tentativas bastante insistentes de hostilizar e descaracterizar a perspectiva libertária a partir da ideia de que o que os anarquistas estavam propondo era a destruição da ordem (de toda ordem) e a instituição caótica da desordem. Nada mais errôneo, pois o que a filosofia anarquista propõe é a instituição de uma nova Ordem – na verdade, de um novo tipo de ordem, pois o que se conheceu até hoje com este nome teriam sido imposições de ordens a partir de estados centralizados ou governos imperativos, armados de recursos repressivos e amparados em regulamentos rigorosos, bem como em estratificações sociais e hierarquias de todos os tipos.

Para muitos, a ideia de Governo parece ser algo natural, a ponto de várias pessoas serem até mesmo incapazes de sequer imaginar a possibilidade de um mundo social e político sem uma forma tradicional e estatal de governo – seja esta a democracia, monarquia, tirania, ditaduras ou quaisquer outras. As formas de governo são frequentemente naturalizadas, como se fosse impossível pensar o mundo sem elas. Ato contínuo, as sociedades controladas por governos ou por instâncias de autoridades passam a ser associadas à ordem. Por isso mesmo, proclamar que "Anarquia é Ordem" tornou-se um gesto tão revolucionário. A

---

35 Entre outros ditos importantes, também ocupa lugar de destaque a sentença "A propriedade é um roubo", discutida por Proudhon em seu livro *O Que é a Propriedade* (1840). Vale lembrar ainda que Proudhon foi o primeiro pensador a se autoproclamar anarquista, e foi neste contexto que afirmou: "Aquele que puser as mãos sobre mim, para me governar, é um usurpador, um tirano. Eu o declaro meu inimigo". Ainda assim, questionou a violência revolucionária: "Creio que não temos necessidade dela [da revolução violenta] para ter sucesso e que, consequentemente, não devemos apresentar a ação revolucionária como um meio de reforma social, porque isso induziria um apelo à força, à arbitrariedade, em suma, uma contradição" (*Carta de Proudhon a Karl Marx*, 1846).

escolha de um símbolo para o Anarquismo não poderia passar ao largo destas duas noções: a ideia de 'Anarquia' propriamente dita, como rejeição da autoridade e de qualquer forma de opressão social e política, culminando com o conceito de 'Liberdade', e a ideia de 'Ordem' – de um novo tipo de ordem que faria parte da própria perspectiva anarquista. Estas duas instâncias aparecem no símbolo anarquista através de duas letras superpostas: "A", representando a liberdade e a rejeição da autoridade, e "O", representando a ordem[36].

Até aqui, talvez estejamos apenas no mundo do simbolismo simples. Duas letras foram escolhidas para simbolizar dois aspectos inerentes à filosofia ou ao sistema que se quer representar imageticamente. Os conceitos, no entanto, não são apenas formados pelas palavras que os constituem, ou pelas 'notas' mais visíveis que são expostas na sua 'compreensão'. Os conceitos também são feitos de relações entre notas – ou de 'intervalos', se quisermos evocar esta terminologia musical que entende o intervalo como uma relação que se estabelece entre dois sons. Na segunda parte deste ensaio, veremos mais de perto a possibilidade de estender uma imaginação musical para o entendimento dos conceitos, e então isso ficará ainda mais claro.

Por ora, para nossa abordagem mais sistemática dos símbolos conceitual-imagéticos, quero apenas sustentar a ideia de que precisamos ultrapassar as perguntas que apenas se dirigem de maneira mais superficial aos elementos que compõem uma imagem. "O que significa isso" é uma pergunta importante que precisamos fazer a qualquer símbolo; mas é ainda insuficiente para alcançarmos o nível das 'perguntas conceituais'. Quando começamos a perguntar sobre 'como estes elementos se relacionam um com outro' (ou sobre que tipo de *intervalos* produzem), aí sim começamos a adentrar o nível conceitual. Uma vez que já sabemos o que as letras "A" e "O" significam, a próxima pergunta seria: "como estas letras se relacionam na imagem proposta?"

Observemos, inicialmente, que o "A" ultrapassa ligeiramente o "O". Isto não é gratuito: significa algo. Na verdade, remete a notas conceituais específicas do conceito de Anarquismo, que já discutiremos. O "A" também se inclina

---

36 Este exemplo de um símbolo que se apoia em elementos imagéticos que, à parte o seu potencial próprio e específico como imagens, dialogam com um elemento textual externo – a frase "Anarquia é Ordem" proferida por Proudhon –, é oportuno para ilustrar a intertextualidade que pode estar presente em diversos usos simbólicos, e também nos 'símbolos conceituais'. É interessante destacar ainda que, na simbólica libertária, a frase "Anarquia é Ordem" também pode ser lida como "Anarquia e Ordem", estando ambas as variações presentes no mesmo símbolo imagético. A linguagem simbólica, enfim, também pode ser polifônica, conforme um conceito que discutiremos na segunda parte deste ensaio.

levemente para a esquerda, o que mostra uma maneira deste elemento imagético se relacionar com o todo, pois há um rompimento da simetria que ocorreria se o "A" estivesse bem aprumado e rigorosamente ao centro. Por fim, parece um "A" desenhado a mão, às pressas e um tanto espontaneamente. Trata-se de um "A" bastante ágil, que poderia ser desenhado facilmente nas paredes de um muro durante uma pichação. Apenas como uma informação adicional, podemos lembrar que o "A" é a primeira letra de um grande número de alfabetos, o que traz a essa letra um tom de universalidade e de ampla familiaridade. Nada disso é desprezível na economia de um símbolo que precisa sintetizar com um número pequeno de elementos uma certa densidade conceitual. Quanto ao "O", é útil termos ainda em vista que, além de significar o que significa (a letra inicial da palavra "ordem"), pode ser também compreendido como um círculo – um elemento simbólico que, tal como vimos na análise do *Yin Yang*, pode remeter a certas ideias, como a de unidade, circularidade e organicidade.

Vamos conservar a mão essas observações iniciais, e retornar um pouco no tempo. Os conceitos, como já foi ressaltado anteriormente, têm uma história. Os símbolos-conceituais e os símbolos comuns também a têm. Pode-se dar que um símbolo, ou pelo menos alguns dos elementos imagéticos que este contenha, tenha sido herdado de outras imagens ou de soluções imagéticas anteriores. No caso do símbolo moderno do Anarquismo e das tentativas de definir uma representação simbólica adequada para este movimento social e político, podemos encontrar na história dos movimentos sociais símbolos com imagens bem parecidas, e contendo os mesmos elementos básicos ("A" e "O") – embora desenhados ou delineados de maneira diferente – e também ali como representantes do movimento anarquista em um momento anterior de sua história.

Figura 2: *Símbolo Anarquista do final do século XIX*

Possivelmente o mais antigo uso político do "A" circulado remete ao ano de 1868, quando o anarquista maçom italiano Giuseppe Fanelli (1827-1877) o apresentou como símbolo do Conselho Federal de Espanha da Associação Internacional dos Trabalhadores (Figura 2). O "A" estilizado neste símbolo apresenta um singular fio de prumo no seu centro e remete à forma de um compasso, símbolos muito eloquentes da maçonaria e particularmente relacionados à concepção maçônica de Deus como o "Grande Arquiteto do Universo". Deste modo, o símbolo acima põe a interagir a instituição da maçonaria e o movimento anarquista[37]. A imagem certamente deve ter se mostrado um símbolo bastante adequado para a seção anarquista de trabalhadores espanhóis. Como símbolo comum, cumpre bem o seu papel. No entanto, traz entre seus elementos imagéticos dois 'pontos azuis' que atrapalham a possibilidade de considerarmos esta imagem como um bom 'símbolo conceitual'. Trazer elementos simbólicos da Maçonaria junto aos elementos simbólicos anarquistas prejudica o potencial generalizador do símbolo, pois rigorosamente falando ele parece querer representar apenas os anarquistas maçons. Nos quadros de uma grande tendência anarquista que contém dentro de si correntes diversificadas, os referenciais maçônicos estão sobrando – são pontos azuis que quebram a universalidade do que se quer representar. O outro 'ponto azul' é bastante óbvio: a seção espanhola da Associação Internacional de Trabalhadores é nomeada literalmente, o que desfaz o uso do símbolo como conceito[38].

É oportuno observar que, mesmo nesta experiência simbólica historicamente anterior, o "A" já parece invadir o espaço visual do "O". Esse aspecto, que se tornou ainda mais acentuado no símbolo moderno do Anarquismo, merece

---

37 Como Joseph Proudhon e Mikhail Bakunin (1814-1876) – outro nome fundamental na fundação do movimento anarquista na Europa do século XIX – Giuseppe Fanelli também era franco-maçom. Esta combinação não foi incomum, e vamos também encontrá-la com o geógrafo Elisée Reclus (1830-1905) e com Sébastien Faure (1858-1942), editor do periódico francês La Libertaire, assim como com o combativo educador espanhol Francisco Ferrer Guardia (1859-1909).

38 Se existiram maçons anarquistas, também existiram reis maçônicos, presidentes maçônicos, liberais maçônicos e assim por diante. Ao mesmo tempo, o anarquismo tornou-se uma perspectiva que se abre à diversificação, abarcando diferentes correntes que acrescentam cada qual as suas próprias notas particulares à perspectiva anarquista mais basilar. Um 'símbolo conceitual' anarquista precisa se ater apenas às notas essenciais que definem a 'compreensão' do conceito de Anarquismo, pois assim todas as tendências que dele se desdobram podem se ver representadas pela imagem conceitual proposta. O sucesso do símbolo anarquista moderno ampara-se na surpreendente simplicidade com a qual consegue representar a complexidade mínima envolvida na perspectiva mais geral do Anarquismo.

comentários. Se "A" e "O" referem-se respectivamente à *Liberdade* (e particularmente ao aspecto libertador da rejeição à autoridade), e à *Ordem*, então o fato de que o "A" ousa ultrapassar limites sugere a indicação de que a Ordem não pode conter mecanicamente a Liberdade. Nesta relação entre os dois elementos imagéticos basilares da figura temos uma nota conceitual importante, ou, mais propriamente, um significativo 'intervalo' (relação entre duas notas).

A *espontaneidade* é uma nota conceitual bastante importante do Anarquismo, e parece bem representada pela tendência de inclinação do "A" no símbolo anarquista mais moderno. O fato de que a inclinação aponta para a esquerda merece destaque. Poderia ser diferente? Um "A" inclinado para a direita traria estranhos sentidos a este acorde conceitual, e acho que o mesmo poderia ser dito de um "A" geometricamente aprumado no interior de um círculo (ou de um "O") que o contivesse como um limite bem definido. No símbolo anarquista, nem mesmo o traço central do "A" respeita os limites da letra que deveria contê-lo: atravessa a sua própria letra e a letra seguinte, com um impulso espontâneo e talvez otimista que também tem algo a dizer. Entre os pichadores, que precisam desenhar o símbolo rápido, o traço do "A" é a última coisa a ser feita: o toque final – a saudação anarquista que se dirige ao infinito. De resto, há ainda aqui outras nuances que poderiam ser consideradas, como a de que, com a inclinação do "A", o seu traço parece apontar para cima, como se fosse uma lança que estivesse sendo empunhada. Boa parte das tendências anarquistas apresenta uma índole pacifista, mas de um modo ou de outro há sempre a pressuposição de uma luta que está sendo travada contra o autoritarismo vigente. Considero ainda revelador que o símbolo conceitual anarquista apresente a tendência a ser feito a mão, estabelecendo-se aqui uma ligação que me parece muito clara com a ideia de vida, em oposição à mecanicidade. E, como já se disse, não é desprezível, no conjunto de aspectos simbólicos mobilizados por esta letra, que o "A" seja a primeira letra de muitos alfabetos. Que outra letra poderia romper tão facilmente a barreira das línguas e, com isso, irromper para além das fronteiras nacionalistas?[39]

Com vistas à nossa discussão sobre o potencial de certas imagens simbólicas para uma eficácia conceitual, esperamos que tenha ficado claro que o

---

39 Com exceção de poucos alfabetos, como o etíope, o mongol e o tibetano, o "A" [α ou @] – com algumas variações na forma gráfica – é a primeira letra e a primeira vogal de todos os alfabetos de escrita fonética.

símbolo anarquista atualiza muito mais adequadamente as notas essenciais do conceito de Anarquismo do que a suástica o faz em relação ao conceito de Nazismo. No caso do símbolo nazista centrado na suástica, no círculo branco e no fundo vermelho – ou mesmo na suástica isolada quando é pichada nos muros – temos uma convenção que se generalizou, tanto entre aqueles que com ela se identificam como da parte da ampla maioria de pessoas que a repudiam. Hoje, quando olhamos para uma suástica, sabemos imediatamente o que significa. Mas isto ocorre porque conhecemos a convenção e também a história por trás deste símbolo. No caso do Anarquismo, o símbolo também é conhecido por boa parte das pessoas (talvez um pouco menos do que o símbolo do Nazismo, em vista do maior impacto que o hitlerismo teve na história do mundo). Não obstante, postulo que, ao olharmos de maneira desimpedida para o símbolo anarquista na sua forma moderna, terminamos por aprender muito sobre este sistema político ou sobre esta visão de mundo. Aprendemos mais sobre a 'compreensão' do conceito de Anarquismo ao olhar para o "A" enviesado e audacioso que ao mesmo tempo institui e ultrapassa o "O", do que alguém poderia aprender sobre o Cristianismo apenas olhando para uma cruz.

2.7 Análise de dois símbolos místico-religiosos: a cruz do Cristianismo e o *Olho de Horus*

Com a cruz, é verdade, apreendemos algo sobre uma crença que prevê o encontro entre dois mundos que se cruzam: o mundo físico, concreto e humano representado pela trava horizontal, e o mundo sobrenatural representado pela trava vertical, sendo que ainda podemos entrever a faceta divina deste mundo na parte de cima da trava vertical e uma outra faceta, mais obscura, que desce pela parte inferior desta mesma trava. A dicotomia entre o Bem e o Mal de fato pode se insinuar na mobilização deste recurso visual. Não obstante, outras religiões e mitologias também lançaram mão da mesma figura geométrica da cruz para evocar a existência de dois mundos que se podem colocar em contato de alguma forma (não temos aqui duas travas paralelas que representam dois mundos que não se tocam, mas sim travas que se cruzam em um ponto específico). De outra parte, surge algo novo quando acrescentamos a figura do Cristo a este símbolo, suspendendo-o no centro da cruz (tal como ocorre nos crucifixos). Neste momento, acrescentamos ao conjunto mais uma nota visual importante, a qual passa a interagir representativamente com outras notas que devem fazer parte da 'compreensão' do conceito de Cristianismo[40].

Figura 3: *Cruz: símbolo do Cristianismo*

O Cristo incorpora a nota da 'mediação entre os dois mundos'; é, além disso, uma 'figura histórica' – que nasceu, agiu e morreu em um período específico; sua face traz 'sofrimento', e os pregos que o unem à cruz denunciam visualmente o 'sacrifício' ao qual se submeteu. Mas nesse ponto se interrompe o enunciado visual, que deveria avançar na explicitação de outras das notas que constituem a compreensão deste conceito complexo que é o Cristianismo. Nada sabemos, pela visualização da cruz, sobre a imagem da Trindade – sobre as relações entre o Pai, o Filho e o Espírito Santo[41] –, ou sobre o papel de liderança inconteste e de infalibilidade que é atribuído ao Papa, se estivermos nos referindo ao Cris-

---

40 A adoção do crucifixo pela cristandade também tem a sua própria história. Até o século XI, a cruz vazia era mais recorrentemente empregada. Com o decorrer da Idade Média, o crucifixo completo vai se impondo. Também variaram no tempo os modos como o Cristo foi representado no crucifixo, indo do Cristo vivo e triunfante da alta Idade Média até o Cristo morto ou torturado que se instaura nos crucifixos a partir do período feudal e do fim da Idade Média. / Há outra curiosidade oportuna. Até o século VIII – quando esta representação foi proibida pelo Segundo Concílio de Niceia (787 e.C.) – os crucifixos também podiam ter no centro do encontro das traves a figura de um cordeiro, ao invés da figura humana do Cristo. Diferentes notas são realçadas por cada uma destas representações. Mesmo a cruz vazia, com seu silêncio acerca da presença de Jesus, pode acrescentar um elemento simbólico para quem conhece a história: a representação da vitória de Cristo sobre uma cruz que não conseguiu retê-lo.

41 O bem conhecido gesto do "sinal da cruz" tenta trazer essa nota – esta informação sobre a Trindade – para o simbolismo da cruz. Ao mesmo tempo em que desenha no ar e sobre si

tianismo na sua vertente católica. A Bíblia, fulcral para o conceito de Cristianismo, não aparece na imagem, e tampouco muitos dos princípios cristãos fundamentais, como a dinâmica do 'pecado' e da 'salvação', ou como os sentimentos basilares da fé e da culpa. Também não estão presentes na imagem certas práticas essenciais como a oração. Nas várias vertentes – católica, reformadas, pentecostais – trata-se ainda de uma religião necessariamente mediada por sacerdotes e por igrejas institucionalizadas, e esta é também uma nota importante. Mas ela não aparece no símbolo simples da cruz, ou no símbolo um pouco mais desdobrado do crucifixo. A cruz, por tudo isso – em decorrência de todas essas lacunas –, é um bom símbolo para o Cristianismo, mas não é um 'símbolo conceitual'; ou, pelo menos, oferece um conceito visual bastante incompleto daquilo que estaria visando.

Quero reforçar a ideia de que, como todo conceito, um conceito visual deve ter a propriedade de apresentar, com a máxima simplicidade possível, a sua incontornável complexidade, mas sendo que somente este atributo ainda não é por si suficiente para configurá-lo como conceito – o que apenas ocorrerá se ele tiver pleno sucesso em expressar a 'essência necessária' da coisa representada através da sua 'compreensão' (ou, no caso dos símbolos conceituais imagéticos, através dos elementos visuais que a evocam). A 'essência necessária', conforme já foi comentado em momento anterior, é aquilo que o objeto representado não pode deixar de ter, e que, portanto, o conceito não pode deixar de evocar se bem quiser representar este objeto. A adequada dinâmica entre simplicidade e complexidade, combinada à eficácia para capturar cada aspecto que seja essencial na ideia a ser representada, constituem o principal valor de um bom 'conceito visual'.

Vamos dar um último exemplo para deixar isso bem-estabelecido. Entre os antigos egípcios, embora eles não tenham se expressado propriamente nestes termos, o símbolo conceitual da 'onisciência' era o *Olho de Horus* (Figura 4). Esse olho onividente – que também passou a ser utilizado como talismã para autoproteção e como amuleto para a preservação e recuperação da saúde – apresenta-se como uma interessante construção simbólica que também desempenha o papel de uma 'unidade múltipla'. Esta singular imagem – a um só tempo simples e complexa, unificada e fragmentada – apresenta tanto um uso

---

mesmo uma cruz imaginária, o crente profere a conhecida fórmula: "Em nome do Pai, do Filho e do Espírito Santo".

simbólico direcionado para as crenças de que pode promover proteção para mortos e vivos, como uma dimensão conceitual que esclarece como os antigos egípcios percebiam e representavam a ideia de 'onisciência'. É apenas nesta última dimensão – exclusivamente *conceitual* – que nossa análise se concentrará, não obstante a extraordinária importância historiográfica do entendimento da dimensão simbólica e mágica dos olhos de Horus (*uedjats*) com vistas a um conhecimento efetivo sobre as sociedades milenares do Antigo Egito, particularmente no que se refere a suas crenças na vida depois da morte, no poder mágico dos amuletos, e na existência de deuses e forças sobrenaturais[42].

Figura 4: *O Olho de Horus*

---

42 O Olho de Horus – ou *Udjat* – já aparece como amuleto, objeto ou imagem pintada desde o Império Antigo (c. 2575 a 2134 a.C.). O *Livro dos mortos* o menciona no capítulo CXL, e até determina os materiais com os quais deveriam ser confeccionados os *udjats* para fins ritualísticos (no caso, recomenda que sejam feitos de lápis-lazúli ou de ametista banhada a ouro). Sua função, conforme designada nestes antigos textos egípcios, é eminentemente mágica e de proteção mortuária, de modo que os olhos de horus aparecem aqui como objetos a serem dispostos sobre o peito da múmia ou como anéis funerários. Os olhos de Horus tanto se propunham a proteger os mortos na sua jornada no outro mundo, defendendo-os contra maus espíritos e ameaças sobrenaturais, como de certa maneira protegiam seus corpos do assédio dos próprios vivos, pois uma preocupação muito presente nos egípcios de hierarquia mais elevada era a de cuidar para que seus bens mortuários e corpos não fossem profanados por ladrões em busca das riquezas que eram enterradas junto aos mortos de alta dignidade. A múmia do jovem rei Tutankhamon (c. 1333-1323 a.C.), por exemplo, apresentava todas as falanges dos vários dedos cobertas por anéis com olhos de Horus. Esta profusão de *uedjats* protetores seria mais por medo dos mortos ou dos vivos? / De nossa parte, vamos abordar o Olho de Horus apenas como uma imagem conceitual, decifrando o que ela representa relativamente à ideia de 'onisciência', e deixando à parte os comentários que poderiam ser feitos sobre o seu uso, entre os antigos egípcios, como objeto protetor e mágico previsto para ser inserido em rituais funerários, ou mesmo para ser utilizado como proteção dos próprios vivos na sua existência cotidiana. Vale lembrar ainda que, a partir de certo momento, os faraós passaram a utilizar na frente de suas coroas a imagem do Olho de Horus, ou mesmo maquiar seus próprios olhos com olhos de Horus – o que reforça as ideias de 'onisciência', de vigilância e de um olhar justiceiro ao qual nada pode escapar, todas proporcionadas pela dimensão conceitual deste símbolo.

Disponho-me a argumentar que o Olho de Horus – o equivalente egípcio do moderno "olho que tudo vê" – é um 'acorde simbólico', ou mesmo um 'acorde conceitual visual'. A imagem apresenta uma 'totalidade' ao mesmo tempo em que permite que se destaquem, ao olhar daqueles que a examinam, as suas partes constitutivas (notas), considerando ainda que estas se acham mutuamente relacionadas (produzem 'intervalos', ou relações significativas entre si). Com o Olho de Horus podemos de fato olhar para o acorde (para a totalidade conceitual) e para as suas 'notas' de uma só vez; e pode-se dizer que estas notas alcançam efetivamente a 'essência necessária' daquilo que pretendem representar: a ideia da 'onisciência' – ou de que a força onividente pode enxergar aquilo que está sob o seu domínio através de múltiplos caminhos, de modo que nada pode escapar à sua percepção e controle. Por ser a 'onisciência' uma ideia simples e imediatamente compreensível, o símbolo atinge a sua eficácia conceitual neste caso, desde que saibamos decifrar as suas partes (as suas notas), da mesma maneira que saberiam decifrá-la os antigos egípcios.

Nesta célebre representação simbólica que ficou conhecida como "o Olho de Horus", a parte central – o olho, propriamente dito, centrado na sua pupila – é o signo visual mais proeminente e imediatamente compreensível para a maior parte dos seres humanos, mesmo que inseridos nas mais variadas culturas. O olho, ou a sua pupila, nos examina de frente nesta imagem – frontal e diretamente. Todos tendem a compreender claramente o que é um olho quando está desenhado em uma folha de papel ou pintado na parede de uma pirâmide, e não é difícil entender o que esta imagem pretende representar. Esta nota central evoca simultaneamente o sentido da visão e a ideia de que algo nos vigia de perto e bem atentamente, exercendo um controle do qual não podemos escapar. Um olho único, aliás, é um símbolo muito mais impactante de vigilância e de controle do que um par completo de olhos, por paradoxal que isto possa parecer. Menos é mais, como diriam os artistas minimalistas... O olho único parece concentrar toda a energia da vigilância em um único ponto, além de lembrar um astro soberano que paira no céu acima de tudo e de todos (seja o sol ou a lua). Na figura, o olho central é de fato o primeiro signo visual que nos atinge os sentidos, como se fosse a nota fundamental de um acorde que contém outras notas que já discutiremos[43].

---

43 Outra maneira de enxergar a imagem proposta pelo Olho de Horus – a qual deve ser compreendida como uma riqueza adicional que poderia ser eventualmente acrescentada ao sím-

Quero observar, de passagem, que o antigo desenho egípcio do Olho de Horus adota rigorosamente o habitual parâmetro de representações imagéticas que é bem típico da arte egípcia: a chamada "lei da frontalidade", segundo a qual cada aspecto de uma cena ou de um objeto deve ser sempre representado do seu ângulo mais interessante para transmitir o essencial de suas características. Nas representações egípcias de um indivíduo humano, o olho costuma ser desenhado ou talhado de frente, mas o nariz – por não ser tão representativo e revelador ao ser visto daquele ângulo frontal – é representado de lado; enquanto isso, os ombros são sempre desenhados de frente, mas as pernas são novamente desenhadas de lado, e assim por diante. O mesmo princípio é aplicado não apenas a figuras humanas, como também a cenas diversas, nas quais se tenta apreender de qualquer coisa representada o ângulo e detalhes mais reveladores trazidos por cada uma de suas partes.

Este padrão de representação é muito estudado pelos historiadores da arte, e também inspirou pintores e artistas de outras culturas e períodos bem distanciados do espaço-tempo do Egito Antigo, como, por exemplo, os cubistas que revolucionaram a arte moderna europeia nas primeiras décadas do século XX[44]. Uma consciência mais clara acerca deste sistema de representações imagéticas tão tipicamente egípcio será importante em nossa análise, pois algumas das figuras que se apresentam como partes que compõem a imagem total do Olho de Horus parecem desenhadas como se estivessem sendo vistas de frente, e outras são delineadas como se fossem vistas de lado. Esta mistura

---

bolo – seria a do peixe de boca fechada que se desloca para a direita, puxando o talo que se enrola na outra ponta; ou, inversamente, seria possível também enxergá-lo como um peixe de boca aberta que se desloca para a esquerda. Há uma polifonia de leituras que poderiam ser agregadas à decifração da imagem. Mas a leitura que percebe de imediato um olho que nos observa é francamente preponderante, e, neste contexto cultural mais específico que é o do Antigo Egito, esta leitura está perfeitamente sintonizada com o estilo de outros desenhos de olhos que aparecem nas paredes das pirâmides e em papiros egípcios. Posto isto, é sempre importante se ter em vista que não existe uma "leitura universal da imagem", ainda que a recorrência de certos esquemas mentais e representativos nas diversas sociedades humanas tenda a favorecer essa sensação de universalidade de certas leituras de imagens. Sobre isto, cf. Joly, 2015, p. 42.

44 Pablo Picasso (1881-1973) e Georges Braque (1882-1963) – além de se apoiarem na arte negra subsaariana de sua própria época para propor uma nova estética que seria encaminhada pelo movimento cubista – também se inspiraram muito nos antigos padrões egípcios de representação, particularmente com vistas a experimentarem um audacioso desmembramento pictórico dos objetos e figuras humanas por eles retratados. Sua arte também ousa ver e representar um mesmo objeto por todos os lados, e mesmo em tempos distintos. Sobre isto, cf. Barros, 2011-b, p. 90.

de diferentes ângulos de representação, não obstante, integra-se perfeitamente em uma totalidade. O modo egípcio de representação, aliás, é essencialmente conceitual! Escolhe-se de uma figura os ângulos que revelam a essência necessária, e são evitadas as tomadas de posição que não expressam o que é significativo. Não é isto um conceito?

Logo abaixo da nota 'olho', temos uma longa 'língua enrolada' (vista de um ângulo lateral), que muitos também interpretam visualmente como um broto de talo de trigo. Uma coisa ou outra, é certo que esta nota representa o sentido do paladar. Ao lado esquerdo do olho, presumivelmente voltada para o lado de fora do rosto, temos a nota que representa a 'audição' – propositadamente aberta como um pequenino cálice que está pronto a receber todos os sons possíveis. A extremidade à direita da figura, por outro lado, é uma ponta fechada, e presumivelmente se dirige para o nariz de uma face (pois podemos deduzir que este olho teria originalmente o seu outro par, com o qual ajudaria a compor um rosto completo)[45]. Esta extremidade direita, em decorrência de sua proximidade ao nariz e em vista da sua forma afinada, pode ser compreendida como o 'sentido do olfato'. Ao contrário da audição, que a princípio se abre à captação generalizada de todos os sons e ruídos (ou informações), o olfato é um sentido que se usa para sentir unidirecionalmente as coisas. Os sons entram indiscriminadamente no cálice do ouvido; mas os cheiros devem ser inalados pelo nariz. Na imagem do Olho de Horus, logo abaixo da ponta do olfato, podemos perceber também uma pequenina foice que pende verticalmente, similar a uma lágrima, representando o quinto sentido: o 'tato'. Entrementes, ainda temos acima do olho e de suas pálpebras uma sobrancelha, um arco que representa a consciência e ocupa a posição de um sexto sentido.

O Olho de Horus adquiriu sentidos diversos, para além da representação conceitual da 'onisciência'. Alguns destes sentidos decorrem das narrativas mitológicas nas quais esta imagem está inserida. O olho esquerdo de Horus – o olho que representa a Lua, enquanto seu par à direita representaria o Sol – foi arrancado do deus-falcão Horus e destroçado pelo deus inimigo Set, que por inveja havia movido uma guerra contra seu irmão Osíris (pai de Horus) de modo a tomar seu trono. Estilhaçado e partido em seis pedaços, o olho esquer-

---

45 No mito egípcio, o olho esquerdo de Horus – que foi arrancado e fragmentado em uma luta deste deus contra Set – representa a Lua. Já o olho direito de Horus, que se conservou em sua face, representaria o Sol.

do de Horus foi depois recombinado e restaurado por Toth, o deus da sabedoria – o que também representa a ideia de uma unidade que é restaurada depois de ter sido quebrada. Mas como a motivação do inimigo que o arrancara fora a inveja – e consequentemente a restauração do olho também pode representar uma vitória contra a agressão invejosa que tentou destruir Horus –, o "olho que tudo vê" tornou-se ainda um talismã contra a inveja, contra o mau-olhado e pretensamente capaz de afugentar maus espíritos. Objetos que sugerem versões simplificadas do símbolo são muito utilizados – nos dias de hoje e em várias partes do mundo – com propósitos de obter proteção. Além disso, já que a remontagem do olho arrancado a Horus simboliza uma recuperação – uma *cura* – a imagem também se tornou um símbolo da saúde recuperada e dos atos médicos que podem levar a isto[46].

Estas reapropriações diversificadas, por outro lado, não apresentam maiores implicações para o nosso tema mais específico, embora não deixe de ser interessante observar, através do exemplo, que um acorde visual pode migrar para muitas outras redes de sentido, da mesma maneira que uma palavra pode encontrar significações diversas em novas redes textuais. De nossa parte, o que estávamos mesmo interessados em mostrar era que a ideia de 'onisciência' pode ser adequadamente evocada pela imagem conceitual do Olho de Horus – esta totalidade formada por notas menores que evocam não apenas o sentido

---

46 Sobre a apropriação médica do símbolo, embora não seja possível comprovar isso em documentação histórica, diz-se que o famoso símbolo Rx utilizado nas receitas médicas – um "R" itálico, com a perna diagonal alongada e atravessada pela linha do "x" – seria uma adaptação simplificada do Olho de Horus. Seu uso na medicina, para preceder uma ordem de feitura de receita e atestar uma prescrição médica, é milenar. / Existe ainda outra interessante reapropriação do mito, que teria sido realizada por matemáticos egípcios da própria época. Segundo esta leitura, cada uma das partes do Olho de Horus – a sobrancelha, a pupila, a extremidade que conflui para a abertura do ouvido, a ponta do olho que tende para o nariz, a lágrima que escorre verticalmente, e o talo que se desenrola mais abaixo – foi depois transformada em um signo que representaria uma das frações típicas da matemática egípcia: 1/2, 1/4, 1/8, 1/16, 1/32, 1/64. O somatório de todas estas frações (ou seja, de todas as partes fragmentadas do Olho de Horus) resulta em 63/64, ou seja, aproximadamente '1'. Os matematizadores do *Udjat* diziam que o último pedaço (1/64) seria "mágico", e que, por isso, não poderia ser visto. O *Papiro de Rhind* – um documento egípcio de 1.650 a.C. no qual aparecem detalhadas as soluções de 85 problemas matemáticos – é a fonte histórica que traz a principal referência ao uso destes símbolos como representações das frações (problemas 41 a 55). Jim Ritter, entretanto, empenhou-se em demonstrar a falsidade da leitura do Olho de Horus como sistema amplamente utilizado para a representação de frações, publicando suas observações no artigo "Fechando o Olho de Horus: ascensão e queda das frações de Horus" (RITTER, 2002, p. 397-323). Ainda sobre o papiro de Rhind, cf. Robins e Shute, 1987.

de visão, mas também todos os demais sentidos e a própria capacidade de discernimento e compreensão de todas as coisas.

Pudemos ver que o Olho de Horus, nesta instigante construção conceitual imagética, representa eficazmente a onisciência ao sugerir que nada escapa ao *Udjat* – este órgão imaginário que integra de uma só vez todos os cinco sentidos (ou seis) em um sentido mais integrado e abrangente. O que se esconde dos olhos, não consegue se ocultar dos ouvidos; o que escapa destas duas instâncias, pode ainda ser captado pelo olfato; já o que não puder ser percebido pelo paladar, poderá ser apreendido pelo tato. O que se esquiva de todos os sentidos sensoriais mais tradicionais, por fim, ainda assim poderia ser capturado pela mente. Além disso, as diferentes estratégias de assimilação das informações acham-se contempladas pelo símbolo: a apreensão dispersa de informações é representada pela forma aberta da extremidade esquerda ("o ouvido do olho"), mas a apreensão seletiva é expressa pela ponta fechada da extremidade direita ("o olfato do olho"); enquanto isso, a pupila examina tudo frontalmente, de maneira direta e mesmo ameaçadora ("o olho do olho", que também é um "olho no olho"). E poderíamos seguir adiante. A vigilância onisciente se exerce em todas as direções, e por todos os meios.

A ideia de 'onisciência', como se conclui, é exposta adequadamente, e de muitos modos, por este conceito visual do Antigo Egito – ou, ao menos, temos aqui o conceito de onisciência tal como este era compreendido e podia ser formulado pelos antigos egípcios, com possibilidades de ser reapropriado por culturas posteriores. Um paralelo contrastante entre o conceito egípcio de onisciência trazido pelo símbolo conceitual do Olho de Horus, por sinal, pode ser estabelecido em relação ao conceito mais abstrato de onisciência trazido pelo Deus imaterial e sem marcas de visibilidade do Cristianismo ou de outras religiões nas quais a figura divina se dissolve na não representação. A onisciência abstrata do Deus cristão, que se faz presente em todos os lugares e em nenhum lugar – como se fosse um ambiente de vigilância que envolve a tudo e a todos –, contrasta com essa onisciência egípcia que é formada pela integração de todos os sentidos elevados à última potência de seu aguçamento. A onisciência representada pelo Olho de Horus é a integração acórdica da onividência, da oniaudiência, do olfato que captura todos os cheiros, do paladar que percebe todos os sabores e dissabores, do tato que toca todas as coisas, da mente que perscruta todas as almas. Cada uma destas onisciências é uma nota, mas todas se integram em um fenômeno mais amplo e ainda mais poderoso. Forma-se de fato um conceito, no qual o todo se constitui como uma unidade maior, sem que desapareçam as suas várias partes e relações entre partes.

Por outro viés, o exemplo do Olho de Horus nos mostrou que uma mesma imagem pode ser perfeitamente utilizada como conceito visual e, concomitantemente, também ser transformada em símbolo dirigido para outras finalidades. Adequado para conceituar a 'onisciência', o *Udjat* reconfigura-se em um símbolo útil para se referir à expressão do poder, à evocação de proteção, à ideia de cura. O uso conceitual não exclui a possibilidade do uso simbólico da mesma imagem; e, eventualmente, estes dois usos podem interagir.

2.8 Metáforas conceituais

No início deste capítulo, com o fito de evocar uma síntese visual das diferentes linguagens que se prestam à formulação de conceitos, foi exposto um quadro que trazia ao centro um triângulo (Quadro 9). Cada lado do triângulo sinalizava um dos três grandes âmbitos de linguagens nos quais se dão muitas das formulações conceituais com as quais estamos habituados a lidar, tanto na vida diária como na prática científica: a linguagem verbal, a linguagem imagética, a linguagem matemática. Além disso, nas fronteiras entre estes três grandes âmbitos tínhamos linhas de encontros que representavam campos nos quais os conceitos também podem ser expressos de alguma maneira. Entre a linguagem verbal e a linguagem imagética, é disto que falaremos agora, temos a linha das metáforas.

As metáforas, tal como já foi dito, colocam-nos diante da possibilidade de expressarmos verbalmente as imagens, seja as visuais ou as mentais. Elas situam-nos diante de um ambiente multimodal onde palavra e imagem intervêm uma sobre a outra. Ao mesmo tempo, a riqueza dialógica das metáforas vê-se acrescida pelo fato de que elas são capazes de correlacionar pelo menos dois domínios, e projetar um deles no outro. Quando dizemos que "a pesquisa científica é uma viagem", ou que "uma teoria é um modo de ver as coisas", estamos realizando a operação de projeção metafórica de um domínio sobre o outro: a pesquisa científica torna-se uma viagem de descobertas na qual o pesquisador ao mesmo tempo planeja o seu percurso e se movimenta em um território inexplorado; a teoria é assimilada ao gesto de olhar para a realidade a partir de um ponto de vista e de instrumentos conceituais específicos. Em um caso e outro, a imagem da viagem projeta-se na prática científica, e o gesto primário de enxergar algo a partir de um ponto de vista projeta-se no empreendimento da elaboração teórica[47]. A partir desta instigante propriedade de projetar um domínio de mais fácil apreensibilidade ou de maior impacto em outro, uma boa metáfora pode se tornar um importante recurso de comunicação, para além de suas envolventes propriedades literárias que são sempre bem aproveitadas pelos escritores, poetas e oradores.

O uso de metáforas na linguagem cotidiana é corrente. Entende-se com facilidade que mensagem está sendo transmitida quando nos dizem que, se nos intrometermos em certo assunto, estaremos prestes a "colocar a mão em um vespeiro". O mesmo ocorre quando é dito que certo político tem "fome de poder", ou que "certos cargos são pesados fardos". Metáforas como estas aparecem amiúde na linguagem cotidiana, e outras tantas – mais belas e inovadoras – costumam ser utilizadas pelos poetas e romancistas para a produção de resultados estéticos, para despertar sensações diversas, ou para surpreender seus leitores com criações inesperadas da imaginação artística. Criativas ou oportunas, as metáforas apresentam notável poder de síntese, e seu potencial comunicativo e eficácia estética são amplamente conhecidos.

Para a questão que nos interessa mais diretamente neste livro – o uso dos conceitos – podemos nos perguntar agora se as metáforas, pelo menos algumas delas, não teriam o mesmo potencial conceitual que vimos em algumas das imagens que, no item anterior, denominamos 'imagens conceituais' ou 'conceitos imagéticos'. Foi esta questão – a da natureza conceitual das metáforas – que começou a ser examinada com maior atenção pelos linguistas cognitivos a partir das últimas décadas do século XX[48].

---

47 A relação metafórica entre "teoria" e "ver", aliás, deixou suas marcas na própria língua. De acordo com a etimologia da palavra teoria, no grego antigo, o *theoros* seria "aquele que olha".

48 Na década de 1980, os linguistas e cientistas cognitivos George Lakoff e Mark Johnson foram os primeiros a desenvolver este novo campo de possibilidades que não apenas revolucionou os tradicionais estudos sobre a metáfora, como também abriu espaço para novos desenvolvimentos na teoria dos conceitos. A obra seminal para este campo de possibilidades foi o livro *Metáforas da Vida Cotidiana* (LAKOFF & JOHNSON, 1980), escrita pelos dois autores e geradora de desenvolvimentos posteriores (cf. LAKOFF, 1987; LAKOFF & TURNER, 1989; LAKOFF & JOHNSON, 1999). Conforme a proposição original de Lakoff e Johnson, as metáforas (e também as metonímias) não configuram meras figuras de estilo ou simples ornamentos retóricos relacionados à linguagem: elas são primariamente fenômenos do pensa-

Assim como ocorre com as metáforas comuns, empregadas sem maiores pretensões na vida cotidiana, uma boa metáfora conceitual remete sempre a um esquema mental que permite relacionar diretamente dois *domínios*. Habitualmente, visamos um domínio mais abstrato e de apreensibilidade menos direta (x), cuja compreensão torna-se mais viva e potencializada a partir de outro domínio mais imediatamente conhecido (y). Isso ocorre, por exemplo, quando dizemos que "política é guerra"[49].

Pouca gente tem muitas dúvidas acerca do que se trata, mais concretamente, quando falamos em guerras. Uma guerra envolve uma luta, um embate concreto, inimigos, adversários, aliados, ganhos, perdas, vencedores, perdedores, domínio, sujeição, reordenação, assim como algumas formas de violência, entre as quais a mais imediatamente perceptível é a própria violência física. A guerra se dá através de ações e planejamentos, e envolve táticas e estratégias. O tempo – e também saber lidar com o tempo – é crucial para as guerras, pois as suas ações se dão no interior de um certo espaço-tempo em movimento. O estrategista deve saber lidar com a espera, e também saber interromper esta espera no momento preciso, de modo a encetar um ataque surpresa. Além disto, a guerra – que muitos indivíduos vivenciam como atores e espectadores diretos, outros através de seus efeitos (carestias, crises), e outros mesmo através de realizações e representações que as retratam (filmes, livros, notícias de jornal) – produz impactos corpóreos, mesmo à distância (a fome, o medo, a emergência de diversas formas de excitação, e assim por diante). É possível

---

mento e constituem mesmo elementos básicos e cruciais para o nosso modo típico de pensar, mostrando-se inclusive essenciais para permitir a estruturação de conceitos mais abstratos a partir de outros conceitos mais básicos e derivados de nossa experiência direta do mundo, com especial destaque para a própria experiência proporcionada pelo corpo. Neste sentido, mente e o corpo não seriam de modo algum independentes, conforme argumentam os dois autores ao confrontar a tradicional separação cartesiana entre corpo e mente. Um dos exemplos mais simples é o da conceituação de *tempo*, que se torna facilmente operacionalizável ao indivíduo humano através de sua experiência mais direta com o *espaço*, considerando que muito habitualmente nos referimos ao futuro como algo que está diante de nós, e ao passado como algo que ficou para trás em um caminho percorrido. Mesmo a matemática deveria muito mais ao pensamento metafórico do que habitualmente admitimos, conforme também demonstra Lakoff em parceria com o matemático Rafael Núñes (LAKOFF & NÚÑES, 2000).

49 A formulação da ideia de que "a guerra não é mais do que a continuação da política por outros meios" havia sido feita por Clausewitz (1790-1831) ainda no século XIX (1827). Mas o filósofo Michel Foucault, em sua obra *Em Defesa da Sociedade* (1975), inverte esta fórmula para afirmar que "a política é a guerra continuada por outros meios". Estes domínios – a Política e a Guerra – permitem o compartilhamento de certas notas, como já veremos.

sentir uma guerra, mesmo à distância. Nestes tempos de globalização, podemos senti-la até mesmo quando ela ocorre no outro lado do planeta.

Quando correlacionamos estes dois domínios – a Guerra (y) e a Política (x) – passamos à possibilidade de enxergar a política de uma certa maneira. Claramente a política e a guerra compartilham as notas ou os aspectos que foram acima elencados. Ambas envolvem espaços de confronto, e realizam-se através de ações e planejamentos, ao mesmo tempo em que estabelecem alianças e oposições. Cada um destes domínios prioriza as suas formas próprias de violência, mas o fato notável é que a violência certamente está presente em ambos. Os dois domínios também pressupõem uma espécie de *jogo* (e temos aqui uma nova metáfora), o qual deverá produzir ao final de determinados processos (ou batalhas) os seus vencedores e perdedores – sendo possível ainda dizer que, independente de quem sejam estes vencedores ou perdedores em uma avaliação final, possivelmente os processos de confronto envolvidos na política ou na guerra terminarão por produzir ganhos e perdas para ambos os lados[50]. Guerras e processos políticos costumam reproduzir antigas territorialidades ou produzir reterritorializações – físicas e imaginárias – e terminam por desencadear nos seus diversos momentos uma reorganização do espaço (material-objetivo ou sociopolítico). De igual maneira, a concomitante ressignificação de figuras humanas em ambos os domínios é recorrente: as guerras e os processos políticos – antes, durante e depois de terem ocorrido – erigem heróis e estigmatizam vilões. Ambos os domínios, passíveis de espetacularização, mostram-se performatizados por atores diante de espectadores.

Poderíamos seguir adiante buscando outros elementos de sintonia entre os conceitos de política e de guerra. Por ora, interessa-nos mostrar como a projeção do domínio mais conhecido – Guerra – e que aqui trataremos como o 'domínio-origem', possibilita uma interessante apreensão conceitual do domínio menos mediatamente apreensível – a Política – que neste caso consideraremos como o 'domínio-alvo'. De todo modo, é importante se ter ainda em vista que a fórmula "Política é Guerra", e o seu inverso – "Guerra é Política" – produzem cada qual as suas próprias implicações em um caso ou outro, de modo que a partir deste eloquente exemplo também podemos considerar que as metáforas conceituais realizam diferentes potencialidades conforme redirecionemos o vetor da comparação e definamos um dos dois termos como

---

50 A política tradicional, como a guerra, é habitualmente um jogo de soma zero.

'domínio-origem' ou como 'domínio-alvo'. Dizer que "política é guerra" está longe de ser o mesmo que dizer que "guerra é política". Seja nas criações metafóricas, seja nas elaborações conceituais, as inversões e redirecionamentos importam efetivamente.

É ainda oportuno se ter em vista que, se quisermos operacionalizar a metáfora "política é guerra" com intenção de favorecer uma discussão de tipo científico, precisaremos submetê-la a algumas questões importantes. Para não ficar apenas no âmbito retórico, mais afeito à vida comum ou às realizações literárias, deveremos começar a investigar a 'extensão' possível para esta metáfora. Toda forma de política é guerra? A que casos esta metáfora se aplica com todas as suas notas? De que tipos de guerra falamos quando utilizamos este domínio para ser projetado sobre a política? E a que formas de política, mais específicas, estamos então nos referindo? Que leituras da Política, no sentido mais geral, e das diferentes formas e experiências políticas, em âmbito mais específico, emergiriam se nos aproximássemos delas através de outras metáforas que não a da guerra? Por fim, entre os dois domínios da metáfora "política é guerra", que notas são efetivamente compartilháveis (e que notas presentes em um e outro deste domínio ficam de fora deste compartilhamento)?

O compartilhamento de notas entre os dois termos presentes em uma metáfora conceitual – um assumindo a função de 'domínio-origem' (ou 'domínio-fonte'), outro desempenhando o papel de 'domínio-alvo' – é o segredo do especial vigor que este recurso pode revelar para formulações conceituais, embora seja importante lembrar que existem inúmeras metáforas que, a despeito de seus atributos poéticos ou de sua eficácia cotidiana, não apresentam um potencial conceitual relevante no que concerne aos aspectos específicos que estamos discutindo neste livro (uso científico de conceitos). Do mesmo modo que os conceitos verbais e imagéticos são produzidos pelas distintas notas que os constituem, também as metáforas podem ser compostas por elementos metafóricos independentes que se articulam.

Assim, por exemplo, podemos lembrar a célebre metáfora "as teorias são edifícios", estudada em maior profundidade por Joseph Grady (1997). Nesta metáfora complexa, compreendida por Grady como uma *metáfora composta*, existem pelo menos duas *metáforas primárias* que estão nela presentes em um nível subjacente[51]. As metáforas primárias que compõem uma metáfora com-

---

51 Grady argumenta que uma metáfora como esta é composta por *metáforas primárias* subjacentes. No caso, são duas: "organização é estrutura física", e "manter é permanecer em pé". Embora o linguista não tenha se expressado nestes termos, podemos propor a ideia de que estas duas metáforas primárias constituem duas notas que se interpenetram para compor a

plexa (e mais ampla) podem interagir uma sobre a outra de determinada maneira, formando o que, de nossa parte, poderemos entender oportunamente como *intervalos* (noção musical que discutiremos mais adiante). Além disso, sobrepondo-se a dois domínios que foram correlacionados por um procedimento metafórico, pode se tornar evidente ou aparente um conjunto de elementos comuns que podem ser mapeados, tal como fizemos ao projetar o domínio da guerra na imagem da política. Desta forma, tal como ocorre com as imagens conceituais e com os conceitos verbalizáveis, as metáforas conceituais dotadas de certa complexidade podem ser apreendidas como acordes que são formados por *notas* e *relações entre as notas*[52]. Não estamos longe – nesta fronteira em que as linguagens verbal e imagética interagem para formar metáforas conceituais de interesse para os diversos campos de saber – da possibilidade análoga de pensar em um processo de conceituação que envolve uma 'compreensão' formada por várias *notas*. O exemplo da interação metafórica entre guerra e política é eloquente neste sentido, conforme vimos anteriormente.

Quero ainda acrescentar que, assim como os conceitos geram novos conceitos, ou podem se articular com outros já existentes, também as metáforas conceituais produzem muito naturalmente suas próprias metáforas internas. Assim, no momento em que aceitamos a metáfora de que "teorias são edifícios", habilitamos concomitantemente muitas outras metáforas auxiliares que são pertinentes ao domínio-origem "edifícios" e que podem ser bem recebidas pelo domínio-alvo "teorias". Florescem então novas possibilidades metafóricas, e nos pomos a falar nos "fundamentos de uma teoria", nos seus alicerces, nos suportes que podem ser trazidos ou desenvolvidos para fortalecer ou trazer consistência a uma estrutura teórica. As teorias podem, a partir daqui, ser

---

metáfora complexa "as teorias são edifícios". Em sua argumentação, Grady propõe a ideia de que certas metáforas são complexas porque são formadas por unidades básicas: as "metáforas primárias" que as constituem. Conforme o autor, as metáforas primárias que podem se combinar para formar metáforas complexas são sempre relacionadas à experiência. Sentir a consistência física e permanecer de pé, por exemplo, são experiências corpóreas, familiares a todos os indivíduos. As diferentes possibilidades de se localizar e se movimentar no espaço, as distintas sensações geradas pela percepção e pela mobilização dos sentidos, e a manipulação de objetos nas suas mais variadas formas oportunizam aos indivíduos humanos a possibilidade de gerar diferentes esquemas imagéticos que estariam na base da elaboração das diferentes metáforas primárias.

52 São duas situações distintas: (1) as metáforas complexas podem ser formadas pela interação entre outras metáforas (estas, no caso, *primárias*); e (2) a projeção metafórica de um domínio sobre outro pode colocar em relevo um acorde de notas comuns a ambos.

"construídas", e esta ou aquela teoria pode ser avaliada como dotada de maior "solidez" do que uma terceira "construção teórica".

É preciso dizer, por fim, que algumas metáforas tornam-se tão intimamente correlacionadas com certos conceitos, ao mesmo tempo em que são tão repetidamente empregadas na linguagem corrente de determinados saberes científicos, que com o tempo podemos até nos esquecer de que são efetivamente metáforas. Falamos facilmente nas classes altas e baixas para nos referirmos à maior acumulação de privilégios e riquezas nas primeiras, e enxergamos sem nenhum esforço a centralidade do poder e as periferias que o confrontam. Os átomos podem se transformar em minúsculos sóis em certo sistema físico formulado para o entendimento da constituição mínima do Universo, e tal imagem precisará mais tarde de outra para substituí-la. Embora cada dialeto científico possa depreciar o uso de determinadas metáforas, desautorizando-as para aqueles discursos que pretendam se inscrever nesta ou naquela disciplina, em primeira medida sempre pensamos através de metáforas. Muito antes dos linguistas cognitivos, o filósofo oitocentista Friedrich Nietzsche (1844-1900) já enxergava isto com bastante acuidade:

> Mesmo o conceito, ossificado e ortogonal como um dado, e tão rolante como este, permanece tão somente o resíduo de uma metáfora, sendo que a ilusão da transposição artística de um estímulo nervoso em imagens, se não é a mãe, é pelo menos a avó de todo conceito (NIETZSCHE, 2008, p. 39)[53].

---

53 De nossa parte, demarcamos aqui os nossos objetivos ao trazer para a discussão científica dos conceitos a questão das metáforas. Se os linguistas e psicólogos cognitivos – para suas próprias finalidades – empenharam-se em demonstrar que *todas* as metáforas são conceituais em alguma medida, já que o próprio pensamento humano operaria necessariamente em nível metafórico, já para a questão que nos interessa apenas algumas metáforas complexas têm utilidade maior no que concerne à conceituação científica. Uma destas questões não anula a outra.

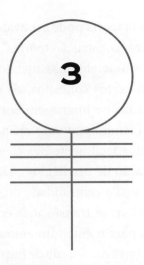

A 'Compreensão' e a 'Extensão' dos conceitos

3.1 Compreensão e Extensão: duas dimensões complementares

Nos últimos capítulos, trouxemos muitos e muitos exemplos que já devem ter deixado claro o que é mais propriamente a 'compreensão' de um conceito, o que é o seu 'termo', e o que é a 'extensão'. Vamos sistematizar agora estes aspectos, trazendo alguns esclarecimentos mais formais. Todo conceito é constituído integradamente pelo seu 'termo' – a sua parte "visível", que pode ser uma expressão verbal, uma fórmula, ou uma imagem dotada de certas características – e pela 'definição' do conceito, que pode ser convocada a qualquer momento no processo comunicativo ou reflexivo. A 'compreensão' de um conceito relaciona-se precisamente a esta definição que podemos evocar a cada instante ou trazer para discussão sempre que quisermos. Quando pronuncio o termo "densidade demográfica", isso pode bastar para as pessoas familiarizadas com este conceito. Até aqui, pronunciamos apenas o 'termo' deste conceito. Pode ser, entretanto, que alguém requeira uma explicação sobre o sentido mais preciso desta expressão verbal, e neste caso precisaremos convocar a 'compreensão' do conceito esclarecendo as notas que dela fazem parte. No caso de "densidade demográfica", trata-se de um conceito bastante simples, que pode ser definido como a relação entre o quantitativo populacional e o espaço que esta população ocupa. Quando se trata de medir mais formalmente a densidade demográfica de um determinado território, ciências como a Geografia adotam o procedimento de verificar quantas pessoas habitam no interior de um quilômetro quadrado deste território (considerada uma média cuidadosamente calculada).

Podemos dizer que a compreensão do conceito de "densidade demográfica" envolve duas ou três notas – a *população*, o *espaço* que ela ocupa, e uma certa relação entre as duas primeiras notas, a qual se reflete nesta fórmula matemática que obtém o índice demográfico a partir da *divisão* da população total pela área total da região considerada. Como muitos outros conceitos, a densidade demográfica é um conceito transversal, que se aplica a muitas situações; afinal, podemos utilizar este conceito para adquirir um maior entendimento sobre como se distribuem as populações no mundo (comparando as densidades demográficas dos vários países, umas com as outras), no interior de um mesmo país (calculando a densidade demográfica em regiões ou cidades deste país), ou no interior de cidades (dirigindo o olhar para os bairros de uma cidade, por exemplo).

O campo da aplicabilidade de um conceito é a sua 'extensão'. Isto fica ainda mais claro com a outra ordem de conceitos que vimos em diversos momentos nos capítulos anteriores: a dos 'conceitos agrupadores'. Estes são aqueles que servem para classificar ou apreender as características de objetos ou fenômenos que têm muito em comum, e que, portanto, podem ser situados em um mesmo conjunto. Por exemplo, o conceito de "planeta" abriga todos os objetos celestes que possuem determinadas características, a começar pelo fato de orbitarem em torno de uma estrela que lhes transmite luz e energia (já que o próprio planeta não é capaz de produzir energia a partir de processos internos de fusão nuclear) (1)[54]. Em seguida, sabe-se que um planeta deve possuir uma

---

54 Já para a 'compreensão' de estrela, diferentemente do planeta, torna-se uma nota crucial o fato de que as estrelas possuem massa suficiente para produzir energia através de fusão nuclear (juntando átomos de hidrogênio e formando átomos de hélio, por exemplo). Simplificando, é esta capacidade de funcionar como uma impressionante "fornalha atômica" o que faz com que uma estrela "tenha luz própria", para utilizar o modo mais popular de mencionar esta característica. Se quisermos reunir os vários aspectos que definem juntos o conceito de

massa suficientemente grande para lhe assegurar, através da ação contínua de sua própria gravidade, a moldagem de uma forma quase esférica (2). Por fim, é imprescindível para um planeta a dominância de sua região orbital perante corpos celestes estranhos ao seu subsistema (3)[55]. Quando formulamos esta definição – ou seja, ao enunciar as três notas acima como constituintes necessárias e suficientes para a 'compreensão' do conceito de planeta –, abre-se certo campo de aplicação para este conceito. Todos os objetos celestes que satisfizerem ao mesmo tempo esta combinação de condições seriam planetas – o que, no caso do Sistema Solar, corresponde a oito diferentes corpos celestes[56], sendo que no âmbito do universo conhecido a extensão já se estenderia a um número indefinido de casos. Essa, enfim, seria a extensão do conceito de planeta.

Também pudemos ver, com o último capítulo, que os conceitos expressos em linguagem verbal contrastam, em pelo menos um aspecto, com os conceitos expressos em linguagem visual simbólica. Nos conceitos verbalizados (através da oralidade ou da escrita), o 'termo' – a palavra ou expressão verbal que anuncia o conceito – encontra-se separado da sua 'compreensão' (ou das suas várias compreensões possíveis, nos casos em que ocorre o fenômeno da polissemia conceitual). O 'termo' e a 'compreensão' interagem nos conceitos expressos em linguagem verbal, mas estão separados um do outro, e podemos pronunciá-los separadamente. Enquanto isso, em um 'conceito visual' como o do *Yin Yang*, tanto o 'termo' (a imagem total), como a 'compreensão' – o conjunto de notas e intervalos que o constituem – acham-se materializados na mesma construção imagética, que

---

"estrela", como se eles fossem as notas que constituem este acorde conceitual, a capacidade decisiva de produzir energia em quantidade suficiente para projetar luz e calor para o espaço circundante seria talvez a nota fundamental, ao lado do tamanho descomunal que possibilita isto (a massa mínima de 0,8 massas solares) e da sua concomitante constituição plasmática mantida íntegra pelo equilíbrio entre a força da gravidade e a pressão da radiação.

55 Plutão, por exemplo, deixou de ser considerado planeta porque não satisfazia esta última exigência, já que sua massa é muito menor do que a massa total dos objetos que habitam a sua vizinhança. Situado na região chamada de Cinturão de Kuiper, habitada por muitos asteroides, Plutão, a partir de 2006, passou a ser reclassificado como "planeta anão", um novo conceito ao qual se acomodaram também outros quatro corpos celestes do Sistema Solar (Ceres, Eris, Makemake, Aumea).

56 Pela ordem de proximidade em relação ao Sol, a 'estrela' deste 'sistema' (dois outros conceitos astronômicos'), teríamos Mercúrio, Vênus, Terra, Marte, Saturno, Júpiter, Urano e Netuno. Plutão, descoberto em 1930, deixou de ser planeta em 2006, como consequência das decisões do Congresso Mundial de Astronomia reunido naquele ano, o qual redefiniu a 'compreensão' de planeta. Ceres, corpo celeste descoberto em 1801, havia sido classificado como um novo planeta no momento de sua descoberta, mas foi reclassificado mais tarde como 'asteroide'. Todavia, em 2006 foi elevado à categoria de 'planeta anão', um novo conceito criado para abrigar casos como o de Plutão.

é imediatamente apreensível ao primeiro olhar. É claro que deve haver um paciente e por vezes demorado processo de reflexão para que possamos apreender cada uma das notas e relações entre notas que fazem parte da 'compreensão' de um 'conceito visual'. Mas todas estas notas estão ali, presentes na imagem, e não precisam ser evocadas em uma segunda enunciação. Se tal ocorresse, estaríamos diante de um 'símbolo comum', o qual pode se referir – como termo exterior e lacunar – a um determinado conceito; mas não teríamos propriamente um 'conceito visual' (ou um 'símbolo conceitual') – com plena capacidade de expor todas as notas que constituem a essência necessária daquilo que se quer representar[57].

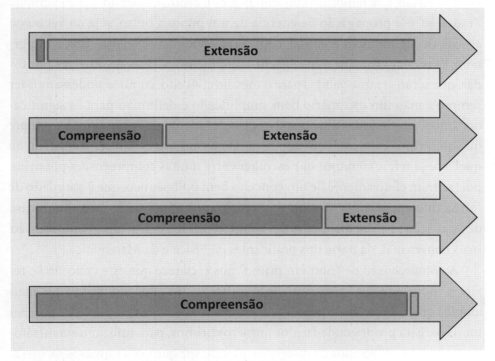

Quadro 15: *Compreensão e Extensão: uma relação inversa*

---

[57] Vimos por exemplo que o símbolo do Nazismo – a suástica no interior de um círculo branco e de um fundo vermelho – não contém na sua imagem nada que possa ser considerado como 'notas' inequívocas que se referem ao totalitarismo, fanatismo, arianismo, racismo, culto à personalidade do Führer, e outras notas conceituais que devem fazer parte do conceito de Nazismo. Também o símbolo do Cristianismo (a cruz) não apresenta informações e elementos que remetam diretamente a todas as notas que constituem a compreensão do conceito de Cristianismo – embora possa sinalizar de maneira lacunar para algumas destas notas, mas não para todas. Conforme argumentamos, o que impede que estes símbolos possam ser considerados 'símbolos conceituais' é precisamente essa incapacidade de trazer para a imagem todos os elementos visuais que seriam necessários para remeter a cada uma das notas que constituem a compreensão dos conceitos a que se referem.

Conforme vemos, se nos conceitos visuais o termo e a compreensão estão perfeitamente interligados na mesma imagem, já com os conceitos verbais ocorre necessariamente uma separação entre o 'termo' e a 'compreensão' do conceito. Pronunciamos as palavras "ideologia", "radiação" ou "número primo" como termos de três conceitos muito utilizados, respectivamente, na Sociologia, Física e Matemática. Se for necessário, podemos esclarecer a 'compreensão' que temos de cada um destes conceitos. Isso terá de ocorrer em momentos distintos da fala ou da escrita. É muito comum o uso de um tipo de fórmula verbal em que repetimos o 'termo' e o ligamos, logo em seguida, à 'compreensão' que temos do conceito que está sendo discutido – por exemplo: "'radiação' é 'a propagação de energia de um ponto a outro, seja no vácuo ou através de algum meio material, com certa velocidade'"[58]. Posto isto, é importante se ter em vista que não existem 'compreensões' fixas de uma vez por todas, que serão sempre válidas para o mesmo conceito, como se pudéssemos ter sempre à mão um dicionário bem simplificado e definitivo para os significados imutáveis de todas as coisas. No caso de "ideologia", por exemplo, sempre que quisermos explicar o que significa este termo (ou esclarecer o conceito ao qual este se refere) teremos que escolher entre muitas compreensões possíveis, pois se trata efetivamente de um conceito bem polissêmico, que é abordado de forma diferenciada por distintos autores e correntes sociológicas. Já no caso de "radiação", e principalmente de "número primo", existe uma 'compreensão' mais consensual, da parte dos praticantes da Física e da Matemática.

A compreensão de "número primo" nos esclarece que este conceito se refere a todos aqueles "números" (este último é um conceito agrupador mais amplo) que, à exceção do número "1", somente são divisíveis por "1" e por eles mesmos. Esta propriedade faz dos números primos, para utilizar uma metáfora conhecida, os "átomos da matemática", uma vez que estes números são geradores de todos os outros números (de cada número primo surge uma série de números compostos que são divisíveis por aquele, sendo que algumas destas séries se cruzam em números que são produzidos pela multiplicação de dois ou mais primos). A extensão proporcionada pelo conceito de "número primo" é uma série infinita de números que prossegue com a sequência iniciada por 2, 3, 5, 7, 11, 13, 17, 19 (etc.). Trata-se de uma série interminável que se esten-

---

58 A radiação é uma energia em trânsito, e pode ocorrer através de ondas eletromagnéticas ou de partículas.

de ao infinito, mas que ainda assim constitui uma extensão menor que a série formada por todos os "números inteiros"[59].

Este conceito, por sua vez, é englobado pelo conceito de "números racionais", que incorpora em sua extensão todos os números que podem ser expressos por uma fração (a/b). Mais ampla ainda é a extensão proporcionada pelos "números reais", que abrigam todos os "números racionais" e também os "números irracionais" – números que, a exemplo de $\sqrt{2}$, não podem ser expressos por uma fração. A manipulação de operações algébricas, entrementes, fez surgir o conceito de "número imaginário" (no qual a unidade imaginária é igual a $\sqrt{-1}$), e com isso surgiu um universo numérico de extensão ainda maior, que pressupõe o conceito de "número complexo" – um conceito matemático cuja compreensão pode ser exposta pela fórmula x = a + bi, significando que este tipo de número pode possuir (ou não) uma parte real e uma parte imaginária. Este exemplo mostra como a necessidade prática e teórica de ampliação da 'extensão' numérica foi forçando historicamente o surgimento de novos conceitos relativos a diferentes tipos de números, cada qual definido por uma nova 'compreensão' (cf., mais uma vez, o 'Quadro 6')[60].

---

59 Os "números inteiros" se estendem para além dos "números naturais" ("números positivos", com os quais lidamos nas operações cotidianas de contagem), uma vez que incluem em sua extensão também os "números negativos" – um conceito que se apresentou como uma necessidade prática desde a antiguidade, com vistas a facilitar o registro de operações contábeis derivadas do comércio. O próprio desenvolvimento das operações matemáticas também cedo impôs o uso de 'números negativos'. A 'compreensão' mais precisa de que o número negativo pode ser definido como "uma quantidade menor do que zero", entretanto, precisou ser conquistada pelos matemáticos ao longo do desenvolvimento da teoria dos números. E mesmo a aceitação formal dos "números negativos" precisou superar desconfortos como o de Michael Stifel (1487-1567), que os chamou de "números absurdos".

60 Podemos inverter esta perspectiva, para enxergar de outro modo como a ampliação de notas na 'compreensão' de um conceito produz uma concomitante redução na sua 'extensão'. Vamos percorrer de trás para diante o caminho histórico que deslizou do conceito de 'número natural' ao conceito de 'número complexo'. O 'número complexo' proporciona o conceito mais amplo e abrangente de número até hoje conhecido. Sua fórmula a + bi [ou 'a + b$\sqrt{-1}$'] pode abrigar qualquer número que até hoje foi operacionalizado pelos matemáticos. Já se considerarmos o conjunto dos 'números reais', estes são aqueles que contêm na sua compreensão a fórmula acima (a + bi), mas que acrescentam à sua compreensão a informação de que, no seu caso, b = 0 (o que torna nula a sua parte imaginária). Já o conceito de 'número racional' acrescenta à sua compreensão uma nova nota ou exigência: a de que, além das notas acima, os números racionais precisam satisfazer a condição de serem expressos através de uma fração (a/b). Com isso, ficam excluídos do conjunto de números racionais todos os números que não podem ser expressos por uma fração, que são os 'números irracionais' (como $\sqrt{2}$ e $\sqrt{5}$). Se mantivermos todas as notas mencionadas na compreensão anterior, e acrescentarmos uma nova nota ou exigência – a de que o denominador da fração a/b

Vamos registrar, neste ponto, uma formalização mais precisa sobre o que é a 'extensão' de um conceito, e sobre o que é a sua 'compreensão', para que possamos passar a uma próxima etapa, que será relacionada ao modo como a compreensão interage com a extensão. Deixaremos estabelecido aqui que a extensão de um conceito pode ser definida como o grau de sua abrangência em relação a vários fenômenos e objetos; e que a compreensão deste mesmo conceito corresponde ao esclarecimento das características que o constituem. Compreendido, enfim, o que é o 'termo' – esta expressão verbal ou imagem que, com o seu poder de síntese ou representação, evoca uma ideia – e o que são a 'compreensão' e a 'extensão' de um conceito, podemos passar em seguida a refletir mais demoradamente sobre uma propriedade particularmente importante dos conceitos.

A 'compreensão' e a 'extensão' de um conceito são instâncias relacionadas e, de certo modo, inversamente proporcionais. Sempre que produzimos uma alteração na compreensão de um conceito, iremos produzir uma alteração na sua extensão (em seu campo de aplicação). Mais ainda, podemos dizer que cada nota que acrescentamos à compreensão de um conceito – ou cada novo elemento com o qual enriquecemos a compreensão do conceito – termina por "afinar" a extensão do conceito, restringindo mais o universo de objetos que "cabem" neste conceito ou que com ele se relacionam. Em palavras mais simples, quanto maior a 'compreensão' de um conceito, menor a sua 'extensão', e vice-versa. No limite, um conceito com um número exageradamente absurdo de notas produziria uma extensão mínima, e talvez nele só viesse a caber um único objeto. Mas aí já não seria propriamente um conceito, pois a função dos conceitos é a de relacionar objetos distintos, generalizar situações, agrupar fenômenos – e não descrever um único fenômeno ou objeto.

---

seja "1" – cairemos no universo mais restrito dos 'números inteiros'. Estes ainda podem ser positivos ou negativos; mas se exigirmos que – além de todas as notas anteriores – os números do novo conjunto sejam apenas positivos, cairemos no universo ainda mais restrito dos 'números naturais'. Os números naturais ainda poderiam gerar dois conjuntos equivalentes de extensão ainda mais restrita: o dos 'números ímpares' e o dos 'números pares'. Se quisermos operar um novo recorte no conjunto dos números ímpares – mas admitindo a presença excepcional do número par "2" – poderemos chegar a um novo conceito, ainda mais restrito em sua extensão. Trata-se do 'número primo', que é aquele número que – além de satisfazer às exigências trazidas pelas notas que constituem as respectivas compreensões dos conceitos de 'número complexo', 'número real', 'número racional', 'número inteiro' – também acrescenta em sua compreensão mais específica uma nota que lhe traz a sua singularidade: o fato de ser um número somente divisível por "1" e por ele mesmo. Retornamos, aqui, a estes intrigantes números que são os "átomos da álgebra".

Como já dissemos, podemos conceituar "revolução" e vários tipos diferentes de revoluções; mas podemos apenas descrever esse processo histórico que ficou conhecido como Revolução Francesa, pois se trata de um evento único, historicamente localizado. Podemos também partir da conceituação mais geral de ser vivo, e ir acrescentando notas que definirão um reino, um filo, uma classe, ordem, família, gênero, espécie – até chegar ao conceito biológico de um animal mais específico como o "homem". Entre os homens (ou seres humanos, mais corretamente falando), podemos criar conceitos ou categorias que produziriam grupos identitários (por exemplo, o grupo dos brasileiros, que abrigaria somente os seres humanos nascidos no Brasil). Poderíamos criar novas combinações, através de um novo conceito ou categoria de objetos – bastando acrescentar novas notas às que já tínhamos no conceito biológico de homem e no conceito sociológico de nacionalidade – e com isso chegar a outros grupos, como o dos brasileiros que professam tal ou qual religião[61]. No interior deste grupo, poderíamos construir uma categoria que se referisse apenas às mulheres. Poderemos sempre acrescentar mais notas à compreensão, e a cada uma destas operações estaremos produzindo uma redução na extensão – ou um *afinamento* da extensão, por assim dizer. Mas haverá uma hora em que chegaremos a Maria, um ser humano específico que mora em determinada cidade e exerce certa profissão, vivendo uma trajetória de vida específica e cheia de particularidades que são só suas. Esta mulher específica já não pode mais ser conceituada, nem inscrita em uma categoria minimamente abrangente: só pode ser descrita.

Uma 'compreensão' exageradamente enriquecida com uma profusão de notas pode produzir uma 'extensão' muito pequena, conforme o exemplo do caso-limite sobre o qual discorremos acima. Mas uma compreensão muito pobre, em contrapartida, pode gerar uma extensão muito ampla. Um conceito onde cabem todas as coisas é tão inútil para a ciência como um conceito no qual só cabe uma única coisa. Por isso, a arte de conceituar relaciona-se à busca de um ponto ideal de afinação, no qual o conceito deve apresentar suficiente potencial de generalização – para que possa cumprir adequadamente as suas funções de generalizar, comparar e organizar a realidade – e também conformar uma exten-

---

61 Um conceito tem uma função mais operacional no seio de um determinado campo de saber. Já uma 'categoria' é, mais do que qualquer outra coisa, um recurso classificatório e prático. Podemos distribuir mentalmente os vários seres humanos no interior de distintas categorias profissionais, por exemplo, ou de outras categorias, como as suas religiões, nacionalidades, e assim por diante.

são igualmente adequada, que de um lado não seja superpovoada por diferentes objetos, mas de outro lado também não seja habitada por um único e solitário indivíduo. Para conceituar adequadamente, precisamos chegar a uma boa compreensão e a uma boa extensão. Conceituar é equilibrar estas duas instâncias.

O raciocínio que desenvolvemos até aqui é válido tanto para os conceitos apresentados em linguagem verbal como para os conceitos apresentados em linguagem visual ou simbólica. Se tomarmos o exemplo do símbolo da cruz em suas possibilidades de representar o Cristianismo, podemos considerar, tal como já foi exposto anteriormente, que há algumas notas importantes presentes nestas duas travas horizontal e vertical que se cruzam para formar a imagem de uma cruz. Os dois mundos – o humano-material e o sobrenatural – estão presentes neste símbolo, e também o ponto de encontro entre os dois (um lugar de mediação, e a possibilidade de passar de um mundo ao outro). Mas se acrescentarmos ao símbolo a imagem do Cristo, tal como ocorre com o crucifixo, estaremos realizando uma operação similar àquela em que acrescentamos uma nova nota à descrição verbal de um conceito. A figura do Cristo acrescenta à Cruz muitos novos significados, conforme vimos anteriormente. Talvez se acrescentássemos alguma cor ao conjunto, que pudesse significar algo, isso ampliasse a 'compreensão' envolvida neste conceito em formação; e, concomitantemente, iria se afinar a 'extensão' proporcionada pelo mesmo. Vamos voltar a abordar, no próximo item, as palavras. Discutiremos a possibilidade de construir um conceito já bem operacionalizado nas ciências humanas: o de "revolução".

3.2 O conceito de 'revolução': em busca de compreensão e extensão de um conceito

Vamos aplicar as observações sobre a arte de equilibrar 'compreensão' e 'extensão' a um caso concreto. Quando se pretende conceituar *revolução* como "qualquer movimento social que se produz de maneira violenta" – supondo-se que alguém pudesse cometer a imprudência de atribuir uma compreensão tão pobre e limitada a este conceito tão presente na História e nas ciências humanas – termina-se por se conceder a este conceito uma extensão muito grande (e certamente inútil), a qual passa a abranger várias modalidades de movimentos ou de comoções sociais. Em contraposição à grande quantidade de fenômenos que encontrariam abrigo nesta extensão ampliada, teríamos uma 'compreensão' formada por dois elementos apenas ("movimento social" e "violento").

No momento em que começamos a definir "revolução" como "um movimento social bem-sucedido que produz de modo violento uma ruptura política, com implicação em mudanças efetivas nas relações sociais entre os grupos envolvidos", e quando consideramos ainda que o movimento assim caracterizado deve introduzir algo de realmente "novo" que não a mera troca de poder no nível governamental, acabamos de incorporar à compreensão do conceito – em comparação com as definições de menor amplitude ou intensividade – novos e significativos elementos. Estes elementos, tal como pudemos ver até aqui, constituem as 'notas' que compõem a compreensão do conceito. Ao enriquecermos uma definição precária de "revolução" com notas que esclarecem melhor este conceito, diminuímos concomitantemente a sua extensão, uma vez que, ao ser proposto deste modo, o conceito de revolução passa a abranger menos movimentos sociais – excluindo-se dele, por exemplo, os movimentos que implicam ou implicaram meras trocas de poder, mas sem produzir modificações efetivas na estrutura social. Fica igualmente de fora toda uma série de agitações sociais de vários tipos, e mesmo os chamados "movimentos de independência", os quais já confluem mais especificamente para o estabelecimento de um novo Estado (no sentido político), sendo esta instituição de um novo Estado uma das notas que especificam este conceito alternativo que não deve ser confundido com o de "revolução".

Quadro 16: *Uma compreensão possível para o conceito de Revolução*

A definição acima reúne um conjunto mais significativo de notas, com vistas à constituição de uma 'compreensão' mais adequada para o conceito de "revolução". Se tivéssemos apenas as duas primeiras notas – a indicação de que uma revolução é um movimento coletivo – teríamos ainda aquela compreensão muito pobre que produz uma extensão gigantesca, e que permitiria que adentrassem o espaço de extensão do conceito fenômenos históricos muito diversificados. Ao dizer que as revoluções envolvem ruptura e mudança, começamos a enriquecer mais a compreensão do conceito, e a afinar mais a sua extensão. Podemos introduzir uma nota de que as revoluções devem ser 'bem-sucedidas' para serem consideradas como tais, além de se apresentarem à história como 'movimentos coletivos' que produzem 'ruptura' e 'mudança' em relação à situação anterior. Se dissermos que as revoluções comportam, necessariamente, algum tipo ou âmbito de 'violência', estaremos tanto acrescentando uma nova nota ao conceito como reduzindo ainda mais a sua extensão. Podemos, ao fim, agregar a ideia de que as revoluções envolvem a ideia de 'novo'. As revoluções não seriam movimentos coletivos que corrigem um desvio (derrubando, por exemplo, uma tirania que se impôs a uma comunidade) e que neste movimento produzem a mera restauração de uma situação antiga. As revoluções, no sentido mais moderno da palavra, apontariam incontornavelmente para o novo – para algo que ainda não havia sido visto.

Podemos dialogar neste momento com a cientista política Hannah Arendt (1906-1975), que em seu livro *Da revolução* (1963) combina alguns destes elementos essenciais para construir a 'compreensão' do seu conceito de "revolução". Vamos examinar a construção conceitual proposta por esta autora, pois com isso tanto poderemos observar a relação íntima entre a compreensão e a extensão de um conceito, como poderemos entender que os conceitos podem configurar construções autorais específicas, sendo isto o que ocorre em particular nas ciências humanas, uma grande área de saber perpassada por um nível mais intenso de polissemia.

Em sua definição de revolução, Hannah Arendt (1963) recorre a algumas das notas conceituais acima propostas. As revoluções são tratadas por ela como 'movimentos coletivos' – ou, mais propriamente, como 'movimentos sociais'. Implicam ruptura, mudança e certo nível de violência. Não é nossa intenção discutir passo a passo a proposição da autora sobre cada um destes elementos. Queremos ressaltar, todavia, a importância de uma das notas em especial. A nota conceitual que se refere à instituição do 'novo' ocupa um papel particularmente importante na busca da autora por um conceito que possa se referir adequadamente a uma diversidade de processos que começaram a surgir na segunda modernidade, a partir de fins do século XVIII. Para a autora, em primeiro lugar o conceito moderno de revolução "está inextricavelmente ligado à noção de que o curso da história começa subitamente de um novo rumo, de que uma história inteiramente nova – uma história nunca antes narrada – está para se desenrolar"[62]. Atores e espectadores dos movimentos revolucionários, a partir do século XVIII, teriam adquirido uma consciência ou convicção clara de que algo novo estava acontecendo. É esta consciência do novo, da ruptura com o anterior, o que a autora considera essencial no moderno conceito de "revolução".

Com esta nota característica incorporada à 'compreensão' do moderno conceito de revolução, Arendt separa as autênticas revoluções – posteriores a este duplo limiar constituído pela Revolução Francesa e pelo movimento de independência americana – das meras insurreições ou revoluções no sentido antigo, nas quais os homens pensavam nos seus movimentos políticos como restauradores de uma ordem natural que havia sido interrompida, e não como algo que visava à instituição do "novo". Percebe-se que, com esta ampliação do conjunto de notas que fariam parte da *compreensão* de revolução, produziu-se inversamente uma restrição da *extensão* do conceito, com a exclusão de diversos movimentos sociais da designação proposta. Apenas para dar um exemplo, os movimentos políticos ocorridos na Inglaterra do século XVII, que ficaram mais conhecidos como Revolução Inglesa (1642) e Revolução Gloriosa (1688) – se considerado que apresentaram mais propriamente o caráter de restaurar um equilíbrio anterior que havia sido rompido, ou então de recuperar direitos que foram subtraídos –, estariam excluídos da extensão desta nova formulação conceitual.

Prosseguindo com a ampliação da 'compreensão' do conceito de revolução, Arendt acrescenta que esta sempre envolve o desejo de obtenção da "liberdade", noção incorporada dentro da definição de revolução e que a autora distingue claramente de "libertação". Enquanto a liberdade é conceituada em torno de uma opção política de vida (implicando participação nas coisas públicas, ou admissão ao mundo político), a libertação implica meramente a ideia de ser livre da

---

62 Arendt, 1998, p. 23.

opressão. É o que ocorre, por exemplo, quando se livra um povo de uma tirania intolerável, mas sem modificar-lhe fundamentalmente as condições sociais e políticas. Assim, embora a libertação possa ser condição prévia da liberdade, não conduz necessariamente a ela. A noção moderna de liberdade, pensada como direito inalienável do homem, diferia inclusive da antiga noção de liberdade proposta pelo mundo antigo, relativa "à gama mais ou menos livre de atividades não políticas que certo corpo político permite e garante àqueles que o constituem"[63]. De maneira muito simplificada, pois não seria possível sintetizar em poucas linhas o meticuloso trabalho de Hannah Arendt na sua construção teórica sobre o significado de "revolução", podemos colocar agora o seu conceito em pé:

Quadro 17: *O conceito de "revolução", de acordo com Hannah Arendt*

O quadro acima foi desenhado como uma árvore conceitual que, na parte de cima, expõe a compreensão do conceito através de diversas notas. Na parte inferior, temos a extensão do conceito, isto é, os casos aos quais este passa a se aplicar como decorrência da compreensão que foi configurada. Na síntese

---

63 Arendt, 1998, p. 23.

anterior, pudemos ver que o conceito de revolução proposto por Arendt combina dois elementos essenciais, para além da mera mudança política matizada pela violência social, e mesmo da modificação na estrutura social. Devem estar presentes necessariamente a ideia de "liberdade", desde que na acepção já discutida, e também a convicção dos próprios atores sociais de que o ato revolucionário instaura um "novo começo". Ampliada a 'compreensão' do conceito para esta combinação de notas características (mudança política, violência, transformação social, liberdade, convicção de um "novo começo"), a 'extensão' de revolução passa a se referir exclusivamente a certos movimentos políticos e sociais:

> Todos esses fenômenos têm em comum com a revolução o fato de que foram concretizados através da violência, e essa é a razão pela qual eles são, com tanta frequência, confundidos com ela. Mas a violência não é mais adequada para descrever o fenômeno das revoluções do que a mudança; somente onde ocorrer mudança, no sentido de um novo princípio, onde a violência for utilizada para constituir uma forma de governo completamente diferente, para dar origem à formação de um novo corpo político, onde a libertação da opressão almeje, pelo menos, a constituição da liberdade, é que podemos falar de revolução (ARENDT, 1998, p. 28).

A compreensão do conceito de revolução iniciada pela perspectiva de Hannah Arendt – se quisermos lhe acrescentar alguns retoques adicionais – poderia buscar outras notas, para muito além do que foi diretamente proposto pela autora. Sabe-se, por exemplo, que as revoluções – as que serão efetivamente lembradas pela história – tornam-se via de regra *emblemáticas*. Este potencial inspirador, esta notável capacidade de se tornar um emblema e de despertar ou inspirar outras revoluções em outros tempos e lugares, parece também acompanhar algumas das principais revoluções conhecidas ao longo da história, senão todas. Por que não acrescentar esse potencial emblematizador à compreensão do acorde conceitual de revolução?

A Revolução Francesa (1789), por vezes apelidada simplesmente de "a Revolução", tornou-se modelar para inúmeras outras, e inspirou de alguma maneira todo o espírito revolucionário através de diversas revoltas ocorridas no século XIX e além. O mesmo ocorreria com a Revolução Russa (1917), inspiração fundadora para as revoluções socialistas, e com a Revolução Cubana (1959), emblema principal evocado por inúmeros revolucionários latino-americanos. A Revolução Mexicana de 1910 – a despeito de seus desdobramentos e acomodações políticas posteriores, e da sua estranha e mesmo destoante institucionalização através de um Partido Revolucionário Institucional (PRI) que já pouco tem de revolucionário[64] – tornou-se apesar disso um forte modelo para movimentos revolucionários no México. O Neozapatismo, em 1994, levantou-se evocando a inspiração histórica de um grande líder da Revolução Mexicana de 1910, Emiliano Zapata (1879-1919), cuja figura foi sintomaticamente trazida do fundo da história para inspirar um inédito e moderno movimento revolucionário, às portas do século XXI[65].

Esse extraordinário potencial mobilizador, ou esta capacidade de se espraiar como um emblema pronto a se converter em um incontornável monumento para as gerações futuras – ao lado da profunda sensação produzida nos seus próprios contemporâneos de que ali não se tinha uma mera revolta, mas sim uma revolução com todas as suas letras – não seria ainda uma derradeira nota a ser acrescentada à compreensão do acorde conceitual de revolução? Podemos lembrar os comentários de Gilles Deleuze e Félix Guattari sobre este impressionante aspecto das revoluções:

> Tudo seria vão porque o sofrimento é eterno, e as revoluções não sobrevivem à sua vitória? Mas o sucesso de uma revolução só reside nela mesma, precisamente nas vibrações, nos enlaces, nas aberturas que deu aos homens nos momentos em que se fazia, e que compõem em si um monumento sempre em devir, como esses túmulos aos quais cada novo viajante acrescenta uma pedra. A vitória de uma revolução é imanente, e consiste nos novos liames que instaura entre os homens, mesmo se estes não duram mais que sua matéria em fusão e dão lugar rapidamente à divisão, à traição (1992, p. 209).

3.3 A permanente elaboração de um conceito

O exemplo clássico acima discutido (o conceito de "revolução" conforme proposto por Hannah Arendt) permite-nos perceber que a elaboração de uma

---

64 O partido da Revolução foi instituído no México a partir de 1929, com o nome de Partido Nacional Revolucionário – depois mudando para Partido da Revolução Mexicana (1938) e, por fim, para Partido Revolucionário Institucional (1946) – tornando-se hegemônico até 2000 através de vitórias eleitorais.

65 O Exército Zapatista de Libertação Nacional (EZLN), que começara a se organizar desde 1983 no estado de Chiapas, faz a sua primeira aparição revolucionária com o levante de 1º de janeiro de 1994.

definição de conceito pode levar concomitantemente a uma necessidade de especificação de novos conceitos, bem como requerer novas definições como desdobramentos[66]. Assim, uma vez que a autora inclui como elemento inerente ao conceito de revolução a ideia de "liberdade", preocupa-se em definir com precisão o que está entendendo por liberdade, já que não se trata aqui da noção vulgar usada para esta palavra. Deste modo, opõe este conceito ao de "libertação", também definido com precisão, além de apresentá-los dentro de um percurso histórico no qual se examina a passagem da antiga noção de liberdade a uma noção já moderna. Também não faltam referências teóricas e históricas pontuando um e outro caso.

Uma lição pode ser colhida deste e de outros exemplos que poderiam ser discutidos: nenhum conceito é definitivo – particularmente nas ciências humanas – sendo sempre possível redefini-lo. Se Arendt definiu "revolução" a partir do seu caráter originário de movimento social, enriquecendo a compreensão desta formulação conceitual e concomitantemente operando sucessivos recortes na sua extensão, o mesmo conceito pode adquirir um enfoque bem diferente, mas igualmente válido, como aquele proposto pelo historiador polonês Krzystof Pomian (n. 1934):

> Efetivamente, qualquer revolução não é mais que a perturbação de uma estrutura e o advento de uma nova estrutura. Considerada neste sentido, a palavra 'revolução' perde o seu halo ideológico. Já não designa uma transformação global da sociedade, uma espécie de renovação geral que relega para a sua insignificância toda a história precedente, uma espécie de ano zero a partir do qual o mundo passa a ser radicalmente diferente do que era. Uma revolução já não é concebida como uma mutação, se não violenta e espetacular, pelo menos dramática; ela é, muitas vezes, silenciosa e imperceptível, mesmo para aqueles que a fazem; é o caso da revolução agrícola ou da revolução demográfica. Nem sequer é sempre muito rápida, acontece que se alongue por vários séculos. Assim (como o demonstram François Furet e Mona Ozouf), uma estrutura cultural caracterizada pela alfabetização irrestrita foi substituída por outra, a da alfabetização generalizada, no decurso de um processo que, na França, durou cerca de trezentos anos (POMIAN, 1990, p. 206).

---

66 Ou, como observam Deleuze e Guattari (1992, p. 26): "Um conceito não exige somente um problema sob o qual remaneja ou substitui conceitos precedentes, mas uma encruzilhada de problemas em que se alia a outros conceitos coexistentes".

"Revolução", segundo a compreensão proposta por Pomian, já não é necessariamente uma mudança brusca ("acontece que se alongue por vários séculos") ou sequer ruidosa e violenta ("ela é muitas vezes silenciosa e imperceptível"). Tampouco é concebida como novo começo ("essa espécie de ano zero a partir do qual o mundo passa a ser radicalmente diferente do que era"). Por outro lado, implica necessariamente a passagem de uma "estrutura" a outra. Desta forma, associada ao conceito de "estrutura" tal como proposto pela Escola dos Annales[67], "revolução" passa a ter a sua extensão aplicável a uma série de outros fenômenos para além dos movimentos políticos, como a revolução agrícola ou a revolução urbana[68].

Novas possibilidades surgem com a utilização da palavra revolução não mais somente como um 'conceito agrupador', capaz de reunir em uma única categoria as revoluções político-sociais específicas (as revoluções francesa, russa, chinesa e outras), mas também como um 'conceito transversal' que – agregado a certos adjetivos – pode cortar ou tangenciar a realidade humana mais ampla em fenômenos variados como a revolução agrícola, revolução urbana, revolução industrial ou revolução digital, cada um dos quais inaugurando novas épocas ou eras na história da humanidade. Depois disso, surgem ainda as formulações conceituais que falam em revoluções artísticas, científicas, comportamentais, entre outras, agora como referência a movimentos que foram bem-sucedidos em transformar globalmente a arte, ciência, literatura, costumes, comportamento ou sexualidade[69].

Cada uma destas aberturas ou redirecionamentos na extensão do conceito de revolução associa-se, necessariamente, a redefinições no conjunto de notas que devem constituir a sua compreensão ou o seu acorde conceitual. A alternativa de associar o conceito de "revolução" a toda e qualquer substituição

---

67 Cf. Braudel (1978, p. 49-50) e Chaunu e Chaunu (1955-1960).

68 Na verdade, quem cunhou o conceito "revolução urbana, assim como o conceito de "revolução neolítica" ou "revolução agrícola", foi o historiador australiano marxista Gordon Childe (1892-1957).

69 Fala-se conceitualmente, por exemplo, em uma "Revolução Sexual". Com frequência a expressão é utilizada para se referir à radical mudança nos comportamentos sexuais e amorosos que floresce em diversos países ocidentais, ao menos em alguns setores da sociedade, entre as décadas de 1960 e 1970. Wilhelm Reich, por outro lado, já havia utilizado a expressão *Revolução Sexual* como título de um dos seus livros (1936), referindo-se na segunda parte da obra a uma revolução na sexualidade que teria acompanhado a Revolução Russa desde seus primórdios, mas terminando por abortar com o desenrolar do totalitarismo stalinista, sobretudo a partir do final dos anos de 1920 (REICH, 1969, p. 102-174).

radical e *relativamente* rápida de estruturas, para muito além dos aspectos exclusivamente políticos e sociais, não foi evidentemente uma novidade introduzida pela perspectiva dos Annales, uma vez que Gordon Childe (1892-1957), arqueólogo e historiador marxista nascido na Austrália, foi o primeiro pesquisador a se referir mais claramente a uma "revolução agrícola" (talvez o primeiro uso transversal do conceito de revolução). Esta – ou ao menos a primeira das revoluções agrícolas – teria sido a também chamada "revolução neolítica", ocorrida em partes diversas do planeta entre 10.000 e 8.000 a.C.[70] A revolução agrícola corresponderia a esta transição crucial que demarcou a ultrapassagem de um mundo paleolítico estritamente baseado no nomadismo e atravessado por uma cultura apropriativa em relação à natureza – uma estrutura que, de resto, havia caracterizado a vida humana por mais de dois milhões de anos, desde os tempos do *homo habilis* – e que subitamente trouxe o surpreendente espraiamento de um novo mundo baseado no sedentarismo e nas possibilidades de planejar o cultivo e domesticar os animais.

Podemos nos perguntar, se ainda considerarmos a 'rapidez' do processo como um elemento fundamental para a compreensão do conceito de revolução, como poderia merecer este nome um processo que demora cerca de dois mil anos para se alastrar efetivamente por toda a humanidade. Contudo, se estendermos o olhar em acordo com uma perspectiva mais longa, facilmente perceberemos que dois ou quatro mil anos constituem uma duração efetivamente muito curta diante de um período muito mais largo de dois milhões de anos. A relatividade das noções de "rapidez" ou "lentidão" seria o passo para explicar a adequação de chamarmos de "revolução" a um processo de dois mil anos devidamente enquadrado por uma pré-história de longuíssima duração, da mesma forma que logo teríamos uma segunda revolução importante na história da humanidade – a "revolução urbana" – demarcadora da igualmente surpreendente passagem da última fase do neolítico para o mundo histórico das cidades, da escrita, da divisão multifuncional do trabalho, da metalurgia, da roda e das primeiras civilizações. De fato, o tempo é relativo. Uma revolução que, irrefreável como uma onda, desenrolou-se pelo

---

70 O espraiamento global da revolução agrícola, ou a sua eclosão em um número maior de lugares, teria mesmo abrangido um período mais dilatado, de 10.000 e 4.000 a.C. Enquanto isso, nem bem a revolução agrícola já tinha completado a afirmação irreversível de seu espalhamento pelo globo terrestre, uma nova melodia já se iniciava na grande sinfonia da história da humanidade. A revolução urbana, com transformações ainda mais surpreendentes, inicia-se no 5º milênio a.C. no Crescente Fértil do Oriente Médio, e depois a vemos na China, Índia e Egito.

mundo por dois ou quatro mil anos até dominar toda a paisagem planetária com suas aldeias agrícolas, e outra que levou um tempo não muito menor para instalar um número significativo de cidades em boa parte das regiões habitadas, podem ser consideradas tão rápidas como a revolução digital que, em tempos recentes, somente precisou de duas décadas para revolucionar o mundo da comunicação e da informação, instituindo a sociedade digital.

Acerca da multiplicação de sentidos possíveis para um mesmo conceito – ou da formação de diferentes acordes conceituais abrigados sob o mesmo termo – pode-se dar que o polissemismo esteja presente até mesmo em um único autor, mas referindo-se a situações diversas. Nas obras de Karl Marx ou Friedrich Engels, fundadores da perspectiva do Materialismo Histórico, ocorre que às vezes – como em *A ideologia alemã* (1845) – a expressão "revolução" apareça relacionada com o salto de um modo de produção para o seguinte[71]. Neste sentido, portanto, o conceito também pode incorporar potencialmente fenômenos como a "revolução agrícola" ou a "revolução urbana", de maneira similar ao enfoque proposto por Gordon Childe e que aparece de uma nova maneira em Pomian. Marx e Engels, entrementes, também empregam a expressão "revolução" no seu sentido mais propriamente político, referindo-se a movimentos sociais específicos – o que implica um enfoque mais próximo do proposto por Hannah Arendt, embora bem mais flexível (ou "extenso")[72]. Por fim, há ainda momentos em que – ultrapassando o uso da designação "revolução social" estritamente usada para processos históricos e políticos mais pontuais e específicos (a Revolução Francesa de 1789, por exemplo) – Marx ou Engels discorrem sobre "revoluções burguesas" de mais longo termo, as quais abarcariam, através de um encadeamento mais extenso que comporta grandes avanços e pequenos recuos, vários episódios revolucionários mais específicos. Desta maneira, deveria ser rebaixada do *status* conceitual de 'revolução', e recompreendida como um 'episódio revolucionário', a Revolução Francesa propriamente dita – aqui entendida como aquele acontecimento explosivo que se

---

71 A instrumentalização da ideia de revolução como substituição de um modo de produção por outro se tornou típica do marxismo economicista da Segunda Internacional. O texto de Marx que autoriza este uso conceitual é o "Prefácio" da *Contribuição à crítica da economia política*, de 1859.

72 Assim, movimentos sociais que não seriam considerados como "revoluções" por Arendt, como alguns movimentos do século XVI, são referidos como tais por Marx e Engels, na verdade mais com o sentido de "processos ou movimentos revolucionários" do que como "revoluções" que se estabelecem definitivamente.

inicia em 1789 e prossegue até a Primeira República (1791), para mais tarde se dissolver no Diretório (1795) e no período napoleônico (1799). Esta pequena década revolucionária mais não seria do que um dos diversos episódios cruciais que fariam parte de um processo de oitenta anos correspondente a uma revolução burguesa francesa mais extensa, a qual somente se consolida em 1870[73].

Passando a outro componente conceitual, seria possível ainda rediscutir a nota "violência", bastante presente na maioria das compreensões de revolução que têm sido elaboradas por autores diversos. Seria a violência um aspecto inerente a todo e qualquer processo revolucionário? Discute-se que, mesmo com relação às revoluções transversais, como por exemplo a Revolução Industrial, existe sempre certa violência implicada. Para a instalação generalizada de indústrias e do mundo fabril, ocorreu uma concomitante expropriação de terras que deixou atrás de si milhares de despossuídos, bem como migrações de mão de obra que certamente violentaram a vida dos trabalhadores já adaptados à situação anterior, além de ter aflorado a violência do desemprego, implicada pela formação de um grande exército de mão de obra excedente que deve viver à míngua para favorecer o barateamento da força de trabalho.

De maneira análoga, se pensarmos nas profundas transformações pertinentes à Revolução Agrícola, pode-se argumentar que a instalação pioneira da agricultura no período neolítico deve ter deixado atrás de si os seus desajustados e reprimidos, tanto no que se refere a indivíduos coletores que não se tenham se adaptado ao novo modo de vida, como no que se refere às disputas territoriais demandadas pela transformação do solo em espaços agrícolas. Além disso, se a população humana cresceu de modo extraordinário com a passagem das sociedades coletoras do paleolítico para as sociedades agrícolas da revolução neolítica, sabe-se também que disparou a mortalidade infantil. Por fim, não devemos esquecer as verdadeiras vítimas da violência revolucionária no caso da instalação das sociedades agrícolas: os animais que foram domesticados para o abate e fornecimento de ovos, leite e carne, como as galinhas e vacas, ou mais tarde transformados em sofridas máquinas de transporte, a exemplo dos cavalos e bois de arado[74].

---

73 Em *Maquiavel, a Política e o Estado Moderno* (1932-1934), Gramsci (1976, p. 46) adota esta perspectiva sobre as revoluções burguesas de longo prazo, evocando uma revolução francesa estendida.

74 O arado começa a aparecer nos registros arqueológicos de 4500 a.C.

De acordo com essas perspectivas adicionais acerca da revolução industrial ou da revolução agrícola, a violência poderia ser pensada como um aspecto recorrente nos processos revolucionários de todos os tipos, ainda que de maneira encoberta em muitos casos, mesmo nas revoluções transversais. Podemos lembrar a sarcástica metáfora de Thomas Morus, em *Utopia* (1516), ao se referir às radicais mudanças que começavam a se impor com o desenvolvimento da economia da lã na Inglaterra de sua época – um processo no qual a substituição de áreas de cultivo por pastagens para carneiros desalojava os camponeses das áreas rurais e os obrigava a mudar para as cidades, violentando seus modos de vida: "[Os carneiros], estes animais tão dóceis e tão sóbrios em qualquer outra parte, são entre vós de tal sorte vorazes e ferozes que devoram mesmo os homens e despovoam os campos, as casas, as aldeias". Sim, as revoluções, mesmo as transversais – e não apenas as que constituem movimentos sociais ou políticos específicos – comportam a possibilidade de muitas formas de violência[75]. Talvez apenas com a bela exceção das "revoluções artísticas" – as quais no máximo hão de violentar os gostos e estéticas tradicionais – as revoluções transversais não deixam de se apresentar como impetuosos *tsunamis*. Como ondas gigantescas e irreversíveis elas recobrem tudo, e terminam por mudar a face do planeta. Ao afetar a humanidade como um todo, boa parte das revoluções transversais não apenas permitem, como *obrigam* a que a maior parte dos diversos grupos humanos atravesse os portais que demarcam o surgimento de novas eras. Se há ganhos, existe sempre uma perda e pequenas ou grandes violências também nas mais benéficas das revoluções transversais.

As revoluções científicas trazem o melhor exemplo. Não se passa impune do mundo newtoniano ao universo da relatividade, dos labirintos quânticos, do desvendamento do átomo. Os extraordinários progressos da física nuclear – que

---

75 A chamada revolução comercial, por exemplo, em um período que atravessa a Idade Média a partir do século XII e se estende através da Idade Moderna até chegar ao século XVIII, também deixou seus rastros de violência e de escravidão. O mesmo se pode dizer do período manufatureiro. Sobre o período da acumulação primitiva, que prepara a instalação do modo de produção capitalista, assim se refere Karl Marx ao discutir a violência que se abate tão intensamente sobre os grupos sociais que deveriam oferecer seus braços para a futura constituição de uma força de trabalho de novo tipo: "Os pais da atual classe operária foram duramente castigados por terem sido reduzidos ao estado de vagabundos e pobres. A legislação os tratou como criminosos voluntários, supondo que dependia de seu livre-arbítrio o continuar trabalhando como no passado e como se não tivesse sobrevindo nenhuma mudança em sua condição de existência" (MARX, 2004, p. 47).

talvez salvem a espécie humana daqui a muitos anos ao permitir viagens espaciais que nos possibilitarão sobreviver à própria vida útil do planeta – carregam na sua história as suas manchas japonesas. A Medicina, coroada com seus extraordinários êxitos e benefícios para a vida humana, traz em sua gloriosa história também aqueles remédios falhados que produziram efeitos colaterais e prejudicaram grandes setores populacionais antes de serem percebidos como nocivos.

Reconhecido isso, permanece ainda a pergunta: a violência será necessariamente uma condição incontornável para todas as revoluções, e por todo o sempre? Seria possível atingir, ou ao menos imaginar, uma revolução pacífica? Com relação às revoluções definíveis como "movimentos sociais", a experiência do Chile – à qual Peter Winn chamou de Revolução Chilena[76] – parece trazer o interessante exemplo de uma revolução socialista alcançada através da vitória eleitoral. A experiência inaugurada pelo governo socialista de Salvador Allende (1908-1973), como se sabe, foi depois interrompida pela Ditadura Militar instaurada por Augusto Pinochet entre 1973 e 1990, no seio da série repetida de golpes militares promovidos ou estimulados pelos Estados Unidos contra as repúblicas latino-americanas. A experiência chilena, de todo modo, é hoje parte da história revolucionária do socialismo. No mesmo âmbito de práticas históricas e de reflexões que têm tateado o mundo político em busca de uma revolução não violenta, podemos lembrar também a experiência e as propostas anarco-pacifistas encaminhadas por Mahatma Gandhi (1869-1948), as quais foram conduzidas através de um persistente movimento de luta pela independência da Índia contra a Inglaterra. A revolução pacifista de Gandhi, por outro lado, a cada momento foi contraponteada por violências de todos os tipos em embates que envolveram hindus, muçulmanos, ingleses e outros atores coletivos.

Ainda sobre a variedade de possíveis elaborações sobre o conceito de "revolução", lembro que dois autores podem chegar a uma 'compreensão' mais ou menos próxima e, no entanto, diferirem significativamente na sua concepção concernente à 'extensão' do conceito, uma vez que discordem em relação a quais casos observáveis se enquadrariam no conceito proposto. Assim, Gianfranco Pasquino, ao elaborar o verbete "revolução" para o *Dicionário de Política* coordenado por Norbert Bobbio, terminou por chegar a uma compreensão

---

76 Ou, ainda, "a via chilena para o socialismo" (WINN, 1986).

deste conceito bastante compatível com a de Hannah Arendt, uma vez que nela combina os aspectos do movimento social, violência, intenção de promover efetivamente mudanças profundas nas relações sociais, além do sentimento do novo[77]. No entanto, no exame dos casos empíricos – isto é, na avaliação de quais processos históricos a partir daí se enquadrariam na extensão proporcionada pelo seu conceito de revolução – Pasquino discorda da afirmação de que a "Revolução Americana" tenha sido efetivamente uma revolução, preferindo enxergá-la como uma "subespécie da guerra de libertação nacional. Por outro lado, já admite que a Revolução Francesa teria de fato introduzido uma mudança no conceito de revolução, investindo decididamente na crença ou na convicção de que seria possível a criação de uma ordem nova. Assim, apesar de uma 'compreensão' relativamente próxima ou compatível em relação a um mesmo conceito, os dois autores divergem no que se refere ao ajuste dos casos históricos concretos à 'extensão' atribuída a este conceito.

Pode-se criticar, em muitas formulações conceituais, a arbitrariedade exposta por eventuais autores com relação à inclusão de pontos fora da curva na 'extensão' de um conceito, depois de eles mesmos terem empreendido uma cuidadosa delimitação da sua 'compreensão'. É importante sempre se ter em vista a chamada 'regra da conversibilidade'. Esta determina que a definição seja *conversível ao definido*[78]. Também podem ser criticados os casos em que a compreensão do conceito é construída de cima para baixo, como mero constructo ideal, sem considerar a experiência efetiva e as situações concretas que deveriam inspirá-la, ou uma análise honesta da totalidade de casos que podem dar ou não sustentação à formulação conceitual proposta. Em muitas destas formulações passíveis de crítica, o conceito é construído apenas na mente, e depois se tenta forçar os casos

---

77 Além disto, Pasquino incorpora implicitamente o fator da "liberdade", no sentido compreendido por Arendt, ao distinguir a revolução da mera luta de libertação (PASQUINO, 2000, p. 11-25). Por outro lado, este cientista político distende a compreensão do conceito ao se referir à revolução como uma "tentativa" de mudanças, e não como movimentos sociais *necessariamente* bem-sucedidos. Menciona o subconceito de "revolução frustrada". Já Arendt refere-se exclusivamente a movimentos sociais bem-sucedidos quando busca exemplos de revoluções. Cf. Pasquino, 2000, p. 11-25.

78 Uma definição deve valer para todos os sujeitos e objetos que se incluem ou se pretende incluir no âmbito de aplicação da coisa definida (a extensão do conceito), e tão somente para estes sujeitos e objetos. Vale dizer, não pode haver destoância entre a compreensão e a extensão de um conceito, pois estes polos devem ser ajustáveis, afinados um ao outro; ou seja, mutuamente conversíveis.

concretos a caberem na sua compreensão forjada idealmente. Ou então são deixados de fora alguns casos em detrimento de outros, sem muito critério (novamente uma desatenção à regra da conversibilidade). É essa a crítica que o historiador britânico Eric Hobsbawm (1917-2012), em sua obra *Revolucionários* (1973), dirige contra a formulação de Hannah Arendt para o conceito de "revolução":

> A primeira dificuldade encontrada em Hannah Arendt pelo historiador ou sociólogo dedicado ao estudo das revoluções é um certo matiz metafísico e normativo do seu pensamento, que se combina com um antiquado idealismo filosófico, às vezes plenamente explícito. Ela não considera suas revoluções tal qual ocorrem, mas constrói ela própria um tipo ideal, definindo seu tema de estudo em função deste e excluindo o que não se coaduna com suas especificações. Podemos observar, de passagem, que ela exclui tudo que não esteja situado na zona clássica da Europa Ocidental ou do Atlântico Norte, pois seu livro não contém nem mesmo uma referência superficial – os exemplos surgem à mente – à China ou a Cuba; nem poderia ter feito certas afirmações se tivesse refletido o mínimo sobre aqueles casos[79].

A afinação entre compreensão e extensão, bem como a harmonização das notas que constituem a compreensão com os traços que podem de fato ser encontrados para o fenômeno analisado nos casos que emergem da experiência, da história e da vida – sem exclusões injustificadas – constitui uma questão de primeira ordem para uma adequada formulação conceitual. Estes exemplos, entre tantos outros que poderiam ser referidos, são suficientes para mostrar que, ao procurar precisar os conceitos que irá utilizar, o estudioso ou pesquisador pode ter diante de si uma gama relativamente ampla de alternativas. É esta variedade de possibilidades – verdadeira luta de sentidos diversos que se estabelece no interior de uma única palavra ou formulação conceitual – o que torna desejável uma delimitação bastante clara do uso ou dos usos que o autor pretende atribuir a uma determinada expressão-chave de seu trabalho[80].

---

79 Neste ponto, Hobsbawm insere uma nota de rodapé citando uma passagem de Hannah Arendt: "Por exemplo: 'as revoluções sempre parecem triunfar com surpreendente facilidade em uma etapa inicial'". [Depois disso, prossegue Hobsbawm] "Na China? Em Cuba? No Vietnã? Na Iugoslávia do tempo da Guerra?" (HOBSBAWM, 2015, p. 261).

80 Nos ensaios, relatórios e projetos científicos, é comum que o autor ou pesquisador defina muito claramente os conceitos que está mobilizando. Este procedimento permite destacar o sentido específico que está sendo atribuído ao conceito no seio de uma variação polissêmica que pode ser maior ou menor conforme o caso. Nas ciências humanas, isso é quase inevitá-

3.4 Ampliando a experiência: mais um conceito de "revolução"

Quero finalizar este capítulo com a minha própria elaboração de um conceito de revolução, ou, mais propriamente, com algumas adaptações nas compreensões anteriores com vistas a alcançar um escopo mais amplo. Penso na possibilidade de encontrar uma compreensão para este conceito que implique uma extensão que abarque tanto os exemplos conhecidos de 'revoluções político-sociais' (movimentos sociais como a Revolução Francesa, Revolução Russa, Revolução Cubana, e outras), como os exemplos de 'revoluções transversais' – estas definíveis como aquelas que se referem à humanidade como um todo, e não apenas a sociedades específicas enquadradas no âmbito territorial de certos países. Dentre as revoluções transversais, conforme já foi pontuado anteriormente, destacam-se em primeiro plano aquelas grandes revoluções transversais cuja eclosão e consolidação demarcaram novas eras na história da humanidade: a Revolução Agrícola, Revolução Urbana, Revolução Industrial, Revolução Digital. O que virá ainda? A 'Revolução Estelar', que lançará a humanidade na aventura cósmica, a partir da possibilidade técnica da viagem a outros mundos, e que nesse movimento instituirá um modelo radicalmente novo para a vida humana? A Revolução Recriadora, uma espécie de "revolução revolutiva" através da qual os seres humanos não mais apenas interferirão na natureza, mas até mesmo a recriarão através da manipulação genética? Que eventos nos alçarão a novos patamares revolucionários? A robótica hiperavançada, as viagens através do tempo, o teletransporte?

Não de menor importância, e igualmente passíveis de serem incluídas entre as revoluções transversais, temos ainda as revoluções que se referem mais propriamente a campos específicos da atividade humana: arte, ciência, comportamento (sexo, por exemplo, ou a relação entre os gêneros). Poderíamos falar, assim, nas revoluções artísticas, revoluções científicas, revolução sexual, como também se fala por vezes em uma revolução comercial ocorrida no entremeado da fase final da Idade Média e da primeira fase da Idade Moderna. Pensemos em todo esse conjunto de revoluções, a princípio cindido em duas metades: o eixo agrupador das revoluções relacionadas aos movimentos sociais, e o eixo correspondente às revoluções transversais. O que une, em ter-

---

vel, pois não costuma haver consenso em torno de muitos dos conceitos nelas envolvidos. Por outro lado, não é preciso fazer uma delimitação para os conceitos que se beneficiem de um consenso no campo, embora esclarecimentos deste tipo tenham ainda grande utilidade (e necessidade) nas obras de divulgação científica.

mos de notas que possam compor uma 'compreensão' conceitual, todas estas revoluções? Que acorde podemos propor? O 'Quadro 18' sintetiza visualmente as notas nas quais deveríamos pensar como constituintes da compreensão de um conceito adequado para revolução, se quisermos contemplar em sua extensão tanto os movimentos sociais revolucionários como as revoluções transversais que afetam a humanidade como um todo.

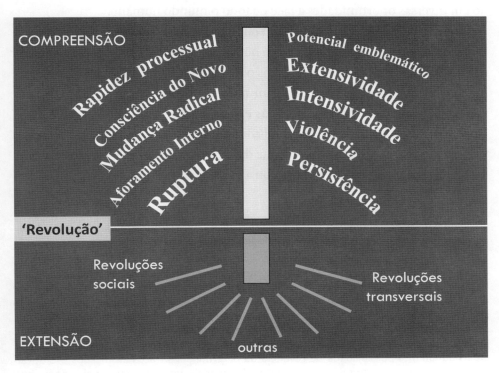

Quadro 18: *Mais um conceito de revolução*

Entre outras coisas, as revoluções parecem apresentar, em todos os casos, uma grande e surpreendente 'rapidez processual' [1]. As revoluções correspondem a processos que se desenvolvem muito rapidamente em relação a certo padrão de durações ou ritmo preexistente. Para não nos deixarmos apanhar na armadilha de não entender a relatividade do tempo, a 'rapidez' precisa ser compreendida como um componente relativo ao enquadramento que se tem em vista[81]. A década que, em um piscar de olhos da história, estabeleceu a Revolução

---
81 Podemos discordar, portanto, da afirmação de Pomian (1990, p. 206), atrás mencionada, de que as revoluções podem ser processos muito lentos. Tal afirmação ignora que um perío-

Digital (anos de 1990) foi tão rápida na sua capacidade transformadora como os dois ou quatro ágeis milênios de Revolução Agrícola que mudaram a face de um modelo de mundo paleolítico que já perdurava há mais de dois milhões e meio de anos de existência humana ou proto-humana. Sob esta perspectiva, a rapidez processual é típica tanto dos movimentos sociais que podem efetivamente ser chamados de revolucionários como das revoluções transversais que têm mudado em diversas oportunidades a face de todo o mundo humano.

Sobre a extraordinária rapidez com que ocorrem as revoluções, pode-se acrescentar ainda que, por vezes, ela faz com que os movimentos e processos revolucionários pareçam verdadeiros "saltos" aos olhos dos seus contemporâneos, ou mesmo aos historiadores que as examinam retroativamente. Neste aspecto em particular, as revoluções contrapõem-se às evoluções, pois estas últimas, ainda que igualmente transformadoras, em geral configuram-se lentas, graduais, progressivas (ou regressivas, se estivermos diante das reversões). Exemplo clássico é a evolução das espécies animais e vegetais, ou a evolução do corpo humano[82].

---

do de mudanças aparentemente longo pode se revelar muito curto se mudarmos a escala de observação e o confrontarmos com um período de longa duração.

82 Do ponto de vista da Biologia, a 'evolução' é a "descendência com modificações ou alteração da forma, da fisiologia e do comportamento de organismos ao longo de muitas gerações de tempo" (MAYR, 2009, p. 43). Deve-se observar, entrementes, que hoje se admite que, dependendo dos casos e sob certas condições, a evolução biológica pode ser extremamente lenta ou particularmente rápida, nesta última situação aproximando-se da ideia de algo que se revolucionou. Por outro lado, confrontando-se contra uma certa leitura da antiga Lei de Dollo (1893) – segundo a qual "a evolução nunca se reverte" – os biólogos e paleontólogos atuais admitem a possibilidade de reversão de determinados traços alcançados evolutivamente. Por exemplo, com relação à conquista do bipedalismo permanente pelo gênero humano, a identificação de um ancestral comum entre o gênero humano (*Homo*) e o gênero dos chimpanzés (*Pan*) – o qual teria vivido há 7,5 milhões de anos – terminou por trazer à mesa de discussões várias hipóteses. Em uma delas, um concestral entre homens e chimpanzés poderia ter sido bípede, sem impedir que – em um dos ramos que dele descenderam – os chimpanzés tivessem passado por um estágio bípede e depois revertido à condição de primata tendencialmente quadrúpede. Esta hipótese foi defendida por John Gribbin (1982) e Jeremy Cherfas (2003). Sobre isto, cf. ainda Dawkins, 2009, p. 129. / Com relação aos deslocamentos interdisciplinares do conceito de "evolução", este poderia ser exportado para diversas outras áreas, devendo-se sempre avaliar os benefícios ou não deste deslocamento conceitual, ou mesmo a sua validade para o novo campo em que for inserido. Costuma-se falar na evolução de certa linha de aparelhos tecnológicos, como computadores, nos quais a cada nova geração de produtos vão sendo experimentadas novas soluções e são incorporados novos atributos, ao mesmo tempo em que aqueles que não funcionaram bem são descartados, de modo que terminamos por ter um processo de seleção de características favoráveis também aqui. De todo modo, no caso das sucessões de produtos tecnológicos, as variações já são bem mais visíveis na passagem de uma geração para outra. Com relação aos deslocamentos do concei-

Além da rapidez processual, para que se tenha uma revolução é preciso que ela seja identificável como uma 'persistência significativa' [2]. Uma revolução político-social que é logo debelada, não era uma revolução – ou não chegou a se converter em uma revolução – mas constituiu, sim, uma revolta, rebelião, conjuração ou inconfidência. Vamos supor, para já nos referirmos a um exemplo de revolução transversal, que a Revolução Industrial pudesse ter sido interrompida pelo efêmero movimento ludista, que foi uma rebelião contra a mecanização do trabalho proporcionada pelo processo de industrialização. Caso tal situação possa ser imaginada, a Revolução Industrial teria sido fugaz e logo retroagido, e hoje não passaria de um caminho não percorrido na história (supondo que não tivesse eclodido uma segunda vez). Não nos referiríamos a ela, hoje, como uma "revolução". Uma revolução, já consolidada, precisa se estabelecer durante um período significativo para ser digna deste nome. Se este período significativo deve ser o de alguns anos ou décadas, para o caso dos movimentos sociais, ou de décadas ou séculos, para o caso das revoluções transversais, essa é uma questão a ser meditada ou estudada para cada caso.

Geralmente esse período significativo no qual persiste uma revolução (ou os seus resultados) torna-se um fator importante para que a revolução deixe suas marcas na posteridade. A Revolução Russa (1917) a deixou, assim como a Revolução Mexicana (1910) ou a Revolução Francesa (1789), esta última chegando a se tornar o marco das revoluções modernas. Quanto às revoluções transversais que abrem novas eras na história humana em geral, estas parecem perdurar sequencialmente e entram umas por dentro das outras, como se estivéssemos diante de uma grande polifonia de processos históricos. Nesses casos, uma revolução não parece cancelar a outra (não se substitui à outra) e sim a incorpora. Assim, pelo menos, parece ter acontecido com relação às grandes revoluções transversais até hoje conhecidas[83].

---

to de evolução para as ciências humanas, oportunamente discutiremos as impropriedades desta proposta.

83 Inclusive, uma revolução transversal pode reimpulsionar outras revoluções transversais em um novo nível. A revolução industrial, no século XIX, renovou em novas bases a revolução agrícola, pois trouxe a mecanização ao campo – tanto sob a forma de invenção de novas máquinas, como os tratores, como através da produção de novos insumos e materiais, como os fertilizantes, sem contar a dinamização do comércio e abastecimento agrícola que se tornou possível a partir dos novos meios de transporte proporcionados pelo desenvolvimento industrial. Da mesma forma, os efeitos da violência revolutiva são reeditados em novas bases pela agricultura mecanizada das sociedades industriais, incidindo sobre suas mais tradicionais vítimas: os animais. As galinhas, para somente dar um pequeno exemplo, passaram a ser inseridas em linhas de montagem e a viver comprimidas em pequenas jaulas como máquinas

A melodia iniciada pela Revolução Agrícola seguiu adiante quando começou a ressoar a melodia da Revolução Urbana, e as duas prosseguem quando a elas se junta a ruidosa melodia inaugurada pela Revolução Industrial. Mais recentemente, assoma-se à história humana este novo contracanto que é o da Revolução Digital. Estas melodias podem mesmo se interromper um dia. Uma guerra atômica poderia acabar com elas e devolver a humanidade à Idade da Pedra lascada. Ou seria possível imaginar o silenciamento de uma ou outra das melodias que hoje caminham juntas. O homem poderia deixar de viver em cidades, encerrando a melodia iniciada com a Revolução Urbana, ou um novo ludismo poderia impor o abandono radical do industrialismo. De todo modo, cada uma destas revoluções transversais já está na história.

As revoluções – sejam os movimentos sociais, sejam as revoluções transversais – também produzem necessariamente 'rupturas' [3]. Com elas, uma certa sociedade, ou o mundo inteiro, assume uma nova face. Uma ruptura revolucionária, por outro lado, pode ser decomposta em dois movimentos – isto é, em duas notas que mantêm uma íntima relação intervalar. Poderíamos dizer que as revoluções comportam necessariamente destruição e construção do novo[84]. Com relação ao primeiro gesto – o que se dirige à destruição ou dissolução de uma situação preexistente – já discutimos a recorrência da 'violência' nas revoluções mais conhecidas, sejam os movimentos sociais ou as revoluções transversais. Mas também já nos perguntamos se a violência sempre seria necessária às revoluções, ou se seria possível conceber uma revolução que desconstruísse o mundo anterior pacificamente ou sem provocar maiores lesões e situações traumáticas.

Gostaria de encontrar uma expressão mais abrangente que abarcasse três possibilidades distintas, as quais costumam aparecer nas revoluções de modo combinado, ou não necessariamente todas juntas: a *presença de violência*, a *destruição*, e a *desconstrução* (que é uma destruição mais sutil, sem violência). Como não encontro tal palavra, e considerando que todos os exemplos históricos até hoje conhecidos de revolução comportaram algum índice de mani-

---

de produzir ovos, e não tiveram melhor sorte outros animais como os porcos e as vacas. / Enquanto isso, a mesma revolução industrial também permitiria que a revolução urbana se reeditasse em novas bases. As cidades se redefinem no mundo industrial: tornam-se extraordinariamente populosas, ampliam-se até o limite das conurbações. A violência da revolução urbana se redesenha: as cidades industriais abrigam agora multidões de trabalhadores vivendo em condições ainda mais questionáveis do que nas cidades antigas, medievais ou da primeira modernidade.

84 E não a "reconstrução", o que implicaria construir de novo o que foi destruído.

festações de 'violência', vou considerar que este é um componente de acorde conceitual de "revolução" [4]. Isso poderá mudar um dia. Por ora, podemos considerar que as revoluções geram violência por duas vias. Uma vez que as revoluções são momentos em que se defrontam radicalmente o antigo e o novo, nos movimentos sociais ocorre violência tanto por parte das forças conservadoras ou reacionárias que se empenham em conservar a todo o custo as coisas como já estavam, como também por parte daqueles que se esforçam para empurrar a linha do horizonte em direção ao novo mundo que se anuncia. Já dizia Brecht, referindo-se ao movimento revolucionário em direção ao novo:

> Do Rio que a tudo arrasta
> Dizem que é violento
> Mas ninguém chama de violentas
> As margens que o comprimem
> (*Da violência*, Bertolt Brecht).

A recorrência de violência nas revoluções pode ser entendida, em sua complexidade dual, se considerarmos que há violência tanto das margens que desejam conter o rio como das águas que, impetuosas, impulsionam-se para frente de modo a realizar o seu destino. Como já se viu, a violência não aparece apenas nas revoluções que se referem a movimentos sociais, mas também nas revoluções transversais que mudam radicalmente os modos de vida, a ponto de se impor, nos casos clássicos, a impressão de que toda uma era está se substituindo à outra. Como já foi aventado, uma sociedade não passa impunemente do mundo coletor ao planeta agrícola, ou daí para o mundo das civilizações ancoradas nas cidades. Quando as máquinas irrompem na Europa-América do novo regime com o cenário agitado e dinâmico da sociedade industrial, há inúmeros desadaptados, cooptados e violentados; há insatisfeitos à esquerda e à direita, acima e abaixo. Há desapropriação e fome. Há carneiros devorando homens. De sua parte, a revolução digital, se admitirmos o conceito, também deixará atrás de si gerações de analfabetos virtuais ou desajustados digitais. Para muitos, estes processos são incômodos, dolorosos, aterrorizantes.

Deste modo, pode-se perceber que a violência é recorrente tanto nas revoluções transversais como nos movimentos sociais revolucionários, articulando-se a um irresistível movimento em direção ao novo. Este aspecto estabelece uma ligação (um intervalo) entre a 'violência' e a 'instituição do novo'[85].

---

85 Mais adiante, na segunda parte deste livro, veremos que habitualmente as notas que constituem a compreensão de um conceito estabelecem relações específicas umas com as

Há, por outro lado, uma violência negativa, que oprime o já oprimido, sem contar as violências que se abatem desnecessariamente sobre as vidas individuais. A violência das revoluções (ou que emerge nas revoluções) só adquire seu sentido positivo quando é necessária e faz uma mediação entre o velho a ser destruído ou consumado e o novo a ser construído ou reconfigurado. Musicalmente falando, temos uma tríade: destruição, violência, construção. A violência, ao ser inserida nesta tríade, e ao adquirir um novo sentido através dela, é a violência das águas do rio que corre para realizar o seu destino. Mas há também a violência petrificada das margens, e a violência circunstancial dos galhos que se entrechocam ao serem carregados pela impetuosidade dos acontecimentos. Entretanto, estas não fazem parte do nosso acorde.

O passo seguinte – mas na verdade simultâneo – é a compreensão de que, ao estabelecer uma construção nova, as revoluções implicam necessariamente 'mudanças radicais' [5]. A destruição (ou desconstrução) e a construção do novo (a mudança radical) dão-se as mãos para produzir uma *ruptura*. A mera destruição, sem a concomitante construção do novo, não permitiria que se falasse em revolução. A mudança radical, ademais, vem acompanhada nas revoluções de uma 'consciência do novo' [6] e de um ato coletivo de *liberdade* que institui esse novo. Já falamos destes dois fatores, e também do coroamento final do acorde, que é aquele 'potencial emblemático' [7] que transforma todas as revoluções em inspirações para as gerações posteriores e para os tempos futuros.

As revoluções, ademais, são sempre intensas, e têm a capacidade de cindir as sociedades em relação a elas, de modo que em alguns indivíduos provocam o entusiasmo, e em outros o pânico ou a rejeição extremada [8]. Mesmo o filósofo alemão Immanuel Kant, que de maneira geral sustentava uma posição conservadora em relação a um "direito de resistência" do povo aos governos instituídos, não deixou de se dobrar a um forte entusiasmo em relação à Revolução Francesa[86]. Há algo nas revoluções que provoca adesões (em maior quantidade) ou rejeições, tanto nos atores internos como nos observadores

---

outras ('intervalos', na terminologia musical), de modo que não importam apenas as notas que contribuem para a configuração da compreensão de um conceito, mas também as relações que estas notas estabelecem entre si e com o todo. Daí a possibilidade, que discutiremos na segunda parte deste livro, de pensarmos os conceitos como 'acordes conceituais'.

86 "[Esta Revolução] encontra no espírito de todos os espectadores (que não estão eles mesmos envolvidos no jogo) uma simpatia de aspirações que beira o entusiasmo – cuja manifestação seria mesmo perigosa – a qual não poderia ter outra causa que não uma disposição moral do gênero humano" (KANT, 1963, p. 101).

externos. Diante dos autênticos processos revolucionários, as posições neutras parecem se reduzir significativamente. Mais tarde, as mesmas revoluções, que um dia provocaram entusiasmo ou repulsa nos seus contemporâneos, continuarão a dividir os olhares que as examinam de algum lugar do seu futuro histórico. As revoluções, definitivamente, são *intensas* e produzem recepções intensas. Esta nota articula-se, no acorde, ao potencial emblemático de toda revolução que um dia será lembrada como tal. A 'intensidade' e o 'potencial emblemático' constituem juntos um expressivo *intervalo* no acorde conceitual de "revolução", de acordo com a perspectiva que aqui proponho.

Uma nota adicional faz aqui a sua entrada, ao lado da já discutida intensidade revolucionária. O intensivo, nas revoluções, interage sempre com o extensivo. Dito de outro modo, as revoluções sempre apresentam uma expressiva 'extensividade' [9]. Com isso, quero dizer que as revoluções – sejam os movimentos sociais, sejam as revoluções transversais – precisam apresentar um impacto e um fazer-se extensivos, relativos a uma parcela ampla da população, para que de fato possam ser chamadas de revoluções. Por isso prefiro, a dizer que as revoluções são 'movimentos coletivos', qualificá-las como 'movimentos extensivos'. Elas se estendem pela sociedade que afetam – dependendo do caso, comunidades nacionais ou todo o planeta – de muitas maneiras: não apenas porque envolvem a muitos como sujeitos revolucionários, mas também porque afetam a todos com os seus efeitos. Dizer que as revoluções são extensivas inclui, aliás, a possibilidade de reconhecer que são coletivas.

Nas revoluções, o sujeito – aquele que as encaminha e que as assimila efetivamente – é necessariamente um *extenso* sujeito coletivo. Daí se diz que as revoluções são efetivamente populares. Isso diferencia as revoluções sociais, mais uma vez, dos 'golpes de estado' ou de meras tomadas de poder que apenas substituem os grupos dirigentes. As ações realmente decisórias e decisivas relacionadas à instituição e montagem dos golpes de estado costumam circular apenas no seio de um grupo relativamente reduzido de pessoas, as quais controlam as forças armadas e certas posições políticas e econômicas. Um ator coletivo nada extenso, ou uma pequena configuração de atores, está sempre por trás dos golpes de estado – ainda que, para muito além deste pequeno grupo que se impõe pela força, o golpe de estado termine por afetar generalizadamente a vida da sociedade (embora não no sentido de lhe impor algo novo). Nos processos revolucionários, de sua parte, não se avança além do mero golpe ou da tomada de poder circunstancial a não ser que o ator coletivo extenso esteja realmente atuando.

Quero dar o exemplo das revoluções transversais, com relação às quais essa extensividade nem sempre é imediatamente evidente. A recente Revolução Digital não se iniciou propriamente quando a tecnologia digital avançou extraordinariamente, nem quando foram criados os sistemas que preconizaram a Internet, mas que então se mantiveram circunscritos aos usos militares e científicos mais restritos (fins dos anos de 1960). A verdadeira Revolução Digital se iniciou nos anos de 1990, no momento em que a rede mundial de computadores foi apropriada pelo grande ator coletivo: quando a população mais ampla e diversificada passou a se beneficiar dos novos meios de comunicação, das novas linguagens e dos novos usos da tecnologia. A Revolução Digital ocorreu quando a sociedade se tornou digital, assim como a revolução agrícola se instituiu efetivamente naquele lapso de tempo em que a agricultura se espalhou generalizadamente pelo mundo, ou quando se estabeleceu um movimento impetuoso e irreversível nesta direção inédita.

Pode-se acrescentar, por fim, que as revoluções são sempre processos internos [10], desenvolvidos no seio das sociedades específicas como respostas a determinadas demandas por elas mesmas geradas (no caso das revoluções nacionais), ou que florescem no âmbito mais amplo da vida humana (para o caso das revoluções transversais). As revoluções não podem ser trazidas de fora. Elas são sempre internas, vêm do âmago do mundo que subitamente se vê revolucionado. Esse é o seu harmônico oculto: a nota secreta que se esconde no coração de toda revolução. As revoluções não podem ser concedidas, devem ser conquistadas. O grau e a modalidade de envolvimento de cada um dos diversos grupos sociais em relação às revoluções que eles vivenciam ou vivenciaram (neste último caso através de uma memória que não cessa de ser reconstruída) parece conferir a cada revolução uma cor própria. A revolução não pode ser imposta, não é dela cair sobre uma sociedade ou sobre o mundo humano como um raio vindo de qualquer céu, ou oferecido por algum deus. Também não é ela a obra de heróis (talvez os heróis é que sejam obras da revolução). Tampouco uma sociedade contrai revolução por contaminação. Pode uma revolução inspirar uma outra ou muitas outras, mas elas necessariamente devem germinar mais uma vez no seio das sociedades que as engendrarão.

SEGUNDA PARTE
Harmonia conceitual

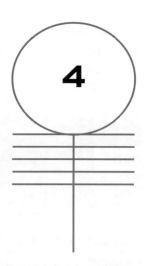

Uma digressão: a Música como inspiração interdisciplinar

4.1 Como a Música pode ajudar a renovar a teoria, a metodologia e os recursos expressivos de outros saberes

A contribuição mais inovadora deste ensaio será a de mostrar que o conceito de 'acorde' – originário da Música, mas reapropriado por alguns outros campos – pode ser particularmente útil para compreendermos o que é um 'conceito', na sua totalidade e na diversidade interna que o constitui. Entretanto, vou preceder essa reflexão mais específica por outra – uma digressão que se construirá em torno de uma pergunta: poderia a Música se abrir como inspiração interdisciplinar para os demais campos de saber? Perguntar isso é indagar se os diversos saberes não poderiam se renovar significativamente ao assimilar certos conceitos típicos da Música (como 'acorde', 'polifonia', 'harmonia'), ou mesmo ao reincorporar criativamente o modo específico de imaginação musical, ou ainda ao se inspirar em outros aspectos como as 'formas musicais' na sua extraordinária variedade. Simplificando a questão: poderia o modo de imaginação que é característico dos músicos ajudar outros campos de saber a enxergar a si mesmos, e aos seus objetos, de uma nova maneira? Pode a Música contribuir para a renovação da Ciência como um todo, e de cada ciência em particular?

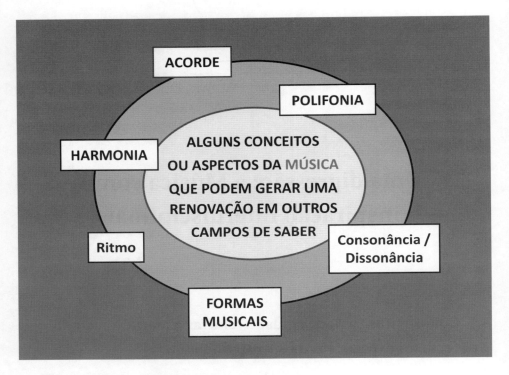

Quadro 19: *Noções musicais aplicáveis a outros campos*

No 'Quadro 19', registrei alguns conceitos ou aspectos musicais que têm sido bem assimilados ou reapropriados fora da própria Música, enriquecendo outros campos de saber ou de práticas humanas. Não será nossa intenção discutir mais demoradamente cada um destes aspectos. Eles apenas foram listados – e de modo circular com vistas a sugerir que podem interferir uns nos outros – a título de exemplos que podem mostrar que a Música conforma uma linguagem que pode beneficiar ou mesmo renovar outros campos. É isso o que queremos dizer ao mencionar a potencialidade da linguagem musical como 'inspiração interdisciplinar'. Nesta exemplificação, podemos partir de qualquer um dos aspectos que foram acima listados. O conceito que nos interessará mais, nos dois últimos capítulos deste livro, é o de 'acorde' – pois a perspectiva acórdica da música (a 'harmonia') coaduna-se de maneira muito rica com o que vimos falando até aqui acerca dos conceitos e de seu uso na ciência, na filosofia e em campos diversos. Antes, porém, quero trazer outros exemplos[87].

Para nossos próprios fins, vamos definir a Música como uma arte que organiza sons de modo a produzir resultados e efeitos diversos nos seres humanos – sendo que os homens e mulheres tanto podem produzi-la como criadores (compositores, instrumentistas etc.), como consumi-la em um processo de audição que não deixa de ser também criativo. Além daquela finalidade estética que nos é tão familiar em muitas das sociedades conhecidas, a Música também pode se associar a inúmeras outras práticas. Assim, quando uma música desenvolve certos ritmos, pode mobilizar os seres humanos para a Dança – uma arte que não tem muito sentido senão associada à Música. Em muitas sociedades, como as indígenas, a Música pode ainda assumir uma importante função de trazer coesão e sociabilidade ao grupo, assim como pode ocupar um lugar proeminente em certos rituais e ritos de passagem. Isso também não é estranho às nossas sociedades ditas "civilizadas", e não é difícil imaginar inúmeras situações nas quais a Música desempenha um relevante papel social ou ritualístico. Posto isto, podemos pensar a Música como uma arte entre outras, com finalidades estéticas. Seria uma longa discussão, que não caberia propriamente neste ensaio, aquela que poderia mostrar que – embora a função estética da Música frequentemente se volte para a produção de efeitos associáveis à beleza – inúmeras outras sensações podem ser inspiradas nos seres humanos através das músicas que estes escutam.

O primeiro aspecto que quero discutir relaciona-se precisamente ao fato de que a linguagem musical produz sensações de tensão e relaxamento. Vamos examinar esta propriedade da Música – ou esta potencialidade da linguagem musical – em seguida.

---

87 No livro *Interdisciplinaridades – na História e em outros campos de saber* (BARROS, 2019) – um livro que discute a Interdisciplinaridade de um ponto de vista mais geral e examinando campos mais específicos – abordei em um dos capítulos a possível interdisciplinaridade que os mais variados campos de saber podem desenvolver com a Música, assimilando seus conceitos e modos de imaginação singulares. A História, Antropologia, Sociologia, Geografia e Física são alguns dos campos examinados nesta interdisciplinaridade com a Música. Neste capítulo, vamos aprofundar esta discussão, expandi-la para novos campos de saber, e mostrar novos potenciais interdisciplinares, preparando deste modo o caminho para o último capítulo, no qual examinaremos a possibilidade dos 'acordes conceituais'.

4.2 Dissonância e Consonância: a Música como linguagem geradora de tensões e distensões

Quando um cineasta utiliza música nas cenas de um filme, pode estar interessado em reforçar o clima de suspense, terror, angústia, desconforto, ou pode estar utilizando a linguagem musical como apoio para atingir o clímax da cena; de modo contrário, pode ser que o efeito que deseja obter seja o de produzir uma sensação de relaxamento e tranquilidade depois de alguns momentos de tensão. Uma cena de amor pode exigir uma melodia suave, e uma tomada erótica pode ser potencializada com fórmulas musicais impetuosas e ritmadas. A guerra pode requerer um fundo musical novamente tenso, e assim por diante. Pode ser, ainda, que o cineasta precise interromper uma sequência de acordes que se resolvem uns nos outros com o som mais intenso e impactante de todos: o silêncio.

A Música – arte parceira do Cinema, sem a qual dificilmente poderíamos conhecer uma linguagem fílmica tão bem elaborada como a que temos nos dias de hoje – presta-se bem a esta grande variedade de efeitos, porque a sua linguagem lida todo o tempo com tensões e distensões. 'Dissonância', na Música – o primeiro aspecto que vamos comentar – é a possibilidade de um som ser percebido como instável pelos ouvidos humanos. Este aspecto – que combina dados acústicos objetivos dos sons com inflexões subjetivas no ouvinte que já de si dependem de fatores diversos – pode ser bem compreendido se o colocarmos em contraste com aquele que forma com ele um par natural: a 'consonância'. Se a dissonância remete à sensação de instabilidade, a consonância relaciona-se com a sensação de estabilidade. Estes efeitos surgem da relação entre dois ou mais sons, ou melhor, da possibilidade de se perceber a relação entre dois sons de uma ou de outra maneira. A princípio, nenhum som é dissonante ou consonante por si mesmo, pois estas duas sensações básicas na estética musical só se produzem através da relatividade e confronto entre dois sons, além de sua inserção em certo contexto de percepção ou de escuta. Já mencionei antes a noção que remete à relação entre duas notas – a de *intervalo* – sendo que este pode se referir a duas maneiras distintas de os sons se relacionarem uns com os outros: "ao longo do tempo", ou "ao mesmo tempo". Esta relação será novamente importante aqui, na verdade crucial[88].

---

88 O compositor vienense Arnold Schoenberg (1874-1951), depois de mostrar como os aspectos acústicos concretos da série harmônica podem predispor a familiaridade de um ouvinte que terminará por se inclinar a perceber certos sons como dissonantes ou conso-

De fato, nas músicas produzidas pelos compositores e instrumentistas, os sons podem se suceder uns aos outros (configurando o que chamamos de melodias), ou podem ser emitidos simultaneamente, que é a situação que temos quando dois ou mais sons soam juntos produzindo relações harmônicas. Tanto a simultaneidade como a sucessão de dois sons podem produzir essas sensações de tensão, instabilidade, desconforto – ou mesmo de repulsa auditiva – que chamamos de 'dissonâncias'. É porque pode produzir dissonâncias, mais intensas ou mais moderadas, e contrabalançá-las concomitantemente com consonâncias, que a Música se apresenta não apenas como uma linguagem belíssima e fascinante, mas também como uma arte dotada de potencialidades as mais diversas: dramáticas, trágicas, empolgantes, meditativas. De resto, é preciso ressaltar que as dissonâncias e consonâncias estabelecem entre si uma dialética na qual uma depende da outra: um acorde dissonante pode se resolver, em seguida, em um acorde consonante; mas, depois disso, a composição musical pode progredir novamente para uma sequência de tensões, e em seguida o discurso musical pode retornar a um ponto de conforto. A 'harmonia' – a arte de encadear acordes – baseia-se na técnica de articular acordes tensos ou instáveis com acordes estáveis ou relativamente estabilizados, resolvendo as tensões dos primeiros nos segundos, mas logo em seguida recaindo em novas tensões e distensões que dão movimento à música. Qualquer boa música, enfim, é constituída por um incessante jogo de instabilidades e estabilidades.

4.3 A assimilação do conceito de 'dissonância' em outros campos de saber: o exemplo da Psicologia

O conceito de dissonância foi assimilado por inúmeros outros campos, pois é particularmente eficaz para se referir a dois objetos ou aspectos que desenvolvem uma relação tensa um com o outro. Vamos dar apenas um pequeno

---

nantes – sempre no interior de um contexto –, acrescenta ao tema as seguintes observações: "A diferença entre eles [sons que eventualmente possam ser percebidos como familiares ou inusitados] é gradual, e não substancial. Não são – e a cifra de suas frequências o demonstra – opostos, assim como não são opostos o número dois e o número dez. E as expressões *consonância* e *dissonância*, usadas como antítese, são falsas. Tudo depende, tão somente, da crescente capacidade do ouvido analisador em familiarizar-se com os harmônicos mais distantes, ampliando o conceito de "som eufônico, suscetível de fazer arte", possibilitando, assim, que todos esses fenômenos naturais tenham um lugar no conjunto" (SCHOENBERG, 1999, p. 59).

exemplo, que é o da Psicologia Social. Mas o conceito também será importante quando trouxermos, mais adiante, maiores esclarecimentos sobre o que é um 'acorde'. Na Psicologia, o conceito de dissonância foi reapropriado de muitas maneiras, mas foi Leo Festinger (1919-1989) o pioneiro a aplicar o conceito de "dissonância cognitiva" (1957).

Ocorre dissonância cognitiva em diversos tipos de situações, como quando duas crenças não compatíveis precisam ser compartilhadas pela mesma mente[89], quando um conhecimento ou padrão moral que um indivíduo pense possuir a respeito de algo se tensiona contra um modo de comportamento que o contradiz[90], ou quando as expectativas que foram criadas por uma crença deparam-se contra uma realidade que as confronta[91]. A dissonância cognitiva é aqui vista como o conflito que surge no indivíduo em seu processo de tomada de decisões, em decorrência da incoerência entre pelo menos dois elementos cognitivos. No livro *1984*, de George Orwell, existe uma célebre passagem em que, sob tortura, o personagem central da trama – um indivíduo considerado subversivo pelo sistema repressor distópico – é obrigado a assimilar a ideia de que 2 + 2 pode ter resultado 5. A dissonância entre seu conhecimento matemático e a "verdade" que lhe é imposta o dilacera, mais do que a tortura, até que a sua própria mente parece se dissolver na resolução da dissonância.

---

89 Tal pode ocorrer, por exemplo, com um indivíduo que possua crenças religiosas de certo tipo em franca contradição com sua perspectiva científica.

90 Exemplo claro é o dos fumantes que prosseguem com seus hábitos, mesmo que já tenham adquirido plena convicção de que os cigarros prejudicam imensamente a saúde. Também está em dissonância cognitiva deste tipo o "torturador bom chefe de família", que no seio de sua estrutura familiar é um pai amoroso e um vizinho solidário, mas que nos porões do aparelho repressivo em que trabalha pratica crimes contra a humanidade. A "banalidade do mal", examinada por Hannah Arendt, também se aplica a este tipo de tensionamento. Sobre este último tema, cf. Arendt, 1999.

91 O caso do candidato à Presidência da República no qual o indivíduo eleitor depositou todas as suas esperanças, elevando-o à categoria de "mito", e que depois se revelou uma escolha absurda, pode ser citado como um exemplo eloquente. Incapazes de "resolver" a contradição entre sua crença anterior e a própria realidade que depois se apresenta, os indivíduos preferem fechar os olhos para a realidade, de modo a manter a crença original intocada; ou, então, rompem com o mito que haviam construído previamente, em um contramovimento que pode ser tão violento como a decepção que os dilacera. Um dos primeiros casos investigados por Festinger e publicados como apoio à sua proposta teórica foi o da seita que acreditava que uma catástrofe com data marcada destruiria o planeta Terra. Quando a profecia não se realizou, diversos membros da seita preferiram não abandonar a crença original e inventar explicações para a não concretização da catástrofe. Em termos simples, resolveram a contradição produzida pela dissonância cognitiva elaborando atalhos explicativos que preservassem o pensamento original (FESTINGER; RIECKEN & SCHACHTER, 1956).

O "duplipensar", uma filosofia propugnada por aquele sistema distópico, seria precisamente a propriedade de transitar sem culpas e conflitos de um lado a outro de uma dissonância cognitiva não passível de solução, embora o autor não tenha colocado as coisas nestes termos, nesta obra escrita em 1948.

O repertório de possibilidades disponíveis para o indivíduo que precisa resolver a dissonância cognitiva é variado. Como os compositores musicais, que fazem isto conscientemente e extraem potencialidades estéticas do uso das dissonâncias sonoras, os indivíduos comuns também aprendem a lidar com as suas dissonâncias cognitivas, e desenvolvem estratégias várias para dissolvê-las, contorná-las, aprofundá-las, isolá-las umas das outras, ou o que mais seja necessário para conservar a sua harmonia interior. Algumas destas estratégias cognitivas ou comportamentais podem ser inconscientes, outras se apresentam como estratégias propriamente ditas: *conscientemente* aplicadas pelo ser pensante na sua vida diária ou nos momentos de crise.

Entre os dois elementos que produzem uma dissonância – como uma determinada crença e certa atitude que sejam inconsistentes entre si – pode-se optar por conservá-los em compartimentos separados. Entre uma crença ou conhecimento arraigado que se confronta com uma realidade que os desmente, pode-se rejeitar a crença, ou então a própria realidade ("negação das evidências"). Há ainda a possibilidade de proceder à substituição de uma ou mais crenças envolvidas na dissonância (atenuar a dissonância), ou então o recurso de agregar novas informações ou crenças que permitirão elevar o nível de consonância do conjunto. Como na Música, pode-se de fato produzir uma diluição da dissonância ao se incorporar um novo elemento, tal como ocorre na muito citada fábula *A Raposa e as Uvas*, de Esopo (620-564 a.C.). Uma raposa faminta deseja as uvas que enxerga no alto de uma árvore. Quando percebe que não conseguirá alcançá-las, decide que não as deseja, pois provavelmente elas não estão maduras e saborosas. Ao agregar um novo elemento – ou uma nova nota ao acorde – ou seja, o palpite de que as uvas provavelmente estão amargas, a raposa dilui a tensão insuportável entre o desejo e o objeto inalcançável[92].

---

92 Esta já clássica ilustração sobre a 'dissonância cognitiva' foi evocada por Jon Elster, em seu livro *Uvas Amargas: sobre a subversão da racionalidade* (1983). O modo de resolução da dissonância decidido pela raposa – ou por indivíduos que utilizem procedimentos similares diante de situações diversas – foi chamado por Elster de "formação adaptativa de preferên-

Para a questão que nos interessa, podemos perceber que esta teoria psicológica assimila elementos importantes da teoria musical: o conceito de dissonância e seu par, a consonância, e também a possibilidade de que os acordes dissonantes sejam "resolvidos" em acordes consonantes. Sustento que tal teoria não poderia ter sido pensada sem que os seus criadores, ao menos por um instante, adotassem um modo de imaginação musical. Talvez a crítica que possa ser feita aos autores seja a de que a dissonância é tratada essencialmente como um conflito que precisa ser resolvido. Essa possibilidade certamente está incluída na Música, mas não é a única. Polos de tensão, as dissonâncias também configuram liberdades – possibilidades de alçar voo para além de um horizonte estável que, uma vez atingido, já quer ser ultrapassado de novo. Além disso, as tensões são relativas: a nota ou o acorde que parece produzir tensão em um determinado contexto harmônico, em outro pode produzir um efeito diverso; e o acorde que parece estável em certa situação musical, torna-se instável em outra situação[93].

Mais adiante, será importante ampliarmos a percepção de que as dissonâncias podem ser trabalhadas esteticamente nas obras musicais – e de que, na verdade, a capacidade de lidar artisticamente com dissonâncias e consonâncias é uma das grandes habilidades dos compositores, da mesma forma que as dissonâncias também podem encontrar seu lugar na filosofia, na história, ou em quaisquer outros campos de saber. Em outras áreas de expressões artísticas como o Cinema e a Literatura, por exemplo, o jogo de tensões e distensões proporcionado pelo padrão musical já tem sido amplamente empregado, e isto também pode ocorrer nos saberes científicos. O exemplo, neste momento, teve apenas a função de mostrar que a linguagem musical pode e tem sido utilizada para renovar campos de saber os mais diversos[94].

---

cias" (ELSTER, 1983, p. 123). No caso, trata-se de adaptar o desejo àquilo que a realidade objetiva parece oferecer.

93 Além disso, a História da Música mostra que o que é percebido como tensão pelos ouvidos humanos, quando inseridos em um determinado contexto histórico-cultural, pode passar a ser percebido como consonância ou dissonância moderada em outro contexto (em outro tempo-espaço, ou em outra cultura). A sensibilidade com relação ao efeito dissonante, enfim, transmuta-se com o tempo. Esta possibilidade também pode ser considerada e assimilada pelo uso do conceito de 'dissonância' em concepções teóricas desenvolvidas em outros campos de saber. / Sobre a história das mudanças de percepções com relação a dissonâncias musicais, cf. Tenney, 1988 e Webern, 2020.

94 Outro autor que incorporou as noções de consonância e dissonância, agora na filosofia, foi Paul Ricoeur (1913-2005). Sobre isto, cf. Barros, 2011, p. 183-302.

4.4 Polifonia: a simultaneidade de diversas vozes musicais em um único discurso

O segundo aspecto musical com o qual podemos exemplificar o uso da Música para renovar teorias e metodologias em outros campos de saber é o da *polifonia*. Este conceito foi assimilado de forma muito criativa pela Linguística, para favorecer a compreensão de narrativas nas quais estão presentes diversas "vozes" ou agentes de enunciação. Na Música, de onde partiu o conceito desde as suas primeiras realizações, em fins da Idade Média e início da Idade Moderna europeia, a textura polifônica corresponde àquela modalidade de música na qual podemos ouvir claramente, com protagonismo musical próprio para cada uma delas, distintas vozes melódicas que interagem umas com as outras. Pensemos, por exemplo, na música do compositor barroco Johann Sebastian Bach (1685-1750), ou nos quartetos de *Jazz* nos quais cada instrumento conduz sua voz com uma mesma importância na trama melódica. A modalidade polifônica de música desenvolve-se de maneira distinta em relação ao que ocorre naquelas canções mais singelas – para as quais podemos encontrar uma infinidade de exemplos na música popular atual – em que existe apenas uma melodia principal que recebe o apoio harmônico de outros instrumentos, mas sem que estes tenham uma importância maior no que concerne à condução mais propriamente melódica do discurso musical. Este segundo padrão, baseado em uma melodia única que é apoiada por uma harmonia de acordes que fornecem o clima e o jogo de tensões e relaxamentos da música, é chamado de *homofonia*, constituindo um modo de expressão musical bem diferente da polifonia[95].

---

95 Há ainda, na Música, um terceiro modo de apresentação musical que é chamado de *monodia*, e que, na sua forma histórica mais pura, corresponde a uma melodia única, sem acompanhamento harmônico ou de qualquer outro tipo, tal como ocorria nos antigos cantos gregorianos da Igreja cristã medieval. Não obstante, podemos considerar como realizações monódicas também as melodias cantadas com o apoio de instrumentos de percussão de som indeterminado, ou as realizações musicais que – ainda que acompanhadas por instrumentos vários – não produzem uma trama harmônica de apoio, a exemplo da música dos trovadores medievais. Quanto à polifonia – que no seu aspecto dialógico mais irredutível pode ser compreendida como sobreposição de várias linhas melódicas independentes – acrescento que, ao longo da contribuição histórica da Música como uma linguagem que vai se diversificando em vários estilos de época, a polifonia pôde ser integrada a estéticas tão diferenciadas como a da *Ars Nova* de fins do período medieval, a do Renascimento, Barroco, Classicismo, e assim por diante. A partir do período Barroco, por exemplo, as vozes polifônicas passam a estar harmonicamente inter-relacionadas, realizando mais plenamente a junção destes dois aspectos

Quero ainda acrescentar, de passagem, que frequentemente a polifonia torna-se bem explícita em uma boa parte de músicas de natureza polifônica. Nestas, podemos identificar claramente onde cada voz está, pois cada uma delas se situa em um território perfeitamente definido, tanto no que concerne ao espaço sonoro como em função da distinção de timbres entre os vários instrumentos envolvidos[96]. É verdade que o ouvinte pouco acostumado com este tipo de música costuma apresentar uma tendência quase automática a concentrar a sua atenção auditiva apenas na voz mais aguda do conjunto, o que constitui uma escuta incompleta. Entrementes, ouvintes habituados com música polifônica – a exemplo das fugas de J.S. Bach, de muitas das composições para quartetos de *Jazz*, ou de conjuntos especializados no Choro e outros gêneros instrumentais – não têm quaisquer dificuldades de seguir conscientemente as diversas vozes que ocorrem simultaneamente na mesma música. Contudo, existe ainda outra possibilidade que é uma espécie de 'polifonia implícita'. Esta requer uma escuta mais sofisticada e desafiadora, pois as vozes estão frequentemente ocultas por outras.

Para explicar a polifonia, em particular a polifonia implícita, costumo sugerir a audição da *Suíte n. 1 para Violoncelo* (1717) de Johann Sebastian Bach. Embora tenhamos nesta magnífica obra apenas um único instrumento musical, o violoncelo – um instrumento de cordas e arco que habitualmente só pode tocar uma única nota de cada vez[97] –, uma escuta mais refinada desta composição musical pode revelar uma 'polifonia implícita' entretecida com extrema habilidade. Envoltas por um único movimento melódico que se impulsiona para frente, diversas vozes musicais estão lá, mas encobertas, e espe-

---

musicais que são a *harmonia* (ambiente formado pela sucessão de acordes) e a técnica da *polifonia imitativa*, na qual as várias vozes melódicas respondem umas às outras.

96 No limite, mas em situações que ocorrem mais excepcionalmente, podemos até mesmo agregar às construções polifônicas um novo elemento de complexidade, que é aquele em que ocorre a "politextualidade". Esta aparece em alguns motetos renascentistas, em composições vocais para diversas vozes nas quais uma delas podia enunciar um canto profano e outra pronunciar os versos sacros de um canto gregoriano. Este procedimento também foi utilizado no *Choros n. 10* de Villa-Lobos (1887-1959) – uma composição coral-sinfônica na qual um dos naipes vocais desfia uma canção indígena e outro naipe vocal entoa um choro popular da época.

97 Tocar duas, ou mesmo três notas de uma só vez, abarcando mais de uma corda com um mesmo movimento de arco, não é impossível para o violoncelista. Mas é um efeito que só ocorre mais eventualmente. Por isso, o violoncelo é tido como um "instrumento melódico", ao contrário do piano ou do violão, que são "instrumentos harmônicos" habituados à possibilidade de várias notas soarem ao mesmo tempo.

rando para serem decifradas pelo ouvinte mais atento. Chamo a isso de uma 'polifonia implícita', por ser aquela em que a outra voz conquista o seu território sonoro mesmo que recoberta por uma outra. Aqui, as vozes musicais encobertas emergem impetuosamente por dentro da escuta, ao invés de terem o seu espaço de expressão já previamente consentido e bem delimitado na textura musical, à maneira de um coral ou conjunto de câmara com seus naipes bem organizados e definidos[98].

Seja em sua forma explícita ou implícita, a polifonia, na Música, corresponde ao enlace perfeito de sucessividade e simultaneidade. Ao mesmo tempo em que as notas musicais se sucedem umas às outras no âmbito de cada uma das melodias conduzidas pelas vozes que constituem a trama polifônica, estas diferentes melodias também acontecem ao mesmo tempo (são simultâneas). De igual maneira, as notas pertencentes às diversas vozes também vão formando, de um ponto de vista vertical, aquilo que, na música, chamamos de 'acordes' – um aspecto musical que discutiremos nos dois últimos capítulos deste livro, de modo a propor a sua interação com a noção filosófica e científica de 'conceito'.

4.5 A apropriação da Polifonia pela Linguística e pela História

Compreendido o conceito de polifonia na Música, podemos passar a refletir sobre como este foi assimilado por outros campos de saber, como a Linguística. Nesta área, a primeira a incorporar a perspectiva polifônica como forma de entender objetos fora da própria Música, o pioneirismo no uso mais sistemático da noção de polifonia foi de Mikhail Bakhtin (1895-1975) – célebre linguista russo que a aplicou de maneiras diferenciadas. Em primeiro lugar, Bakhtin utilizou o conceito de polifonia para dar a compreender uma característica recorrente em muitos dos romances modernos, em especial nas obras de Dostoiévski (1821-1881), nas quais a condução do fluxo narrativo não seria monopolizada pelo ponto de vista unidirecional de um narrador onisciente que enuncia monofonicamente a trama textual[99]. A circulação do

---

98 A polifonia explícita pode ser percebida de imediato em uma partitura musical para vários instrumentos, ou mesmo para um instrumento harmônico como o piano ou o órgão. Já a polifonia implícita requer não apenas uma escuta experiente, como também um olhar experimentado, capaz de enxergar, na partitura musical, as vozes ocultas ou encobertas.

99 A referência principal é a obra *Problemas da poética de Dostoiévski* (1929) [BAKHTIN, 2008]. É interessante ressaltar que, nessa obra, Mikhail Bakhtin discute criticamente outros autores russos que já haviam dado a perceber a natureza musical das composições literárias

protagonismo narrativo pelos diversos personagens, capazes de expressar uma visão de mundo singular e enunciá-la com voz própria, traria a possibilidade de enxergar estes romances plurivocais como autênticas tramas polifônicas aplicadas à criação literária. Especialmente em Dostoiévski, as vozes de seus personagens assumem tamanho destaque e independência que o efeito final seria como se soassem ao lado da própria palavra do autor (para retomar um comentário do próprio Bakhtin)[100]. Além disso, e talvez ainda mais importante, multiplicam-se as experiências de dialogismo que Dostoiévski elabora no interior do discurso de cada personagem, criando textos dentro do texto. Em sua análise sobre *Crime e castigo* (1866), por exemplo, Bakhtin procura revelar todas as vozes que desfilam por dentro do discurso do jovem estudante Raskólnikov – o personagem central da trama – ecoando de formas diversas e sobrepondo-se umas às outras; deixando-se interferir pelas entonações trazidas pela voz do personagem-narrador, embora sem a ela se submeterem; e outras vezes invadindo por sua própria conta a cena interior entretecida por este personagem atormentado e cindido em si mesmo que é Raskólnikov[101]. Estamos aqui no âmbito das já mencionadas 'polifonias implícitas', com aquelas melodias rebeldes que irrompem por dentro da voz que as encobre através de um único fluxo melódico.

---

de Dostoiévski, tais como Leonid Grossman e Komaróvitch – sendo que este último chegou também a mencionar o caráter polifônico ou "contrapontístico" dos romances de Dostoiévski, mas com uma perspectiva diferenciada. Por outro lado, para deixar mais clara a especificidade do modelo polifônico trazido pelo moderno romance de Dostoiévski, Bakhtin o contrasta com o antigo modelo "homofônico" de romances, para ele bem representado pelas obras de Leon Tolstoi (1828-1910). Neste último modelo, as consciências dos personagens não se apresentariam independentes da consciência unidirecional do autor-narrador.

100 Ao reconhecer as múltiplas consciências que transparecem nos romances de Dostoiévski, sem nunca se subordinarem à consciência do próprio autor, Bakhtin ainda assinala que as contradições que afloram entre essas consciências não se resolvem, estendendo-se em um interminável diálogo e permanecendo inconclusivas (BAKHTIN, 2008, p. 293). Neste ponto, chamamos atenção para este outro modo de lidar com as 'dissonâncias', distinto daquele que mais atrás comentamos (a dissonância que busca necessariamente uma resolução).

101 O próprio nome Raskólnikov indica um ser humano cortado pelo dialogismo, pois "raskólnik" é uma palavra russa que significa "cisão". Sensações extremadas e dissonantes o dilaceram: ele irá matar a machadadas uma velha agiota com a intenção altruísta de roubar o seu dinheiro para aplicá-lo em boas causas. Acredita que, por ser uma das pessoas que ele mesmo qualifica como "extraordinárias", teria o direito de violar leis. Mas depois a frieza criminosa desliza para um sentimento de angústia e culpa e ele termina por ceder ao impulso de se confessar, primeiro para uma prostituta com quem desenvolve relações afetivas, depois para a polícia.

Há muito mais a ser dito acerca das possibilidades da polifonia no mundo da criação textual. Embora muitos autores da literatura moderna, a exemplo de Dostoiévski, empenhem-se conscientemente nestas bem elaboradas construções polifônicas, Bakhtin procura mostrar que a polifonia também pode surgir espontaneamente de diversas maneiras, por vezes se ocultando dos olhares e ouvidos mais desavisados. Assim, novamente atento às polifonias implícitas, Bakhtin também se expressou nos termos de um "dialogismo" que poderia estar presente em praticamente todos os textos. A "intertextualidade", outro conceito sintonizado com a perspectiva polifônica de Bakhtin, poderia estar entranhada nos discursos através dos textos que se abrigam no interior de outros textos – seja de forma explícita, através de recursos como as citações, seja de maneira implícita, por vezes sem que o próprio autor do texto principal tenha consciência disto. Escrever um texto em um determinado gênero literário ou de qualquer tipo – como a poesia, o romance, conto, ensaio ou mesmo uma simples carta – traria já, por exemplo, um diálogo com um padrão que preexiste ao autor. Ao citarmos frases conhecidas ou de domínio público, mesmo que sem sabermos a sua autoria, já estaríamos inserindo em nosso texto um momento dialógico, um diálogo intertextual. Ao deixarmos que a influência de outros autores que lemos tantas vezes ajude a moldar nosso estilo de escrita, o que é certamente inevitável, já estaríamos trazendo outros textos ou modos textuais para dentro de nossos próprios textos. Ao lermos um texto e o compararmos voluntária ou involuntariamente com outro texto, ainda aqui reintroduzimos um texto em novas intertextualidades. Achando-se por toda a parte sempre que se escrevem textos ou naqueles momentos em que os lemos, a intertextualidade também pressuporia uma forma mais ampla de polifonia: uma polifonia de textos que dialogam uns com os outros. Usar uma língua já seria, por si mesmo, mergulhar em uma trama polifônica[102].

Bakhtin foi capaz de operar com um modo musical de imaginação, independente de sua formação incluir estudos específicos de Música ou não, e por isso deixou que a perspectiva musical renovasse inusitadamente a sua aborda-

---

102 Diz Bakhtin, em *Estética e Criação Verbal* (1979), uma obra cuja elaboração foi interrompida em 1922: "O próprio locutor como tal é, em certo grau, um respondente, pois não é o primeiro locutor que rompe pela primeira vez o eterno silêncio de um mundo mudo e pressupõe não só a existência do sistema da língua que utiliza, mas também a existência dos enunciados anteriores – emanantes dele mesmo ou do outro – aos quais seu próprio enunciado está vinculado por algum tipo de relação (fundamenta-se neles, polemiza com eles) [...]".

gem linguística. O círculo de estudiosos que em torno dele se agrupava, além disso, contava efetivamente com alguns pensadores que também foram músicos em maior ou menor medida. Voloshinov (1895-1936), que emprestou seu nome a uma das obras mais basilares do Círculo de Bakhtin – *Marxismo e Filosofia da Linguagem* (1929) –, era também autor de obras sobre teoria da música e compositor, assim como Ivan Sollertinskii (1902-1944), que também era membro do Círculo de Bakhtin[103]. Maria Yudina (1899-1970), quando se juntou ao grupo, era já uma pianista célebre na União Soviética. Estes intelectuais interagiam uns com os outros, e possibilitaram que a Música adentrasse o círculo não apenas como um componente de erudição, mas como uma fonte conceitual e um repertório de perspectivas que poderia efetivamente contribuir para renovar em novas bases a teoria linguística que o grupo estava propondo. Deste modo, a elaboração criativa de uma adaptação do conceito de polifonia para a Linguística foi uma construção coletiva. Nos dias de hoje, após esta e outras contribuições, polifonia é de fato um conceito bem conhecido e muito operacionalizado pelos estudiosos de Linguística[104].

Da Linguística, o conceito de polifonia passou à História. A noção de polifonia pode ser empregada em relação a diversos tipos de fontes históricas – aqui entendidas como aqueles textos, objetos de todos os tipos, imagens, resíduos, vestígios e registros que se apresentam aos historiadores como testemunhos, discursos e fontes de informação vindos do passado. O conceito de 'fonte histórica', como já mencionamos em outro momento deste ensaio, é central e transversal para os historiadores: atravessa toda a sua metodologia e constitui o próprio trabalho historiográfico em seu cerne, pois as fontes configuram a única possibilidade que os historiadores possuem para enxergar sociedades que já se extinguiram ou para analisarem processos históricos que já se encerraram. As fontes históricas, em uma palavra, são o "passado-presente":

---

103 Voloshinov ministrava aulas no Conservatório de Música de Vitebsk. Além disso, era formado em Direito, e também poeta. Ivan Sollertinskii foi professor no Conservatório de Leningrado e diretor da Orquestra Filarmônica de Leningrado, além de proeminente crítico musical.

104 Outros autores, na área da Linguística, também eventualmente operaram com conceitos ou imagens musicais em suas abordagens de textos e fatos da língua. Roland Barthes (1922), por exemplo, em uma obra na qual analisa uma novela de Balzac, compara o texto (escrito) a uma partitura musical. Leonid Grossman, um autor que precede Bakhtin na percepção da natureza musical das obras de Dostoiévski, utiliza o conceito musical de "modulação" para compreender a diferença de ambientes produzidos pelo romancista russo na estruturação dos capítulos de seus romances. O próprio Bakhtin irá retomar este conceito, ao falar nas "tonalidades-ambientes".

embora tenham chegado ao presente por inúmeros caminhos, são textos ou objetos que vêm do passado e abrem uma espécie de "janela no tempo", através da qual o historiador pode examinar criticamente as informações e discursos que lhe chegam do passado. Com relação ao que pode ser tomado como fonte histórica pelos historiadores, podemos dizer que é tudo aquilo que foi um dia produzido ou interferido pelos seres humanos, e ainda tudo aquilo que um dia já produziu algum efeito sobre estes (pois até mesmo a natureza pode oferecer fontes à História)[105].

Para a questão que nos interessa neste momento, a 'polifonia' se relaciona a uma categoria especial de fontes, que abrange alguns diferentes tipos de textos e objetos. Entenderemos como 'fontes dialógicas' aquelas que envolvem, ou circunscrevem dentro de si, 'vozes' sociais diversas capazes de dialogar e de se confrontar na própria trama discursiva da fonte. Podemos chamá-las também de 'fontes polifônicas', por motivos óbvios, uma vez que a sua principal característica é a presença marcante destas vozes internas que encontram expressão na trama textual e terminam por dialogar, confrontar-se ou interagir umas com as outras de várias maneiras. As "vozes" podem ser falas de indivíduos, presenças no texto de distintos representantes culturais, confrontos de forças políticas que encontram um espaço de disputa através do discurso (ainda que de maneira encoberta), culturas ou civilizações que se contrapõem, classes sociais que se embatem através de contradições interindividuais ou outras, gerações que se contrastam, narrativas que se entrelaçam, e assim por diante.

Com as fontes polifônicas, podemos ter dois tipos de situações através das quais as diferentes vozes se bifurcam ou se multiplicam no interior de um discurso ou de uma trama textual. Pode ocorrer que, em um determinado tipo de texto ou de documentação, as vozes internas encontrem a sua expressão em um mesmo plano – tal como uma primeira página de jornal que apresente seis ou sete matérias jornalísticas diferenciadas, escritas por distintos autores; ou pode ocorrer que as várias vozes estejam dispostas em camadas, por assim dizer, ocultas sob a aparência de um discurso unificado. Já vimos esta situação ao discutir o desenvolvimento do conceito de 'polifonia' na Linguística, e ao trazer o exemplo dos romances polifônicos de Dostoiévski, com seus textos

---

105 Sobre a diversidade de fontes que se colocam à disposição dos historiadores, ou que são por estes constituídas na operação historiográfica, cf. o livro *Fontes Históricas – introdução aos seus usos historiográficos* (BARROS, 2019-b).

que entram por dentro de outros textos e com as vozes de personagens que se interpenetram, mas ainda assim conservando a sua independência e audibilidade. As duas situações que acabamos de expor – que novamente poderemos entender como 'polifonia explícita' e 'polifonia implícita' – também podem ocorrer simultaneamente, com a coexistência de 'polifonias de primeiro plano' e de 'polifonias em camadas'. Para esclarecer as polifonias explícitas e implícitas através de exemplos relacionados a dois tipos diferenciados de fontes históricas, podemos citar como exemplares de uma e de outra situação os processos criminais e os relatos de viagens.

Os processos criminais constituem grandes conjuntos de documentos divididos em muitas sessões, no interior das quais são frequentemente transcritos depoimentos de testemunhas, vítimas e suspeitos, para além das *performances* de advogados, falas de juízes e pronunciamentos de júris, sem esquecer ainda as análises de peritos e as narrativas conduzidas pelo escrivão que transcreve a tomada de depoimentos, entre tantas outras situações. Os processos criminais ilustram bem esta primeira ordem de fontes polifônicas que são realçadas por este padrão que chamaremos de "dialogismo explícito", uma vez que constituem predominantemente uma "polifonia no mesmo plano". Por outro lado, neles também ocorrem frequentemente as polifonias transversais e encobertas, nas quais algumas vozes podem se superpor umas às outras (a pressão de um delegado que contamina o depoimento de um suspeito, por exemplo, ou o escrivão que deixa algo de si nos depoimentos que foi incumbido de transcrever).

Um belo vislumbre da impressionante sensação de diversidade social, cultural e discursiva que pode ser trazida ao analista através da trama polifônica típica dos processos jurídicos – embora neste caso se trate de um dossiê que mistura a documentação jurídica à ensaística médica – mostra-se nestas reveladoras palavras de Michel Foucault (1926-1984) sobre o dossiê relativo ao crime do matricida oitocentista Pierre Rivière, ocorrido em 3 de junho de 1835:

> "Tratava-se de um 'dossiê', isto é, um caso, um acontecimento em torno do qual e a propósito do qual vieram se cruzar discursos de origem, forma, organização e função diferentes: o do juiz de paz, do procurador, do presidente do tribunal do júri, do ministro da Justiça; do médico de província e o de Esquirol; o de aldeões com seu prefeito e seu cura. Por fim o do assassino. Todos falam ou parecem falar da mesma coisa: pelo menos é ao acontecimento do dia 3 de junho que se referem todos esses discursos. Mas to-

dos eles, e em sua heterogeneidade, não formam nem uma obra nem um texto, mas uma luta singular, um confronto, uma relação de poder, uma batalha de discursos e através de discursos" (FOUCAULT, 2018, p. 12)[106].

O dossiê recuperado por Foucault é apenas um bom exemplo da típica estrutura polifônica que costuma se repetir nos inúmeros processos jurídicos que hoje podem ser tomados como fontes históricas. Em um processo, as vozes estão todas ali. Por vezes, mas não obrigatoriamente, elas são nomeadas, tal como ocorre amiúde nos processos criminais. Destas vozes podemos sentir seu estilo, perceber suas consciências independentes, vislumbrar as ideologias, patologias ou idiossincrasias de que são portadoras, entrever o caldo cultural no qual se inscrevem, ler as suas palavras – frequentemente em modo direto, mas também em discurso indireto. Ocorrem ocasionalmente recursos como os travessões e aspeamentos, para separar os territórios verbais uns dos outros. Todas as vozes disputam explicitamente o mesmo espaço discursivo. Por vezes, elas podem ser percebidas de maneira direta ou quase direta, com poucas mediações.

É claro que, apesar de toda esta polifonia explícita, há filtros diversos a serem considerados nos processos criminais, a começar pelas pressões várias que afligem os depoentes, pela recolha padronizada de depoimentos realizada pelo próprio escrivão, e pelas fórmulas judiciais que costumam enquadrar todos os discursos em um único formato de inquérito – intermediando-os, ao mesmo tempo, através de certo vocabulário jurídico (ou inquisitorial) muito específico. Em momentos como estes, a polifonia implícita, em camadas encobertas, invade a polifonia explícita que estabelece um lugar visível para cada voz. De todo modo, os processos são exemplares claros desta primeira ordem de fontes polifônicas que costumam apresentar um padrão de organização visivelmente multifacetado que lhe é muito próprio[107].

---

106 Nesta inusitada publicação, na qual quis dar voz às vozes que apareciam em um antigo processo e em seu entorno, Michel Foucault se propôs a republicar um dossiê médico-legal que havia sido reunido por uma revista francesa de medicina em 1836. Tratava-se de um conjunto formado pelo processo jurídico de Pierre Rivière – incluindo depoimentos, testemunhos e interrogatórios – e ainda acrescido por textos de jornais, por três distintos relatórios médicos, e, principalmente, pelo 'memorial' escrito pelo próprio matricida a pedido dos juízes. Com esta peculiar documentação se tem uma trama polifônica, diretamente exposta ao leitor.

107 Os jornais e outros tipos de fontes periódicas também desenvolvem este tipo de polifonia, uma vez que são organizados em diferentes sessões que apresentam diferentes discursos, autorias e linguagens. A espacialização de discursos e informações, típica dos jornais,

Já os 'relatos de viagem' são bons exemplares para o que chamaremos de "polifonia implícita". Este padrão tem mais afinidade com a *Suíte para violoncelo solo* de J.S. Bach, cuja audição recomendei em momento anterior. As vozes também estão presentes, mas pode ocorrer que haja uma voz mais ressonante que as recubra. Em um relato de viagem, por exemplo – como aqueles que foram produzidos desde o início da modernidade por viajantes europeus que estiveram na América, Ásia e África, e que, assim, registraram suas impressões sobre o novo mundo que estavam vislumbrando – existem claramente duas ou mais culturas em confronto. Há o olhar cultural trazido pelo viajante que registra o relato, mas há também a cultura que é percebida e registrada, e que termina por encontrar sua própria voz através do discurso do viajante, embora nem sempre sendo compreendida pelo mesmo e, via de regra, gerando contradições e interações, estranhamentos e deslumbramentos.

Retenhamos em mente o exemplo do explorador europeu do século XIX que visita tribos indígenas com padrões culturais bem distintos dos seus e procura registrá-los, às vezes utilizando seus próprios filtros e adaptações, empenhando-se sempre em encontrar na sua própria língua palavras que possam expressar de maneira adequada ou aproximada aquelas realidades para ele tão desconhecidas. Posto isto, apesar das dificuldades e estranhamentos que podem ocorrer ao se falar sobre um "outro", há uma cultura que consegue se expressar através da outra na dialética estabelecida pelo "viajante que relata" e pela cultura e população que é retratada. A polifonia, neste caso, dá-se de alguma maneira por camadas, pois o relato cultural produzido por um certo sujeito histórico-social recobre uma outra cultura, para a qual ele abre espaço através do seu próprio relato[108].

---

através da distribuição de várias matérias em uma mesma folha, é concomitantemente uma espacialização de vozes. Cf. Barros, 2019-b, p. 179-252.

108 Relatos de viagens produzidos por europeus que, em algum momento, estiveram entre os indígenas brasileiros (ou que declaram ter feito estas viagens) estão registrados desde o século XVI até chegar, ainda com maior recorrência, ao século XIX. Entre eles, podemos citar os de Hans Staden (1557) e Jean de Lery (1578). Obras historiográficas ou cronísticas também foram produzidas por outros autores que também estiveram no Brasil, como Pero de Magalhães Gândavo (1576). No século XIX, ficaram célebres as anotações textuais imagéticas de Debret registradas na *Viagem Pitoresca e Histórica ao Brasil* (1834-1839), bem como os diversos Cadernos de Viagens de Saint-Hilaire (1816-1822), e as *Viagens ao Brasil* de Spix e Martius (1817-1820). Há ainda outros relatos de viagens importantes, como o de Henry Koster – que publicou as suas *Viagens ao Nordeste do Brasil*, em Londres, em 1816 –, as *Viagens aos Planaltos do Brasil* de Richard Francis Burton (1869), ou, por fim, os Diários de Maria Graham, relativos às suas estadias no Brasil em 1821, 1822 e 1823.

Neste último caso, as várias vozes – sociais, culturais, políticas – parecem encontrar o seu lugar em distintas camadas, no sentido arqueológico desta expressão, de modo que precisamos encaminhar uma metodologia adequada de análise que seja bem-sucedida em desvelar passo a passo as diversas vozes que se recobrem umas às outras. Vale observar que – mesmo nestes casos em que precisamos nos esmerar para revelar adequadamente a fala de "um" sob a fala de um "outro" – o *dialogismo* de uma fonte pode ser a um só tempo considerado como uma complicação e como uma riqueza. Para o analista pouco experiente, a trama dialógica que se oculta em uma fonte pode se transformar em uma armadilha. Para aquele que é capaz de decifrá-la, torna-se um campo de inesgotáveis possibilidades. Ocorre, aqui, o mesmo que se passa com o ouvinte de músicas polifônicas: sua escuta desatenta pode conduzi-lo a se concentrar superficialmente na voz musical mais aguda, deixando passar ao largo todo um oceano de incomensuráveis riquezas; mas a escuta adequada pode levá-lo muito longe, ao nível de compreensão estética do próprio compositor, permitindo que se desfrute de um indescritível mundo de diálogos sonoros[109].

Os exemplos que trouxe aqui, relacionados à Linguística e à História, buscaram mostrar como a assimilação do conceito de 'polifonia' ajudou estes campos a examinarem seus textos e objetos de estudo de uma nova maneira. A retomada dos benefícios da interdisciplinaridade musical para campos os mais diversos constituiu apenas uma digressão útil para mostrar como a interdisciplinaridade pode ser benéfica para renovar as possibilidades de um determinado campo de saber. A Música, em vários momentos, tornou-se uma importante fonte de inspiração interdisciplinar para disciplinas diversas, da História à Física[110]. No próximo capítulo, retornaremos ao foco principal deste livro – o uso de conceitos na produção de conhecimento – e veremos que outro interessante conceito da música, o de "acorde", poderá nos ajudar a entender de uma nova maneira o que são os conceitos.

Acrescento que escolhi desenvolver o capítulo que aqui concluo com os exemplos da assimilação destes dois aspectos da música – a incorporação das

---

109 Um estudo mais aprofundado sobre os diversos tipos de fontes polifônicas – ou sobre 'fontes dialógicas', como também as chamo – foi elaborado no último capítulo de meu livro *Fontes Históricas – uma introdução aos seus usos historiográficos* (BARROS, 2019-b, p. 278-330).

110 Discorro de modo mais aprofundado sobre isso na parte final do livro *Interdisciplinaridades* (BARROS, 2019-a, p. 151-185).

noções de 'consonância' e 'dissonância' em campos de saber como a Psicologia, e a adoção da noção de 'polifonia' pela Linguística e pela História – porque alguns dos elementos e implicações trazidos por estas assimilações interdisciplinares retornarão agora na discussão sobre os acordes. Os acordes, conforme veremos no próximo capítulo, são especialmente capazes de lidar com a dinâmica entre dissonâncias e consonâncias no interior de uma totalidade. Também são capazes de expressar muitas coisas ao mesmo tempo, e colocá-las em interação, tal como ocorre com a já descrita prática musical da polifonia. Minha tese, desenvolvida em mais detalhes e em maior nível de profundidade no próximo capítulo, é a de que podemos enxergar os conceitos como 'acordes' – ou como 'acordes conceituais' – e de que há algumas vantagens e potencialidades nesta nova maneira de olhar para os conceitos, seja qual for o campo de saber aos quais estes se apliquem.

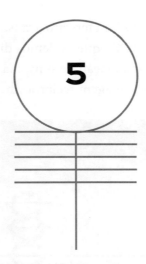

Acordes conceituais: uma nova possibilidade de conceber os conceitos

5.1 O acorde na linguagem musical e sua reapropriação em outros campos de saber

Um "acorde", na teoria e na prática musical, pode ser entendido como um conjunto de notas musicais que soam juntas e assim produzem uma sonoridade compósita. De maneira simplificada, podemos dizer que o acorde é um som constituído de outros sons, cada um dos quais integra a sua identidade sonora (a estrutura total do acorde), mas sem que sejam destruídas as identidades individuais de cada som que entra na composição do acorde. Na Música, estes sons que possuem determinada identidade individual, e que são os elementos básicos que são utilizados para a composição de melodias (e também na estruturação harmônica dos acordes), são chamados de 'notas musicais'. Já com relação a este som compósito que é o 'acorde', deve-se notar ainda que não são apenas as notas constituintes do acorde aquilo que configura a sua identidade sonora, mas também as relações de cada uma destas notas com cada um das outras e com a totalidade que as integra. Um som interferido por

151

um outro, e talvez mediado por um terceiro, transforma-se na verdade em um fenômeno sonoro novo, de modo que podemos dizer que um acorde corresponde não apenas a uma combinação de sons, mas também a uma combinação de relações de sons que interagem reciprocamente.

Quadro 20: *Um acorde representado na pauta musical*

Os músicos, desde fins da Idade Média, desenvolveram um recurso muito eficaz para representar graficamente os sons musicais: o uso de partituras baseadas em pautas musicais que procuram transmitir informações sobre os sons que compõem determinada composição musical. Uma partitura procura situar cada nota de uma composição ou trecho musical no tempo, de modo a que se possa registrar a sucessão de sons que está ocorrendo, e também mostrar aquelas notas que soam ao mesmo tempo, como ocorre com os acordes. Na imagem acima, representei um acorde específico em uma tradicional pauta de cinco linhas. Todas as notas soam juntas no mesmo momento, e por isso são agrupadas de maneira superposta em uma única vertical (ou seja, elas ocupam simultaneamente o mesmo espaço-tempo sonoro).

Não obstante a grande utilidade trazida pela possibilidade de representar graficamente a música, devemos sempre compreender que o acorde é um fenômeno sonoro, independente da representação que lhe atribuamos em uma folha de papel. A representação de acordes na pauta musical, e de melodias formadas por notas musicais em sucessão, foi apenas um recurso que os músicos inventaram para comunicar, uns aos outros, a música que deve ser executada. No caso dos acordes, entrementes, deve-se entender que, na realidade musical efetiva, as notas não se manifestam uma por cima da outra, tal como a figura sugere, mas sim uma "por dentro" da outra. A interpenetração das notas que constituem um acorde me faz lembrar o símbolo do *Yin Yang*, que já discutimos em um momento anterior deste ensaio. Quando nos pomos à escuta de acordes, é oportuno considerar que podemos apreender tanto a totalidade das notas – captando o efeito sonoro que o agrupamento provoca – como também, se afinarmos o ouvido em certas direções, podemos ainda continuar a identificar as notas individuais que fazem parte do acorde. Podemos mesmo fazer o esforço auditivo de tentar captar, no interior de um acorde, apenas o 'intervalo' formado por duas notas que interagem uma sobre a outra.

'Intervalo', a propósito, é o nome que damos, em Música, à relação entre duas 'notas'. Um 'dó' em combinação com um 'mi' produz certa sensação nos ouvidos humanos; um 'dó' associado ao 'mi bemol' já provoca outra sensação, completamente diferente, pois da relação entre estas duas notas surge um outro intervalo. Para o que nos interessa, enfim, um acorde é um som formado por vários sons que soam simultaneamente, uns interferindo nos outros e todos terminando por produzir uma coisa nova. Um acorde, deste modo, também é constituído por *intervalos* – ou pelas relações que se estabelecem entre as notas. Diga-se de passagem, não é possível, senão rudimentarmente, representar um fenômeno musical e sonoro: só podemos *senti-lo*, depois de apreendê-lo através de nossos recursos auditivos. Só é possível perceber isto – esta realidade pungente que é o fenômeno sonoro, capaz de agregar simultaneamente realidades diversas que se presentificam em um único movimento – quando ouvimos ou tocamos música.

Se, na teoria e na prática musical, o acorde pode ser de fato entendido como um conjunto de notas musicais que soam juntas e assim produzem uma sonoridade compósita, devo lembrar, adicionalmente, que a noção de acorde não aparece exclusivamente na música, embora aí tenha a sua origem. O conceito de acorde também fundamenta campos diversos da criação humana, o que já revela mais uma vez o imenso potencial interdisciplinar deste conceito. A ideia e a noção de acorde aparecem, por exemplo, na Enologia – ciência e arte que estuda todos os aspectos envolvidos na produção e consumo do vinho. Um bom vinho é formado por notas que se harmonizam para formar o seu acorde de sabores. De igual maneira, a noção de acorde também está na base da arte da elaboração de perfumes, e, neste caso, o acorde passa a corresponder a uma mistura de aromas que, combinados, equivalem à informação total captada pelo olfato humano. Deste modo, o acorde olfativo também é constituído de notas[111]. Além disso, existem acordes cromáticos, como bem demonstraram os pintores impressionistas e pontilhistas, e também a arte da produção de alimentos utiliza o conceito com vistas a representar as diferentes combinações de ingredientes.

Cada um dos campos indicados no 'Quadro 21' – a arte da perfumaria, a enologia, a culinária, a pintura – beneficiou-se do conceito de acorde através de uma atitude interdisciplinar que lhes proporcionou a introdução de toda uma nova perspectiva e de um novo vocabulário que inclui, além do conceito de acorde, a ideia de harmonia, notas, consonância, e outras palavras que primordialmente eram encontradas apenas na prática musical. Na Música – ou mais especificamente no sistema harmônico que se desenvolveu ao longo da história da música nas culturas ocidentais – o acorde costuma ser constituído por uma suposição de intervalos de terças que se estabelecem, do grave para o agudo, a partir da "nota fundamental". Como já dissemos no comentário sobre a figura atrás trazida pela pauta (Quadro 21), cada um daqueles pequenos círculos que estão empilhados um sobre o outro corresponde a um som (uma 'nota') que poderia ter sido emitido de maneira isolada. No acorde, contudo, eles soam juntos: estão amarrados em um único momento, e por isso implicam um no outro formando uma identidade sonora nova. O acorde corresponde a uma simultaneidade de sons, a um feixe transversal de notas musicais que passam a interagir umas com as outras de modo a formar

---

111 Basicamente, a combinatória de aromas com vistas à produção de um perfume trabalha com três grupos de notas: as "notas de fundo", que são constituídas pelos fixadores que mantêm o perfume por mais tempo, fazendo-o perdurar por sete ou oito horas; as "notas de corpo" (ou "notas de coração"), constituídas por moléculas que perduram 4 ou 5 horas antes de se volatilizarem; e as "notas de topo" (ou "notas de cabeça"), responsável pelo primeiro impacto do perfume.

uma coisa nova. Não obstante, tal como já mencionei anteriormente, quando escutamos um acorde, de uma só vez podemos prestar atenção no todo (na totalidade acórdica), em cada nota específica que o constitui, e em cada relação singular que se estabelece entre duas ou três notas no interior do acorde (ou seja, podemos escutar setorialmente as relações entre as notas e grupos de notas no interior do acorde). O acorde é um portal de percepções integradas[112].

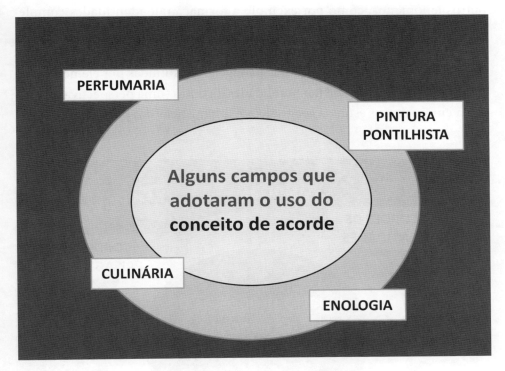

Quadro 21: *Campos de práticas que adotaram o conceito de acorde*

---

[112] "Apesar da representação de um acorde na pauta musical implicar verticalidade, e embora isto dê a ideia de uma (apenas aparente) hierarquia de alturas – na verdade as notas de um acorde, no fenômeno musical real, entram umas por dentro das outras, tal como já enfatizei anteriormente. As notas de um acorde formam um fascinante imbricado sonoro, em que cada nota pode ser escutada individualmente, mas no qual todas também podem ser escutadas juntas, e em suas várias relações internas. Não encontro melhor forma para esclarecer isto senão dizendo que as notas de um acorde irrompem uma por dentro da outra, envolvendo e deixando-se conter por cada uma das outras ao mesmo tempo" (BARROS, 2017, p. 122). Outra imagem esclarecedora para compreender a relação entre duas notas no interior de um acorde seria a de duas cordas que se entrelaçam, uma envolvendo e se deixando envolver pela outra.

É esta propriedade de apresentar o todo de uma só vez, mas também de preservar a possibilidade de percepção de que este todo é formado por unidades menores – as suas 'notas' – que encontro como ponto de analogia entre os acordes e os conceitos. Por outro lado, este não é o único aspecto da produção de conhecimento que pode ser beneficiado pela incorporação da ideia de acorde. Em oportunidades anteriores, desenvolvi as ideias de que a perspectiva acórdica poderia ser igualmente interessante ou eficaz para concebermos outros fenômenos, como por exemplo a formação de identidades complexas – um uso que poderia beneficiar a Antropologia, mas também a História – ou ainda, tanto na natureza como nos ambientes artificiais construídos pelos seres humanos, a formação de paisagens constituídas por elementos heterogêneos que provêm de temporalidades distintas (uma perspectiva que poderia enriquecer os estudos geográficos e urbanísticos das paisagens).

Quadro 22: *Quatro propostas para o uso do conceito de acorde em distintos campos de saber*

Neste ensaio, temos a intenção mais específica de abordar a possibilidade do uso da concepção de 'acorde' para favorecer um maior entendimento sobre o que são os 'conceitos'[113]. Postulo, desde o princípio das minhas reflexões, que os conceitos já são naturalmente como acordes. Eles também configuram uma totalidade que é formada por unidades menores. Por coincidência, também chamamos de 'notas' aos elementos que fazem parte da compreensão de um conceito (este é um uso já antigo na Filosofia). Além disso, as notas de um conceito não se aglomeram ou se superpõem para formar a totalidade conceitual: elas interagem umas com as outras, produzindo o que também poderíamos entender como 'intervalos', conforme já vimos em alguns dos exemplos que analisamos anteriormente. Os conceitos também podem compartilhar notas em comum com outros conceitos (por exemplo, a "violência" é compartilhada pelas "guerras" e pelas "revoluções"); e isto também ocorre na música, pois acordes distintos podem possuir notas que também aparecem em outros acordes. Os conceitos, por fim, também formam uma música – uma rede de sentidos que se estende de maneira coerente através de uma teoria que pode ser articulada a partir de diversos conceitos – e isso também acontece com os acordes. Na próxima seção, veremos em maior detalhe este conjunto de propriedades que faz dos conceitos estruturas muito parecidas com os acordes musicais.

5.2 Acordes conceituais

Quero começar esta reflexão retomando a definição de conceito à qual cheguei em um dos primeiros capítulos deste livro, e acrescentar em seguida uma segunda possibilidade de definição. Naquela ocasião, ilustrada pelo 'Quadro 8', estabeleci como definição para conceito a seguinte proposição:

> "Um conceito é uma representação complexa, elaborada e abstrata da realidade percebida – habitualmente evocada através de uma simples expressão verbal, imagem ou fórmula – e capaz de funcionar como uma unidade de conhecimento e de comunicação".

A esta definição de conceito, que leva em consideração a sua *natureza e funções* – enfatizando os aspectos essenciais que caracterizam todos os con-

---

113 Desenvolvi a proposta de uso da perspectiva dos 'acordes de identidades' no livro *A Fonte Histórica e seu Lugar de Produção* (2020), e a proposta de uso da perspectiva dos 'acordes-paisagens' no livro *História, Espaço e Geografia* (2017). O uso de outros aspectos musicais em campos de saber variados também foi discutido no livro *Interdisciplinaridades* (2019).

ceitos, tais como a complexidade, o seu caráter abstrato ou a sua propriedade representacional, e ainda os papéis básicos desempenhados pelos conceitos na Ciência, ou seja, a possibilidade de que os conceitos funcionem como 'unidades de conhecimento' e 'unidades de comunicação' – quero superpor uma outra definição. Nesta, que complementa a anterior, levaremos em consideração a *estrutura* e a *forma* que são características de todos os conceitos:

CONCEITO ➜ ACORDE CONCEITUAL

'Um conceito é uma estrutura harmônica de sentidos cuja 'compreensão' é constituída por diversas notas que interagem umas sobre as outras (e todas sobre o todo)'

Quadro 23: *Uma definição de conceito que leva em consideração a sua estrutura e forma*

A primeira definição proposta de 'conceito' (Quadro 8) procura responder a três ordens de perguntas: qual a natureza dos conceitos, quais os seus veículos mais gerais de propagação, e para que servem os conceitos? Saberemos, pela primeira definição, que os conceitos são representações da realidade percebida (eu poderia acrescentar, como alternativa, da "realidade imaginada"). Mas estas representações não podem ser simplórias – precisam ser "representações complexas". Esta complexidade pode ser apresentada de maneira simples em uma definição que deve ser a mais sintética possível, mas que de modo algum pode ser apresentada de maneira "simplória" ou empobrecida (deixando de expor, por exemplo, 'notas' de um conceito que seriam essenciais para defini-lo). Também passamos a saber que os conceitos podem ser veiculados em diferentes tipos de linguagens – principalmente a linguagem verbal, a visual, e a matemática. Sobretudo, começamos a compreender, através desta definição, as funções essenciais dos conceitos: eles constituem simultaneamente "unidades de conhecimento" e "unidades de comunicação".

A segunda definição (Quadro 23) complementa esta primeira, pois nos fala da 'forma' e da 'estrutura' dos conceitos. Sabemos agora que os conceitos podem ser considerados como "uma estrutura harmônica de sentidos", e que são constituídos por tantas notas quanto forem necessárias – e, na verdade, somente as notas *necessárias*, pois as notas obsoletas ou desajustadas devem ser limpadas da enunciação da 'compreensão' do conceito, da mesma forma que um músico exclui do seu acorde as notas que são desnecessárias ou que não contribuem para o efeito estético que ele almeja atingir com o seu acorde. O principal, além disso, é compreender que estas notas que constituem a 'compreensão' de um conceito não formam um mero amontoado de 'notas', mas sim uma totalidade harmônica dentro da qual as notas "interagem umas sobre as outras" ("e todas sobre o todo"). Enfim, um conceito, consoante a segunda definição acima proposta, é literalmente um acorde. Os conceitos continuam funcionando como "unidade de conhecimento" e "unidade de comunicação". Mas a segunda definição, ao aproximar a ideia de conceito da ideia de acorde, deixa entrever que os conceitos também se inserem em uma música mais ampla, em uma harmonia conceitual que também pode integrá-los em uma teoria formada pela sua articulação com outros conceitos.

É claro que esta segunda definição tem um propósito mais filosófico, ou mesmo pedagógico, de levar a refletir sobre alguns aspectos nos quais esquecemos de pensar quando consideramos os conceitos. Rigorosamente, a segunda definição deveria esclarecer o que é a 'compreensão' de um conceito, que ela menciona[114]. Mas já sabemos isto através dos diversos exemplos que vimos neste ensaio, e da explicação que desenvolvemos no capítulo 'Compreensão e Extensão de um Conceito'. Não proponho que a segunda definição substitua a

---

114 Rigorosamente falando, os termos utilizados nas notas que constituem a 'compreensão' de um conceito devem ser autoesclarecedores ou então devem ser explicados. Não devem ficar pendentes de explicação e sob o risco de se mostrarem passíveis de obscuridade.

primeira, que é mais técnica, mas apenas que pensemos nela de modo a complementar o que podemos conhecer acerca dos conceitos.

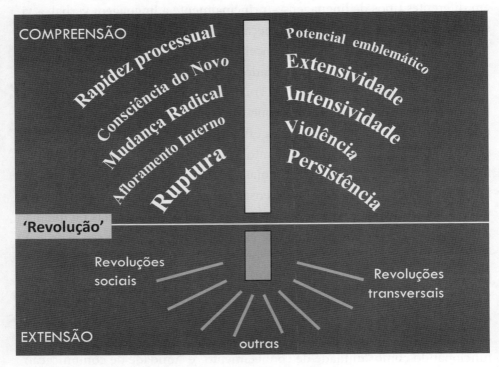

Quadro 24: *O conceito de revolução representado em forma de árvore*

Vamos retomar um dos quadros que apresentamos anteriormente, sobre o conceito de "revolução", ainda o representando através da sua forma visual de "árvore conceitual" – uma imagem na qual as notas que constituem a compreensão do conceito têm a aparência de galhos que confluem para o tronco comum, e na qual a 'extensão' do conceito foi situada abaixo da linha da terra (Quadro 24).

Esclareci anteriormente por que preferi construir essa 'compreensão' para o conceito de "revolução", ao invés de adotar 'compreensões' como a do 'Quadro 17', que tomou por base a construção filosófica de Hannah Arendt para o conceito de revolução. A 'compreensão' proposta por Arendt é bastante útil para entender as revoluções sociais – ou seja, as revoluções que surgiram na história como movimentos sociopolíticos que introduziram mudanças radicais e definitivas naquelas sociedades que as produziram a partir de seus processos internos. Como Arendt, muitos outros autores estudaram as revoluções como movimentos sociais, e quando nos limitamos a este campo de extensão – os movimentos sociais que podem ser compreendidos como "revoluções", e não apenas como "revoltas", "insurreições" e outros similares – a nota 'movimento coletivo' (duas notas, na verdade) torna-se bem adequada. Mas quando queremos abarcar não só os movimentos coletivos que afetam determinados países ou sociedades em certo momento histórico, mas também as revoluções transversais que mudaram a face do planeta ao introduzirem mudanças irreversíveis (ou, ao menos, de longuíssima duração) que passaram a afetar a humanidade inteira – como a "revolução agrícola", "revolução urbana", "revolução industrial" ou "revolução digital" – a expressão 'movimento coletivo' pode ser mais adequadamente substituída pelo atributo da 'extensividade'.

Dizer que uma revolução apresenta como uma de suas notas características a *extensividade* é considerar que tanto ela é produzida por parcelas significativas da população como também que, uma vez consolidada, ela passa a afetar parcelas ainda maiores desta sociedade, ao estender seus efeitos para todos e mudar integralmente a vida da ampla maioria de pessoas de um modo 'novo', ainda não visto. A palavra 'extensividade', deste modo, foi cuidadosamente escolhida – de maneira análoga à de um músico que escolhe uma nota que deve fazer parte do seu acorde – e esta escolha se faz pensando também nas outras notas com as quais esta nota específica precisará interagir. Neste parágrafo, por exemplo, fiz diversas associações a partir da nota 'extensividade', relacionando-a com outros aspectos que também serão notas na compreensão do meu conceito de "revolução". Disse que a 'extensividade' interage com 'mudanças' que passam a afetar a maioria das pessoas de um modo 'novo' – e poderia acrescentar que essa "novidade" é percebida como tal. As notas que escolho para constituírem a compreensão de um conceito devem interagir com outras, e produzir 'intervalos', tal como ocorre com os acordes. Extensividade, por exemplo, também produz um intervalo importante com a intensividade. As revoluções são extensivas a uma ampla maioria de pessoas, mas também são *intensas*. Conforme se vê, precisamos olhar para um conceito – como o de "revolução" – como se estivéssemos enxergando (ou escutando) um acorde, com suas relações internas.

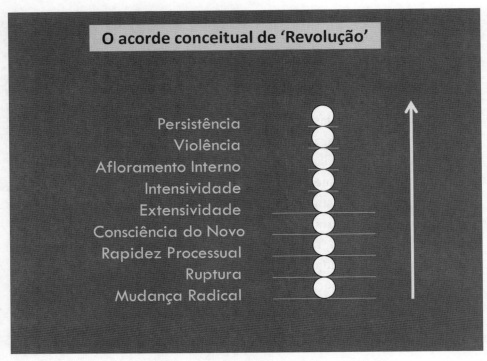

Quadro 25: *O conceito de revolução, exposto graficamente como um acorde*

No 'Quadro 25', representei a compreensão que formulei para o meu conceito de "revolução" utilizando uma imagem próxima à da representação de um acorde na pauta musical. Mas o importante não é a representação gráfica que foi escolhida. Poderíamos ficar com a representação em forma de árvore, sem nenhum problema. Na representação acima, os círculos brancos representam notas, e procurei transmitir a ideia de que estas notas – que na representação gráfica estão superpostas, mas na verdade são interpenetrantes – produzem 'intervalos' (relações entre notas). Conforme disse, o aspecto gráfico que escolhi não é o mais importante, mas sim o fato de que possamos conceber os conceitos como totalidades múltiplas à maneira de 'acordes conceituais'. Devemos sentir que a 'compreensão' de um conceito – a estrutura do acorde conceitual – não é constituída apenas pelas notas que indiquei, mas também pelas relações entre as notas.

O formato acima também recria uma direção de leitura, que também é utilizada pelos músicos na leitura de seus acordes. Lemos os acordes de baixo para cima, da nota mais grave para a mais aguda. A nota mais grave de um acorde é chamada de "baixo" na Música. Ao pensar no conceito de "revolução", sinto que a ideia de 'mudança radical' é a primeira sobre a qual devemos começar a refletir. Essa mudança também produz 'ruptura', e impõe-se com 'rapidez processual'. Pensar os conceitos como acordes também ajuda a entender que a ordem das notas em uma exposição do sentido do conceito é importante. Uma nota, à medida que aparece, vai ajudando a compreender as outras que vieram antes e as que virão em seguida. Poderia ter escolhido outra ordem para as mesmas notas, mas escolhi esta, porque esta ordem também me diz alguma coisa sobre como podemos pensar o conceito de revolução. Ao escolher determinada ordem, chamo mais atenção para certos intervalos (relações entre notas), ou enfatizo a importância de uma nota para compreender a outra. Mas é preciso ressaltar que, em um acorde conceitual, todas as notas são igualmente importantes, no sentido de que, se uma delas estivesse ausente, o conceito (ou ao menos a compreensão do conceito) já seria outro.

A constituição de uma compreensão específica para um conceito, como já vimos anteriormente, produz efeitos na extensão à qual se aplica este conceito. O acorde conceitual acima desenhado pode se aplicar tanto às revoluções entendidas como movimentos sociais, como às revoluções entendidas como fenômenos transversais. Como um acorde, um conceito pode se aplicar a diversas músicas, ou mesmo a tipos diferenciados de músicas. O potencial generalizador de um conceito, conforme já vimos anteriormente, articula-se a uma extensão possível.

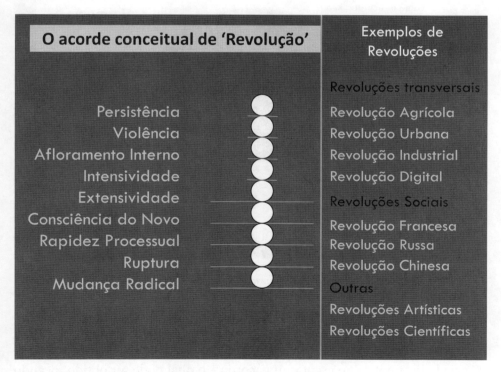

Quadro 26: *O conceito de revolução, ao lado da sua extensão*

5.3 Vantagens de compreender os conceitos como acordes conceituais

Vamos discutir, neste momento, as vantagens que podem ser encontradas neste esforço de compreender os conceitos como acordes conceituais. Foram reunidos abaixo ('Quadro 27') seis aspectos que são favorecidos pela aproximação entre a ideia de 'conceito' e a imagem de 'acorde'. O primeiro deles se refere ao fato de que um 'acorde' é uma estrutura (sonora, olfativa, visual, palatal, mental) que pode simultaneamente disponibilizar e clarificar, a quem o apreende, tanto a sua 'unidade externa' como a sua 'diversidade interna'. Um acorde, conforme veremos, é uma estrutura que mostra simultaneamente que é uma 'totalidade' e expõe cada uma de suas partes (e relações entre as partes) [1].

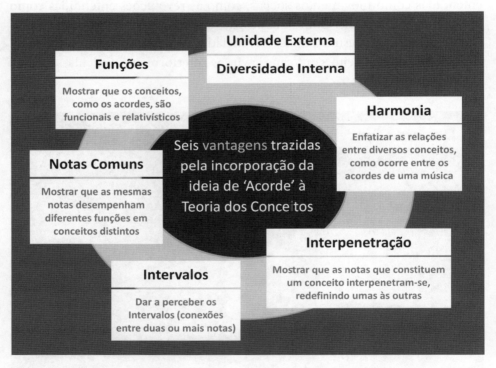

Quadro 27: *Vantagens trazidas pela incorporação da ideia de 'acorde' à Teoria dos Conceitos*

Na Música, campo estético e cognitivo de onde o conceito de acorde surgiu e derivou para outros universos de possibilidades, podemos fazer uma experiência bem simples. Ao escutar um acorde – o qual pode ser obtido tocando simultaneamente diversas notas nas cordas de um violão, pressionando juntas algumas teclas de um piano, ou providenciando para que variados instrumentos emitam sons distintos – podemos apreender a 'totalidade' que é este novo som formado por todas as notas que o constituem. Nas culturas ocidentais modernas, e no sistema de audição decorrente da música delas derivada, um acorde como o chamado 'acorde perfeito maior' (que pode ser formado pelas notas dó, mi e sol) costuma provocar nos ouvintes, grosso modo, uma sensação de abertura emocional. Os compositores costumam utilizar este acorde para produzir sensações de vigor, impetuosidade, entusiasmo, alegria, entre outras similares. Ao mesmo tempo, este uso contrasta com o de outro acorde que tem duas notas em comum com aquele primeiro acorde, mas diferindo em uma delas: o acorde 'perfeito menor' (o qual pode ser formado pelas notas dó, mi bemol e sol)[115]. Não se explica muito bem por que, mas, ao ser tocado isoladamente, este segundo acorde costuma provocar nos ouvintes ocidentais uma sensação de melancolia, gravidade, introspecção. De todo modo, integrados a uma determinada trama musical, estes dois acordes – o 'perfeito maior' e o 'perfeito menor' – podem assumir funções diversas na condução da narrativa musical. O que importa no momento, e por isso eu trouxe estes exemplos, é que de modo geral percebemos uma certa "cor" ao ouvir um e outro destes acordes. Esses dois conjuntos sonoros que são os dois tipos contrastantes de acordes 'perfeitos', e muitos outros tipos de acordes que poderíamos mencionar, soam de certa maneira: sua 'totalidade' parece possuir um determinado "sabor", por assim dizer. Cada diferente acorde que possamos evocar – a partir da diversificada palheta de possibilidades da música ocidental – produz, em determinado contexto sonoro ou situação, um certo efeito, e é percebido pelo ouvido humano como uma "totalidade".

Também posso escutar qualquer um destes dois acordes (o 'perfeito maior' e o 'perfeito menor'), assim como inúmeros outros, no interior de uma música específica – o que é, aliás, a situação mais corriqueira (não há muito propósito estético em se tocar um acorde isolado, fora de uma composição musical).

---

115 No chamado sistema tonal – que foi se formando na música europeia a partir do final do período renascentista com o concomitante declínio do sistema modal típico da Idade Média – tem-se dois grandes modos musicais apenas, embora transponíveis cada qual para 12 alturas (ou tonalidades) diferentes. O 'modo maior' é aquele em que a tônica – o seu centro de gravidade e ponto de partida – é um acorde perfeito maior. O 'modo menor' é aquele que surge de uma tônica apoiada em um acorde perfeito menor. Ambos os modos são regidos por escalas de sete sons que produzem ambientes sonoros bem diferenciados.

Dentro de músicas específicas, ou de determinados ambientes harmônicos, um e outro dos acordes que acabamos de dar como exemplos funcionarão de novas maneiras. O mesmo acorde, aliás, dentro de uma música ou de outra – ou, mais propriamente falando, inserido em uma tonalidade musical ou outra – poderá desempenhar papéis bem distintos, pois os acordes também são relativos. Anteriormente, falamos de 'dissonâncias' e 'consonâncias' como noções que se referem à produção de tensionamentos e destensionamentos (relaxamentos) na Música. Um mesmo acorde pode se mostrar tensionador em certo ambiente harmônico ou tonalidade, e destensionador em outro. Chamamos a estes diferentes papéis que os acordes podem desempenhar de "funções harmônicas"[116].

As propriedades funcionais dos acordes musicais não poderão ser esclarecidas nos limites deste ensaio, mas quero apenas mostrar que esta totalidade que é um acorde adquire uma identidade própria, para além das notas que o constituem. Vale aqui, mais do que nunca, aquele célebre dito: "o todo é maior que a soma das partes". O acorde – um som formado pela combinação de outros sons (ou uma totalidade olfativa formada pela combinação de outros cheiros, e assim por diante) – é ele mesmo um novo som, dotado de identidade própria e capaz de desempenhar certas funções no interior do ambiente no qual estiver inserido. Podemos apreender esta totalidade com nossos sentidos ou com nossas mentes, ao escutar um acorde musical, ao cheirar um sofisticado perfume, ao provar um bom vinho, ao saborear um doce, ou ao sermos impactados por um acorde conceitual e por aquilo que ele nos parece significar.

Entrementes, quando escutamos um acorde musical, podemos aprumar os ouvidos e investir em um esforço diferente. Ao invés de prestar atenção na 'totalidade' que é o acorde – ou, antes, "ao lado" de escutar esta totalidade – podemos nos empenhar em tentar escutar cada nota que constitui ou participa da constituição deste acorde. Para algumas pessoas isso será mais fácil; para outras será mais difícil. Escutar em diferentes níveis de profundidade, e em diferentes planos e interconexões, é uma capacidade que também pode ser conquistada com treino. Aprendemos novas formas de escuta ao ouvirmos música, e em especial alguns tipos de música. A música de concerto (ou música erudita) e o *Jazz*, mas também toda uma variedade de modalidades instrumentais como o Choro, ou ainda os gêneros progressivos, estimulam nos

---

116 A Harmonia Funcional estuda precisamente estas diferentes funções que os acordes podem desempenhar nos ambientes harmônicos em que forem inseridos. Cf. Koellreutter, 2018.

seus ouvintes mais atentos o desenvolvimento de um nível mais aperfeiçoado de escuta. Alunos mais avançados de música também aprendem a aprimorar a sua escuta através de uma didática especialmente voltada para isto; mas a verdade é que quase todos os que quiserem se dedicar a esse aprendizado poderão ultrapassar, depois de um certo tempo de treino diligente, o nível meramente superficial de escuta. De igual maneira, aqueles que se dedicam à arte dos *sommeliers* conseguem degustar vinhos em um nível muito mais afinado de paladar, e são capazes de perceber separadamente os diferentes componentes de um vinho, isto é, as várias notas que compõem o seu acorde. O mesmo podemos dizer dos osmólogos com a sua capacidade extremamente sofisticada de perceber as notas de um perfume.

Evoquei estas diferentes áreas – com as suas distintas capacidades de apreender melhor os acordes musicais, gustativos e olfativos – apenas para chamar atenção para uma propriedade dos acordes: eles constituem uma totalidade, e como tal podem ser percebidos; mas também são formados por notas que conservam suas identidades, e com a capacidade sensorial adequada podemos perceber estas notas individualmente. Mais ainda, podemos perceber as relações estabelecidas entre as diferentes notas que constituem um acorde. Um bom ouvido musical pode selecionar no interior de um acorde um determinado setor de notas, de modo a escutar os intervalos que o conformam. Pode haver, por exemplo, um acorde escondido dentro de um outro, ou também unidades acórdicas maiores que são chamadas de poliacordes (acordes formados por vários acordes). O acorde, enfim, expõe para os ouvidos bem treinados as diversas notas ou partes que o constituem – embora, para além destas, esse acorde sempre configure uma 'totalidade' que as supera.

Esta instigante peculiaridade dos acordes – a possibilidade de expor a um só tempo a 'totalidade' que ele configura e as 'notas' e relações entre notas que o constituem – pode ser projetada nos conceitos. A potencialidade dos conceitos para se apresentarem como totalidades ao mesmo tempo em que também iluminam as partes que os constituem aparece com especial clareza nos 'conceitos visuais', como aqueles que discutimos em momento anterior. Mas podemos estendê-la para os conceitos enunciados em todas as linguagens, incluindo a verbal. Tratá-los todos como acordes...

A segunda vantagem que vejo na aproximação entre as ideias de conceito e acorde pode ser sintetizada na palavra "Harmonia" [2]. Esta palavra pode ter alguns sentidos distintos na prática musical, mas eles se aproximam de alguma maneira. A Harmonia é a arte de escolher acordes, ou de utilizá-los esteticamente no interior das composições musicais. Uma harmonia também pode ser entendida como uma "base harmônica": uma sequência de acordes que é colocada abaixo de uma melodia, por exemplo, e que, com isso, lhe transfere cores próprias: um sofisticado jogo de tensões e distensões que lhe dá vida, ou que explicita algumas das propriedades que já estão sugeridas na melodia. Podemos entender também a harmonia como uma textura formada por diversos acordes, ou como um ambiente proporcionado pela convivência de determinados acordes em situação musical. A ideia geral é que os acordes não existem sozinhos. Os acordes se ajustam a outros, constroem com outros acordes um discurso harmônico. Há também, por fim, afinidades harmônicas entre certos acordes.

Quero explorar um pouco estas ideias e trazê-las para o mundo dos conceitos. Quando elaboramos uma certa teoria com apoio em determinados conceitos, o que estamos fazendo senão construir uma espécie de harmonia conceitual? Podemos dar exemplos em quaisquer áreas. Na Teoria Quântica, por exemplo, partimos da célebre dualidade entre "onda" e "partícula" (dois conceitos, portanto, e uma relação entre estes dois conceitos)[117]. Esta ideia – ao mesmo tempo genial, fascinante e um pouco estranha para o senso comum – não funciona sozinha. A adoção de uma perspectiva conceitual de "probabilidades" dela deriva e também se torna central, assim como a ideia de que a medição de partículas quânticas termina por determinar a realidade (temos aqui a notória proposição de que, quando lidamos com as realidades subatômicas, o ato de observar já modifica radicalmente aquilo que é observado). Podemos seguir adiante e encontrar novos conceitos como o de "emaranhamento quântico"[118]. Antes de tudo, poderíamos ter partido do conceito fundacional

---

117 O paradoxo da dualidade onda-partícula pode ser resumido de acordo com as palavras de Bruce Rosenblum: "Olhando de uma certa maneira, podia-se demonstrar que um átomo é um objeto compacto, concentrado em um único lugar. No entanto, olhando de maneira diferente, podia-se demonstrar exatamente o contrário. Podia-se mostrar que o átomo não é um objeto compacto, que é uma onda espalhada sobre uma larga região" (ROSENBLUM & KUTTNER, 2017, p. 12).

118 O 'emaranhamento quântico' é um conceito que se refere àqueles fenômenos nos quais dois ou mais objetos adquirem uma ligação tão forte, que o que ocorre a um afeta imediatamente ao outro, mesmo que os dois objetos ou partículas estejam espacialmente separados por milhões de anos-luz. Portanto, o "entrelaçamento" ocorre quando duas partículas continuam conectadas apesar de estarem separadas. Há um desdobramento importante desta perspectiva: se as "medidas" realizadas em qualquer partícula já a afetam, elas também po-

de "quantum", que pressupõe a existência de "unidades discretas" de energia. Os *quanta*, desde os primórdios da Mecânica Quântica, passaram a ser entendidos como "pacotes de energia", e sem esta compreensão todo o resto não poderia ter sido possível[119].

De qualquer ponto que partamos, os conceitos demandados pela Teoria Quântica se interligam. O conceito basilar de "onda" retorna quando falamos nas "funções de onda", e este último reaparece com o "colapso de função de onda". Isso mostra que os conceitos, além de se articularem em um nível horizontal, podem se engendrar uns aos outros, produzir novos desdobramentos, e tudo isso vai configurando uma harmonia conceitual possível. Outros conceitos ainda, com as suas inter-relações harmônicas, poderiam ser lembrados como operadores essenciais para a perspectiva quântica, tal como a relação entre "sistemas" e "estados". Todas estas ideias ou conceitos, enfim, e muitos outros, articulam-se em uma trama teórica complexa e bem urdida que é a da Teoria Quântica. Em nossa analogia, se os conceitos são os acordes, uma rede teórica como a da Teoria Quântica é a harmonia que os une em uma possibilidade de compreensão da realidade. Não obstante, é importante ter em vista que muitos dos conceitos que acabamos de mencionar também podem ser convocados para outras teorias, ou seja, podem participar ativamente de outras harmonias, e isso é algo que também ocorre com os acordes na linguagem musical (o mesmo acorde reaparece em uma diversidade de músicas). Compreender que os conceitos são como acordes, portanto, é entender que eles não funcionam sozinhos, mas juntam-se a outros para constituir harmonias conceituais.

---

dem afetar instantaneamente uma outra partícula com a qual a primeira ficou entrelaçada. Cf. Cramer, 2015 e Steward, 2008.

119 O *quantum* é o menor valor que pode ser assumido por certas grandezas físicas, como a energia de um elétron. O conceito difundiu-se a partir do trabalho do físico alemão Max Planck (1858-1957) com os *corpos negros*, e por isso ele é frequentemente referido como o fundador da Física Quântica. Apenas como uma curiosidade que talvez interesse à nossa presente reflexão, Planck tinha grande talento musical e tocava piano, órgão e violoncelo, além de ter composto músicas e mesmo óperas. Por uma destas coincidências que vestem trajes de luz, também Louis De Broglie (1892-1987) – outro físico com extraordinários dotes musicais – foi o responsável por um decisivo avanço na teoria quântica: o estabelecimento de um modelo de átomo no qual os elétrons giravam em torno do núcleo não propriamente como partículas (ou não *exclusivamente* como partículas), mas sim como ondas de probabilidade. A teoria de Broglie sobre a dualidade 'onda-partícula' foi apresentada na sua tese de doutorado, em 1924, e lhe granjeou o Prêmio Nobel em 1929.

Para mencionar uma área no outro polo dos saberes científicos, podemos lembrar os conceitos que configuram o paradigma do Materialismo Histórico, uma das muitas harmonias teóricas empregadas para o estudo de objetos vários nas ciências humanas. Os três princípios fundamentais do Materialismo Histórico estão entrelaçados: a perspectiva dialética, a historicidade radical, e a ideia de "materialismo" por oposição à perspectiva "idealista". Somente quando estes três princípios se interconectam, ou se unem em um peculiar emaranhamento conceitual, é que podemos considerar que estamos no ambiente harmônico proporcionado pelo Materialismo Histórico. Somente a conexão de dois destes princípios não é suficiente, e podemos dar o contraexemplo da dialética hegeliana, que apenas une "dialética" e "historicidade radical", mas exclui o "materialismo" ao adotar uma perspectiva idealista.

Além da conexão entre três princípios fundamentais – dialética, historicidade e materialismo – o Materialismo Histórico enxerga a realidade histórica simultaneamente como uma "luta de classes" e como uma sucessão de diferentes "modos de produção". Estes dois conceitos também encontram na perspectiva do Materialismo Histórico a sua própria relação, ou o seu 'intervalo', pois diante do desenvolvimento dialético de um certo modo de produção – o qual sempre termina por gerar a sua "contradição" e por possibilitar o surgimento de um novo 'mp' – as diversas "classes sociais" também se posicionam. Algumas serão impulsionadoras das novas "forças produtivas", e pressionarão a sociedade em favor do remodelamento das "relações de produção", e outras lutarão para conservar privilégios que estão ligados à manutenção do antigo sistema social, funcionando como um freio para os movimentos que apontam para uma "revolução". Enunciei, neste parágrafo, alguns conceitos básicos do Materialismo Histórico, apontando algumas inter-relações entre eles. Poderia ter citado diversos outros – como o de "práxis" e "ideologia" – mas o principal foi mostrar que os conceitos acima indicados passam a habitar certo ambiente harmônico, a interagir uns sobre os outros.

Alguns destes conceitos podem entrar também na composição de outros, como notas que fazem parte de suas 'compreensões'. Não é possível falar em "luta de classes", por exemplo, se não tivermos em vista o conceito de "classe social"; de igual maneira, o princípio da "dialética" envolve simultaneamente as noções de "totalidade", "movimento" e "contradições" – e, neste último caso, a perspectiva de uma "interpenetração dos contrários", que já vimos quando

170

discutimos o conceito visual do *Yin Yang*. Além de alguns conceitos funcionarem como 'notas' para a compreensão de outros, já outros conceitos relacionam-se horizontalmente, tal como acordes que dialogam no interior de uma composição musical. Uns incidem mesmo sobre outros: a "luta de classes" ou o desenvolvimento dos "modos de produção" recaem – ou "resolvem-se", para utilizar o termo musical – na "revolução", seja no sentido de movimento social, para alguns casos, seja no sentido civilizacional das revoluções transversais, para outros ("revolução industrial" ou "revolução digital", por exemplo). Deste modo, muitos dos conceitos que se harmonizam nesta perspectiva teórica se entrelaçam, interagem uns sobre os outros – formam, enfim, um ambiente harmônico.

Em uma obra anterior[120], discuti em mais pormenores os modos como os conceitos podem se relacionar ou se articular – às vezes se complementando, outras se desdobrando, e outras mais se contrapondo como unidades harmônicas dissonantes que se tensionam umas contra as outras. Nas ciências humanas, por exemplo, o conceito de "igualdade" pode ser confrontado de maneira distinta com outros dois conceitos. Se quisermos encontrar o seu contrário, ou a sua contraposição por 'contrariedade', teremos o conceito de "diferença". Já se buscarmos o seu conraditório, ou a sua contraposição por 'contraditoriedade', teremos o conceito de "desigualdade". Estes dois modos distintos de dissonância conceitual são fundamentais na filosofia (a 'contradição' e a 'contrariedade'). Para o caso do nosso exemplo, uma coisa *é* igual ou *é* diferente da outra ("igual" e "diferente" são conceitos contrários, um ao outro). Mas uma coisa *está* desigual em relação a outra ("igualdade" e "desigualdade" são conceitos contraditórios, um em relação ao outro)[121]. Em um plano de lógica binária, podemos encontrar muitos exemplos como estes, de modo que as oposições por "contradição" e "contrariedade" constituem um capítulo à parte na harmonia conceitual.

No mundo harmônico dos conceitos, podem se verificar, de fato, muitos tipos de relações, tal como ocorre no mundo harmônico dos acordes. Por ve-

---

120 *Os Conceitos* (BARROS, 2015). Sobre as relações diversas entre os conceitos, cf. os capítulos 8-9.

121 Com *Igualdade e Diferença – construções históricas e imaginárias em torno da desigualdade humana* (BARROS, 2016), dediquei um livro inteiro ao estudo dos dois tipos de oposição que podem ser gerados pelo conceito de "igualdade", e à análise das implicações sociais decorrentes da confusão das "desigualdades" com as "diferenças".

zes ocorrem relações de 'dominância' entre os conceitos: os princípios – conceitos fundantes de uma teoria – atraem outros conceitos, ou os demandam, ou regem as suas relações, tal como vimos no caso dos três princípios básicos do Materialismo Histórico e das relações que estes estabelecem ou engendram com outros conceitos como o de "classes sociais" e "modo de produção". Há também a já descrita relação hierárquica dos conceitos agrupadores, que ocorre quando um conceito de maior grau de generalização engloba outro, ou abrange outros de menor grau de generalização ("revolução" pode se desdobrar, como vimos, em "revolução socialista" ou em "revolução burguesa", se tivermos em vista os movimentos sociais).

Há também as 'relações partitivas', que ocorrem quando um conceito é constituído por partes diversas que são, elas mesmas, também conceitos. Assim, do ponto de vista de sua estruturação, uma "árvore" (ou um tipo específico de árvore) pode ser constituída de "raízes", "tronco", "galhos", "folhas", "flores" e "frutos" – sendo que cada uma destas coisas já constitui por si mesma um conceito, a ser definido de maneira precisa e em sua própria especificidade. Um caso particular de partição ocorre quando os conceitos se relacionam por englobamento em diferentes níveis de realidade. A "matéria" é constituída, em um nível microscópico, por "moléculas"; estas são formadas por "átomos", e estes por "partículas" – um conceito que, de sua parte, já se abre para diversos tipos de partículas. A começar por "hádrons" como os "prótons" e "nêutrons", podemos depois descer a novos níveis, como o dos "quarks" e "léptons". Por fim, conforme certa corrente teórica, a harmonia conceitual da Física das Partículas pode chegar mesmo ao nível irredutível das "cordas", ensejando uma fascinante composição científica que procura esclarecer a constituição do próprio Universo a partir de uma interdisciplinaridade com a Música[122].

---

122 A Teoria das Cordas traz para o centro de suas operações conceituais a propriedade da vibração como fenômeno capaz de produzir todo um Universo. Nela, cada uma das diversas partículas elementares passa a ser descrita como ondas de harmônicos produzidas por "microcordas vibrantes" – sendo estas últimas compreendidas como minúsculos filamentos de energia que, de acordo com o modo como vibram, produzem todas as partículas de matéria-energia e de força que se combinam ou interagem de alguma maneira para produzir tudo o que existe. O título de um artigo de Michio Kaku – um dos cientistas que atuam como divulgadores da Teoria das Cordas – é revelador a respeito desta sutil interdisciplinaridade conquistada entre a Física e a Música: "O Universo é uma Sinfonia de Cordas". / Sobre a Teoria das Cordas, cf. Kaku, 1999 e Kaku, 2000, p. 170-198.

Outra relação importante que os conceitos podem estabelecer ao serem dispostos uns diante dos outros é a de 'interseção', que corresponde à propriedade dos conceitos de compartilharem certas notas características uns com os outros. Mas deixaremos para discutir este aspecto mais adiante, pois a oportunidade de clarificar as notas em comum entre dois conceitos é outra das vantagens trazidas pela leitura acórdica. Por outro lado, se a *interseção* é uma relação possível, um conceito também pode conservar com outro uma relação de *disjunção*, que se dá quando não existe nenhuma nota em comum entre os dois. Desta maneira, os conceitos podem tanto interagir a partir de afinidades entre os elementos que os constituem como a partir de disjunções e distanciamentos que os contrapõem de muitas maneiras. Como os acordes.

Avançando mais no 'Quadro 27', já discutimos a terceira vantagem de olhar para os conceitos sob a perspectiva dos acordes conceituais. Os acordes chamam atenção para o aspecto da 'interpenetração' [3]. Eles podem mostrar mais facilmente que as notas que os constituem (ou que constituem um conceito, para o caso dos acordes conceituais) interpenetram-se, redefinindo-se umas às outras. De fato, já mencionamos que, embora no recurso gráfico das pautas musicais os acordes apareçam como aglomerados verticais de notas que se superpõem umas às outras, na realidade sonora o que ocorre não é de modo algum uma superposição, mas sim uma interpenetração. Talvez alguma civilização pudesse inventar outro recurso de representação para os acordes, onde ficasse mais evidente o fato musical de que cada nota de um acorde entra por dentro das outras ao mesmo tempo em que as envolve. Os pintores pontilhistas franceses, a exemplo de Georges Seurat (1859-1891), construíam acordes cromáticos a partir de pequeninos pontos em muitas cores – e, embora estes pontos permanecessem separados na tela quando vistos de perto, a imagem vista à distância produzia um fascinante efeito através do qual as notas se misturavam nos olhos do observador. Seria possível algum outro modo de representação para os acordes musicais, envolvendo cores, por exemplo?

Não obstante, o melhor recurso que os músicos encontraram até hoje para representar a simultaneidade e a sucessividade musical foi o da superposição de notas em uma vertical, quando se quer indicar que todas as notas estão soando no mesmo momento – ao lado da possibilidade de indicar a sucessão de diferentes acordes no tempo em uma trama harmônica, agora fazendo com que eles avancem na linha da pauta para a direita.

Figura 5: *Sucessão de acordes (extrato do poema sinfônico Orpheus, de Liszt)*[123]

O jogo de interpenetrações que se estabelece entre as notas de um mesmo acorde leva-nos a outro aspecto, este particularmente crucial, que é o dos 'intervalos' [4]. Na Música, os intervalos são produtos da combinação de duas notas. Assim, se temos um dó e um mi soando juntos (um intervalo harmônico), ou então se sucedendo um ao outro (um intervalo melódico), configura-se um intervalo de 'terça maior'. Os intervalos de terça, maiores ou menores, formam-se naturalmente na música tonal quando temos acordes na sua posição alinhada. Isso acontece porque a harmonia tonal é baseada em acordes de terças superpostas; mas nada impede que um compositor utilize outros padrões harmônicos, como os formados por quartas ou quintas superpostas (como ocorre, por exemplo, em algumas composições musicais impressionistas). Nos acordes habitualmente escritos no modelo de terças superpostas – como um acorde formado pelas notas dó, mi, sol, si e ré – apresentam-se diversos tipos de intervalos além das terças, pois se o dó pode interagir com o mi produzindo uma terça maior, este mesmo dó pode interagir com o sol produzindo um intervalo de quinta justa, com o si produzindo um intervalo de sétima, e com o ré produzindo um intervalo de nona. Além disso, em qualquer acorde podemos misturar a ordem de aparecimento das notas, produzindo inversões e arranjos diversos no interior da estrutura acórdica. Se, ao invés de deixarmos que soe o acorde 'dó-mi-sol', quisermos nos valer das mesmas notas mas invertendo este acorde para a ordem 'sol-dó-mi', surgem agora novos intervalos, pois entre o sol e o dó temos uma 'quarta', e entre o sol e o mi temos uma 'sexta'.

Figura 6: *Acorde Invertido*

---

123 Exemplo citado em Kostka e Payne, 1995, com base em trecho extraído do poema sinfônico *Orpheus*, de Franz Liszt (compassos 17 a 25).

Esta explicação mais precisa – muito familiar aos músicos, mas talvez um pouco hermética para aqueles que não estudaram teoria musical – não é tão importante para a nossa analogia entre os conceitos e os acordes, pois o que queremos realmente mostrar é que qualquer nota, ao ser combinada com qualquer outra, e dependendo de *como* seja combinada a esta outra nota, produz concomitantemente um intervalo que é tão musicalmente significativo como as próprias notas que o fizeram surgir. Esta imagem só nos interessa para enfatizar o esclarecimento de que, no interior de um conceito qualquer, as 'notas' que constituem a sua 'compreensão' também interagem umas sobre as outras. Posto isto, à parte esta semelhança entre conceitos e acordes, é claro que são de número indefinido as 'notas' que constituem as 'compreensões' dos inúmeros conceitos que até hoje foram demandados pelos diversos campos de saber, ao contrário das doze notas que constituem o léxico musical das escalas ocidentais[124]. Por isto, este ponto de nossa analogia precisa ser relativizado, para evitar mal-entendidos. Da Música, só estamos evocando a ideia de acorde, não o sistema tonal em si mesmo, as escalas, e assim por diante. Os perfumistas também fizeram suas adaptações para criar os seus sistemas de acordes, que permitem também um número indefinido de elementos aromáticos, e o mesmo procedimento também foi seguido pelos enólogos e fabricantes de vinhos, pelos mestres da culinária, e assim por diante[125].

---

124 As escalas, em quaisquer sistemas musicais que nelas se baseiem, possuem um número limitado de notas. As escalas da tradição ocidental, desenvolvidas na Europa desde a Idade Média e depois se expandindo para as Américas, são formadas por 7 sons escolhidos de uma gama de 12 possibilidades. Na Idade Média existiam vários modos de sete sons que, no período moderno, foram se reduzindo a apenas dois modos: o modo maior e o modo menor, embora cada qual com 12 transposições possíveis, já que cada modo pode ser construído a partir de uma das 12 notas conhecidas neste sistema musical. Apenas para trazer uma comparação, o sistema musical indiano lida com uma gama de 22 notas, portanto 10 a mais que o nosso sistema, e os vários *ragas* deste sistema são produzidos neste universo mais ampliado de notas. Ainda assim, é também um universo muito restrito de notas, se o compararmos com as 'notas' aromáticas utilizadas pelos criadores de perfumes, pelas possibilidades da criação de vinhos, ou mesmo pela gama de cores e nuances de cores utilizáveis pelos pintores pontilhistas. Para os acordes conceituais, também contaremos com uma gama indefinida de possibilidades.

125 Mesmo na Música, não temos mais do que apenas uma alternativa – ainda que muito percorrida na música ocidental – com o uso da harmonia tonal e da superposição de terças para a construção de uma perspectiva acórdica. Músicos impressionistas como Debussy e Ravel, entre outros, trabalharam em muitas de suas composições com superposições de quartas e quintas. Schöenberg desenvolveu uma perspectiva acórdica baseada no "dodecafonismo", que é um sistema apoiado em uma nova maneira de utilizar os 12 sons que constituem a familiar gama de notas cromáticas da música ocidental. Enquanto isso, os compositores microtonais avançaram para além do uso dos doze sons, explorando também os sons formados

Ainda sobre o que a ideia de 'intervalo' implica na Música, e sobre o que deve implicar mais especificamente na teoria dos conceitos, algo muito importante deve ser dito. Os intervalos sempre e necessariamente definem distintos tipos de relação entre notas, diferentes qualidades, diversificados modos de interação – os quais se distinguem conforme as variadas espécies de intervalos. Por exemplo, duas notas podem formar certo intervalo que implique um padrão de complementaridade ou de ligação muito íntima e fortalecida; ou, ao contrário, a conexão entre estas duas notas pode implicar uma ligação mais fraca, mesmo que relativamente importante. Um intervalo pode gerar estabilidade, ou, inversamente, instabilidade. Assim, para considerar o tipo de música que se organiza através dos parâmetros da harmonia tonal-ocidental, os intervalos de 'quinta diminuta' ou de 'quarta aumentada' são os clássicos produtores de dissonâncias. Quando duas notas estão conectadas pela relação intervalar de uma 'quinta diminuta', parece correr eletricidade entre elas, produz-se tensão, ocorre uma indução ao movimento. Com os intervalos de 'terça' ou de 'sexta' atrás descritos, por exemplo, produz-se uma relação de extensão complementar entre as duas notas, como se uma nota terminasse por se transformar na extensão acórdica da outra, ou por se apresentar como a sua continuação natural.

Uma relação de 'quinta justa' entre duas notas tende a provocar – ao menos para os ouvidos inseridos na cultura musical de origem ocidental – a sensação de um forte e estático encadeamento, A 'quinta justa' é como um grilhão: cria um centro de gravidade (estou me situando especificamente, neste momento, no âmbito do chamado sistema tonal, pois outros sistemas produziriam relações totalmente diferentes com este mesmo intervalo). Quando acrescento um intervalo de 'sétima maior' a um acorde perfeito maior ou menor – ou seja, quando adiciono uma quarta nota à tríade que caracteriza basicamente estes tipos de acordes – produz-se uma leve dissonância que se espalha pelo acorde e estabelece-se uma relação fraca entre esta nota que foi adicionada e a tríade que já existia como um bloco sonoro mais estático (surge uma "dissonância branda",

---

por 'quartos-de-tom', 'terços-de-tom', e outras divisões ainda menores. Obviamente que os acordes produzidos neste sistema musical ampliado se multiplicam. Da mesma maneira, culturas musicais como a dos antigos persas e a da música indiana trabalham, respectivamente, com gamas de 17 e 22 sons. Evoco esta variedade de exemplos apenas para mostrar que a ideia de pensar em acordes não obriga a que importemos para este modo de imaginação a especificidade da música tonal desenvolvida no Ocidente. / Sobre a música indiana, cf. Marsicano, 2006 e Goswami, 1959.

pode-se dizer). De fato, neste caso a 'sétima' – ou a quarta nota que foi acrescentada ao acorde – facilmente poderia se desprender da tríade à qual se agregou e sair flutuando para longe do acorde, pois não parece fazer parte intrínseca da sua estrutura. No entanto, ela está ali – fazendo toda a diferença e acrescentando um molho especial ao acorde, se quisermos convocar essa metáfora oriunda da culinária (que, por sinal, também se vale do conceito de acorde)[126].

Tenho consciência de que os parágrafos anteriores podem ter soado como grego ou javanês para aqueles que não estudaram teoria musical. Mas o que é importante é que todos compreendam que os intervalos, na Música, não são

---

126 Muitas das relações intervalares que são produzidas em músicas compostas com linguagem tonal já aparecem na própria 'série harmônica natural'. Este ponto merece esclarecimentos. No interior de qualquer nota musical, existe sempre uma pequena série de harmônicos, soando "inaudivelmente", como se fosse um pequenino acorde secreto escondido dentro daquele som aparentemente indivisível que estamos escutando. Na verdade, é este acorde secreto o que constitui o próprio som que estamos ouvindo de maneira unificada. Não obstante, a 'série harmônica' que se oculta no interior de um som não é perceptível para o ouvido humano senão como timbre. Para dar um exemplo mais bem definido, suponhamos um som emitido isoladamente por um instrumento, como uma nota musical da escala de Dó Maior tocada por um violino. Acusticamente falando, esta nota corresponde a um complexo emaranhado de ondas sonoras, embora o ouvinte humano só possa perceber como 'altura' a onda mais grave (de frequência mais baixa). Os harmônicos correspondem precisamente aos sons parciais que compõem a sonoridade desta nota musical. Embora não possam ser percebidos pelo ouvido comum, eles contribuem decisivamente para a definição do *timbre* de um instrumento (no nosso exemplo, o peculiar timbre de um violino). Deste modo, é a combinação das forças relativas de cada harmônico que proporciona o timbre de uma nota tal como ela é escutada (para além de outro fator importante que se relaciona ao tipo de 'forma' do feixe de ondas sonoras que corresponde ao som considerado, com o que já estaríamos adentrando uma questão acústica um pouco mais complicada). Quanto mais rica em harmônicos superiores, mais brilhante a sonoridade de um instrumento – como é o caso do próprio violino ou do oboé. Já a flauta possui um som fundamental mais forte e harmônicos importantes em menor número. Enquanto isto, o timbre muito específico do clarinete é produzido pela predominância dos harmônicos ímpares – o que dá a este instrumento aquela sonoridade oca que lhe é tão peculiar. / Para a nossa questão, o interessante é notar que – de dentro de cada nota musical que escutamos como se fosse um evento sonoro isolado – já soam juntas estas outras notas inaudíveis, sendo que elas configuram sucessivamente, em relação à nota-base, os intervalos de 'oitava', 'quinta justa', 'quarta justa', 'terça maior', 'terça menor', 'terça menor encurtada', 'segunda maior esticada', 'segunda maior', e assim por diante até o infinito, aparecendo intervalos cada vez menores. Em função da coincidência com a série harmônica, e no interior do sistema tonal tradicional, teriam efeito fortemente estabilizador os primeiros intervalos que aparecem na série de harmônicos, respectivamente a 'oitava' (uma nota e a sua repetição em um nível mais agudo), a 'quinta justa' e a 'quarta justa'. Não é à toa que estes intervalos são chamados de "consonâncias perfeitas". Depois, em termos de familiaridade, aparecem a 'terça maior' e a 'terça menor', que completam a base intervalar da harmonia tonal (as chamadas "consonâncias imperfeitas"). As sétimas tendem a ser percebidas como dissonâncias brandas. A 'quinta diminuta' é percebida como dissonância estrutural geradora de instabilidade.

meramente degraus que separam as notas umas das outras, mas sim tipos de relações que se estabelecem: relações encadeadoras, relaxadoras, tensas, estabilizadoras, instabilizadoras, complementares, fortes, fracas, estruturais, ou apenas colorísticas. Assim como no interior do átomo encontra-se tanto uma força eletroforte como uma força eletrofraca – mal comparando – no interior de uma dada configuração acórdica podemos encontrar envolvimentos de diferentes tipos e intensidades entre duas ou mais notas que façam parte do acorde. Os intervalos – por ora é o que deve ser compreendido – constituem variados tipos de interação entre duas ou mais das notas que podem compor um acorde.

Vamos facilitar este entendimento com alguns exemplos mais concretos. Quando discutimos anteriormente o acorde conceitual de revolução, vimos algumas notas que podem ser postuladas como constituintes da sua compreensão. Vamos considerar à partida a nota 'mudança radical', que em nossa imagem está representando o papel de baixo e nota fundamental do acorde. A primeira coisa em que pensamos ao imaginar uma revolução é a ideia de 'mudança radical'. Todavia, uma revolução ainda implica, necessariamente, uma mudança 'rápida', a qual nos traz à mente a ideia de um salto, de uma 'ruptura' em relação ao que havia antes. Se não houvesse essa ruptura, e caso se tratasse de um processo muito lento e gradual de mudança, poderíamos pensar na "evolução", que é já um outro conceito, bem diferente. O caráter gradual e lento das "evoluções", a propósito, chegou a ser expresso por Charles Darwin (1809-1882) nos termos de que "a natureza não dá saltos":

> "Como a seleção natural atua somente acumulando variações ligeiras, sucessivas e favoráveis, não pode produzir modificações consideráveis ou súbitas; só pode agir a passos lentos e curtos. Esta teoria torna fácil compreender o axioma: *Natura non facit saltum* [a Natureza não dá saltos]" (DARWIN, 1946, p. 535)[127].

---

127 A fixação de Darwin na ideia incondicional de que "a Natureza não dá saltos", por outro lado, foi relativizada por outros evolucionistas já na própria época de Darwin, como Thomas Huxley (1825-1895), um cientista que se tornou tão fiel à teoria darwinista da evolução que chegou a ficar conhecido como "o buldogue de Darwin": "Realmente, sempre pensamos que o Sr. Darwin criou um empecilho desnecessário ao aderir tão estritamente à sua citação favorita: *Natura non facit saltum*. Em nossa opinião, suspeitamos que, algumas vezes, ela [a Natureza] faça saltos consideráveis com respeito à variação, e que esses saltos deem origem a alguns dos lapsos que parecem existir na série de formas conhecidas" (HUXLEY, 2006, p. 48). Mais tarde, com os desenvolvimentos da teoria evolucionista no século XX, surgiu a perspectiva teórica do Equilíbrio Pontuado, proposta por autores como Stephen Jay Gould e Niles Elredge (1972). Este desdobramento teórico procura dar a perceber uma alternância

O conceito de "evolução", de todo modo, possui uma nota em comum com o conceito de "revolução". Neste último, no entanto, a nota 'mudança radical' interage com a ideia de 'ruptura' – há um intervalo, uma relação significativa entre estas duas notas do acorde conceitual de revolução. Também existe um intervalo importante relacionando as ideias de 'mudança radical' e de 'rapidez processual', o que também ajuda a distinguir muito claramente os conceitos de "revolução" e "evolução", ainda que ambos se refiram a mudanças importantes e significativas. O sistema corporal e mental, bem como a postura ereta dos seres humanos modernos, não foram atingidos pelo gênero humano através de um salto revolucionário, de uma geração para outra, mas sim por meio de um processo evolutivo muito demorado – ainda que a nota conceitual 'mutação'[128] ajude a explicar que certas mudanças podem afetar repentinamente alguns indivíduos da espécie para depois serem selecionadas para preservação como características capazes de ampliar a aptidão da espécie para a sobrevivência (esse assunto será discutido na seção final deste livro, como mais um dos exemplos que poderão nos ajudar a perceber a riqueza de possibilidades que pode ser trazida pela incorporação da perspectiva acórdica à Ciência). Já discutimos também que essa rapidez processual das revoluções se refere a um tempo relativo, pois dois mil anos de "revolução agrícola", em uma humanidade que conservava uma economia coletora e uma cultura nômade há mais de dois milhões de anos, é um tempo tão rápido como uma década de "revolução digital" nos mais recentes tempos contemporâneos[129].

---

entre longos períodos de estabilidade no que concerne ao surgimento de variações significativas (fase de equilíbrio) e períodos em que ocorrem rápidas alterações. Além disso, Gould argumenta que a mudança evolutiva é bem mais intensa e rápida nos nichos isolados, com populações pequenas, do que nas áreas centrais compartilhadas por populações grandes (GOULD, 1980, p. 182-184).

128 As mutações – causadas ou por erro de replicação no DNA ou induzidas por fatores externos – podem ser definidas como mudanças que ocorrem no material genético de indivíduos de uma certa espécie de seres vivos. As mutações que afetam células reprodutivas podem ser transmitidas às próximas gerações, causando mudanças significativas ao longo do tempo. Conforme a teoria da seleção natural, se as características determinadas pelos genes que sofreram mutações se mostrarem favoráveis à sobrevivência e reprodução dos indivíduos da espécie em seu ambiente, essas mutações terminarão por se estabilizar na população.

129 O *homo habilis* surge na Terra há cerca de 2,4 milhões de anos (período Plioceno), ao passo que o *Homo sapiens* só surgiria mais tarde, há cerca de 350.000 anos, e já no período Holoceno – primeiro em seu ramo mais arcaico, e depois na derivação moderna. Conforme já mencionamos, uma dessas durações ou a outra (2 milhões ou 300 mil anos) é um intervalo de tempo relativamente muito largo do ponto de vista da nossa história civilizacional tradicional, o que faz com que pareça um processo muito rápido o período de apenas dois mil anos que a revolução agrícola precisou levar para se estender por toda a Terra habitada.

Voltando aos intervalos que podemos perceber a partir da nota 'mudança radical', poderíamos reconhecer um intervalo significativo entre esta e a 'consciência do novo'. Afinal, as mudanças podem não ser percebidas por aqueles que as sofrem – o que, aliás, ocorre comumente nos processos de "evolução" – mas nas "revoluções" as mudanças que estão ocorrendo tendem a ser percebidas por todos. Ademais, as mudanças que configuram uma revolução não afetam apenas um setor da sociedade ou da população revolucionada, mas são *extensivas* a todos ou quase todos, de modo que as notas 'mudança radical' e 'extensividade' também produzem um intervalo significativo. Já mostramos também que as mudanças impostas pelas revoluções precisam ser 'permanentes', ou ao menos durarem um tempo efetivamente relevante, se considerarmos que as revoluções também podem retroagir em algum momento. Por fim, já discutimos o intervalo que se produz na combinação entre a 'mudança' e a eventual 'violência' dos processos revolucionários. Com estes exemplos quis apenas ilustrar um número considerável de intervalos que são produzidos a partir da nota fundamental 'mudança radical' sobre a qual se desdobra o conceito de revolução. Não obstante, o mesmo procedimento poderia ser feito para cada uma das outras notas, uma vez que as várias notas que constituem a compreensão de um conceito produzem, na sua relação com as demais, os seus próprios intervalos, além de interagirem todas sobre o todo.

Chegamos agora ao penúltimo aspecto, que sintetizaremos com a expressão 'Notas Comuns' [5]. No último exemplo, vimos que dois conceitos bem distintos – o de "revolução" e o de "evolução" – apresentavam uma nota em comum. Talvez se possa dizer que ambos se erguem sobre a mesma nota fundamental – a ideia de 'mudança' – mas que a partir desta base seguem caminhos bem diferenciados. As revoluções implicam 'rapidez processual', *saltos* que expõem muito claramente a *ruptura* em relação ao momento anterior, além da 'intensividade'. Já as evoluções parecem lentas, disfarçam-se bem na aparência de continuidade, quase não permitem que aqueles que estão se transformando percebam o 'novo' que os adentra muito gradualmente. Certas construções teóricas associam ainda a ideia de evolução à de "aprimoramento" – de mudança para o melhor, ou pelo menos para o mais apto[130] – mas também

---

130 Na Biologia, e em especial na Teoria da Evolução, a ideia de 'mais apto' decorre da capacidade de sobreviver melhor neste ou naquele ambiente, e é esta capacidade que é favorecida pela Seleção Natural. Sob o argumento do "mais apto", seria descabido argumentar que os animais mais "evoluídos" são os vermes extremófilos? Ou a melhor evolução indicaria o

podemos enxergar as revoluções em uma perspectiva similar se quisermos acomodá-las sob um arco evolutivo mais amplo. Ainda assim, sempre haverá questionamentos acerca do pretenso aprimoramento que teria sido trazido (ou não) pelas sucessivas revoluções civilizatórias, até chegar à "revolução industrial" e, por fim, à "revolução digital". A mesma tecnologia que salva, pode matar, ou mesmo destruir a espécie inteligente que a criou, e esta é uma interminável discussão. O conceito de "evolução", aplicado fora da Biologia, também pode ser muito questionado: seria possível falar em sociedades mais evoluídas do que outras?

Conforme vimos, embora pressuponham padrões de mudança muito diferentes um do outro, os conceitos de revolução e evolução possuem uma nota em comum. E se continuarmos a analisar o conceito de revolução, veremos que este apresenta muitas notas em comum com outros conceitos. A violência aparece recorrentemente nas revoluções; mas as guerras também são violentas, como o banditismo e inúmeros outros fenômenos sociais. Este compartilhamento de notas entre os conceitos – ou estes pontos de intersecção, como também podem ser chamados – mostram-nos que os conceitos também são similares aos acordes em mais um aspecto. Na Música (ou na arte dos perfumes, e em todas as outras áreas que se valem da perspectiva harmônica), os acordes também incluem a possibilidade de compartilharem certas notas. Dois perfumes bem diferentes podem se erguer sobre a mesma nota de sândalo ou de âmbar, ou então possuir entre as suas notas de topo um toque de tangerina ou uma nota de gengibre. Da mesma forma – principalmente porque lidam com um sistema relativamente restrito de notas, ainda que matizado por alturas que podem reposicionar a escala de sete sons inúmeras vezes – os acordes musicais podem compartilhar notas uns com os outros, misturadas àquelas que os diferenciam:

Figura 7: *Sequência de acordes*

caminho do mais complexo? Mas por que, necessariamente? Quando contaminada por juízos de valor, a ideia de "melhor" tensiona-se contra a perspectiva evolucionista.

A sequência de acordes registrada na 'Figura 7' mostra compartilhamento de notas em vários momentos. O primeiro acorde (sol-si-re) apresenta a nota 'sol' em comum com o segundo acorde (do-mi-sol); este possui a nota 'dó' em comum com o acorde seguinte ('fa-la-do'); mas o 'fa' já é compartilhado por este e o acorde que se apresenta a seguir (si-re-fa). Mais adiante, na mesma sequência harmônica, novos compartilhamentos de notas se sucedem. Quero ressaltar, entretanto, que o 'fa' compartilhado pelo terceiro e pelo quarto acordes, embora seja exatamente o mesmo 'fa', desempenha papéis totalmente distintos em um e em outro destes acordes. No primeiro acorde, o 'fa' é uma nota relativamente estável; mas no segundo acorde, devido às demais notas que submetem o 'fa' a novas relações, este se torna uma nota particularmente tensa, que na harmonia tradicional pede resolução. Novamente talvez isso pareça hermético para aqueles que não estudaram Teoria da Música, mas o que importa para nós, neste momento, é apenas ressaltar que as mesmas notas, inseridas em dois acordes diferentes, podem desempenhar funções bem distintas. Argumento que outra das vantagens da assimilação dos conceitos à ideia de 'acordes conceituais' é, precisamente, a possibilidade de favorecer a percepção de que tanto podem ocorrer compartilhamentos de notas entre dois conceitos, como as mesmas notas podem desempenhar diferentes funções em acordes conceituais distintos.

A violência das revoluções, obviamente, não é a violência das guerras, e menos ainda a violência do banditismo. Mediada pelo movimento impetuoso que a empurra em direção ao novo ela se torna algo bem distinto da violência da guerra, que apenas está envolvida com a perspectiva da destruição do inimigo e sua sujeição final. Já vimos também que, ao expandirmos o conceito de revolução de modo a incluir em sua extensão as revoluções civilizacionais – tais como a revolução agrícola ou a revolução industrial – surgem outros tipos de violência que não apenas aquelas que brotam do entrechoque das espadas, dos coquetéis molotov ou do pisotear da multidão. A violência de revoluções transversais como a "revolução digital" é a violência do 'novo' que se abate contra aqueles que não souberam ou não quiseram se adaptar. Talvez fosse até mesmo o caso de batizar com novos nomes as tão distintas formas de violência; mas aí já cairíamos em um preciosismo paralisante[131].

---

131 Sobre a "paralisia conceitual", gerada por uma busca de precisão que mais atrapalha do que auxilia a produção de conhecimento, cf. o último capítulo do livro *Os Conceitos – seus usos nas ciências humanas* (BARROS, 2016, p. 187-191).

Mais flexível, a leitura acórdica permite entrever uma saída sutil: dar a entender que a violência desempenha funções bem diferenciadas no interior dos vários acordes que a incluem como 'nota' em suas 'compreensões'. Exemplos de notas a princípio iguais que desempenham funções bem distintas no interior de acordes conceituais diversos podem ser encontrados em todas as ciências. A Biologia nos mostra as aves modernas, cujo conceito articula as 'asas' e 'penas' como notas perfeitamente assimiladas a uma arquitetura e dinâmica que possibilita o voo; mas o deinonico – dinossauro carnívoro que viveu há 115 milhões de anos – também era coberto de penas, que utilizava apenas para se aquecer, e tinha "asas" usadas *não* para o voo, mas para a atividade predatória. Enquanto isso, que dizer dos pinguins, cuja evolução conduziu a que passassem a usar suas asas como ágeis nadadeiras?

Na Música, por sinal, tanto as notas podem ser investidas de novas funções no interior de acordes – tornando-se de pontos de estabilidade em pontos de tensão, ou de notas reais em notas figurativas – como também os próprios acordes, como estruturas mais amplas, são funcionais e relativos, de modo que podem desempenhar papéis distintos nos diferentes contextos harmônicos em que forem inseridos [6]. Com a chamada "Harmonia Funcional" – um ramo especial dos estudos harmônicos – os acordes são designados não mais de acordo com as notas sobre as quais se erguem ou com as estruturas que os configuram ("acorde perfeito maior de dó"; "acorde perfeito menor de mi", e assim por diante), mas sim pela *função* que desempenham na trama harmônica. Existem, por exemplo, os acordes de "função tônica", que são os mais estáveis de todos; existem os acordes de "função subdominante", que já introduzem tensões intermediárias na harmonia; e existem os acordes de "função dominante", que introduzem o nível maior de tensão possível no interior de uma tonalidade, conduzindo o trecho musical a um clímax que pede resolução para, depois, ter início um novo ciclo. Existem outros tipos de acordes ainda, como os de "função dominante secundária", e ainda muitas variedades de "acordes alterados", os quais têm a função de promover pontos de tensão mais isolados para valorizar a chegada de novos acordes[132]. Com tudo isso, quero apenas sugerir que a perspectiva funcional, bem conhecida na Música, também pode ser utilizada para uma compreensão

---

132 Para esclarecimentos mais aprofundados sobre Harmonia Funcional, cf. o célebre tratado *Harmonia*, de Arnold Schöenberg (1999), e o manual de *Harmonia Funcional*, elaborado por Koellreutter (2018).

mais plena dos diferentes papéis dos conceitos no interior de uma linha argumentativa, na teoria de modo mais geral, na sociedade, e na própria história.

Quando inscritos em novas perspectivas teóricas, os conceitos, assim como vimos ocorrer com as notas que os constituem, também podem sofrer ressignificações. De maneira análoga ao que se sucede com a mudança de funções dos acordes na Música, os conceitos podem assumir novos papéis e funções não apenas no interior de diferentes perspectivas teóricas, como também podem produzir novos efeitos na sociedade ao longo da história. Um exemplo clássico de ressignificação conceitual é o do conceito de "átomo". Nascido para designar as minúsculas e eternas "unidades indivisíveis da matéria", tal como propunham os atomistas da Grécia Antiga, o átomo foi posteriormente percebido como divisível pelas evidências produzidas pela Física moderna[133]. Passíveis de desintegração, de fusão ou fissão, os átomos não se mostraram eternos; formados por um número cada vez maior de partículas que se tornaram perceptíveis, deixaram de ser indivisíveis, em franca contradição com seu nome de batismo. O termo "átomo" foi preservado, a despeito de seu significado literal e falso; mas o conceito se transmutou, para habitar uma nova música que hoje lhe atribui novos sentidos[134].

Outro exemplo oportuno pode ser trazido pela noção de "raça" – um conceito familiar a áreas tão diversas como a Biologia, Antropologia, História, Sociologia e Ciências Jurídicas, além de ser corrente na vida comum. Entretecido por uma complexa história de usos e desusos que não poderá ser recuperada aqui, talvez possamos indicar algumas linhas gerais nos caminhos e descaminhos deste conceito. À parte uma história mais antiga que remete a outros significados[135], o conceito de raça adquiriu novas direções a partir da instituição

---

133 A palavra tem origem nas proposições teóricas de Leucipo e Demócrito, no século V a.C. Nesta teoria, inteiramente especulativa, os átomos se distinguiam uns dos outros pelo seu tamanho e diferentes formas, sendo estas últimas – e também as posições e movimentos relativos dos átomos – o que traria às diversas substâncias as suas características e propriedades. Assim, os líquidos seriam constituídos por átomos esféricos, e deviam a sua fluidez à capacidade de seus átomos deslizarem perfeitamente uns sobre os outros.

134 O conceito de átomo, nos dias de hoje, preserva a ideia de unidade básica de matéria, desde que, a exemplo da Matemática, aceitemos a noção de que a unidade é divisível. Além disso, deve trazer em sua definição a ideia de que é um sistema energético habitualmente estável e eletricamente neutro, constituído por um núcleo denso e positivamente carregado em torno do qual se acha uma nuvem probabilística de elétrons de carga negativa. Sobre a divisibilidade do átomo, cf. Caruso, 1994; Bassalo, 1994 e Leite Lopes, 1992.

135 Na Idade Média, a palavra latina *ratio* designava "descendência" ou "linhagem" – ou seja, referia-se a um grupo de pessoas que remontava a um ancestral comum. Neste mesmo sentido, a nobreza francesa adentra a modernidade evocando este uso conceitual da palavra,

do deplorável sistema de escravidão moderna, cuja mais cruel contribuição à história das desigualdades humanas foi a sujeição de milhões de negros africanos e seus descendentes ao trabalho compulsório nas Américas colonizadas e em outras partes do mundo. Ao lado disso, o uso social e estratificador do conceito apresenta uma primeira consolidação como desdobramento do seu uso taxonômico nas ciências naturais entre os séculos XVII e XIX, fortalecendo uma rede teórica que ia ao encontro do uso da ideia de raça para descriminar povos em uma perspectiva eurocêntrica que incluía, no limite, as demandas do sistema de apresamento e comércio de negros escravizados.

Agregada à perspectiva de que a espécie humana se dividiria em raças, entrava em cena também a abordagem racista do conceito, que acrescentava à sua 'compreensão' a ideia de que estas raças pretensamente bem definidas podiam ser hierarquizadas umas em detrimento das outras, considerando que todo o conjunto trazia em seu topo uma raça branca que seria a dos próprios europeus e seus descendentes nas Américas – senhores que eram das tecnologias bélicas mais avançadas e de uma expansão colonialista e imperialista em curso. Apenas situaremos dois momentos desta construção teórica no interior de um campo que era então considerado científico.

Logo à partida, nos séculos XVII e XVIII – em especial com a contribuição inicial do naturalista sueco Carlos Lineu (1707-1778)[136] – firmam-se os empenhos para se enxergar uma humanidade bem acomodada em compartimentos formados pelas grandes raças ou "variedades humanas" ("brancos, negros,

---

pois queria deixar claro que seus indivíduos eram descendentes dos francos, e não dos gauleses – considerando-se que estes dois povos constituíam as matrizes históricas da população francesa. Uma nota de hierarquização, como se vê, já existe aqui, embora os tipos de grupos formados nesta concepção de raça sejam bem distintos daqueles que logo seriam impostos com a modernidade escravista.

136 Lineu, na décima edição de seu livro *Systema Naturae* (1758), já divide o *Homo sapiens* em quatro grupos fundamentais. Antes dele, François Bernier (1625-1688) – em um artigo do *Le Journal des Scavants*, de 24 de abril de 1684 – já havia empregado a palavra para demarcar, na espécie humana, grupos com características físicas contrastantes (STUURMAN, 2000; POLIAKOV, 1974). Deve-se observar ainda que os dicionários comuns do século XVII ainda não vinculam a referência à cor da pele como critério para a definição de "raça", o que já ocorrerá nos séculos seguintes. Entretanto, o tratamento dos povos negros em uma perspectiva de inferiorização já vinha de longe. Pode-se dizer que neste caso o conceito, na sua parte imaterial, precede a adoção do termo concreto "raça". Quanto ao conceito de "racismo", cuja ideia também precede a origem da palavra, esta surge apenas no início do século XX, em um artigo de Albert Maybon intitulado "Félibrige et nationalisme", para a revista *Blanche*, de 1902.

amarelos e vermelhos"), assim como para consolidar a perspectiva de que os indivíduos pertencentes aos diversos povos da África subsaariana pertenciam a uma única "raça negra". Essa construção teórica, como se vê, apoia-se no duplo esforço de construir grandes conjuntos (as "quatro raças") e de desconstruir muitos outros, pois os povos africanos que se viram escravizados não se enxergavam de modo algum como uma única "raça negra", mas sim como povos bem diferenciados, por vezes desenvolvendo relações bastante antagônicas nos seus locais de origem[137].

No século XIX, em um segundo momento remarcável nas teorias sobre a diversidade humana, temos a estratificadora contribuição de Gobineau (1816-1882) para impor e consolidar uma hierarquização dessas diferenças raciais que já vinham sendo fortalecidas com o tráfico negreiro. É peculiar o título da obra na qual Gobineau expõe o seu sistema: *Essai sur l'inégalité des races humaines* (1853-1855). A visão poligenista do filósofo francês não fala em "diferentes raças humanas", mas em "raças humanas desiguais", o que conflui para a ideia de uma hierarquia natural das raças humanas e, de certo modo, para uma naturalização da desigualdade. A natureza, nesta perspectiva, teria gerado "raças desiguais", e não "raças diferentes"[138].

Estas duas construções teóricas – a de Lineu e a de Gobineau – entre outras que as intermedeiam ou que se seguiram – mostram um conceito de "raça" que é inserido em uma harmonia conceitual hierarquizante. No entanto, o processo de abolição da escravidão nos diversos países iria inscrever o conceito de raça em duas novas harmonias teóricas: uma racista – que, embora acompanhando

---

137 O tema foi examinado em extensão e profundidade no livro *A Construção Social da Cor* (BARROS, 2009, p. 39-49, 54-72). As diferenças étnicas entre os inúmeros povos africanos – muitas vezes recaindo em "guerras tribais" nas quais os perdedores eram transformados em cativos – foram bem aproveitadas na ponta africana do tráfico negreiro. As hostilidades geradas pelos sentimentos de identidades localizadas eram ali estimuladas, pois os traficantes compravam cativos na própria África, para depois transformá-los em escravos e vendê-los no comércio atlântico por um preço muito maior. Já nas Américas – e, na verdade, já desde o navio negreiro – os africanos passavam a ser vistos como "negros"; já não interessava, para a ponta de chegada do tráfico de escravos, que os negros continuassem a se identificar com suas etnias de origem. Aos olhos dos senhores de escravos, as diferenças tribais deviam desaparecer em um mundo no qual a raça negra precisava ser apresentada como a raça inferior, talhada para o trabalho escravo.

138 Já vimos que as "diferenças" e as "desigualdades" constituem coisas bem distintas. O primeiro destes conceitos contrasta com o conceito de "igualdade" por contrariedade. Enquanto isso, "desigualdade" opõe-se à "igualdade" através de uma relação de contraditoriedade (BARROS, 2016).

o repúdio à escravidão, prosseguia com uma crença hierarquizante sobre a desigualdade intelectual e moral entre as raças – e outra que situava o conceito de raça em um ambiente de luta contra o racismo e a favor da instituição jurídica e prática de uma igualdade social entre todas as raças. "Raça", de conceito opressor, passava neste último caso a uma nova significação – a uma função combativa no interior de uma nova harmonia conceitual; "raça" deveria ser um conceito operacional em uma agenda de lutas contra as desigualdades sociais e a favor da afirmação das diferenças. Estes dois usos do conceito de raça – o uso racista, entranhado em uma sociedade discriminatória, e o uso antirracista, evocado por movimentos sociais vários, a começar pelo movimento negro – adentram a terceira modernidade (período que se inicia com o século XX).

Podemos perceber até aqui duas tramas harmônicas bem diferenciadas, no interior das quais funções bem distintas são desempenhadas pelo acorde conceitual designado pelo termo "raça". O uso antirracista do conceito, por exemplo, levou os sistemas jurídicos e constitucionais, depois de muitas lutas e confrontos, a incluírem o reconhecimento da "igualdade entre as raças" (ou da "não desigualdade entre as diferenças raciais") no conjunto de medidas legais contra o preconceito racial. Racismo, nos dias de hoje, é considerado crime em um grande número de sistemas jurídicos, nos diferentes países. Um complicador entra em cena a partir da segunda metade do século XX, e principalmente nas últimas de suas décadas. A ideia de que a humanidade possa ser adequadamente dividida em raças, que um dia havia sido recebida como científica, passou desde então a ser desautorizada tanto pela perspectiva antropológica como por pesquisas biológicas que analisaram extensamente o DNA humano presente no planeta, permitindo reforçar tanto a hipótese de origem única (e africana) da humanidade hoje presente no planeta, como a constatação de que as combinações genéticas se espraiam de tal maneira na população humana do planeta e em sua história, que não é possível identificar adequadamente – para grupos específicos de indivíduos – um conjunto de características tais que habilitaria enxergá-los como raças. Chegava-se também à conclusão de que os patrimônios genéticos de dois indivíduos pretensamente pertencentes a uma mesma "raça" poderiam estar mais distanciados do que os patrimônios genéticos de dois indivíduos pertencentes a supostas raças diferentes.

O descredenciamento do conceito de raça na Biologia e nas ciências humanas[139], por outro lado, não implica a rejeição do conceito de *racismo*. Mesmo nas harmonias conceituais que rejeitam o conceito de raça, as quais predominam atualmente em ciências humanas como a História e a Antropologia, reconhece-se que o racismo existe efetivamente, e como tal precisa continuar a ser bem definido por um conceito operante. Isto porque indivíduos e grupos sociais podem continuar a enxergar a sociedade como dividida em raças (mesmo que aquela não o seja), e com isso passar a perpetuar a atribuição de privilégios a certos grupos, ao mesmo tempo em que são direcionados contra outros grupos discriminações de todos os tipos, trazendo como resultado um modelo que sanciona injustiças sociais. O racismo precisa ser conceituado, pois deve continuar a ser combatido.

O exemplo de declínio científico do conceito de raça para categorizar diferentes grupos humanos, com a preservação aparentemente paradoxal do conceito de racismo, mostra-nos que um conceito nascido do desdobramento de outro, em determinado campo de saber ou certa linha teórica, pode sobreviver à extinção do conceito que lhe deu origem. Em tempo, é preciso dizer que o uso sociológico ou político do conceito de raça, quando assimilado em sistemas jurídicos ou em apoio aos movimentos sociais, segue em vigor (independente do seu desuso antropológico e historiográfico)[140]. A utilização do conceito assume aqui uma função importante e específica no interior de uma estratégia de inclusão, mesmo sem considerar necessariamente a sua correção de um ponto de vista científico. Por fim, para além desse uso, o conceito persiste também no seu emprego estatístico[141]. Isso mais uma vez nos mostra que os

---

139 Para o primeiro caso, cf. Yudell, 2016, p. 564-565. Para o segundo, cf. a declaração da American Anthropological Association sobre o estatuto de raça (1998). Temos ainda as seguintes palavras do antropólogo brasileiro-congolês Kabengele Munanga – um militante na luta contra todas as formas de discriminação contra a população negra: "Em meus trabalhos, utilizo geralmente, no lugar dos conceitos de "raça negra" e "raça branca", os conceitos de 'Negros' e 'Brancos' no sentido político-ideológico acima explicado, ou os conceitos de 'População Negra' e 'População Branca', emprestados do biólogo e geneticista Jean Hiernaux, que entende por população um conjunto de indivíduos que participam de um mesmo círculo de união ou de casamentos e que, *ipso facto*, conservam em comum alguns traços do patrimônio genético hereditário" (MUNANGA, 2003).

140 As correntes sociológicas que buscam manter o uso do conceito sustentam que "raça" pode ser utilizado como um "conceito nominalista" – um conceito que, mesmo expressando algo que não existe no mundo físico, tem realidade social efetiva (GUIMARÃES, 1999).

141 No censo brasileiro de 1991, o IBGE redefiniu a pergunta que havia sido utilizada no censo demográfico anterior, de "Qual é a sua cor?", passou-se a "Qual é a sua cor / raça?" A

conceitos podem assumir funções distintas no interior dos sistemas teóricos e pragmáticos nos quais se inserem. São como acordes desempenhando funções diversificadas no interior de contextos harmônicos diferentes.

No próximo e último capítulo deste livro, ilustraremos a possibilidade de aplicação dos acordes conceituais com a análise de três fenômenos ou situações distintas – as duas primeiras relacionadas ao campo da História e de outras Ciências Humanas, e a última relativa principalmente ao campo da Biologia, mas também dialogando com a Antropologia e com a Filosofia.

---

emenda se deu não por concordância filosófica ou política com o uso do conceito, mas em vista do reconhecimento de que a palavra "raça" ainda aparecia muito no imaginário e no cotidiano de um número muito grande de pessoas; e que, por isso, a conservação do termo como alternativa a "cor" poderia favorecer uma captação melhor da informação.

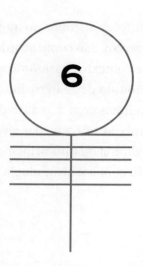

Algumas análises de acordes conceituais

6.1 O acorde conceitual do Nazismo: análise de um acorde totalitário

O Nazismo é um fenômeno transversal, que pode vir a atravessar realidades sociais e políticas diversas, ou esteve apenas vinculado a um acontecimento histórico específico, bem localizado no espaço e no tempo? Perguntar isso é indagar se podemos *conceituar* o Nazismo (tratá-lo como um conceito, com potencial de generalização aplicável a outros eventos e movimentos), ou se apenas podemos descrevê-lo, tratando-o como um evento único e irrepetível. No primeiro caso, poderíamos falar de um 'acorde conceitual do Nazismo'; no segundo caso, poderíamos falar apenas de um 'acorde de identidades' relacionado ao Nazismo histórico. Uma situação e outra poderiam ser beneficiadas significativamente pela nossa proposta de aplicação da ideia de acorde para as formulações científicas, conceituais ou não.

De um lado, a importância de pensar em um conceito de Nazismo seria a de nos mantermos em guarda: acontecimentos como o hitlerismo dos anos de 1920 ao fim da 2ª Grande Guerra poderiam se repetir um dia, com variações de quaisquer tipos e trazendo à cena histórica novos atores e novas vítimas? Também poderíamos nos perguntar se o conceito ajudaria a compreender na sua variedade as atitudes nazistas *lato sensu*, e não apenas as atitudes nazistas localizadas na época histórica em que se estabeleceu este regime hitlerista na Alemanha, mas também atitudes análogas ou próximas ao nazismo em épocas posteriores – a exemplo dos grupos neonazistas, ou mesmo de partidos nazistas que ainda são organizados em várias partes do mundo. De outro lado, reconhecer ao menos a possibilidade de pensar em um 'acorde de identidades' aplicado ao Nazismo poderia ajudar a compreender mais sistematicamente aquele fenômeno histórico, ou outros análogos que tenham surgido na época e posteriormente[142].

Com o 'Quadro 28', proponho uma reflexão sobre o conceito de Nazismo utilizando a forma estrutural de um acorde como padrão de visualização. A escolha da superposição de terças como modelo de acordes decorre apenas de um recurso de visualização com o qual já tivemos oportunidade de nos familiarizar neste livro – mas os acordes, e em particular os acordes conceituais,

---

142 Com relação aos movimentos ou partidos de inspiração nazista – aqueles que se reconhecem como tais, ou mesmo se valem de autodenominações nazistas –, podem ser citados vários em diversas partes do mundo, e em plena atividade. Nos Estados Unidos da América, um Partido Nazista Americano foi fundado em 1959, propagando pela primeira vez a expressão "White Power". Em 1974 foi fundada a Aliança Nacional, que além de visar fortalecer uma ideologia nazista, dedica-se a enaltecer a figura de Hitler. Também nos EUA está em vigor desde 1990 uma comunidade virtual chamada *Stormfront*, que apregoa abertamente a "supremacia branca" e possui mais de 60.000 membros no mundo inteiro. Com esta comunidade se relaciona a Frente Nacional da Inglaterra, um partido de extrema-direita que nega publicamente se apoiar em diretrizes nazistas, mas que só admite em suas fileiras associados de "cor branca". Os EUA ainda viram surgir outros movimentos nazistas ou neonazistas como o *Aryan Nations*, fundado nos anos de 1970, e na década seguinte foi fundado outro grupo análogo, o *White Aryan Resistance War*. Estes e outros movimentos de inspiração nazista talvez justifiquem se falar em um conceito de nazismo com propriedades generalizadoras. As notas pertinentes a um acorde conceitual nazista, que já discutiremos, parecem estar presentes em todos estes movimentos – embora possamos distingui-los por esta ou por aquela nota que se torna mais preponderante em cada caso. Assim, o *American Nazi Party* – cujo líder, Lincoln Rocwell, havia sido um atento leitor de *Mein Kampf* – apresenta o 'racismo contra negros' como a nota preponderante de um acorde que pretende replicar o nazismo em solo estadunidense. Já o movimento ultradireitista *Front National* – partido de tipo fascista criado na França, em 1971, por Jean-Marie Le Pen – apresenta a 'xenofobia' como nota preponderante de seu acorde, centrando suas principais ações destrutivas na rejeição às leis de imigração, uma demanda social tipicamente francesa. / Para uma compreensão do nazismo e dos fascismos históricos, no próprio período hitlerista, cf. a trilogia de Richard Evans sobre a ascensão, apogeu e queda do nazismo alemão (EVANS, 2010, 2012 e 2013). Para uma análise comparativa dos diversos regimes nazi-fascistas, cf. Mann, 2008. Para uma análise dos fascismos como movimentos e processos sujeitos à mutabilidade, e que demandam definições não estáticas do conceito, cf. a obra *Anatomia do Fascismo*, de Robert Paxton (2007). Para uma "definição mínima" do Fascismo, cf. Eatwell, 1996, e Pinto, 2013.

não têm necessariamente esta forma, ou forma alguma. Escolhemos tão somente um modo de visualizarmos este imbricamento de notas sobre o qual discorreremos a seguir.

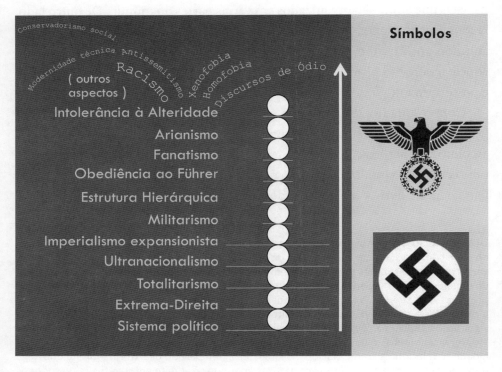

Quadro 28: *O acorde conceitual do Nazismo*

Se pudermos tratar o Nazismo como um acorde conceitual, que notas entrariam na sua 'compreensão'? Quero lembrar que, para criarmos uma boa compreensão de conceito, todas as notas necessárias e suficientes para a definição do conceito deverão estar presentes. Não poderão faltar aspectos essenciais na compreensão deste conceito, da mesma maneira que não poderá haver sobras, isto é, menções a aspectos que já não façam parte daquilo que é estritamente necessário para definir a coisa que está sendo conceituada. O conceito, como foi dito na primeira parte deste livro, vai ao âmago, dirige-se à "essência necessária" da coisa representada. Neste sentido, a compreensão de um conceito precisa encontrar a sua afinação exata. Para dois autores distintos, esta "afinação exata" pode diferir; mas ambos precisam ter para si que a alcançaram, e com vistas ao seu propósito.

Quando analisamos em uma das seções anteriores o símbolo do Nazismo – a suástica negra e invertida sobre um círculo branco e um fundo vermelho – foi ponderado que aquele não poderia ser considerado um 'símbolo conceitual', uma vez que através dele não podíamos apreender todos os aspectos essenciais do Nazismo. Era certamente um símbolo pertinente ao Nazismo, mas um símbolo comum, como a cruz é para o Cristianismo. A suástica expõe algumas notas importantes sobre o Nazismo, como a narrativa de progresso técnico (mas ocultando o conservadorismo social), trazendo ainda uma vaga coloração mística que não chega a especificar, na sua imagética, o mito ariano. A águia do Nazismo, um símbolo alternativo, fala-nos simultaneamente da ideia de Império e da atitude imperialista. Fora isso, este símbolo comum não tem mais muito a dizer, à parte uma postura belicista que também se mostra implícita neste ser alado que mais parece uma mistura de ave de rapina e máquina de guerra. A suástica e a águia são símbolos adequados, mas ainda insuficientes para compor uma totalidade conceitual, mesmo quando juntos. Já com o acorde conceitual que iremos construir agora, precisaremos registrar – de uma maneira ao mesmo tempo densa e sintética – todos os aspectos que são essenciais para a compreensão do Nazismo. Nada que seja intrínseco a este sistema político – ou a este campo ideológico de atitudes, se expandirmos um pouco o conceito – poderá ficar de fora e deixar de ser explicitado.

Os acordes conceituais, tal como os acordes musicais, devem ser lidos de baixo para cima (por isso, a sua forma de leitura adequada foi sugerida através de uma longa seta paralela que aponta para o alto). Devemos situar no baixo do acorde (na nota mais grave) aquele elemento com o qual começaríamos a relatar a definição do conceito, se o estivéssemos expressando verbalmente. Por exemplo, ao tentarmos definir o Cristianismo, é comum que se diga que é uma 'religião' com tais e tais características. Chamar atenção para o fato de que o Cristianismo é uma religião, logo à saída, define a nota-base do acorde conceitual de Cristianismo. Para o nosso caso – o Nazismo – devemos seguir este mesmo procedimento e iniciar pela escolha da nota-base[143]. Pen-

---

143 Na harmonia musical, existe uma distinção entre o 'baixo' de um acorde – a sua nota mais grave – e a 'fundamental' do acorde, a qual deve ser compreendida como a nota que gera o acorde. A nota fundamental de um acorde pode ser percebida se reposicionarmos um

so que podemos começar por dizer que o Nazismo é um 'sistema político', e logo em seguida poderíamos acrescentar "de extrema-direita" (esta já seria uma segunda nota). Em outras leituras, poderíamos preferir dizer que o Nazismo é (ou foi) um 'movimento político', ou também que é uma 'atitude sociopolítica' ou uma 'ideologia'. Estas seriam outras possibilidades para construirmos a nota-base deste acorde conceitual. Mas vamos ficar por ora com o 'sistema político de extrema-direita', para nos atermos à situação histórica específica de um movimento sociopolítico e ideológico que atingiu o poder nesse país singular que foi a Alemanha dos anos de 1930, e que terminou por impor uma ditadura 'totalitária' àquele país antes de iniciar a sua desventura belicista.

O 'totalitarismo', de baixo para cima, pode ser a nossa terceira nota. Em uma compreensão de conceito, procuramos agrupar as notas de acordo com certa lógica. Estas três notas definem um regime político, e é adequado que estejam juntas no acorde – como seria igualmente adequado que, ao desfiarmos verbalmente a compreensão do conceito de Nazismo, as mencionássemos nesta ordem. Algo como "o Nazismo é um sistema político de extrema-direita que aspira ao totalitarismo". Esta tríade poderia na verdade ser aplicada a muitos sistemas políticos de extrema-direita, como os diversos fascismos da mesma época – a começar pelo fascismo italiano, o primeiro de todos, e a partir daí incluir outros regimes como o franquismo espanhol e o salazarismo português. Para se diferenciar destas outras possibilidades de fascismo – ainda que compartilhando mais algumas notas – o Nazismo precisará acrescentar as suas próprias notas singulares. Mais para o topo do acorde começaremos a ver quais são elas. Por ora, podemos lembrar o 'ultranacionalismo' como nota importante do Nazismo (aspecto que acompanha outros fascismos originados na mesma época).

---

acorde que esteja eventualmente invertido, reconduzindo-o à sua posição fundamental no modelo das terças superpostas. Quando os acordes estão em posição fundamental (e não invertidos) a nota fundamental coincide com o baixo do acorde; já nas *inversões*, a fundamental é deslocada para posições superiores. Acredito que possamos pensar no acorde conceitual nazista de tipo hitlerista como um acorde que tem em seu baixo o primeiro elemento que enuncia a compreensão do conceito – o fato de podermos vê-lo como um sistema político, como um movimento, como uma ideologia, ou como uma atitude – e que tem como nota fundamental a completa 'intolerância em relação à alteridade', no caso do nazismo hitlerista sendo particularmente saliente a nota do 'arianismo'.

Estas quatro primeiras notas – 'sistema político' de 'extrema-direita', que aspira ao 'totalitarismo' e se apoia em uma ideologia 'ultranacionalista' – compõem um primeiro acorde dentro do poliacorde. Temos com isso as quatro notas que expõem a estruturação interna do Nazismo como um regime político de tipo fascista – uma vez que, até aqui, temos um acorde-base que é compartilhado por todos os demais regimes fascistas da época e talvez de outros tempos, pois infelizmente a experiência fascista não se esgotou no século XX. Estas quatro notas apresentam certa unidade: são fortalecidas por relações intervalares específicas. Já as duas notas que se apresentam a seguir revelam como o Nazismo se projeta para fora: o 'imperialismo expansionista' e o 'militarismo' dão-se as mãos em um intervalo bem característico.

Era comum, na narrativa nazista, a reivindicação do direito alemão ao seu 'espaço vital'. Através deste discurso, a nota 'ultranacionalismo' une-se em um intervalo significativo com as notas 'imperialismo' e 'militarismo': a primeira parece justificar as outras duas com a concomitante projeção de um discurso agressivo para fora, particularmente diante do contexto da época, que favorecia o projeto de explorar o orgulho alemão através da ideia de resgatá-lo das humilhações impostas pelo Tratado de Versalhes. Os nacionalismos de tipo fascista costumam se alimentar de inimigos emblemáticos: quando não são encontrados fora, podem ser buscados no interior da própria sociedade. Eram os judeus na Alemanha nazista (mas também os comunistas, os liberais não alinhados, os ciganos, eslavos e turcos, os estrangeiros internos). No *Front National* da França recente, sob a liderança da família Le Pen, talvez sejam os imigrantes[144]. Nos partidos nazistas estadunidenses, os negros, mas também os latinos.

Com as próximas notas do acorde conceitual nazista entramos nas informações pertinentes à estruturação partidária, institucional e social dos movimentos de tipo nazi-fascista. A estrutura é hierárquica: no topo dela deve estar

---

144 O *Front National* – um partido político francês de extrema-direita fundado em 1972 por Jean-Marie Le Pen – passou a se autodenominar, em 1° de junho de 2018, como *Ressemblement National* ("reagrupamento nacional"). Além do repúdio à imigração, o programa nacionalista lepeniano apregoa o protecionismo econômico e agrega ao seu discurso uma tolerância zero contra a criminalidade. Com relação ao inimigo interno, o partido passou a sustentar, desde 1976, a exclusão de imigrantes não europeus da sociedade francesa. Os mais estigmatizados são os muçulmanos, contra os quais as lideranças lepenianas costumam dirigir o discurso de que têm o direito de se precaver contra uma ameaça real de islamização da sociedade francesa. / Sobre o *FN*, cf. Trojanowski, 2014.

a figura do Führer (ou do líder), a quem costuma ser atribuído um caráter de infalibilidade, já que é cultuada a 'obediência incondicional ao líder'. A nota do 'fanatismo' se junta a este grupo, formando com a nota do 'culto ao líder' um intervalo ressonante. Vemos isso no Brasil recente, com fanáticos (além dos incautos) que gritam entusiasmados para o seu "mito". Mas vamos nos ater ao caso mais específico do Nazismo alemão. Ali, aparece altissonante a nota do 'arianismo' (no nazismo estadunidense tem-se um similar culto à 'supremacia branca'). O 'arianismo', no Nazismo alemão, não é senão a outra face de uma radical 'intolerância à alteridade'.

Para não alongar muito o acorde, reunimos em seu topo o feixe de rejeições que coroam essa intolerância contra o outro. O Nazismo alemão foi bem marcado pela ênfase no antissemitismo, mas são típicos nos nazismos – se estendermos o conceito para outras experiências fora da Alemanha hitlerista – os discursos de ódio contra negros, homossexuais, estrangeiros, comunistas[145]. No próprio nazismo hitlerista, sabemos que o antissemitismo assumiu uma centralidade cuja obsessão é bem esclarecida pelos comentários de Hitler, em seu livro *Mein Kampf* (1924), não só como uma motivação profunda do nacional-socialismo, mas também como uma estratégia política de direcionar o ódio popular contra um bode expiatório centralizado[146]. Não obstante, todos estes 'ódios menores' e medianos acham-se igualmente bem representados na

---

145 Para situar uma comparação com o fascismo italiano no que se refere ao antissemitismo, deve-se notar que apenas ao final da década de 1930, para facilitar a aliança com Hitler, é que Mussolini impõe medidas antissemitas entre os italianos. Sobre a ausência de hostilidades do primeiro Mussolini em relação à população judaica, cf. a longa série de entrevistas que o jornalista judeu alemão Emil Ludwig obteve, em 1932, com o então ditador italiano (LUDWIG, 1933).

146 Existem passagens do *Mein Kampf* (1924), de Adolf Hitler, nas quais o caráter estratégico do discurso antissemita é explicitado pelo futuro Führer – na ocasião ainda apenas o líder de um partido minoritário de extrema-direita que teria um longo caminho a percorrer até atingir uma maior visibilidade política. "Faz parte da genialidade de um grande condutor fazer parecerem pertencer a uma só categoria mesmo adversários dispersos, porquanto o reconhecimento de vários inimigos nos caracteres fracos e inseguros muito facilmente conduz a um princípio de dúvida sobre o direito de sua própria causa" (HITLER, 1983, p. 82-84). A primeira parte do *Mein Kampf* – embora mais tarde esta obra tenha se tornado um livro oficial na Alemanha já hitlerista e totalitária – foi escrita por Hitler para se dirigir ainda aos militantes e simpatizantes de um movimento que dava seus primeiros passos. "Com este livro eu não me dirijo aos estranhos, mas aos adeptos do movimento que, a ele, aderiram de coração e que aspiram a esclarecimentos mais substanciais" (HITLER, 1983, p. 9). Sobre o lugar de produção do *Mein Kampf*, suas motivações e recepções – e também sobre os acordes de identidades do Nazismo e do próprio indivíduo Hitler – cf. o último capítulo do livro *A Fonte Histórica e seu Lugar de Produção* (BARROS, 2020, p. 215-249). Para compreender os sucessivos contextos de produção do *Mein Kempf* como livro, cf. Vitkine, 2016.

arquitetura de intolerância construída por Hitler. Os comunistas e socialistas – denominados por Hitler como um só bloco sob a cifra "bolchevistas" – aparecem amalgamados aos judeus em um único movimento conspiratório contra a humanidade (a presença de "teorias da conspiração", aliás, poderia ser evocada como mais uma das notas do acorde que representa a típica atitude nazista). Os negros de origem africana, mais distantes geograficamente, são convocados para o 'discurso de ódio' do manual hitlerista através da mediação francesa, sendo atingidos em uma das passagens do *Mein Kampf* com um único golpe retórico que também se dirige contra os franceses e indivíduos de origem judaica[147]. Os eslavos, incômodos por sua vizinhança através de países como a Polônia e a Tcheco-Eslováquia – mas também por sua inserção como minoria imigrante inserida na própria sociedade alemã –, são indicados como povos que a Natureza já teria disponibilizado previamente para a escravidão[148]. Contra a mulher, adicionalmente, dirige-se a imposição da sua submissão plena à dominação masculina.

Para não estender muito além o espaço visual do acorde, indicamos alguns 'outros aspectos', entre os quais podemos citar a curiosa amálgama da 'modernidade técnica' com o 'conservadorismo social'. Cabe ainda lembrar que a prática nazista esmerou-se na arte da propaganda; e que os neofascismos, nos dias de hoje, estendem esta preocupação em incorporar a técnica da propaganda para os recursos midiáticos pertinentes ao ciberespaço, instrumentalizando sites de internet, redes sociais, *lives* no YouTube e divulgações abusivas através de dispositivos como o WhatsApp, culminando com a prática das *fake*

---

147 "Mas exatamente nesta identidade existe um perigo enorme para a Alemanha, e precisamente por isso a França é e continuará sendo, de longe, o inimigo mais temível. Esse povo que se negrifica cada vez mais constitui, pela sua ligação aos objetivos judeus de dominação mundial, um perigo latente para a existência da raça branca na Europa. A contaminação com sangue negro no Reno, no coração da Europa, serve tanto à sede de vingança sádica e perversa desse inimigo ancestral chauvinista do nosso povo [a França] como ao frio calculismo dos judeus, que pensam iniciar, desse modo, o abastecimento do continente europeu, no seu centro, e, contagiando a raça branca com uma sub-humanidade inferior, minar as bases de uma existência soberana" (HITLER. 1924).

148 Hitler evoca a favor da discriminação contra os eslavos o próprio nome destes povos – *slave* – uma "raça já previamente talhada para oferecer escravos", dirá o ditador alemão. Na categoria nazista dos *Untermenschen* (subumanos), surgida em 1922 na ideologia nazista, além dos judeus e negros são indicados principalmente os "povos do leste", que incluem polacos, sérvios e outros povos eslavos, inclusive os russos e bielorussos. Um panfleto de 1942 do Rusha ('Escritório Central de Raça e Assentamento' do governo hitlerista) procura deixar bem claro quais são os povos que se enquadram na categoria do *Untermensch*.

news. Com eles, o sinistro acorde da intolerância totalitária adentra o mundo da sociedade digital.

Sobre a possibilidade de utilizar o "nazismo" como conceito que poderia abarcar outras realidades que não a Alemanha hitlerista, a polêmica se apresenta. Possivelmente os partidos nazistas nas várias partes do mundo que reivindicaram esta bandeira, e que usam a própria suástica como símbolo – a exemplo de movimentos nazistas dos Estados Unidos da América – podem ser mais facilmente enquadrados em um conceito expandido de Nazismo. Para outros movimentos de extrema-direita, tem-se preferido o uso do conceito de "fascismo", também com seu uso extenso – já que o fascismo histórico, no sentido mais rigoroso desta expressão, é o fascismo italiano de Mussolini (1883-1945). Como foi o primeiro movimento de extrema-direita a atingir o poder na Europa da primeira metade do século XX, o Fascismo acabou emprestando sua designação a uma possibilidade de se conceituar, *lato sensu*, os mais diversos fenômenos e movimentos de extrema-direita. De outra parte, "nazismo" e "fascismo" apresentam muitas notas em comum, mas o "arianismo" é obviamente uma especificidade nazista, e o antissemitismo também tende a ser visto como uma nota mais específica do nazismo hitlerista ou de inspiração mais direta no modelo hitleriano.

No caso de admitirmos a possibilidade de abordar o "nazismo" e o "fascismo" como conceitos aplicáveis a situações diversas – e não como expressões que apenas designam estes acontecimentos únicos que foram o nazismo e o fascismo históricos – podemos nos perguntar se, nestes casos, temos conceitos 'agrupadores' ou 'transversais'. Vimos atrás que os conceitos agrupadores são aqueles que se desdobram em outros, que formam conjuntos maiores nos quais cabem outros conceitos que vão se desdobrando uns dos outros porque novas notas são acrescentadas à sua compreensão de modo a torná-los mais específicos. Ou, em outros casos, o 'conceito agrupador' simplesmente abarca certo conjunto de fenômenos ou objetos, como ocorre com os 'conceitos agrupadores' relativos a esta ou àquela espécie animal, que abrigam todos os seres vivos pertencentes ao grupo (o conceito de "homem" – ou "ser humano' – acolhe todos os animais humanos: todos os indivíduos que pertencem à espécie humana). Já os 'conceitos transversais', como vimos, são aqueles que também são generalizadores mas de uma outra forma: não como caixas que contêm os fenômenos que eles representam (como os 'conceitos agrupadores'), e sim como conceitos que afetam situações diversas, que *atravessam* um número diversificado ou extenso de situações.

De um lado, se considerarmos os movimentos que se autodeclararam ou foram identificados como nazistas, o conceito de nazismo pode conformar um 'conceito agrupador'. O nazismo, como conceito, agruparia fenômenos históricos diversos, a começar pelo próprio Nazismo histórico – o sistema político que começa como movimento sociopolítico partidário logo após a Primeira Guerra (1914-1918) e que assume o poder total em 1933, formando o Estado Nazista. Mas haveria outros nazismos também agrupáveis por este conceito, como os movimentos ou partidos que surgem em algumas partes do mundo em momentos diversos, conforme já foi citado anteriormente – a exemplo de movimentos que ostentam a suástica como símbolo, e por vezes até praticam o culto ao próprio Hitler e à Bíblia Názi (o *Mein Kampf*), em países como os Estados Unidos e Inglaterra. E podemos imaginar, ainda, que o conceito agrupador 'nazismo' possa apresentar potencial para abrigar eventualmente as possibilidades de retornarem no futuro movimentos e sistemas como o que aconteceu na Alemanha hitlerista. Neste sentido, conservar o nazismo como conceito pode não se amparar propriamente em um rigoroso sentido histórico, mas ainda assim conservar um relevante sentido sociológico, preventivo. O uso do nazismo como conceito agrupador também permite falar de distopias totalitárias criadas pela literatura ou cinema: um cineasta poderia imaginar, em um filme, um sistema nazista que teria se instalado em algum lugar, em um futuro distópico.

Não obstante os possíveis usos do nazismo como 'conceito agrupador' – se não historicamente, ao menos sociologicamente (para agrupar movimentos sociopolíticos diversos, ainda que minoritários), ou mesmo literariamente (no caso das criações distópicas) – o nazismo poderia ser considerado como um 'conceito transversal' se, ao invés de estarmos falando de sistemas ou movimentos políticos, estivermos falando de *atitudes nazistas* ou de comportamentos nazistas encaminhados por indivíduos ou grupos de indivíduos. Existem de fato grupos de inspiração nazista e tribos urbanas, como os *skinheads*, que se deixam atravessar por uma 'atitude nazista'. Alguns deles são mais habitualmente classificados como grupos *neonazistas*, mas podemos dizer que os indivíduos que deles fazem parte apresentam uma 'atitude nazista', da qual até mesmo se orgulham. Não apenas são portadores dos símbolos nazistas, como também proferem os "discursos de ódio" e praticam a intolerância contra a alteridade, sob a forma de racismo, xenofobia, homofobia, antissemitismo e outras fobias de alteridade. Frequentemente são sexistas, mas de forma tão naturalizada que não percebem a misoginia que está presente em suas atitudes. Habitualmente, alguns dos indivíduos que se agrupam para praticar a 'atitude nazista' reproduzem a estrutura hierárquica típica do nazismo, reconhecendo e seguindo um líder do grupo, que é obedecido como a um "lobo α" que lidera a alcateia. São fanáticos, e cultuam construções de superioridade que remontam ao nazismo histórico, como a sempre repisada ideia da "supremacia branca". São "nacionalistas" de uma forma por vezes estranha: os que cultuam Hitler, fora da Alemanha, já estão entregando o seu fanatismo a um líder histórico e já pretérito de outro país; outros, de maneira enviesada, não raro se prontificam a se tornar admiradores de figuras de direita de outros países, ainda atuantes no seu próprio presente histórico. Nos tempos recentes (estamos em 2020), o seu Reich a ser venerado à distância pode ser substituído pelo Império americano do presidente Trump.

O que foi dito para o acorde conceitual do "nazismo" pode sintonizar também com a possibilidade de recuperarmos o conceito de "fascismo" para além dos fascismos históricos. Podemos aqui falar de um "fascismo latente", que pode estar presente em nosso cotidiano. Este pode se esconder sorrateiramente na mesma amálgama de 'conservadorismo retrógrado' e de 'modernização fria' que vimos como um dos intervalos presentes na compreensão proposta para o acorde conceitual do nazismo. O 'fascismo latente' infiltra-se, de muitas maneiras, na vida diária e nas práticas cotidianas. É por isso que a retomada do conceito – mesmo que sem o rigor historiográfico que recomenda o uso da expressão *fascismo* apenas para os "fascismos históricos" – pode nos ajudar a nos colocarmos em guarda contra a atitude fascista, que pende sobre nós como uma ameaça nada desprezível. O "fascismo latente" vive no gesto despretensioso que discrimina ou na piadinha cruel que pretende destroçar o *outro*; mostra-se descaradamente naquele momento em que arremedamos, em modo de deboche, um homem manco, cortando-lhe a perna uma segunda vez. Revela sua covardia violenta nos linchamentos – estes momentos em que o indivíduo de boa índole "esquece-se de si mesmo" e se oferece como instrumento para o massacre – mas também pode se ocultar comedidamente no silêncio que um grupo dedica a determinado indivíduo porque se deixou convencer de que ele é estranho. Em uma palavra, o fascismo pode estar escondido onde não esperamos encontrá-lo. Ou ao menos, se quisermos evitar os riscos de anacronismos que nos espreitam, em todos ou muitos destes exemplos se escondem elementos relacionados às condições que possibilitam a recorrência do fascismo, quando não de novas barbáries[149].

Diante da diversidade de formas e práticas consoante às quais o fascismo se instala ou se insinua tão facilmente entre pessoas comuns, não é por acaso que autores vários tenham continuado a investir decisivamente em uma atenção ao estudo do fascismo latente, a exemplo de Michel Foucault (1926-1984), em seu prefácio "Para uma Vida Não Fascista" (1977)[150]. Neste texto, o filósofo francês sugere uma forma de enfrentamento contra o fascismo latente, "não somente o fascismo histórico de Hitler e Mussolini – que soube tão bem mobilizar e utilizar o desejo das massas – mas o fascismo que está em todos nós, que ronda nossos espíritos e nossas condutas cotidianas, o fascismo que nos faz gostar do poder, desejar essa coisa mesma que nos domina e explora". Deste modo, trata-se de indagar, corajosamente:

> "como fazer para não se tornar fascista – mesmo (e sobretudo) quando se acredita ser um militante revolucionário? Como livrar do fascismo nosso discurso e nossos atos, nossos corações e nossos prazeres? Como desentranhar o fascismo que se incrustou em nosso comportamento?" (FOUCAULT, 1977, p. XII)[151].

---

149 Tal como observamos para o caso do nazismo, se quisermos nos render ao rigor historiográfico, o fascismo propriamente dito não seria recorrente. Podemos pensar que o que se mostra recorrente são algumas das condições que podem favorecer o retorno ou a emergência de barbáries como o Fascismo. Adorno, em seu célebre texto "Educação Pós-Auschwitz" – ao invés de falar na possibilidade de retorno do Fascismo – prefere expressar-se (metaforicamente) nos termos de uma possibilidade de recorrência ou repetição de Auschwitz. Referindo-se a um evento histórico obviamente único, como Auschwitz, mas tomando-o como exemplar das barbáries de certo tipo, fica claro o uso poético-filosófico que está sendo atribuído a estas expressões. Por outro lado, os usos expandidos do conceito de fascismo também têm o seu papel na luta contra os comportamentos fascistas.

150 Este texto de Foucault introduz, à maneira de um prefácio, a versão estadunidense do livro *Anti-Édipo*, de Guattari e Deleuze (1976).

151 Na mesma dupla-face enfrentada pelos frankfurtianos – como o Theodor Adorno de "Educação pós-Auschwitz" – também Michel Foucault visa "o banimento de todas as formas de fascismo, desde aquelas, colossais, que nos envolvem e nos esmagam, até as formas miúdas que fazem a amarga tirania de nossas vidas cotidianas" (FOUCAULT, 1977, p. XIV).

A pergunta final, e mais delicada, é aquela que indaga se o fascismo não pode se infiltrar sorrateiramente nas próprias categorias de análise que usamos para abordar o fascismo. Por exemplo: ao criarmos um grande sistema de formulários com perguntas restritas e por vezes estereotipadas com vistas a serem respondidas por seres humanos bem diferentes uns dos outros – apesar de algumas semelhanças que podem conectar os variados indivíduos em categorias tipológicas estabelecidas pela análise – não estaríamos forçando as pessoas a entrar em compartimentos, isolando-as de suas riquezas individuais, criando novas formas de discriminação? Isso poderia ser evitado? Como não correr o estranho risco de uso de categorias fascistas, ou relativamente infiltradas pelo fascismo, em uma análise do fascismo como objeto de estudo? Ao analisarmos o fascismo, contra que riscos precisaríamos nos prevenir para não instrumentalizar o próprio fascismo? Ao mesmo tempo, ainda que com procedimentos parcialmente inadequados enquanto não encontramos outros mais aprimorados, como não analisar o fascismo – este fenômeno cuja compreensão é essencial e urgente para almejarmos uma vida plena? Como não tentar criar categorias para compreender as condições que o tornaram possível, e que poderiam estar por trás das possibilidades de recorrências da barbárie? Esta grande série de indagações, entretanto, constitui uma linha de reflexões que mereceria um conjunto de comentários à parte, a ser desenvolvida em outra oportunidade.

6.2 O acorde conceitual do Cristianismo

O próximo exemplo de construção de acorde conceitual será relacionado ao Cristianismo (Quadro 29). Podemos defini-lo como uma religião, ou como uma perspectiva que se desdobra em distintas proposições religiosas; ou, antes, como um 'sistema religioso'. Para facilitar o exemplo, desconsideraremos as várias vertentes do cristianismo – como o catolicismo, as igrejas reformadas tradicionais, os neopentecostalismos e outros tantos desdobramentos – e buscaremos o cristianismo mínimo. Vamos considerar, em nossa busca de um acorde conceitual adequado, as notas cujas presenças devem ser assinaladas nesta perspectiva religiosa para que possamos compreender, em todos os aspectos necessários e suficientes, um conceito adequado para o "cristianismo".

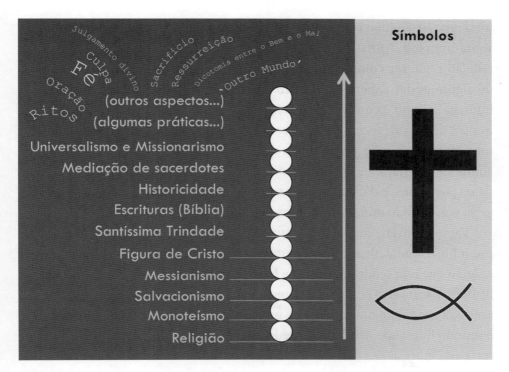

Quadro 29: *O acorde do Cristianismo*

A nota-base será a informação de que se trata de uma 'religião' (ou poderíamos nos referir, alternativamente, a um 'sistema religioso'). Em seguida, já podemos encontrar outra nota: a que situa o Cristianismo entre as religiões 'monoteístas', ao lado das duas outras grandes perspectivas religiosas monoteístas que são o Islamismo e o Judaísmo. Na época de sua fundação, no Antigo Império Romano, a emergência da nota 'monoteísmo' mostrou-se particularmente importante porque demarcava o confronto desta perspectiva religiosa contra o ambiente politeísta francamente predominante no mundo romano. De outra parte, para além desta segunda nota, será preciso avançar na identificação de outras que possam caracterizar a compreensão do conceito de Cristianismo, pois até aqui temos exatamente as mesmas notas que também constituem o Islamismo e Judaísmo.

Antes de prosseguir, todavia, gostaria de registrar alguns comentários mais esclarecedores sobre esta segunda nota do acorde. Para qualquer religião cujo *acorde mínimo* estejamos empenhados em estabelecer, mostra-se particularmente importante o delineamento de uma nota que seja capaz de situar e definir a relação singular e específica desta religião com o mundo sobrenatural ou sobre-humano. Afinal, se evocarmos uma de suas definições possíveis, uma religião pode ser compreendida como um "sistema de crenças na existência de algum poder superior ou ordem sobrenatural capaz de interferir na vida humana". Como é configurado este poder – se a partir de um único deus, de muitos deuses, de forças da natureza, de dois princípios que se defrontam em uma eterna oposição, ou de uma multidão de seres coletivos que animam os componentes naturais do Universo – esta já é outra questão, ou, talvez, parte da resposta que se dá à indagação sobre o tipo de ordem sobrenatural que regeria o mundo manifestado, conforme cada religião específica[152].

Vamos convencionar que a segunda nota de um acorde religioso será sempre o lugar que define o tipo de ordem sobrenatural que é reconhecida pela religião que está sendo examinada. É quase natural que seja assim, pois depois de definir um certo sistema de crenças como uma "religião" – em vista da sua aceitação implícita ou explícita de uma ordem supranatural que interage com o mundo humano – tendemos imediatamente a indagar que espécie de ordem seria esta que é aceita pelo sistema religioso cuja compreensão conceitual estamos tentando delinear. Ao tentar definir o Cristianismo, o Islamismo ou o Judaísmo, somos logo levados a dizer, de saída, que são "religiões monoteístas", antes de quaisquer outros aspectos. Se estamos falando das mitologias egípcia, nórdica ou grego-romana, tendemos logo a relacioná-las a sistemas religiosos "politeístas". Deste modo, o tipo de ordem sobrenatural que rege o sistema religioso costuma ser pensado como a segunda coisa a ser imediatamente enunciada quando estamos tratando de desfiar a 'compreensão' do conceito pertinente a um determinado sistema de crenças. Vamos adotar por isso esta convenção: o tipo de ordem sobrenatural envolvida no sistema de crenças será sempre a segunda nota relacionada a um acorde religioso.

---

152 Se, por um lado, podemos entender uma religião como um sistema de crenças que se apoia no reconhecimento de uma ordem sobrenatural que interage com o mundo natural e humano, toda religião também se refere ao tipo de ligação que pode ser estabelecido entre estes dois mundos. De fato, o vocábulo latino *religio* parece remeter ao verbo *religare* ("religar"), embora haja ainda a avaliação etimológica de que a palavra pode ter derivado de *relegere* ("reler", "recompor"). Além disso, é preciso observar que o conceito de religião não se refere a *qualquer* sistema de crenças em uma ordem sobrenatural a ser religada, sendo igualmente importante que seja uma crença *pública*, culturalmente compartilhada. / Sobre as hipóteses etimológicas para o vocábulo "religião", cf. Azevedo, 2010.

Esse lugar – este *locus* ou gene que define o tipo de ordem em que a religião em análise se baseia – pode ser ocupado por um número mais ou menos restrito de diferentes notas ou possibilidades. Habitualmente – e penso que esta linha analítica possa ser ainda aprimorada – podemos enxergar pelo menos seis notas alternativas que ajudam a organizar a vasta gama de diferentes religiões e formas religiosas ou protorreligiosas. No 'Quadro 30' expus seis tipos principais, ou seis notas relacionadas às formas de conceber a realidade sobrenatural que interage com o mundo natural e humano: Monoteísmo, Dualismo, Politeísmo, Animismo, Panteísmo, e Não teísmo (ordens regidas não mais por deuses, mas ainda assim geridas por princípios supranaturais ou leis que precisam ser conhecidas para conduzir os seres humanos a uma vida iluminada). Estes tipos ou notas puras, na verdade, admitem combinações possíveis umas com as outras, conforme também veremos, de maneira que, em determinada religião, a nota animista pode temperar o modo politeísta, ou outras combinações como esta.

Quadro 30: *Exemplos de diferentes religiões, conforme o tipo de ordem sobrenatural que as anima*

205

A nota 'monoteísmo' ressoa em um acorde religioso no momento em que se proclama solenemente que existe tão somente um único Deus – um só poder criador e mantenedor das ordens natural e sobrenatural – ainda que se possa manifestar de muitas maneiras. O Judaísmo, Islamismo e Cristianismo são os exemplos clássicos, mas o Espiritismo Kardecista pode se colocar, de alguma maneira, como uma variação do monoteísmo cristão, assim como há uma diversidade de religiões esotéricas ligadas a uma ou outra das três grandes religiões monoteístas[153].

Enquanto isso, o 'dualismo' ampara-se na convicção de que existem no Universo duas forças de igual potência em confronto, ou mesmo em luta, a exemplo da clássica oposição entre o Bem e o Mal, ou de outras oposições como aquela que contrapõe a espiritualidade e a matéria. É importante frisar que, no dualismo, o Mal – ou a força opositora – é um poder autônomo e independente, de mesma magnitude em relação ao poder que por vezes é euforizado como o lado bom da ordem sobrenatural. Ou seja, o Mal – ou o "lado escuro da força", se quisermos evocar o dualismo proposto por uma conhecida série de filmes de ficção científica[154] – não é concedido por um Deus criador que deseja utilizá-lo como contrapeso, campo de testes ou âmbito de oportunidades que precisa ser oferecido aos seres humanos para a prática do seu livre-arbítrio, gerando consequências que definirão o seu destino depois da morte. Nas doutrinas ou religiões dualistas, o Mal *não* é subordinado a um Deus que se coloca como o único ser supremo.

O Zoroastrismo – a primeira religião dualista a surgir na história, em algum lugar da Pérsia entre 1750 e 1000 a.C. – concebia o Universo como um embate cósmico entre a divindade do Bem (*Aúra-Masda*) e a divindade do Mal (*Arimã*). Posteriormente, da mesma Pérsia que assistiu ao surgimento dualista do Zoroastrismo, viria o Maniqueísmo, já uma religião que surge no

---

153 Existem ainda outras religiões monoteístas menos conhecidas, como a Fé Bahá'i (ou Bahaísmo), fundada no século XIX, no Império Otomano. Antes do Bahaísmo, já havia sido fundada no Iran oitocentista a Fé Babí, também derivada do Islamismo. Por outro lado, no século XV, no Punjab – região que depois foi dividida entre Índia e Paquistão – já havia sido fundado o Sikhismo, que combina aspectos do Islamismo e do Hinduísmo, mas também se apoiando em uma perspectiva monoteísta. Além disso, na presente discussão estamos ignorando as distintas correntes que podem ser situadas no interior do Cristianismo, muitas vezes antagônicas e hostis entre si, mas que certamente compartilham um acorde mínimo em comum. Enquanto isso, o Hinduísmo moderno nos situa diante de um novo conceito – o *henoteísmo* –, já que propõe o culto de um deus supremo, mas sem negar outras divindades.

154 Refiro-me à série de filmes *Star Wars*, dirigida por Georges Lucas e iniciada em 1977.

seio do gnosticismo cristão e que se propaga a partir do século III e.C. A nota que o Maniqueísmo acrescenta ao dualismo é a da oposição entre a alma – criada pelo deus bom – e o corpo, criado pelo demiurgo mal. Mais tarde, o Catarismo – uma heresia ou dissidência cristã que mais adiante comentaremos – iria retomar este princípio maniqueísta de oposição radical entre espírito e matéria e agregar seus elementos dualistas ao Cristianismo monoteísta, mostrando que estas combinações são perfeitamente possíveis.

O 'politeísmo', que precede historicamente tanto o monoteísmo como o dualismo, é bem conhecido. A ordem supranatural é habitada por deuses diversos que interagem com o mundo humano. Conforme pode ser visto no 'Quadro 30', apenas exemplificativo, são bons exemplos das perspectivas politeístas as antigas mitologias greco-romana, egípcia, nórdica, assim como o sistema de orixás previsto por cultos afro-brasileiros como o Candomblé e a Umbanda, ou ainda o Bramanismo, na Índia – o qual prevê uma ordem divina comandada por uma tríade suprema (Brahma, Vishnu e Shiva) e que se desdobra em mais 33 divindades. Um detalhe importante é que as religiões politeístas, ao proporem um panteão formado por deuses diversos, não necessariamente rejeitam a crença em um deus supremo, criador do Universo. Deste modo, uma perspectiva politeísta pode tocar o monoteísmo em um plano mais primordial. Olodumaré, em alguns cultos afro-brasileiros, é o criador tanto dos orixás como dos homens. Mitologias diversas têm os seus deuses supremos, ou uma ordem primordial que rege o próprio destino dos deuses. Por outro lado, o politeísmo pode admitir forças anímicas nas suas fileiras de agentes sobrenaturais – a exemplo da mitologia greco-romana que, dominada pelos deuses, também é habitada por ninfas e faunos.

No polo oposto ao do politeísmo, já radicalizando a perspectiva monoteísta que propõe um único Deus criador para todo o Universo, o 'panteísmo' apoia-se na ideia de que Deus não apenas criou o Universo, mas confunde-se com o próprio Universo ou com a Natureza[155]. Enquanto isso, o 'animismo' – primeiro modelo religioso a surgir na história – tampouco reconhece propriamente uma separação entre a ordem humana e o mundo físico, mas faz isso de outra maneira: cada elemento ou forma natural seria animado por uma

---

155 Uma perspectiva similar poderia nos colocar diante de um novo conceito, o do 'penenteísmo', que se ampara na ideia de que o Universo está contido em Deus, mas sendo este último maior do que aquele. A palavra foi proposta em 1828 pelo filósofo alemão K.C.F. Krause (1781-1832).

força autônoma, de modo que há um espírito que se acha ligado a cada planta, a cada fonte, que está presente nas pedras, ventos, e em tudo o que constitui a Natureza. O universo animista, assim, vê-se habitado por fadas, duendes, salamandras, mas também por sacis, boitatás e curupiras – para lembrarmos agora os mitos dos povos indígenas brasileiros. O totemismo – no qual se apresenta a crença na existência de parentesco ou afinidade mística entre um animal e um grupo humano (uma tribo, clã ou linhagem) – configura, de alguma maneira, mais um diálogo possível com o universo das religiões animistas. Enquanto isso, ao invés de priorizar o culto às forças da natureza em sua ampla diversidade, o próprio culto mais direto à Mãe Natureza – a grande Deusa que está no centro da proposta religiosa estabelecida pelo Druidismo – faz-nos retomar, de alguma maneira, a nota 'monoteísmo', mas agora destronando o aspecto masculino que é assumido pelas divindades típicas dos demais sistemas religiosos politeístas[156]. Por fim, o Xintoísmo japonês nos apresenta uma articulação entre politeísmo e animismo, dada a análoga centralidade que dedica ao culto à natureza.

O quadro ficaria incompleto se não mencionássemos as religiões 'não teístas'. Elas não se amparam na ideia de um deus único, ou tampouco de muitos deuses, mas orientam-se por uma ordem superior regida por certos princípios que precisariam ser conhecidos por aqueles que almejam a Iluminação. Ao discutirmos atrás o conceito do *Yin Yang*, abordamos um pouco do dualismo complementar proposto pelo Taoismo. O Budismo, por outro lado, é o exemplo clássico da religião sem Deus. Ampara-se na ideia de renascimentos em existências subsequentes – portanto, em uma ordem que transcende cada vida humana – e em princípios como o Carma (lei da causa e efeito). Este último princípio é uma nota também compartilhada com o Jainismo, outra religião que prescinde da figura de um Deus criador para explicar a sua cosmologia.

---

156 No Druidismo, religião que remete às sociedades célticas, temos de alguma maneira a combinação entre as duas notas – o monoteísmo e o animismo – pois ocorre simultaneamente o culto às divindades elementais ligadas aos quatro elementos (ar, água, terra e fogo) e o culto mais direto à figura suprema da Deusa-Mãe. Trata-se, não obstante, de uma religião complexa, pois também se sintoniza com o Politeísmo. Além disso, as árvores sagradas também são várias, com destaque para o carvalho. Por opção, no 'Quadro 30' preferimos situar o druidismo nas imediações da nota 'animismo'. A Wicca – que redireciona o druidismo para um investimento maior no desejo de controle das forças da natureza – apresenta características similares, e ambos constituem exemplos de interação entre religião e magia. No caso da Wicca, um novo elemento de complexidade adentra o acorde, pois a Deusa Tríplice é secundada por um Deus Cornífero que empresta a esta vertente um ar de dualidade.

E há, por fim, aquelas perspectivas religiosas que praticamente se confundem com filosofias, como o Pitagorismo na Grécia antiga ou o Confucionismo na China até os dias de hoje.

Encerramos aqui esta digressão, por meio da qual quisemos apenas mostrar que certo número de alternativas pode ocupar o lugar da segunda nota de um acorde religioso – configurando sempre um adjetivo que pode se colar à nota 'religião' quando precisamos definir experiências as mais diversas como os monoteísmos, dualismos, politeísmos, animismos, panteísmos e religiões não teístas. Em alguns casos, precisaríamos nos referir a certas religiões com um adjetivo duplo, pois as combinações entre as seis alternativas apresentadas no 'Quadro 30' são perfeitamente possíveis. Posto isto, poderemos voltar ao 'Quadro 29' para retomar a elaboração de uma 'compreensão' aceitável para o acorde conceitual de Cristianismo.

Seria interessante, antes de mais nada, esclarecer mais claramente qual é o baixo e qual é a fundamental do acorde proposto. Vamos lembrar que o baixo é a nota que começa a enunciar a compreensão do acorde, mas a fundamental é aquela nota que realmente o define. Acredito que, neste caso, possamos distinguir a nota mais grave – o baixo do acorde, que situa o Cristianismo como 'religião' – da nota fundamental do acorde: aquela que se espalha por todas as outras e que gera a estrutura do acorde, por vezes se inscrevendo no próprio nome do fenômeno analisado. A 'figura de Cristo' não será precisamente a 'nota fundamental' deste acorde? Em torno dela se constrói todo o resto. No esquema visual que organizamos para representar o acorde conceitual de Cristianismo, a 'figura de Cristo' foi situada na altura da quinta nota. Isso foi feito para situá-la na proximidade de outras notas que, com ela, conformam intervalos significativos.

Por um lado, aproximamos a 'figura de Cristo' de outra nota importante para a configuração do Cristianismo mínimo: a da 'Santíssima Trindade'. Além disso, na disposição visual escolhida, a 'figura de Cristo' foi precedida por outras duas notas que com ela dialogam intimamente: o 'salvacionismo' e o 'messianismo'. De fato, Cristo é simultaneamente o 'Messias' e o 'Salvador'. Estes dois atributos, ademais, o situam em uma história de longo termo, prevista nas escrituras do Antigo Testamento e descrita nos Evangelhos do Novo testamento, de modo que a 'historicidade', situada mais acima, torna-se típica desta religião histórica que é o Cristianismo – na qual os seus acontecimentos fundadores se situam em um tempo concreto e especificado (ao contrário do que habitualmente ocorre nos mitos), assim como também o destino final da cosmologia proposta se situa no "fim da história" através do Juízo Final. Esta história linear, que começa com a Criação do Mundo, é intermediada pela Redenção trazida por Jesus Cristo, e vem a se concluir com o Apocalipse e com o Juízo Final –, uma história que se acha registrada em todos os seus momentos-chave nas Escrituras, à maneira de um grande documento histórico – faz do Cristianismo uma religião carregada de historicidade. Não é por acaso que os historiadores, além de definirem o Cristianismo como uma "religião histórica" (ou *historicizada*), também costumam ressaltar a sua especial contribuição para a consolidação de um tempo linear que logo recairá no mesmo padrão de temporalização que fará com que a historiografia moderna contraste radicalmente com o tempo circular da historiografia antiga[157].

Antes de prosseguir, quero lembrar a discussão que já elaboramos sobre os símbolos habitualmente empregados para o Cristianismo. Temos a figura do "peixe", mais usada nos tempos antigos, e a figura da "cruz", que se popularizou desde a Idade Média. A cruz evoca de fato alguns elementos que dela fazem um símbolo bastante adequado para o Cristianismo, embora não possa ser considerada um bom *símbolo conceitual*, uma vez que muitas das notas importantes para a compreensão do conceito de Cristianismo ficam ausentes deste símbolo simples. Conforme vimos em nossa análise anterior da cruz, este objeto simbólico evoca enfaticamente dois mundos que não apenas existem concomitantemente, mas que também se cruzam em um ponto. A presença deste 'outro mundo' – um mundo divino que se contrapõe e se superpõe ao mundo humano – é uma nota importante no acorde conceitual do Cristianismo, embora, para não alongá-lo muito, eu a tenha situado no feixe que parte dos 'outros aspectos', no topo do acorde. Como a cruz também representa

---

157 Tal como argumenta Miceias Eliade em *O Mito do Eterno Retorno* (1969), mas também Germano Pattaro em *A Concepção Cristã do Tempo* (1975), os hebreus, com seu "monoteísmo profético", estariam entre os primeiros – seguidos pelos cristãos – a introduzir como concepção de ordenação cósmica um tempo linear, irreversível, teleológico, através do qual os eventos datados e localizados desempenhariam um papel fundamental para as narrativas bíblicas. Ao substituir pela "salvação futura", prevista nas profecias, a "redenção na origem" que era proposta pelos rituais e concepções míticas, e ao introduzir os eventos como peças-chave neste caminho linear em direção ao grande acontecimento do Juízo Final, os hebreus e cristãos preparam, tal como observam autores vários, a ideia de tempo que mais adiante permitiria o surgimento da História científica (BARROS, 2010, p. 189-190; e BARROS, 2013, p. 63). Cf. ainda o Capítulo VI de *Futuro Passado* (1979), de Reinhart Koselleck (2006, p. 127).

a crucificação de Jesus – um evento histórico, situado no tempo – o símbolo não deixa de criar uma ligação muito forte com a nota 'historicidade'. Quando acrescentamos uma pequena escultura do Cristo crucificado à cruz, também materializamos no símbolo 'cruz' esta figura ao mesmo tempo histórica e a-histórica que é encarnada por Jesus Cristo. Aspectos bem conhecidos dos que estão familiarizados com a Paixão de Cristo – como o 'sacrifício' da crucificação e a 'ressurreição' – parecem se presentificar no símbolo, e também são evocados sentimentos cristãos típicos como a 'culpa' e a 'fé'. Por outro lado, é claro, aqueles que porventura não conheçam em detalhe a história de Jesus, tal como ela é contada no *Novo Testamento*, não conseguirão antever na imagem da cruz e do crucifixo todo o seu potencial simbólico. De todo modo, ao reunir alguns aspectos importantes daquilo que pretende representar, a cruz torna-se um bom símbolo para o Cristianismo, embora não esgote todos os elementos necessários e suficientes para definir esta religião, como já deverá fazer um acorde conceitual organizado de modo mais sistemático. Completar as informações deste símbolo, por isso mesmo, é imprescindível para que possamos compreender conceitualmente o Cristianismo.

Uma nota particularmente importante para um acorde conceitual de Cristianismo é a que se refere às 'escrituras', aqui compreendidas como o extenso conjunto de textos que foram reunidos neste grande livro que ficou conhecido como *Bíblia*. Embora a Bíblia seja tratada religiosamente como um texto único, e seja habitualmente lida pelos praticantes das religiões cristãs de maneira linear e por vezes acrítica – quase como se o texto viesse direto do mundo divino para as mãos dos fiéis que o tomam como base para uma orientação ética e como fonte de ensinamentos – tanto o *Antigo* como o *Novo Testamento* são constituídos por uma diversidade de textos produzidos por muitos autores, a maior parte deles não nomeados e desconhecidos, além de situados em épocas diversas.

Alguns dos textos bíblicos, notadamente os do *Antigo Testamento*, constituem entremeados de textos de muitos autores, o que faz do megatexto bíblico – que também é uma importante fonte histórica, e não apenas um texto religioso – uma fascinante 'fonte polifônica', tal como discutimos atrás, no capítulo em que apresentamos a assimilação dos conceitos de "dialogismo" e "polifonia" pela História. De fato, algumas das grandes narrativas que vieram a ser registradas de forma aparentemente contínua na Bíblia foram construídas recopiando ou apoiando-se em fontes diversas, escritas por autores distintos. Apenas para dar um exemplo, a análise mais rigorosa dos cinco primeiros livros do Antigo Testamento, a *Torah*, revela autores – de modo geral entremeados no mesmo movimento narrativo – que escreveram em momentos bem afastados no tempo. Os estudiosos costumam identificar, para os textos constituintes do *Pentateuco*, pelo menos quatro autores distintos, que teriam vivido em espaço-tempos distanciados e que foram batizados pelos analistas dos textos bíblicos como "javista" (J), "eloísta" (E), "deutoronomista" (D) e "sacerdotal" (P), sem contar outras interpolações textuais menos recorrentes[158]. Além do fato de que a Bíblia constitui um megatexto multifacetado – cuja riqueza politextual não poderá ser discutida aqui – do ponto de vista do acorde conceitual de Cristianismo ela conforma uma nota particularmente importante, pois a interação textual e intertextual com este livro está muito presente na vida diária daqueles que participam mais ativamente desta religião, ou das religiões e igrejas que podem ser agrupadas sob a cifra mais ampla do Cristianismo.

Uma nota que não pode deixar de figurar na compreensão do acorde é a 'mediação de sacerdotes'. Em todas as suas vertentes, o Cristianismo é uma religião mediada, embora em suas práticas também inclua momentos íntimos de relação direta entre o devoto e o Criador. A 'oração', uma destas práticas de contato não mediado, também foi exposta no acorde no item 'algumas práticas'. Mas boa parte dos ritos – incluindo os encontros nos quais os praticantes da religião exercem a sua sociabilidade – é mediada pelos padres ou bispos, conforme a variação cristã considerada. Casamentos, missas, batismos, sermões – toda uma sorte de rituais vai encontrar na figura dos sacerdotes uma mediação necessária para o cristão. Tanto é que, quando se rompe essa mediação, o grupamento de religiosos que o promove pode ser posto em xeque e ser categorizado como herético, e talvez precise se mover para uma dissidência de qualquer tipo. Na Idade Média católica, por exemplo, os cátaros recusaram-se a acatar diversos dos sa-

---

158 De acordo com uma das linhas interpretativas aceitas, estes autores – cujos textos e narrativas surgem entremeados, embaralhados e costurados nos livros do Pentateuco – teriam vivido, respectivamente, nos séculos X a.C., VIII a.C., VII a.C. e VI a.C. Há indícios que sugerem a possibilidade de que o autor 'javista', por exemplo, tenha sido uma mulher da época de Salomão. Além disso, os quatro autores também teriam vivido em espaços distintos do mundo hebraico (para esta hipótese, cf. BLOOM & ROSENBERG, 1992). Por fim, além dos quatro autores principais dos textos do Pentateuco, podem ser identificadas interpolações menores oriundas de outras autorias e produzidas em outros momentos, as quais serviram muito bem para ajudar a costurar os quatro autores principais.

cramentos típicos da Igreja dominante – tais como o casamento mediado pelo sacerdote e a Eucaristia, entre outros tantos. Com isso, e também por rejeitarem a mediação de padres ao apregoar uma relação mais direta com Deus, terminaram por ser brutalmente perseguidos como heréticos, sendo praticamente exterminados pela Cruzada Albigense (1209). Pagaram um preço alto por se tornarem dissonantes em relação ao acorde cristão principal de sua época. Percebe-se, aqui, que a 'mediação de sacerdotes' pode ser postulada como uma nota decisiva no acorde conceitual do Cristianismo[159].

Falando em Catolicismo, podemos acrescentar que esta modalidade de Cristianismo adiciona as suas próprias notas ao acorde mais geral – o que, de resto, ocorre também com todas as propostas religiosas surgidas do acorde mínimo do Cristianismo, inclusive as heresias e as igrejas reformadas de todos os tipos. No caso da hierarquia católica, o aspecto que mais se sobressai é a estrutura eclesial global construída em forma piramidal até culminar com a figura do Papa, a quem não só é atribuído o comando geral da Igreja Católica, mas também conferido o atributo da infalibilidade papal. Através da figura do Papa, o Catolicismo também acrescenta novos textos à prática cristã, a exemplo das bulas papais. Atuante desde fins do Império Romano no mundo político, o Catolicismo ensejou durante grandes períodos da História uma aliança entre o seu próprio projeto universalizante e o poder temporal dos reis e imperadores. Apresentou-se, desta forma, como uma vertente religiosa que soube se adaptar às mudanças de muitas maneiras.

É preciso ressaltar, a propósito, mais duas notas cruciais do acorde geral do Cristianismo. Por economia de espaço, situei-as no mesmo ponto: o 'universalismo' e o 'missionarismo'. Podemos entender esta nota geminada como um 'universalismo missionarista', ou como um 'missionarismo universalista'. A exemplo do Islamismo, o Cristianismo tem apresentado historicamente o pro-

---

159 A Cruzada Albigense foi convocada pelo papa Inocêncio III (1160-1216) com apoio da dinastia capetíngia da realeza francesa, que terminou por mover um exército do norte contra a civilização occitânica que habitava a parte sul da França. Inocêncio III e seus sucessores tomaram a si a função de eliminar as dissonâncias que consideraram mais perigosas contra a unidade católica que pretendiam assegurar, o que fizeram através de medidas diversas como a incitação a cruzadas ou a instituição da Inquisição. Por outro lado, algumas das dissonâncias foram estrategicamente incorporadas, tal como ocorreria com a Ordem dos Franciscanos e, mais ainda, com a Ordem dos Dominicanos, que a partir de 1250 foi convocada para capitanear os próprios processos de Inquisição. / Sobre a Cruzada Albigense, cf. Strayer, 1992 e Marvin, 2008. Sobre a dissidência cátara, cf. Jimenez-Sanchez, 2008. Sobre a política teocrática de Inocêncio III diante das dissidências religiosas, cf. Théry, 2005.

jeto universalizante de se mostrar como a única religião verdadeiramente legítima, destinada a se espraiar vitoriosamente por toda a humanidade. O universalismo radical de uma religião pode desencadear eventualmente duas estratégias de expansão com vistas a conquistar todo o interespaço religioso: a conversão pela força, ou a conversão pela persuasão – sendo esta última perspectiva a do missionarismo. Ao lado disso, o projeto universalizante do Cristianismo – particularmente na sua vertente católica – adaptou-se com especial flexibilidade, conforme já foi ressaltado, a outros projetos políticos universalizantes, tal como os projetos expansionistas dos grandes impérios cristãos da Antiguidade e da Idade Média, a começar pelo próprio Império Romano na sua última fase[160].

Se o universalismo cristão traz implicações evidentes para a emergência de um caráter missionarista mediante o qual seria necessário converter todos para esse movimento universal, a contraface deste projeto, todavia, articulou-se por vezes à já mencionada intolerância contra as dissidências e heresias, o que nos leva a rediscutir essa questão em maior profundidade[161].

Heresias, na sua origem, eram divergências que se estabeleciam no próprio seio do Cristianismo por oposição a um pensamento eclesiástico que tivera sucesso em se fazer considerar ortodoxo. A palavra ortodoxia, em particular, sugere a ideia de um "caminho reto" associado a um pensamento fundador original – no caso do Cristianismo, a um pretenso padrão que derivaria do Cristo e de seus apóstolos, bem como dos textos bíblicos naquelas de suas interpretações que se queriam considerar as únicas corretas. Não obstante, seja no âmbito das heresias do mundo antigo e da Alta Idade Média, ainda bem marcadas por serem essencialmente divergências de nível teológico, seja no âmbito das heresias que surgem na Idade Média Central e posteriormente na Baixa Idade Média – estas últimas já divergências com uma coloração social que prenuncia de longe a Reforma Protestante que estava por vir no século XVI – a verdade é que, em

---

160 O Cristianismo tornou-se a religião oficial do Império Romano em 380 e.C., com o decreto do imperador Teodósio I (Édito de Tessalônica). Em 312, já havia ocorrido a conversão de Constantino.

161 Esta relação – esse 'intervalo' que pode ser estabelecido entre universalismo e missionarismo, e entre estas duas notas e a rejeição ou perseguição da alteridade religiosa – não é contudo *necessária*, embora seja recorrente. O Budismo, por exemplo, apresenta uma nota de missionarismo; mas nem se apoia em um projeto universalizante, e nem procura combater as suas dissidências. Enquanto isso, se o Judaísmo coloca-se como a única religião legítima – aquela que se liga ao verdadeiro Deus (Jeovah), o qual de sua parte tem o seu Povo Eleito – não se ampara, decerto, em nenhum projeto de universalização, e tampouco apresenta qualquer impulso missionarista dedicado a atrair devotos.

todos estes casos, "hereges" e "ortodoxos", conforme sejam chamados de acordo com o jogo dos poderes de nomear, sempre acreditaram tanto uns como outros serem os verdadeiros defensores da verdade da fé[162].

A heresia é o acorde que destoa. A dissonância *incompatível* (pois nem todas o são) pode ser causada por uma única nota, irremediavelmente destoante e sem possibilidade de resolução diante da harmonia ortodoxa. Mas quem tem o poder de declarar o que é dissonante? Já vimos que as dissonâncias não estão propriamente no acorde, mas sim nos ouvidos que se propõem a captá-lo. Os intervalos musicais de terças e sextas eram dissonâncias para os ouvidos medievais, mas tornaram-se consonantes para os renascentistas. A sétima de certos acordes – uma quarta nota que passou a se agregar a uma tríade de terças superpostas – passou a soar comodamente para os ouvidos barrocos do século XVII, e assim por diante[163]. Esses exemplos nos mostram que, na Música, as dissonâncias são relativas àqueles que as apreendem, e esta noção também pode ser trazida para a concepção acórdica com a qual estamos trabalhando.

Para a questão que presentemente discutimos, a heresia pode ser entendida como aquele acorde cristão que foi declarado dissonante pelos ouvidos

---

162 Para falar nos termos propostos pelo historiador francês Georges Duby na conferência de encerramento de um congresso de historiadores sobre "Heresias e Sociedades", realizado em Rougement em 1968, a questão é que "todo herético tornou-se tal por decisão das autoridades ortodoxas. Ele é antes de tudo um herético aos olhos dos outros" (DUBY, 1990, p. 177).

163 A História da Música nos traz exemplos vários da gradual ampliação da capacidade dos ouvintes ocidentais para a aceitação de antigas dissonâncias ou de novas configurações acórdicas. Com Cláudio Monteverdi (1567-1643), compositor italiano que transita do Renascimento ao Barroco, já aparece a sétima do chamado 'acorde de sétima da dominante' (sol-si-re-fa), que logo será percebido como um 'acorde dissonante natural' – portador de dissonâncias perfeitamente compatíveis com o novo ambiente tonal, desde que resolvidas em um acorde de 'função tônica'. Neste caso, pode-se dizer que a 'dissonância incompatível' tornou-se uma 'dissonância compatível'. Durante muito tempo, o intervalo chamado trítono (si-re-fa) soou de modo tão terrível aos ouvidos medievais, que mais tarde foi chamado por músicos conservadores ligados à Igreja de "diabolus in musica". No entanto, em exemplos como o que acabamos de comentar (pois o trítono está contido no acorde sol-si-re-fa), o 'diabolus in musica' foi sendo acomodado para encontrar uma função no sistema tonal então nascente: seu papel como produtor de dissonâncias aceitáveis – desde que resolvidas adequadamente no instante seguinte em um acorde destensionador de 'função tônica' – tornou-se a base para uma nova estética musical, na qual o compositor lida habilmente com as tensões e distensões produzidas pelas dissonâncias que resolvem nas consonâncias. / Além destes exemplos, pode-se dizer que, na medida em que avançamos na modernidade musical, o ouvido ocidental irá se acostumar cada vez mais com sons que nos séculos anteriores teriam parecido estranhos. Sobre isto, cf. o ciclo de conferências *Caminho para a Música Nova*, de Anton Webern (1932-1933). Sobre o "diabolus em musica", entre outros aspectos presentes no desenvolvimento da História da Música, cf. *O Som e o Sentido* de José Miguel Wisnik (1999, p. 83).

ortodoxos. Às vezes, a incompatibilidade é trazida pela presença de uma única nota; outras vezes por um intervalo ou por um grupo de notas mais bem articulado. Pode-se dar, mesmo que seja ousado dizer, que uma dissonância se produza por uma ausência de notas. Os cátaros excluíram do seu acorde cristão a 'mediação dos sacerdotes'. Tornaram-se dissonantes para os ouvidos ortodoxos. Pode-se dar que a dissonância se produza pela substituição de uma nota – de um ritual, por exemplo – ou pela introdução de uma prática que se contraponha aos interesses dominantes. Ou, em nossa metáfora, pode ser que um som inusitado seja acrescentado antes da hora de ser escutado com maior conforto pelos ouvidos do seu tempo[164].

O caso da modalidade franciscana de cristianismo traz um exemplo particularmente interessante. Surgida no século XIII a partir da figura emblemática de São Francisco de Assis (1881-1226), a ordem mendicante dos franciscanos acrescenta ao seu acorde cristão a nota da 'pobreza voluntária'. Esta deveria se dar não apenas no âmbito individual – do indivíduo que abre mão de suas posses pessoais, tal como ocorria em diversas ordens monásticas – mas também no âmbito coletivo. Os mosteiros das várias ordens medievais, apesar da eventual pobreza voluntária de seus membros, eram ricos e se inseriam de maneira adequada no aspecto ostentatório de riqueza que não era nada estranho à Igreja medieval (e que ainda não é hoje). "Monge pobre, mosteiro rico". Mas os mendicantes propunham assumir a pobreza voluntária em toda a extensão do termo: preferiam morar junto aos pobres, de preferência nos meios urbanos, cultuando um estilo de vida despojado de bens. O ideal de viver como teriam vivido Jesus e seus apóstolos, aliás, já começava a se desdobrar em novos modelos medievais de *vita apostolica* desde o século XII, dando origem a um número significativo de novas correntes religiosas no interior da cristandade, muitas das quais logo passariam a ser consideradas heréticas.

Quando radicalizada, a nota da 'pobreza voluntária', essencial no acorde franciscano, entra em franca contradição com a nota de ostentação material da Igreja católica dominante, que culmina com a própria figura do Papa – tão ricamente paramentada. O franciscanismo, por causa desta dissonância, quase poderia ter sido declarado herético pelo papa Inocêncio III (1160-1216), que

---

164 Algumas dissonâncias podem se mostrar compatíveis com certos ambientes harmônicos; outras, podem se mostrar incompatíveis. Mas quem decide quais são as "dissonâncias incompatíveis", e quais são as "dissonâncias compatíveis"? Que padrões de escuta?

vinha reprimindo outras heresias. Mas este sumo pontífice, hábil orquestra-dor, percebeu que aquele estranho acorde também poderia ser incorporado, desde que sob cuidadoso controle, à harmonia eclesiástica. O franciscanismo se aproximava do povo – por que desprezar esta nota? O que permitiu a Fran-cisco de Assis concretizar os radicais ideais evangélicos de seu grupo no inte-rior de uma estrutura eclesiástica empoderada e recoberta por uma já tradi-cional riqueza ostentatória foi precisamente a sua declaração de incondicional 'obediência ao papado' como outro de seus princípios fundamentais, sendo que o *Testamento* que Francisco de Assis deixa a seus companheiros francisca-nos (1226) reitera isto uma última vez. Mediada pelo reforço desta outra nota que já fazia parte do acorde católico – a obediência ao Papa – a 'pobreza vo-luntária' dos franciscanos torna-se uma dissonância compatível. Redefine-se como uma contradição perfeitamente assimilável.

No final do século XIII, bem depois da morte de Francisco de Assis (1226), novos acontecimentos e debates precipitam mais uma vez esta delicada con-tradição: seria facultado ao papado – a quem os franciscanos deviam 'obe-diência primordial' – o direito de interferir neste outro princípio fundamental das ordens mendicantes que era a 'pobreza voluntária', vista como uma recusa em possuir bens mesmo em comum? A dissonância entre os dois princípios é mais uma vez reavivada. A corrente dos "Espirituais" estabelece-se precisa-mente entre aqueles franciscanos que cerram fileiras em torno dos princípios fundadores da 'pobreza voluntária' e do ideal de seguir à risca o modelo de *vita apostolica* que havia sido encarnado por Francisco de Assis. Alguns qui-seram ir além. Embora bulas papais posteriores tenham expressado a tentativa de amenizar o conflito que surgiria tão enfaticamente com o concílio de Lion (o *Exiit qui seminat* de Nicolas III, proferido em 1279, e o *Exultantes* de Mar-tins IV, em 1283), um grupo mais radical decidiu recorrer mais tarde ao papa Celestino IV, para que este lhes autorizasse a saírem da ordem franciscana de modo a constituírem novo grupo. Os papas subsequentes decidiram, contu-do, dispersá-los ou persegui-los, o que se dá mais incisivamente sob João XXII (1316-1334). Uma declaração deste papa sobre a Regra franciscana conclui-se com esta afirmação: "Grande é a pobreza, mas maior é a integridade. O máxi-mo é o bem da obediência" (*Quorundam exigit*, 1317)[165].

---

165 Na bula *Santa Romana* (1317), João XXII chega a condenar alguns dos grupos mais ra-dicais de espirituais como rebeldes, associando estes que seriam conhecidos como *Fraticelli*

Trago esse exemplo histórico apenas para mostrar que, na história social ou na história cultural, as contradições vão surgindo e se apresentando nas novas configurações acórdicas como dissonâncias compatíveis ou dissonâncias incompatíveis. E as soluções também vão se apresentando (ou não) sob a forma de conciliações, rompimentos, dissidências, perseguições, exclusões, ou mesmo o extermínio da dissonância através de procedimentos como as práticas inquisitoriais (a fogueira, sabe-se bem, queimou muitas contradições e silenciou muitas dissonâncias). De todo modo, a História da Igreja – ou a História dos pensamentos e práticas religiosas –, conforme evidenciou o exemplo proposto, pode ser abordada a partir de uma perspectiva acórdica, a qual poderia buscar identificar o surgimento histórico de novas notas que se agregaram a acordes anteriores, formando novas estruturas dissonantes para as quais precisou ser, a partir daí, encontrada uma solução no seio da harmonia vigente. O modelo acórdico, enfim, articula-se também aos movimentos, e não só às estruturas.

6.3 Os poliacordes taxonômicos da Biologia

A Biologia nos traz um âmbito particularmente interessante para experimentar a formulação de acordes conceituais: o das taxonomias que foram criadas para a compreensão organizada e bem ordenada da imensa variedade de seres vivos que habita ou já habitou o planeta Terra[166]. O acorde

---

a outros grupos heréticos como os beguinos. Este longo episódio que se iniciara em fins do século XIII e atingira a segunda década do século XIV, passando por uma sequência de papas até chegar a João XXII, expõe claros sintomas não apenas de um movimento franciscano que começa a se fragmentar e perder sua identidade inicial, mas também de uma Santa Sé hesitante e dividida que logo enfrentaria suas próprias cisões, sem contar as divisões que também começariam a ameaçar de fragmentação a Igreja como um todo. O século XIV será de fato um século de cismas para a Igreja Católica, de propostas reformistas que ainda não sairiam vitoriosas, de revivescência de antigas e novas heresias. Dos "espirituais" – aquela corrente franciscana que pretendia seguir rigorosamente o exemplo de São Francisco para daí fazer da pobreza um absoluto – não demoraria muito a surgirem movimentos desejosos de realizar na terra a "utopia franciscana", sob o prisma de uma eclesiologia radicalmente anti-hierárquica (VAUCHEZ, 1995, p. 133). Sobre o Franciscanismo, cf. Barros, 2012.

166 Aqui, devemos considerar que uma taxonomia biológica pode classificar também os seres vivos já extintos, tomando-se por base as informações extraídas dos seus registros fósseis. Nesta direção, em 1842, Richard Owen (1804-1892) começou a construir uma taxonomia dos dinossauros (termo criado por ele). Em 1847, essa taxonomia foi aprimorada por Harry Seeley (1839-1909), que dividiu os dinossauros em duas ordens: *Saurischia* e *Ornithischia*. A taxonomia atinge seu ponto ótimo de aperfeiçoamento em 1952, na mesma época em que

conceitual que poderia expor uma miríade de características pertinentes a cada espécie viva poderia ser visto como um poliacorde formado por vários acordes superpostos. O primeiro deles é o acorde que reúne as próprias notas que se relacionam ao fato de termos, diante de nossa análise, um ser vivo. De saída, este acorde já nos coloca uma indagação. O que caracteriza a vida? Quais as suas notas constitutivas? De longe, ficamos com vontade de indagar: "como se passa da não vida à vida?" – embora a ciência esteja longe de responder esta questão, ainda que já tenha reunido capacidades e evidências que a habilitam descrever perfeitamente os aspectos e fatores que estão presentes em tudo o que é vivo.

Estas perguntas merecem respostas complexas, conforme veremos mais adiante. Por ora, o que queremos assinalar é que – após nos apercebermos de que estamos diante de um ser vivo – a taxonomia biológica proporciona sucessivos englobamentos, até chegarmos à espécie à qual pertence a criatura viva que está sendo analisada. Antes de atingirmos o indivíduo único, já não mais classificável em outros grupos de um ponto de vista biológico, podemos entender que ele pode ser visto como pertencente a um Reino, Filo, Subfilo, Classe, Ordem, Família, Gênero e Espécie, desprezando por ora níveis intermediários que também são empregados eventualmente pelos taxonomistas, e também os desdobramentos suplementares a partir da espécie[167].

Willi Hennig (1913-1976) transforma o sistema tradicional de classificação dos seres vivos na moderna *cladística* (a chamada "sistemática filogenética", que ajusta os diferentes grupamentos de seres vivos exclusivamente de acordo com hipóteses de relações evolutivas).

167 Algumas espécies ou subespécies, mas não a humana, admitem adicionalmente uma variedade de raças como novos desdobramentos no interior da categoria 'espécie' (ou 'subespécie', se for o caso). É o que ocorre com os cães, que constituem uma subespécie da espécie *Canis lupus* (o grupo dos lobos), e que apresentam uma grande variedade de raças surgidas do próprio convívio humano. Apenas para aproveitar este exemplo para ilustrar mais uma vez como podem ocorrer, no âmbito de uma disciplina, as possíveis oscilações conceituais, podemos lembrar que Carlos Lineu (1707-1778), autor da primeira classificação taxonômica (1735), havia descrito os cães (*Canis familiaris*) como pertencentes a uma espécie distinta da dos lobos (*Canis lupus*). R.K. Wayne, baseando-se em um estudo de consistências genéticas, considerou depois que o cão nada mais é do que um tipo de lobo (VILÀ & WAYNE, 1999). A hipótese de Wayne está hoje confirmada (DAWKINS, 2009, p. 50). / De maneira análoga aos cães, também a espécie dos gatos (*Felis Catus*) admite uma variedade de raças.

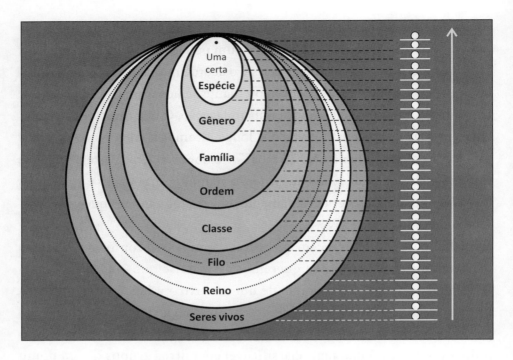

Quadro 31: *As categorias taxonômicas, ao lado de uma disposição acórdica*

Cada categoria destas abriga as outras que se seguem, através de desdobramentos. Por exemplo, nos dias de hoje, o universo mais amplo dos seres vivos costuma ser visto como partilhado em cinco grandes grupos que seriam os reinos *Animalia*, *Plantae*, *Fungi*, *Protista*, *Monera*. Classificações como estas, obviamente, podem se alterar historicamente, e devemos lembrar que, na primeira metade do século XVIII, ainda com a classificação proposta por Lineu (1735), pensava-se apenas em uma divisão mais simples dos seres vivos em 'animais' e 'vegetais'. As novas descobertas dos naturalistas e a possibilidade de um cada vez mais aprimorado entendimento sobre a existência de novos seres – tornado possível através de microscópios mais eficazes – fez com que conquistassem um espaço no cenário biológico os protistas (1866), logo elevados a um novo reino, e que depois as bactérias alcançassem o seu próprio espaço no sistema de classificação (1956), o mesmo ocorrendo com os fungos (1969)[168]. Mas não será nossa intenção detalhar mais a fundo nem este siste-

---

[168] Respectivamente, foram interagindo as taxonomias de Lineu (1735), Haeckel (1866), Copeland (1956), e de Whittaker (1969), estendendo-se depois para as propostas mais recentes de Woese (1977) e Cavalier-Smith (1993). Os animais e plantas já são bem conhecidos na vida

ma, nem a sua história. Apenas aproveitamos a oportunidade para mostrar, mais uma vez, que as construções conceituais vão se dando no tempo e na história, alterando-se de acordo com as demandas, necessidades e descobertas[169].

O exemplo que abordaremos neste momento também envolve a superposição de uma série de 'conceitos agrupadores', uns sendo englobados pelos outros. O Reino Animal, por exemplo, abre-se a novos filos e subfilos; estes se desdobram em várias classes, e assim por diante. O que desejamos neste momento é relacionar a cada uma destas categorias – tomando-se como exemplo um tipo de ser vivo qualquer – as notas pertencentes a cada um dos acordes que se superpõem, do Reino até a Espécie. Vamos trazer como exemplificação um ser vivo pertencente a uma espécie animal específica. Digamos que nosso exemplo seja o do próprio animal humano. O que é um homem? Começaremos, antes de mais nada, por definir o próprio 'acorde da vida'. Que notas – que características – possui um ser humano pelo simples fato de ser um 'ser vivo'? Que notas, por estar vivo, ele compartilha com os golfinhos, ratos, laranjeiras e bactérias? Se pudermos reunir algumas destas notas – na verdade, todas aquelas que forem necessárias e suficientes – teremos o que se pode entender como o 'acorde da vida'. Veremos isto ao seu tempo.

Os dois quadros que apresentamos adiante (Quadros 32-a e b) devem ser encaixados um no outro. A leitura do conjunto deve continuar a ser feita de baixo para cima, como se faz com um acorde na prática da leitura musical. Os blocos empilhados ao lado esquerdo representam o nível taxonômico em que nos encontramos a cada ponto da leitura. O conjunto de notas à direita representa um poliacorde – um acorde formado por diversos acordes que vão se superpondo sucessivamente. Assim, temos um primeiro subconjunto de notas relacionadas ao fato de termos um ser vivo; a este, chamaremos de 'acorde da vida'. Em se-

---

comum, e dispensam maiores apresentações. A categoria *dos protistas* – seres vivos unicelulares e eucariontes que possuem organelas membranosas – abriga os protozoários e as algas unicelulares. As *bactérias* constituem o reino *Monera*, formado por organismos procariontes, menos complexos que os do reino anteriormente citado, e que não possuem núcleo nem mitocôndria. Os *fungos* também são eucariontes, sendo que este reino inclui espécies como a dos cogumelos, leveduras e bolores. Resta ainda dizer que o reino dos *Monera*, de acordo com as taxonomias mais recentes, tende a ter seus integrantes redistribuídos entre os reinos *Eubacteria* e *Archaea* (WOESE, 1977; CAVALIER-SMITH, 1993).

169 Por exemplo, a análise dos nucleotídeos de RNA ribossômico permitiu que o microbiologista Carl Woese (1928-2012) propusesse uma categoria classificatória anterior aos Reinos, organizando os seres vivos em três domínios: *Bacteria*, *Archaea* e *Eukarya* (sendo que este último domínio englobaria os reinos *Protoctista, Fungi, Plantae, Animalia*).

guida, temos um subconjunto de notas relativas ao Reino Animal, pois estamos tratando mais especificamente do animal humano. Depois deste 'acorde animal', temos as notas relativas aos acordes do filo *chordata*, do subfilo dos vertebrados, da classe dos mamíferos, e assim por diante. Do 'acorde da classe', por exemplo, passamos ao 'acorde da ordem' (que, neste caso, é a ordem dos primatas); e a este se superpõem o 'acorde da família', o 'acorde do gênero' e o 'acorde da espécie'[170].

Espécie (e gênero) humanos	Linguagens simbólicas etc.
	Capacidade de construir
	Uso de ferramentas
	Telencéfalo desenvolvido
	Grande flexibilidade manual
Família dos Hominídeos	Vocalização complexa
	Inflexão à postura ereta
Ordem dos Primatas	Aumento do córtex cerebral
	Visão binocular
	Bipedismo facultativo
Classe dos Mamíferos	Viviparidade
	Sangue quente (endotermia)
Subfilo dos Vertebrados	Endoesqueleto
	Crânio
	Coluna Vertebral

---

170 No caso da única espécie humana atualmente existente – a dos *Homo sapiens* modernos – o gênero e a espécie se confundem, de modo que não necessitam de ser separados em dois acordes diferenciados. Isto ocorreria se, no interior do gênero humano, tivessem sobrevivido outras espécies distintas de *Homo*, como a dos homens de Neanderthal. Esta última espécie, há 400.000 anos surgida no Oriente Médio e na Europa, chegou a conviver com a dos *Homo sapiens*, mas extinguiu-se há 28.000 anos por motivos desconhecidos. Pesquisas recentes de rastreamento genômico e sequenciamento nuclear neanderthal, realizadas em 2006, mostraram que teria ocorrido há mais de 50.000 anos – fora do ambiente original africano – um fluxo gênico entre neanderthais e homens modernos, de modo que os homens atuais não africanos apresentam entre 1,8 e 2,6% de gens neanderthais. De todo modo, embora o possível intercruzamento das duas espécies humanas – em algum momento do passado – esteja expresso na persistência de uma pequena porcentagem de genoma neanderthal na população de diferentes partes do planeta, isto não afeta o fato de que os neanderthais constituem uma espécie humana extinta. Por isso, atualmente temos ao mesmo tempo um único gênero humano e uma única espécie humana representados pelos homens modernos. / Sobre o Homem de Neanderthal, cf. Papagianni e Morse, 2015.

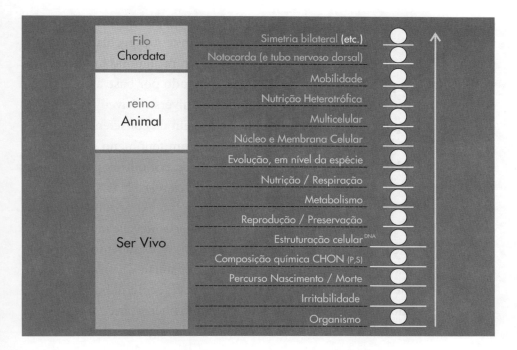

Quadro 32 (a-b): *Animal humano: da condição da vida à singularidade da espécie*

Para além deste poliacorde, já não seria possível mais falar em agrupamentos tipológicos que representem divisões de seres humanos de um ponto de vista da Biologia, pois já vimos que o conceito de "raça", nos tempos mais recentes, foi desautorizado de um viés estritamente biológico. Se quiséssemos seguir com novos acordes, para além da espécie, seriam os 'acordes de identidades' que podem caracterizar cada um dos vários seres humanos individuais. Mas aqui já entraríamos em um âmbito antropológico e historiográfico de estudos[171].

Vamos começar nossa leitura, como sempre, pela base do acorde. No plano mais geral possível, existem três grandes perguntas que sempre intrigaram os seres humanos. Qual foi a origem do Universo? Como começou a Vida? Como surgiu a Consciência? Estas são as três perguntas de maior profundida-

---

[171] Trabalhei com os 'acordes de identidades', aplicados aos estudos de História, no livro *A Fonte Histórica e seu lugar de produção* (BARROS, 2020, p. 104-123). A ideia deste tipo de abordagem é mostrar que um mesmo indivíduo pode ter a sua identidade definida através da inserção em diferentes círculos de identidade ou de pertencimento — ou de sua sintonia com uma configuração de várias 'notas' — não sendo possível enquadrá-lo em um único compartimento identitário.

de existencial que podemos fazer; embora, para elas, não tenhamos respostas mais efetivas, senão aquelas produzidas com algum teor especulativo. De um ponto de vista mais científico, os físicos desenvolveram algumas hipóteses instigantes sobre a primeira das três perguntas, tomando por base a observação de certos indícios como a expansão acelerada do universo visível[172]. Quanto às duas outras perguntas – a origem da vida e a origem da consciência – pouco sabemos. Não sabemos, por exemplo, se a vida é um fenômeno isolado, que aconteceu no planeta Terra, ou se também ocorreu em outros pontos deste vasto universo constituído de bilhões e bilhões de estrelas. Não sabemos por que a vida começou, nem *como* se deu este milagre (ou extraordinário acaso) que teria sido o surgimento da vida em meio à matéria inerte e inorgânica[173].

Não obstante não termos acesso ao *por que* e ao *como*, sabemos com considerável precisão *quando* surgiu a vida em nosso planeta – pois a ciência se capacitou para ler esta informação em registros fósseis e microfósseis de todos os tipos. Sabemos também quais são os elementos necessários à existência da vida. Talvez ainda venha a ser descoberta um dia alguma peça que esteja

---

172 Em 1998, observações de supernovas distantes tornaram possíveis as comprovações de que o Universo, ou pelo menos a sua parte visível, está em expansão acelerada – e não em uma expansão progressivamente freada pela atração gravitacional, como um dia se pensou. A primeira percepção comprovada de que o universo estava em expansão, por outro lado, deveu-se ao astrônomo Edwin Hubble (1889-1953), que em 1929 observou que as galáxias estavam se afastando umas das outras – descoberta que ia ao encontro de duas formulações teóricas sobre a expansão do universo que já haviam sido feitas, de forma independente uma da outra, pelo matemático russo Alexander Friedmann (1888-1925) e pelo físico belga Georges Lemâitre (1894-1966). É interessante observar ainda que estas duas teorias se tornaram possíveis a partir de cálculos anteriores de Albert Einstein (1879-1955), um físico que, não obstante, ainda concebia um modelo estacionário do universo. Tudo isso nos mostra como a ciência, em última instância, é literalmente uma produção coletiva.

173 O que permitiu que, com relação à primeira pergunta – Qual a origem do Universo? – estejamos em um nível muito mais avançado para propor hipóteses bem fundamentadas, foi a aliança entre um extraordinário avanço matemático, os progressos da Astronomia e o desenvolvimento de uma sofisticada tecnologia que amplia espetacularmente a capacidade científica de observação. Com telescópios potentes podemos vasculhar o espaço-tempo sideral; com a espectroscopia, podemos saber a composição química das estrelas à distância, apenas examinando a luz por elas emitida; com a combinação da observação astronômica e da matemática podemos até mesmo viajar no tempo, pois a própria luz que atravessa o espaço sideral viaja ela mesma no tempo-espaço, de modo que, quando olhamos para uma estrela no céu, estamos literalmente olhando para o passado. Enquanto isso, pouco podemos saber em relação às duas outras perguntas – "Qual a origem da Vida" e "Qual a origem da Consciência". Sobre a vida, não podemos saber ainda "por que" e "como" começou, mas podemos saber quando começou em nosso planeta, e sob que condições. Como veremos a seguir, podemos também descrever as características essenciais de tudo aquilo que é vivo.

faltando neste intrigante quebra-cabeça, mas de maneira mais geral podemos descrever com alguma precisão a combinação de elementos e fatores que possibilitaram e possibilitam a existência dos vários tipos de vida que até hoje conhecemos. Além disso, existe ainda um conjunto irredutível de elementos e propriedades que são compartilhados por todos os seres vivos, da mais singela bactéria ao mais complexo dos seres pluricelulares. Este conjunto mínimo de elementos necessários que caracteriza todo e qualquer ser vivo, inclusive o homem, é o que chamaremos de 'acorde da vida'[174].

Talvez o elemento mais adequado para situarmos na base de nosso acorde – aquele com o qual começaríamos a compor uma definição eficaz para "ser vivo" – seja a ideia de 'organismo'. Dos organismos unicelulares aos organismos complexos, temos aqui um primeiro elemento, uma primeira nota que deve estar presente na compreensão do 'acorde da vida'. Este 'organismo', por outro lado, distingue-se dos materiais inertes que o circundam por apresentar a propriedade da 'irritabilidade'. Ele reage a estímulos externos. Podemos submeter ao fogo uma chapa de ferro ou um pedaço da madeira morta; eles irão se deformar ou queimar, é certo, mas não se pode dizer que isto seja uma reação produzida pela irritabilidade. Esta é uma propriedade específica dos seres vivos, adquirida com o seu nascimento e finalizada com sua morte. O percurso 'nascimento / desenvolvimento / morte', aliás, pode ser indicado como a terceira nota do 'acorde da vida'.

Todos os seres vivos até hoje conhecidos – embora, ao nível da criação literária e fílmica, possamos imaginar outras formas de vida estranhas àquelas que conhecemos em nosso planeta – compartilham a necessidade de uma base química bem definida. Quando não a temos, a vida não aparece. Podemos sintetizá-la com a sigla CHON. A interação entre Carbono, Hidrogênio, Oxigênio e Nitrogênio – e, em proporções menores, o Fósforo e o Enxofre – é estritamente necessária à vida, tal como a conhecemos[175]. Por isso, situamos este

---

174 O conjunto mais amplo formado por todos os seres vivos, de acordo com a perspectiva de alguns autores, também pode abrir uma primeira categoria taxonômica, que seria a do superdomínio *Biota*.

175 Menos emblemático que cada um dos quatro elementos constituintes da sigla CHON, o Enxofre é particularmente importante para a formação das proteínas, além de representar aproximadamente 0,5% da massa seca das plantas e micro-organismos e 1,3% do tecido animal. O Fósforo, conforme veremos, assume um papel crucial nas ligações das cadeias de DNA. Mas o papel do Carbono, Hidrogênio, Oxigênio e Nitrogênio nos ciclos vitais merece especial destaque, de modo que os quatro principais ciclos biogeoquímicos são efetivamente

ambiente químico singular – este pequeno acorde dentro do acorde – como a quarta nota do 'bioacorde'. É claro que, além deste ambiente químico que se torna possível com a ampla presença da 'água' em nosso planeta (H_2O), e ao lado de uma crosta terrestre e uma atmosfera em determinadas condições, existe uma série de outras condições – agora físicas – que possibilitam a sobrevivência dos organismos vivos. A Terra está a uma distância adequada do Sol, nem muito próxima como Mercúrio, nem muito distante como Saturno, o que lhe oferece condições de temperatura adequadas para a preservação dos organismos conhecidos. Também somos protegidos da queda regular de meteoros pela ação do gigantesco planeta Júpiter em nosso sistema solar[176]. A formação estrutural da Terra, com sua crosta e núcleo magnético, também traz a sua contribuição para a possibilidade de perpetuação da vida. No entanto, não consideraremos estas condições físicas como pertinentes a um 'acorde da vida' porque elas não são *propriedades* dos seres vivos. De fato, estes aspectos não são internos aos organismos (como é a base química CHON, que também faz parte da sua estrutura material). As condições físicas possibilitam decerto a emergência e preservação da vida, mas não são notas do próprio bioacorde, ou aspectos intrínsecos aos seres vivos.

Enquanto isso, o microacorde CHON faz parte da própria estrutura química inerente aos organismos vivos. Vamos encontrar esta nota (ou este microacorde) interagindo com um aspecto importante da nota seguinte, que é 'estruturação celular'. Nas células vivas, a conformação química adquire uma configuração muito específica, que resulta no RNA e no DNA. O ácido desoxirribonucleico – o DNA – é um composto orgânico cujas moléculas contêm e preservam as instruções genéticas para a especificação, desenvolvimento e funcionamento de cada um dos seres vivos (e mesmo de alguns vírus, que já não são considerados, atualmente, organismos vivos). É o DNA que proporciona a 'transmissão das características hereditárias' de cada ser vivo – sendo

---

o 'ciclo da água', 'ciclo do carbono', 'ciclo do oxigênio' e 'ciclo do nitrogênio'. Além disso, a articulação CHON interioriza-se nos próprios organismos, constituindo diretamente a sua configuração.

176 Devido ao seu tamanho, Júpiter funciona como um escudo protetor para o Sistema Solar interno, uma vez que sua gravidade colossal pode desviar, capturar ou destruir objetos celestes que, de outra forma, poderiam ameaçar os planetas internos do sistema. Esta atuação de Júpiter teria sido ainda mais importante no início da formação do Sistema Solar. Além disso, a Lua também parece ter funcionado em algum momento como um escudo protetor para a Terra, e o grande número de crateras lunares registra o impacto de meteoros que a atingiram.

que este aspecto, que sintetizamos com a expressão 'reprodução', constitui a sexta nota do 'acorde da vida'. Deste modo, existe um 'intervalo' importante entre a presença de DNA na estruturação celular e a propriedade de transmissão das características de um organismo aos indivíduos da geração seguinte – uma capacidade singular dos seres vivos que está assinalada pela palavra 'reprodução'. O DNA permite isso porque a sua principal função ou propriedade é precisamente a de armazenar informações que podem ser transmitidas. Os segmentos de DNA que contêm informação genética são chamados de 'genes', e são característicos também de todos os seres vivos; mas em um esforço de síntese visual para a constituição do nosso 'acorde da vida', deixamos tudo isso subsumido na nota 'estruturação celular'[177].

O DNA, além disso – sendo este também um aspecto extensivo a todos os seres vivos –, apresenta uma estrutura em dupla hélice muito específica, na qual se entrelaçam duas cadeias de nucleotídeos apontando para diferentes direções (como se tivéssemos um formato antiparalelo à maneira de spins contrários). Esta complementaridade entre as duas fitas de DNA é fundamental para a possibilidade de transmissão e reprodução de informações, através de um processo relativamente complexo. De um ponto de vista químico, esta estrutura em dupla hélice, que não poderá ser esmiuçada aqui, envolve a alternância de açúcares (no caso, pentoses formadas por cinco carbonos) e fosfatos, aos quais se ligam as quatro bases típicas do DNA. Simplificando muito, o microacorde CHON, e também o Fosfato, fazem parte da composição química dos nucleotídeos de DNA. Deste modo, podemos perceber que estão intimamente correlacionadas as notas 'CHON (P, S)' e 'Estruturação Celular (com DNA)', ligando-se através deste 'intervalo' que se torna particularmente importante para a constituição do bioacorde. A 'reprodução' (transmissão de características hereditárias), tornada possível a partir da estruturação do DNA, relaciona-se depois com as outras notas do acorde – 'metabolismo', 'nutrição', 'respiração'[178] – culminando com a possibilidade de transformação, ou de 'evo-

---

177 O restante da sequência de DNA também desempenha funções fulcrais para a vida, envolvendo-se na estruturação ou na regulação do uso da informação genética.

178 No acorde proposto, situamos – um pouco por economia de espaço, um pouco por correlação – a 'nutrição' e a 'respiração' em uma única nota. Se a 'nutrição' for definível como a assimilação, por um organismo vivo, dos elementos e substâncias necessários ao seu metabolismo, à preservação dos níveis de energia vital, à renovação de matéria, e à manutenção das diversas funções (inclusive a 'reprodução'), então a 'respiração' – assimilação do oxigênio (e/ou dióxido de carbono) – poderia ser apresentada como um caso particular da 'nutrição'.

lução', ao nível da espécie (*evolvabilidade*). Dentro deste conjunto de notas, é oportuno ressaltar que a 'hereditariedade' – a 'reprodução' com replicação de características que serão repassadas às sucessivas gerações, mas excepcionalmente abrindo espaço para erros de replicação (variações) que serão geridas pela seleção natural – destaca-se como uma nota crucial no acorde da vida, tal como a conhecemos. Arrisco dizer que a 'reprodução' e a 'preservação' são parte de um mesmo impulso: a vida almeja mais vida.

Podemos dizer que as notas essenciais e intervalos que acabamos de mencionar estão presentes e articulados em todos os seres vivos, das amebas aos elefantes. Algumas destas notas estão relacionadas aos aspectos estruturais da vida – como ocorre com as notas que situamos na posição mais grave do acorde, à exceção da 'irritabilidade'. Outras, que situamos mais acima, são propriedades e capacidades apresentadas por todos os seres vivos – como o 'metabolismo', capacidade de 'reprodução', e necessidade de 'nutrição', afora a própria 'irritabilidade' – uma nota que havíamos situado mais abaixo, dada a sua própria importância para a percepção imediata de que estamos diante de algo vivo.

Quando cessa a vida, ainda teremos por algum tempo uma estrutura orgânica em decomposição; as funções do organismo se desarticulam e logo desaparecem, umas um pouco antes das outras; a química interna se desarranja; as informações do DNA, de sua parte, estarão secretamente preservadas e poderão ser recuperadas pelos cientistas a partir dos registros fósseis. Mas a característica mais impressionante da ausência de vida é talvez o desaparecimento da 'irritabilidade' – da propriedade que é apresentada por um organismo com vistas a reagir de maneira integrada aos estímulos externos. Será esta a nota fundamental do bioacorde? Ou será ela a 'reprodução', este desdobramento do irresistível impulso da vida para preservar a si mesma, quando não através da própria luta pela sobrevivência até o instante último da morte, também a par-

---

A 'respiração' também pode ser conceituada como o processo através do qual o ser vivo realiza trocas gasosas (oxigênio e dióxido de carbono) com o meio ambiente, e abarca tanto a 'respiração celular' como a possibilidade – presente em alguns tipos de seres vivos – de ser realizada também por um sistema respiratório. Por outro lado, os organismos comportam ainda a "respiração anaeróbica" (sem a presença de oxigênio). / A economia de espaço e a necessidade de simplificação nos levou a não destacar, na figura do bioacorde, uma nota para a 'eliminação de substâncias' – que é o complementar necessário da 'nutrição' – mas ambos os movimentos (assimilação e desassimilação) fazem parte do processo metabólico de todos os seres vivos. Deste modo, devemos ressaltar que estes aspectos também se relacionam com a nota 'metabolismo'.

tir da transmissão hereditária das características de um ser ao outro, que tanto irá propagar a espécie como ainda difundir algumas das informações genéticas do seu antecessor individual? Entre a 'irritabilidade' – a capacidade de reagir ao meio e de se "sentir vivo" – e o incontornável 'impulso de preservação' (a capacidade de "desejar mais vida"), seria difícil escolher[179].

Até aqui, estávamos no âmbito das características que um 'animal humano' – para retomarmos o nosso exemplo – apresenta simplesmente por existir como um 'ser vivo', como todos os outros, de todas as espécies. Podemos passar, neste momento, ao nível acórdico seguinte. De acordo com características que passam a ser típicas deste ou daquele grupo de seres vivos, e não de outros, temos a possibilidade de pensarmos na primeira categoria taxonômica, a dos Reinos. Os seres humanos, como espécie, estão inseridos no Reino Animal, e com isso passam a apresentar algumas notas características que são inerentes a todos os seres vivos pertencentes a este reino. Reunimos algumas na representação visual deste acorde. Os animais são 'multicelulares'. Mas, antes disso, a compreensão do conceito deve mencionar que suas células possuem 'núcleo e membrana celular' – o que, dito de outra forma, inclui os animais entre os seres que possuem as chamadas células *eucariontes*[180]. Esta nota não é exclusiva dos animais – ou seja, não os distingue de todos os outros seres vivos pertencentes aos demais reinos –, mas é um elemento importante no seu acorde e os contrasta desde já com os *procariontes*[181]. A nutrição é heterotrófica[182]. A 'irritabilidade',

---

179 Uma observação final deve ser feita com relação ao megadomínio dos seres vivos. A inclusão (ou não) dos vírus neste grande conjunto que pode ser considerado como o superdomínio *Biota* é ainda polêmica. Para fazermos essa inclusão, seria preciso excluir a nota 'estruturação celular' do bioacorde, e admitir junto aos domínios *Eucarya* e *Procariota* (*Monera*), também um domínio que seria formado pelos *Acytota* – organismos acelulares que incluiriam os vírus e os agentes subvirais.

180 *Eukarya*, vocábulo grego, significa "núcleo perfeito ou verdadeiro". Esta nota, na verdade, chega a dar a tônica de um amplo 'domínio' – uma categoria taxonômica que também é muito usada e que precede a categoria do Reino. O domínio *Eukarya* abarca os reinos *Protista, Fungi, Plantae* e *Animalia*, e se separa do domínio *Monera*, representado principalmente pelas bactérias. Deste modo, poderíamos ter começado por definir também um 'acorde Eukarya', mas nesse caso este seria um acorde uma só nota.

181 As células procariontes, típicas de alguns organismos unicelulares (mas não todos), são protocélulas menos complexas e sem núcleos verdadeiros. Definem o grupo *Procaryota* que se confunde com o Reino *Monera*, o qual tem entre seus principais representantes as eubactérias de todos os tipos e as cianobactérias.

182 Com relação ao aspecto da 'nutrição', duas notas distintas se abrem como alternativas a partir dos acordes relacionados aos reinos. A 'nutrição autotrófica' é aquela em que o ser vivo produz o seu próprio alimento. Neste caso, as moléculas orgânicas que o nutrirão são

nota característica comum a todos os seres vivos, transforma-se, nos animais, em 'senciência' – esta capacidade de sentir de forma mais aprimorada e integrada que vai se consolidando com o surgimento de um sistema nervoso centralizado[183].

Enquanto isso, a 'mobilidade' se destaca, e faz com que os animais contrastem francamente com os vegetais, desenhando-se nesta dicotomia entre o movimento animal e a perene fixidez vegetal a forma visível mais saliente do bioma terráqueo. Os modos animais de se mover se multiplicam, e oportunamente se transformarão em notas específicas já relacionadas às espécies que caminham, correm ou saltam através do uso de patas, que usam barbatanas para nadar, ou que se arrastam de diversas maneiras – rastejando como as serpentes ou, como os platelmintos, locomovendo-se através de cílios. Alguns já se deixam levar pelo fluxo da água, como as hidras e caravelas, e para outros existe o voo, a mais aprimorada forma de locomoção – capaz de dotar alguns animais deste movimento autônomo em terceira dimensão – tal como ocorre com as aves e uma grande diversidade de insetos. Decididamente, a multiplicação das formas de locomoção, ou a 'mobilidade', é particularmente típica do 'acorde animal', e produz especificações que irão se refletir nos próximos acordes – relacionados às classes, ordens, gêneros e espécies. Para o nosso animal em análise – o humano – a mobilidade adquire uma feição singular e única, através de um bipedalismo ereto que ajuda a demarcar o acorde da sua espécie[184].

---

elaboradas – através de processos como a fotossíntese – a partir de substâncias inorgânicas retiradas do meio ambiente. Enquanto isso, a 'nutrição heterotrófica', a exemplo do que ocorre com os seres vivos pertencentes ao Reino Animal, é aquela em que um ser vivo necessita se alimentar de outro, dele extraindo moléculas orgânicas já prontas. Em alguns casos o ser vivo heterotrófico devora outros animais que precisam ser mortos para esta finalidade, e em outros casos tem-se a atuação de seres decompositores, os quais decompõem a matéria orgânica já morta. / Para a questão que nos interessa, mais uma vez, não temos aqui, com a 'nutrição heterotrófica', uma nota exclusiva do Reino Animal, uma vez que esta forma de nutrição é compartilhada por animais, fungos, algumas bactérias e alguns protozoários. Aqui, é oportuno relembrar a concepção dos acordes, que prevê as chamadas "notas comuns".

183 A 'senciência', uma forma aprimorada de irritabilidade – ou talvez uma nova nota que surge no 'acorde animal' e passa a interagir intervalarmente com a já mencionada 'irritabilidade' – distingue a ampla maioria dos animais das bactérias, arqueobactérias, protistas, fungos, e também das plantas – embora, nesse último caso, não seja incomum o levantamento de questionamentos sobre a possibilidade de que as plantas também sintam de maneira mais sofisticada o ambiente e que tenham até mesmo a capacidade de interagir com emoções humanas. Todavia, até o momento a ciência admite mais claramente que a senciência começa a surgir com o Reino Animal, e que depende de um mecanismo mais eficiente de transmissão e integração centralizada das informações captadas pelos sentidos.

184 Embora uma grande variedade de formas de locomoção seja típica do conjunto dos animais – alguns deles possuindo duas, três ou mais estratégias locomotoras que podem se

Avancemos em nosso poliacorde. Os filos se multiplicam a partir do Reino Animal. Como nosso exemplo é o animal humano, o filo que nos interessa mais particularmente é o *Chordata*. Este filo – cujo marco mais destacado é a presença da 'notocorda', ao menos na fase embrionária – incorpora ao bioacorde uma série de características, mas vamos simplificar nossa síntese chamando apenas atenção para duas notas que serão especialmente significativas para a compreensão do que há de mais específico no animal humano. De um lado, a presença de um 'tubo nervoso dorsal' abre novas possibilidades para os acordes seguintes; de outro lado, a 'simetria bilateral' cria um padrão partilhado por uma diversidade de seres. Rigorosamente falando, estas duas notas – a simetria bilateral e o tubo nervoso dorsal – estão ligadas, formam um ajuste: novamente um *intervalo*, para evocar mais uma vez esse termo musical[185]. As soluções são muitas, em vários formatos, e algumas sinalizam ou realizam a conquista mais plena de um sistema nervoso central, principalmente no subfilo dos *vertebrados* – este no qual o animal já possui crânio, coluna vertebral e esqueleto[186].

A articulação entre estas três notas incide, mais uma vez, em uma miríade de formas e funções que se desdobram no nível acórdico seguinte através das cinco diferentes classes – peixes, anfíbios, répteis, aves e mamíferos. A música

---

alternar nos ambientes com os quais convivem ou diante de distintas situações que os desafiam – a locomoção não é, mais uma vez, uma nota exclusiva dos animais. Bactérias e protozoários de várias espécies locomovem-se, cada espécie à sua maneira, utilizando flagelos, pseudópodes ou cílios. Por outro lado, entre os animais, há as exceções que não apresentam propriamente mobilidade, como os vários tipos de esponjas (poríferos), que vivem fixos – embora, por outro lado, estes animais marinhos possuam flagelos que se movimentam de modo a produzir microcorrentes de água que o organismo filtra para produzir alimento. Deste modo, não deixa de existir uma espécie de movimento nas esponjas, mesmo que não haja deslocamento em relação ao ponto fixo no qual se estabelecem.

185 Além disso, os indivíduos deste filo – que seguem por três novos caminhos ou subfilos – também são todos triblásticos, celomados e deuterostômios. A circulação é fechada, de modo que o sangue transita exclusivamente no interior dos vasos sanguíneos; o tubo digestivo se completa. Apresenta-se principalmente, e é o fator que empresta o nome ao filo, a 'notocorda' – um bastão dorsal flexível que oferece um eixo de sustentação para o corpo. Nos vertebrados, subfilo dos Chordata que nos interessa por abrigar o animal humano, a notocorda é depois substituída pela coluna vertebral. / Para algumas definições mais rápidas: "triblásticos" são os animais que apresentam três tipos de tecidos (ectoderme, mesoderme, endoderme); os "celomados" são aqueles em que a cavidade embrionária (denominada 'celoma') é totalmente revestida pela mesoderme; os "deuterostômios", por fim, são animais que compartilham certos aspectos relativos à formação embrionária, que por ora não convém esmiuçar.

186 O filo *Chordata* se desdobra em três possibilidades de subfilos: o dos urocordados, o dos cefalocordados e o dos vertebrados.

produz mais música: uma nota inédita que se acrescenta, ou um novo intervalo que se apresenta a partir do encontro de duas ou três notas já familiares, implicam novos mundos de possibilidades. Uma nota trazida ao cenário biológico pela seleção natural abre espaço para a emergência de outra, ainda desconhecida. Ou, então, a nota que adentra a harmonia biológica encontra um ponto de articulação com outra nota que já estava presente no acorde, e forma-se um 'intervalo'. Há as notas comuns que derivam da relação de filiação entre dois acordes (a espécie que tem outra por ancestral, e que é produzida por um acorde que se transformou no outro); ou também as notas em comum que são atingidas, em dois acordes não correlacionados, através de caminhos diferentes e independentes, conformando aquilo que é definido como "convergência evolutiva"[187].

Música, enfim, produz mais música. As características demarcadoras do filo dos vertebrados se espraiam nas suas diversas classes, multiplicando-se e se reconfigurando na impressionante variedade de peixes, anfíbios, répteis, aves e mamíferos. E o biólogo, diante de tudo isso, maravilha-se. Para onde olhemos com uma boa imaginação musical ativada, não é possível deixarmos de nos deslumbrar com a impressionante sinfonia da vida – com as engenhosas soluções que surgem nestas experiências bem acabadas, algumas especializadas no nado, outras capazes de voos; estas prontas a caminhar sobre as águas, aquelas competindo e rivalizando com diferentes propostas para a corrida ou para o salto. Cada desafio que se apresenta à vida – da locomoção à nutrição, da reprodução à respiração, da estrutura óssea à regulação de temperatura – parece estar realizado em uma nova forma, com tal ciência e arte, que não é de se estranhar que muitos não consigam contemplar um espetáculo de tal magnitude sem pensar em um Deus criador ou em um *design* inteligente[188].

---

187 Tem-se a "convergência evolutiva" quando a seleção natural pressiona duas espécies distintas, independentes uma da outra – mas que às vezes enfrentam os mesmos desafios, vivem em habitats similares, ou desenvolvem comportamentos semelhantes – para que incorporem certas mutações que terminam por produzir características análogas. Exemplo clássico é o da endotermia, que foi alcançada por aves e mamíferos a partir de caminhos distintos, tornando-se nota característica destas duas classes que pertencem a linhas evolutivas bem separadas. Enquanto isso, o "olho" teria evoluído entre 40 e 60 vezes, de modo independente, em diferentes caminhos genealógicos do reino animal, assim como o ferrão teria sido desenvolvido pelo menos dez vezes de maneira inteiramente independente, em seres que vão das aranhas e cobras à planta urtigão (DAWKINS, 2009, p. 674).

188 O *Design* Inteligente constitui a base de uma teoria pseudocientífica – que, como toda pseudociência, não é falível e não pode ser submetida à prova. Nela, tenta-se enxergar a pre-

Por outro lado, devemos ter sempre em vista que, tal como não existe música fora da percepção humana da música (a Música, com suas realizações, não é algo concreto e já dado que preexiste à compreensão estética e histórica desenvolvida pelos seres humanos), também não existe previamente uma biomúsica que se faz ressoar secretamente com a história da vida em nosso planeta. Ao analisarmos a vida – ou ao ouvirmos os sons – nós, seres humanos, é que percebemos uma música. No caso da Música propriamente dita, podemos também reunir os sons que queremos, para *compor* música, de acordo com as nossas concepções estéticas. Dito de outra forma, são os seres humanos que dotam de certos sentidos a ordem dos sons, e a própria ordem da vida.

Poesia à parte, e de volta ao nível acórdico dos vertebrados, podemos atentar para o fato de que as duas últimas classes citadas – a das aves e a dos mamíferos – compartilham uma nova nota, o 'sangue quente'[189]. Com esta novidade, que lhes assegura uma temperatura constante através de processos 'endotérmicos', as duas classes podem ampliar seus habitats como nenhuma das outras classes de vertebrados. Iremos encontrá-las nos desertos e nos polos, entre as mais altas e mais baixas temperaturas – das águias-das-estepes e camelos aos pinguins e ursos populares. E, para já antecipar um pouco de nosso acorde fi-

---

sença de um projeto por de trás da exuberante profusão de soluções realizadas pela natureza no que concerne à variedade de seres vivos. A corrente contorna o Criacionismo, mas acaba recaindo em uma alternativa ao mesmo. A perspectiva científica da evolução, por outro lado, permite examinar essa mesma exuberância biológica sem ignorar a historicidade da própria manifestação da vida na Terra, sem deixar de analisar as conexões entre as suas várias manifestações, e sem desprezar a igualmente fascinante variedade de espécies extintas. Sobretudo, baseia-se em provas concretas, que vão dos vestígios fósseis aos registros que podem ser deduzidos da própria análise do DNA atual.

189 Nesta expressão verbal, há muita coisa envolvida. Por serem endotérmicos, e também homeotermos, os animais de 'sangue quente' podem conservar temperaturas corpóreas altas e constantes, a partir de processos internos, e de maneira relativamente independente do ambiente. Entre outras coisas, esta capacidade endotérmica articula-se ao novo formato do sistema respiratório nestes animais. Além de 'fechada', como já ocorria com todos os vertebrados (uma nota, de resto, também compartilhada com os anelídeos), a circulação sanguínea nas aves e mamíferos é 'dupla' e 'completa'. A 'endotermia' também produz um intervalo (uma relação) com duas notas respectivamente pertencentes à classe das aves e à dos mamíferos: a presença de penas, em um caso, e de pelos, no outro. Por fim, é importante ressaltar que aves e mamíferos chegaram à endotermia por caminhos distintos, constituindo este um interessante exemplo de "convergência evolutiva", que é o que ocorre quando duas espécies desenvolvem características semelhantes a partir de origens diferenciadas (desenvolvimento independente da mesma nota em duas espécies). Sobre a evolução da endotermia, cf. Hillenius e Rubem, 2004.

nal, nenhum outro animal, como o mamífero humano, mostra-se tão capaz de viver em tantos ambientes distintos.

Além das notas que compartilha com as aves, a classe dos mamíferos introduz de sua parte as suas próprias notas – a começar 'presença de pelos' e de 'glândulas mamárias', as quais lhe emprestam o nome. Para além disso, é nela que se difunde mais amplamente a 'viviparidade', uma nota que, mesmo não sendo sua exclusiva, torna-se extraordinariamente abrangente e característica nas diversas ordens desta classe[190]. E é aqui, em uma destas ordens – a dos primatas – e em uma família mais restrita (a dos hominídeos) que encontraremos o nosso intrigante animal humano, com sua música tão peculiar, a qual nos obrigará a falar simultaneamente de biologia e de questões antropológicas

Os seres humanos, antes de serem o que são (gênero e espécie humanas) são primatas, e, mais especificamente, pertencentes à singular família dos grandes primatas (hominídeos). Para encurtar o exemplo, vamos passar mais rapidamente pelas notas características trazidas pela ordem dos primatas e pela família dos hominídeos, esta última abrangente a todos os grandes primatas: chimpanzés, gorilas, orangotangos, e o próprio gênero humano. Apenas para considerar rapidamente o exemplo dos hominídeos (grandes primatas) três características logo se destacam: (1) a 'ausência da cauda', que distingue todos os grandes primatas dos macacos, (2) uma 'vocalização mais complexa' – a começar pelos impressionantes recursos vocais dos gibões[191] – e uma (3) inflexão à 'postura ereta', mesmo que, à exceção dos

---

190 A viviparidade é o processo de gestação no qual o embrião se desenvolve no interior do corpo da mãe, o que pode ocorrer mais excepcionalmente em alguns peixes, anfíbios e répteis, e também em alguns insetos; mas é precisamente nos mamíferos que a gestação vivípara se torna efetivamente abrangente, deixando de ser excepcional para estar presente na ampla maioria de suas espécies. Em todos estes casos, a gestação vivípara dá-se através de uma placenta que oferece ao embrião os nutrientes necessários, e que também tem a função de extrair os produtos a serem excretados, inclusive entre os marsupiais – infraclasse de mamíferos que apresentem placentas apenas rudimentares e transitórias. De outra parte, as duas únicas exceções de mamíferos ovíparos ainda presentes na natureza são trazidas pelo ornitorrinco e pela equidna – singulares sobreviventes de uma matriz extinta de mamíferos que compartilhava algumas notas comuns com a classe dos répteis, e outras que estão presentes na série evolutiva das aves. / Com relação à matriz amplamente preponderante de mamíferos, é oportuno acrescentar ainda que a combinação cruzada de 'sangue quente' e 'viviparidade' é talvez ainda mais importante para caracterizar o acorde-mamífero do que a combinação de 'pelos' e 'glândulas mamárias' – que, no entanto, já são duas de suas características exclusivas (o leite é a substância mamífera por excelência).

191 Os gibões, até pouco tempo, eram classificados entre os hominídeos. Depois, foram reclassificados na família *Hylobatidae*. Mas ainda fazem parte de uma superfamília com os

Homo, os demais grandes primatas não extintos ainda prefiram o deslocamento em quatro apoios. Estas poderiam ser apresentadas como as principais notas que adentram a família hominídea, inserida no interior da ordem mais ampla dos primatas. É oportuno notar que pelo menos duas destas notas estão intimamente relacionadas (ou seja, formam um 'intervalo'): a 'perda da cauda' e o 'bipedismo facultativo'. De fato, a cauda pode ser vista como um estorvo para o andar bípede, embora seja de grande utilidade para os macacos arborícolas que se locomovem aos saltos de galho em galho, uma vez que podem funcionar como lemes que asseguram o equilíbrio.

Vamos nos concentrar, com um exame de maior profundidade, no gênero humano, que é o objetivo principal de nossa análise acórdica. Quando buscamos apreender a música especificamente humana na história da vida, somos levados a não mais pensar apenas nas características biológicas (corporais, entre outras), mas também nas notas que já se referem mais propriamente a uma cultura. Dá-se margem a longas polêmicas com a indagação sobre o ponto no qual pretensamente a cultura se separa da natureza, de modo que não adentraremos este campo de discussões por ser desnecessário ao exemplo que estamos trazendo. O animal humano, de todo modo, situa-se neste ponto nodal; talvez não apenas ele, não importa neste momento. Mas o que certamente ocorre é que, ao considerarmos o 'acorde humano' – naqueles elementos que trariam uma configuração específica ao *Homo sapiens* – somos mesmo levados a pensar nas duas coisas, de maneira entremeada.

Características físicas mais salientes, que adquirem o peso de uma singularidade, são a 'postura definitivamente ereta', o 'telencéfalo desenvolvido' e a extraordinária 'flexibilidade manual' trazida pelos indivíduos pertencentes à espécie. No acorde relacionado à família dos Hominídeos – que inclui chimpanzés, gorilas e orangotangos, além dos humanos modernos e extintos – já tínhamos sinalizado uma 'inflexão à postura ereta'. A própria ordem dos primatas, de sua parte, já parece prenunciar um bipedismo facultativo – a possibilidade de se pôr nas duas patas traseiras, em algumas situações, para quase utilizá-las de forma bípede enquanto se libera as patas dianteiras para outras funções. Essa 'inflexão ao bipedalismo' parece se acentuar em alguns gêneros da família hominídea, embora na maior parte do tempo gorilas e chimpanzés

---

Hominídeos. Sobre a vocalização mais complexa nos hominídeos não humanos, cf. Gibson e Parker, 1990.

ainda prefiram a locomoção em quatro apoios. Nos humanos, entretanto, a 'bipedismo ereto' torna-se definitivo e permanente, desde quando o *Homo habilis* começou a andar sobre a Terra[192].

AS NOTAS DE TOPO DO BIOACORDE HUMANO

- Capacidade de atingir formas superiores de Consciência?
- Desejo de compreender a realidade (e não só de vivê-la)
- Notas existenciais (angústia, senso de finitude)
- Senso de Humor
- Criatividade Artística
- Linguagem simbólica
- Capacidade *Sapiens* (abstração)
- Telencéfalo desenvolvido
- Capacidade física para a Fala
- Capacidade *Faber* (de construir instrumentos e ambientes)
- Capacidade de instrumentalizar objetos e forças da Natureza
- Extraordinária flexibilidade manual
- Postura definitivamente ereta

Quadro 33: *As notas de topo do bioacorde humano*

---

192 Richard Dawkins dá alguns exemplos do bipedalismo facultativo que pode surgir em momentos diversos na vida de primatas de vários tipos: "Os gibões selvagens, cujo método mais veloz de locomoção é a braquiação – este balançar-se pelos galhos pendurados de braço em braço – também correm em clareiras sobre as pernas traseiras. Alguns macacos aprumam-se para enxergar sobre o capim alto ou para vadear um rio. Um lêmure chamado sifaca-de--verreaux, embora tenha principalmente uma vida arborícola e seja um espetacular acrobata aéreo, 'dança' no chão em meio às árvores sobre as pernas traseiras com os braços levantados, gracioso como um bailarino" (DAWKINS, 2009, p. 120). / Com relação aos bípedes preferenciais, e além das espécies que se enquadram definitivamente no gênero *Homo*, alguns hominídeos extintos teriam apresentado também uma forte inflexão para o bipedismo ereto, pelo menos alternativo. Entre a locomoção arbórea e a locomoção bípede em terra, a alternativa ereta já aparece entre os *Ardipithecus* (presentes na Terra entre 5,2 e 4,3 milhões de anos), entre as seis espécies descobertas de *Australopithecus* (presentes entre 4,2 e 1,9 milhão de anos) e entre as três espécies conhecidas do gênero *Paranthropus* (presentes entre 2,7 e 2 milhões de anos). Com relação ao ancestral comum que há mais de 6 milhões de anos teria dado origem tanto ao gênero humano (*Homo*) quanto ao gênero dos chimpanzés (*Pan*), possivelmente este teria tido uma inflexão menos acentuada para o bipedismo e, à maneira dos chimpanzés, talvez andasse preferencialmente com apoio nos pés e nas mãos. Sobre o bipedalismo, cf. Kingdon, 2003. Sobre hipóteses acerca dos primeiros bípedes na história da evolução, cf. McHenry, 1986; Lovejoy, 1988, p. 118-125.

No 'Quadro 32', por economia de espaço – e por considerar que já havíamos mencionado uma peculiar 'inflexão à postura ereta' no acorde dos hominídeos – preferimos deixar o espaço das singularidades humanas para registrar as notas relativas ao 'telencéfalo desenvolvido' e à 'notável flexibilidade manual', além de acrescentar as capacidades que já instituem cultura, como o 'uso de ferramentas', a 'capacidade de construir' e os diversos aspectos relacionados à abstração, tais como a 'linguagem simbólica'. Entrementes, sentimos agora a necessidade de elaborar um acorde mais bem desdobrado no que concerne à identidade do *Homo sapiens* perante outros tipos de animais. O 'Quadro 33' apresenta-se como uma proposta.

Nas notas de base deste novo quadro registramos aqueles fatores dos quais já falamos extensivamente nos parágrafos anteriores. Fazem parte deste setor de base, é claro, a 'postura definitivamente ereta' e a 'extraordinária flexibilidade manual', duas notas que se afirmam mais decisivamente com o *Homo habilis*, assim como a 'capacidade de instrumentalizar os objetos e forças já existentes na natureza' – uma capacidade que também se consolida naquela espécie humana, mas que se aprimora ainda mais com o *Homo erectus*. Esta nova espécie humana parece já ter descoberto, por exemplo, a possibilidade de capturar fogo. É importante considerar, diga-se de passagem, que esta conquista tecnológica ainda irá se ampliar extraordinariamente com o *Homo sapiens* arcaico[193], o qual já aprende a produzir fogo a partir da fricção da madeira seca. Da mera "captura do fogo" à "produção do fogo", já temos praticamente a passagem da descoberta à invenção, particularmente se pensarmos em termos de invenção de tecnologias. Por isso mesmo, como uma conquista

---

193 Algumas sinalizações temporais são oportunas. O *Homo habilis* – primeira espécie pertencente ao gênero *Homo* – surge há 2,4 milhões de anos. Seus fósseis foram encontrados na Tanzânia, Quênia, Etiópia e África do Sul. Posteriormente, estendendo sua permanência no cenário evolutivo por um período que vai de 1,8 milhão até cerca de 250 mil anos atrás, surge no gênero humano a espécie do *Homo erectus*, ao qual alguns se referem como *Homo ergaster* (DAWKINS, 2009, p. 92). Desta última espécie descendem os *Homo sapiens* arcaicos, que já adentram o cenário evolutivo há cerca de 350 mil anos, de acordo com fósseis descobertos em 2017 no Marrocos. Durante um período significativo, teriam coexistido as espécies do *Homo erectus*, do *Homo sapiens* arcaico e do Homem de Neanderthal – o que dá à pré-história humana mais a aparência de uma polifonia do que de uma melodia evoluindo em uma única direção. / Já com relação à família mais ampla dos hominídeos, bem mais antiga, esta abrange muitas outras espécies extintas que já se aproximavam de algum modo das características humanas. Os *Australopithecus*, por exemplo, são hominídeos que surgiram há 4,2 milhões de anos e que já se valiam francamente do bipedismo, apresentando já uma forte inflexão para a postura ereta.

que se amplia de espécie a espécie humana, logo acima da nota 'instrumenta-lização da natureza' – este gesto inteligente, mas ainda basicamente apropria-tivo – encontraremos a inconfundível 'capacidade *faber*'. Esta já irá permitir às espécies do gênero humano a franca criação e aperfeiçoamento de instru-mentos efetivamente novos (e não mais simplesmente a apropriação criativa dos objetos já existentes). Por fim, a feitura de instrumentos logo culminará com a possibilidade de construir ambientes, que seria muito importante para a posterior eclosão da revolução agrícola e para o estabelecimento da vida se-dentária (10.000 a.C.), sem mencionar a revolução urbana que ainda estava por vir com a passagem dos milênios. Da ocupação e decoração de cavernas, enfim, passa-se ao soerguimento de aldeias e à construção de cercados. Sabe-mos aonde nos levará esta extraordinária capacidade de construir não apenas instrumentos como também grandes ambientes: ao surgimento das cidades, indústrias, estações espaciais. Não obstante, por ora vamos nos concentrar nas notas básicas do nosso acorde.

Ainda com relação à flexibilidade manual, é preciso destacar que a tão co-mum menção ao 'polegar opositor' como característica física que distinguiria os humanos de todos os outros animais não é propriamente precisa, pois na verdade o polegar oponível já aparece de maneira muito marcante nos ou-tros gêneros que, junto ao humano, participam da família dos hominídeos (os chimpanzés, gorilas, orangotangos). O polegar opositor, portanto, poderia ser evocado mais como uma nota característica da família hominídea – embora também apareça em alguns outros primatas, ligados a outras famílias (como o gibão e o lêmure) e mesmo em algumas espécies ligadas a outras ordens de mamíferos, tais como o panda-gigante e o coala. Posto isto, mesmo ao reco-nhecer que o polegar opositor não é primazia humana, podemos de fato nos deslumbrar com a extraordinária 'flexibilidade manual' que foi incorporada ao corpo humano. A nota '*faber*' do acorde humano deve muito a esta 'flexibi-lidade', tanto quanto a nota '*sapiens*' deve ao 'telencéfalo desenvolvido'. Ambos os eixos confluem para produzir duas notas características que já adentram o mundo da cultura, uma articulada à outra: os já mencionados 'uso de ferra-mentas' e a 'capacidade de construir'[194].

---

194 A habitual dissociação que se costuma fazer entre cultura e natureza é apenas relati-va. Estes dois âmbitos interagem um com o outro nas duas direções. A certa altura de sua *Grande História da Evolução* [2004], o biólogo britânico Richard Dawkins discute esta inter-penetração entre cultura e natureza e oferece alguns exemplos bem significativos. Há inclu-

Os humanos não são os únicos animais capazes de transformar o meio circundante. Podemos citar como exemplos de espécies que exercem uma capacidade de redefinir o ambiente, ao menos com relação a aspectos específicos, animais tão diversificados como as aranhas e castores – capazes de tecer teias e erguer barragens – sem contar os corais que constroem ilhas com seus próprios corpos. Já as sociedades de insetos capazes de fundar bem organizadas colônias – como as das formigas e cupins – oferecem-nos o mais intrigante exemplo de uma capacidade *faber* coletiva, que além da diligente construção das mais complexas cidades subterrâneas também inclui a impressionante possibilidade de domesticação de outras espécies, tal como o cultivo de fungos e a escravização de pulgões para a produção de substâncias açucaradas com vistas à alimentação do formigueiro[195].

Não obstante estas impressionantes exceções mediadas pelos instintos e pela mecanização de tarefas especializadas no interior destas cidades de insetos, inegavelmente os humanos (e em particular a espécie dos *Homo sapiens*), conseguiram um extraordinário desempenho ao unir a sua capacidade concreta de 'flexibilidade manual' com a sua capacidade abstrata de planejamento e imaginação criadora. Não é por acaso que a primeira espécie a ser inserida

---

sive muitos casos de mudanças genéticas que foram impelidas pela cultura, entre as quais o surgimento de diversas espécies animais – como os cães que derivaram dos lobos à altura de seu convívio com acampamentos humanos, ou como as espécies dóceis surgidas da Revolução Agrícola no período neolítico. Esses vários exemplos trazem para o cenário biótico o poder dos seres humanos de transformarem a realidade à sua volta, incluindo a alteração da diversidade genética: "No reservatório gênico dos rebanhos não haveria mais vantagem para a velocidade na fuga ou outras habilidades de sobrevivência na natureza. Sucessivas gerações de animais domésticos tornaram-se mais mansas, menos capazes de sobreviver por conta própria, mais propensas a engordar e prosperar nas condições facilitadas da vida de animais de criação" (DAWKINS, 2009, p. 49). / Discute-se, ainda, a possibilidade de pensar a cultura em espécies não humanas, especialmente entre os primatas. Cf. McGrew, 1998; DeWall, 1999; Whiten, 1999.

195 Considerada a microescala dos insetos, pode-se dizer que as formigas são responsáveis pela construção de colossais cidades subterrâneas, seccionadas em milhares de câmaras que são unidas por extensas redes de túneis. Além destes impressionantes resultados que bem poderiam nos fazer pensar em uma curiosa "revolução urbana" que, em algum momento ancestral, teria mudado a vida coletiva destes insetos, as formigas também protagonizaram a sua própria "revolução agrícola". Há muito aprenderam a domesticar pulgões para o uso geral do formigueiro, da mesma maneira que aprenderam a preparar cuidadosamente lavouras subterrâneas de fungos. O biólogo Richard Dawkins não hesitou em observar que algumas formigas vão além, "prendendo afídios em currais, dando-lhes proteção em troca de 'ordenhá-los' – processo que consiste em cutucar-lhes a extremidade posterior para fazê-los secretar o caldo adocicado, que elas comem diretamente dos ânus dos afídeos" (DAWKINS, 2009, p. 461).

no gênero *Homo* – os *Homo habilis* – recebe seu nome em função de sua inflexão para o 'uso mais avançado de ferramentas', constituindo remarcadamente um "homem habilidoso". Da confecção de instrumentos de pedra mais simples e da instrumentalização criativa de objetos e forças já presentes ou recorrentes na natureza – como a descoberta do fogo pelo *Homo erectus* – e daí chegando à produção de instrumentos francamente originais e sofisticados pelo *Homo sapiens*, a nota *faber* adentra o acorde humano como um aspecto decisivo da sua música evolutiva[196].

Com relação à presença do 'telencéfalo desenvolvido', é uma nota humana que também se afirma desde os *Homo habilis*, e é particularmente por isso que os paleontólogos têm sido unânimes em situar esta espécie primata e hominídea já no alvorecer do gênero humano. A marca do limiar cerebral para o gênero humano, atualmente reconhecida, é a dos 750 c^3 – ponto de inflexão ao qual o biólogo Richard Dawkins se refere, com certa reserva, como o "rubicão" que foi ultrapassado pelos *Homo habilis*, e que praticamente instituiu o gênero humano[197]. Por aqui, talvez devêssemos considerar esta extraordinária expansão cerebral como a nota fundamental do acorde especificamente hu-

---

196 Vale lembrar que a instrumentalização de objetos já existentes na natureza pode ser vista em algumas culturas de chimpanzés que desenvolveram a prática de quebrar nozes com pedras. Possivelmente, a instrumentalização de objetos naturais era também praticada pelo concestral do qual se desdobraram o gênero *Homo* e o gênero *Pan* (este último formado pelas espécies dos chimpanzés e bonobos). Sobre o uso de ferramentas por chimpanzés, cf. Boesch, 1990; Beck, 1980; Matsuzawa, 2000.

197 É importante registrar que a expansão cerebral – embora longe de atingir os níveis alcançados pelas espécies humanas e, mais do que todas, pelos *Homo sapiens* – tem se apresentado de maneira significativa desde longas eras na classe dos mamíferos, intensificando-se ainda mais na ordem dos primatas, e por fim atingindo níveis extraordinários nas espécies humanas. Há um índice conhecido como 'coeficiente de encefalização' (CE) que procura avaliar quantas vezes o cérebro de vertebrados de uma certa espécie é maior do que deveria ser em relação a parâmetros de proporcionalidades referidos ao corpo do ser vivo examinado. Em comparação com a classe dos répteis, por exemplo, o cérebro médio dos mamíferos é proporcionalmente bem avantajado (STRIEDTER, 1997, p. 179-213). Já no interior da classe dos mamíferos, os cérebros dos animais pertencentes à ordem dos primatas mostram-se ainda muito mais expandidos – sempre considerada a proporcionalidade em relação ao corpo – quando comparados às demais ordens mamíferas (cf. RADINSKY, 1974, p. 15-27). No interior da ordem primata, por fim, os cérebros humanos foram progressivamente se expandindo nas várias espécies que surgiram historicamente no interior do gênero *Homo*, até culminar com a massa encefálica média de 1400 c^3 com os *Homo sapiens modernos*. / Uma curiosidade instigante refere-se a uma outra ordem, entre os mamíferos, que apresenta significativo tamanho cerebral: a dos cetáceos. O golfinho, de fato, é o animal cuja ampliação cerebral em relação ao corpo mais se aproxima do homem (cf. ELIAS & SCHWARTZ, 1969, p. 111-113). Isso ainda poderá nos dizer muita coisa, algum dia.

mano, embora seja bem provável que o 'bipedalismo ereto' – primeira nota a surgir – tenha favorecido o aumento do cérebro, e não o contrário. Com relação à 'capacidade física para a fala', esta já parece ter sido uma conquista bem mais recente, e os indícios são de que esta nota teria ressoado no cenário evolutivo com a transição dos *Homo sapiens* arcaicos (*Homo sapiens idaltu*) para os *Homo sapiens* modernos[198].

Não nos referimos aqui, ainda, à emergência da 'linguagem simbólica' – uma nota que já comentaremos, e que só parece ter adentrado o acorde humano há 40.000 anos. O que estamos categorizando como uma 'capacidade física para a fala' é simplesmente a conquista corporal de um aparelho fonador capaz de emitir sons mais complexos e diversificados, que permitiram que se iniciasse o processo de comunicação mais simples através da linguagem verbal. Quanto a utilizar esta capacidade de fala para comunicar uma linguagem que já se mostra incorporada por uma dimensão simbólica, esta é já uma nova nota, que só se mostra possível quando aliada a um nível mais profundo de abstração. Aqui chegamos à 'linguagem simbólica', que rigorosamente deveria estar colocada ao lado de outros fatores igualmente importantes que conformam, todos juntos, uma capacidade mais geral da 'abstração'. Esta, de outra parte, está intimamente ligada à 'inflexão para a cultura' – um movimento que vem ocorrendo na espécie humana há dezenas de milhares de anos, mas que há cerca de 40.000 anos, de acordo com as descobertas arqueológicas, parece se ter intensificado extraordinariamente. A inflexão para a cultura, neste momento, teria sido tão potencializada, que levou alguns cientistas enxergarem nela "um grande salto para a frente", visível para os estudos arqueológicos através dos fósseis e registros derivados do homem de Cro-Magnon[199].

A inflexão da linguagem, ao avançar na direção de uma incorporação mais efetiva de uma dimensão simbólica, alia-se à concomitante ampliação da ca-

---

198 DAWKINS, 2009, p. 103. A ideia de escolha de um "rubicão" de capacidade cerebral como marco para situar a fundação do gênero humano tem sua legitimidade bem relativizada por Richard Dawkins, que discute a gratuidade presente na escolha de marcos evolutivos como este. Com relação ao limiar de 750 c^2 para definir as espécies de hominídeos que já poderiam ser incluídas no gênero humano, este foi proposto por Arthur Keith em *Uma Nova Teoria da Evolução Humana* (1948). Com relação à fala, é possível que esta tenha passado a se expressar no acorde humano há 200.000 anos.

199 A expressão "Grande Salto para Frente" é de Jared Diamond, em *O Terceiro Chimpanzé* (1991). Vista como processo mais amplo, fala-se ainda em uma "revolução cognitiva" (HARARI, 2015, p. 28).

pacidade humana de abstração e à habilidade para representar o que não está presente, um aspecto que também está bem evidenciado pelas pinturas rupestres descobertas no fundo das cavernas francesas e espanholas que um dia foram habitadas pelos homens e mulheres de Cro-Magnon há 40.000 anos. Todos estes fatores parecem estar entrelaçados nesta nota que adentra decididamente o acorde humano, ou que pelo menos começa a soar com maior intensidade naquele momento do espaço-tempo. O grande salto para a cultura parece ser também o momento de surgimento da arte, sendo que, para além das já impressionantes pinturas rupestres, os registros arqueológicos mostram ainda os primeiros instrumentos musicais (flautas de osso). A ocorrência de bens levados para o túmulo parece anunciar também a emergência de uma crença em outros mundos ou na sobrevivência em relação à morte. Deste modo, as visões mágicas e protorreligiosas do mundo também fazem aqui a sua entrada no cenário cultural humano[200].

Os últimos aspectos discutidos levam-nos a coroar a nossa configuração acórdica com propriedades que, até onde se saiba, são tipicamente humanas. A 'criatividade artística', e o 'senso de humor' – este último talvez compartilhado com os chimpanzés – são notas altissonantes no acorde humano[201]. Além disso, talvez possamos incorporar aqui, como um novo grupo de marcantes características, as notas existencialistas às quais já nos referimos em outro momento deste ensaio. Não estará o animal humano inarredavelmente marcado pela angústia heideggeriana de ter a 'consciência da finitude' – seja esta decorrente da certeza de que cada indivíduo está destinado a morrer; seja derivada da

---

200 "Se não coincidiu com a linguagem, talvez o Grande Salto para a Frente tenha coincidido com a súbita descoberta do que poderíamos chamar de uma nova técnica de software: talvez um novo truque de gramática, como a oração condicional, que de um só golpe teria permitido a imaginação ganhar asas com o 'e se?' Ou talvez, de início, antes do Salto, a linguagem pudesse apenas ter sido usada para falar de coisas que estivessem presentes na cena naquele momento. Talvez algum gênio esquecido tenha percebido a possibilidade de usar as palavras referencialmente, como símbolos de coisas que não estivessem presentes. É a diferença entre 'a lagoa que nós dois podemos ver' e 'quem sabe existe uma lagoa do outro lado do morro'. Ou talvez a arte representacional, praticamente desconhecida no registro arqueológico anterior ao Salto, tenha sido a ponte para a linguagem referencial. Talvez as pessoas tenham aprendido a desenhar um bisão antes de aprender a falar sobre um bisão que não fosse imediatamente visível" (DAWKINS, 2009, p. 57).

201 A possibilidade de se falar em um "senso de humor" para animais é controversa. Darwin menciona essa possibilidade em um de seus livros (*A descendência do homem e a seleção sexual*), ao propor a possibilidade de se falar em "senso de humor", e outros aspectos subjetivos, relativamente a cachorros de estimação (DARWIN, 1998, p. 71).

242

incerteza de que poderemos sobreviver mesmo como espécie? Ou será ainda maior a "angústia da liberdade", esta decorrente da impossibilidade de não escolher, como foi tão bem argumentado pelo filósofo francês Jean-Paul Sartre? O homem é muito possivelmente o único animal a ter problemas existenciais. Sua memória lhe traz extraordinárias vantagens, mas também o extenuante peso de lembrar em excesso – tal como já observou o filósofo alemão Friedrich Nietzsche ao contrastar a sua inescapável infelicidade de "não esquecer" à vida simples e feliz de um singelo rebanho de ovelhas[202]. Aqui, nosso acorde humano começa a dialogar com uma dimensão filosófica. É típico dos humanos, ademais, o desejo de compreender a realidade, e não apenas de vivê-la. Não poderíamos propor como nota mais aguda de seu acorde a capacidade de atingir formas superiores de consciência? Mas não será igualmente típica do homem a ousadia de perguntar, contra a sua própria arrogância intelectual, se poderíamos mesmo dizer que somos autenticamente conscientes?[203]

Perto de terminar nossa tentativa de configuração deste acorde que é o humano, gostaríamos de lembrar que, tal como ocorre em todos os acordes, as diversas notas que o compõem também estabelecem relações intervalares – ou seja, produzem 'intervalos' ou relações recíprocas. Apenas para considerar as notas básicas do gênero humano, podemos lembrar, por exemplo, as relações entre o 'bipedalismo ereto' e a 'flexibilidade manual'. Foi o bipedalismo permanente que liberou mais francamente as mãos; e, logo, pode-se dizer que a postura ereta favoreceu o extraordinário desenvolvimento de uma maior flexibilidade manual. Mas para aprimorar ainda mais esta flexibilidade, e exercer toda uma gama de novas possibilidades manuais, talvez se possa dizer que essa nota tenha ainda dado a sua contribuição para aprumar ainda mais a postura ereta. Para manejar como arma um bastão ou uma clava, e, mais ainda, para adquirir a precisão de utilizar o arco, é preciso uma postura ainda mais ereta.

Entrementes, para fazer tudo isto, e para aprimorar as potencialidades manuais para muito além, é preciso reservar para o controle e diversificação destas funções novas áreas e estruturas especializadas do cérebro. Desta forma o 'telencéfalo expandido' torna-se ainda mais desenvolvido porque deve gerir uma série de comandos para os diversificados movimentos manuais e para as novas sensibilidades táteis trazidas pela mão *habilis*. Estas mãos, de sua par-

---

202 Nietzsche, 1873.
203 Ouspensky, 1983, 1985.

te, serão mais do que necessárias para produzir a arte – para desenhar bisões, esculpir estatuetas ou tocar instrumentos musicais, assim como, futuramente, para escrever – de modo que a 'capacidade de abstração' também termina por se entrelaçar com a 'flexibilidade manual'. Além disso, já nem é preciso dizer, todas estas notas se entrelaçam com o próprio 'cérebro expandido', que deve sempre e sempre desenvolver novas áreas e conexões neurais para cada nova função ou possibilidade gerada na vida humana. As notas de um acorde, enfim, interagem umas sobre as outras. Produzem intervalos...[204]

Podemos encerrar aqui a nossa pequena experiência de construir um acorde de notas características capazes de expor os traços essenciais da identidade do animal humano como ser vivo e ser existencial. Algumas outras notas poderiam ter sido acrescentadas, como a relativa perda de pelos que fez o gêne-

---

204 É particularmente complexo o jogo das relações intervalares entre as diversas notas que compõem o acorde humano. No âmbito destas relações intervalares, podemos considerar que uma nota pode estimular a expansão ou fortalecimento da outra, e vice-versa. Também podemos encontrar ligações intervalares onde menos se espera. A 'capacidade de abstração' – uma nota associável à 'expansão cerebral' – permitiu que os *Homo erectus* olhassem para um arbusto em chamas, após este ter sido atingido por um raio, e a partir deste evento antevissem certas potencialidades do fogo, como a de cozinhar alimentos. Os *erectus* domesticaram o fogo capturado nos eventos naturais; mas os *sapiens* iriam além, inventando uma tecnologia para produzi-lo com o atrito conscientemente provocado. Essa conquista básica – logo aplicada à técnica de cozinhar alimentos – permitiu que os seres humanos não apenas diversificassem sua alimentação, como também passassem muito menos tempo digerindo-a. Aqui entra uma interessante relação intervalar. Precisando de menos tempo e energia para digerir, o trato intestinal pôde ser encurtado. Sabe-se que um organismo precisa direcionar muito da sua energia disponível para manter um intestino mais longo, da mesma maneira que, mais ainda, um cérebro muito expandido também consome demasiada energia (nos humanos modernos, quando em repouso o cérebro consome 20% da energia disponível para o corpo inteiro). A partir do momento em que menos energia precisou ser direcionada para o sistema digestivo-intestinal – já que o fogo passou a fazer grande parte do trabalho de preparo e transformação do alimento – o organismo humano pôde redirecionar mais energia para manter um cérebro ainda mais expandido. Além disso, há estudos na área de história da nutrição que postulam que a expansão cerebral foi igualmente beneficiada pela assimilação de certas substâncias proporcionadas pela diversificação da nova dieta alimentar – esta última reconfigurada não apenas pelo uso do fogo, mas também pela oportunidade da caça. Destaca-se, deste modo, uma relação intervalar importante entre as mudanças nos hábitos alimentícios – possibilitadas pelo fogo e pelas armas de caça – e a expansão cerebral. Entrementes, devemos relembrar que foi o próprio cérebro expandido que favoreceu as capacidades de abstração que permitiram, simultaneamente, a domesticação do fogo e a invenção de armas e ferramentas para o corte. O ciclo se completa. Uma relação intervalar, em boa parte dos casos, mostra-se um caminho em dupla via, através do qual uma nota interfere e entrelaça-se com outra, tanto a fortalecendo como abrindo mais espaço para a sua expansão. / Sobre a hipótese que propõe uma relação entre o desenvolvimento paleolítico da tecnologia de cozinhar e a expansão cerebral, cf. Gibbons, 2007; Wrangham, 2010; Crawford, 1992.

ro humano se distanciar um pouco deste traço particularmente característico dos mamíferos para, a partir de algum momento de sua evolução, introduzir na natureza o primeiro e único "primata nu", concentrando seus pelos apenas no couro cabeludo, nas axilas e na região púbica[205]. Da mesma forma, é verdade que, ao considerarmos o mundo da cultura, poderíamos ter acrescentado muitas outras notas, tais como a singular 'capacidade de planejamento em longo prazo', a tendência a edificar extensas 'redes de intercâmbio e sociabilidade', ou o audacioso espírito aventureiro que favoreceu as 'explorações de longa distância' – todos traços muito singulares que, já no paleolítico, parecem se confrontar contra o mundo temporalmente imediatista e espacialmente encolhido de boa parte dos animais. O animal humano parece trazer consigo este inédito "olhar longo", capaz de se espraiar tanto no espaço como no tempo. Olhar alongado e profundo... Quem sabe não estaria entre as notas culturais trazidas pelo *Homo sapiens*, ademais, a própria 'vontade de conceito'?[206]

Mas vamos encerrar aqui a elaboração deste já alongado acorde vertical que poderia representar o conjunto de notas características e atributos do animal humano, em especial aquele relacionado à espécie *Homo sapiens*[207]. Com a experiência que realizamos, a qual poderia ser muito mais aperfeiçoada pelos especialistas em Biologia, o que quisemos mostrar é que a elaboração de acordes pode efetivamente ajudar a compor imagens mentais muito bem articuladas – capazes de serem aplicadas a áreas tão distintas como a História, Geo-

---

205 *O Macaco Nu*, aliás, é o título de um conhecido livro de Desmond Morris que aborda a espécie humana de um ponto de vista comportamental (1967).

206 A 'vontade de conceito' é o impulso humano para tentar compreender e organizar o mundo em entidades conceituais bem definidas – o qual se superpõe à igualmente típica 'vontade de nomear'. Sobre estas singularidades humanas, cf. Barros, 2015, p. 12.

207 Para cada espécie humana que já tenha existido, além da *sapiens*, poderia ser elaborado um acorde similar, que talvez acrescentasse ou excluísse algumas notas de topo, ou que poderia dotar de maior intensidade esta ou aquela nota. Por exemplo, na Ilha das Flores, na Indonésia, viveu uma espécie humana que se extinguiu há 50 mil anos (BROWN, 2004). Para sobreviverem em um ambiente ecológico que se tornou geograficamente isolado em decorrência de um aumento do nível do mar circundante – e que, concomitantemente, gerava a necessidade de lidar com uma maior economia de recursos em um ecossistema de extensão mais reduzida – os humanos desta espécie passaram a atingir uma altura máxima de um metro, com um correspondente peso-limite de 25kg. Estas, possivelmente ao lado de outras, seriam notas características desta espécie humana. Não obstante, o *Homo floresiensis* compartilha com o gênero humano, entre outras notas, a capacidade *faber* de produzir ferramentas, e muitos outros aspectos. Seu bioacorde, enfim, não seria muito distanciado dos homens modernos.

grafia, Psicologia, Linguística ou Biologia, entre muitas outras que poderiam se beneficiar deste procedimento.

*

Conforme pontuamos em momento anterior, enxergar um fenômeno complexo através de acordes nos leva a prestar atenção nas notas que o constituem, mas também nas relações que se estabelecem entre estas notas. Pensar acordicamente é pensar nas articulações, e visualizar a um só tempo as partes e o todo. A figura do acorde nos conduz a pensar em 'intervalos'. Permite-nos, ainda, que comparemos um acorde com outros acordes para perceber e dar a perceber as notas comuns. Podemos investir no entendimento ou no esclarecimento de como alguns acordes podem recair em outros, formando uma trama harmônica. Podemos aferir como um acorde se transforma ao acrescentarmos uma nota, ou ao substituir outra. A Biologia nos ofereceu, nesta seção final, um campo de experimentação. Todavia, a experiência realizada precisaria ser aprofundada pelos seus próprios especialistas, que poderiam aprimorá-la em muitas direções.

Gostaria de acrescentar que a perspectiva dos acordes aplicada às espécies vivas, antes que alguma objeção como esta seja aventada, *não* implica de modo algum que o animal humano precise ser visto como o acorde final e mais evoluído – ponto culminante de uma harmonia que teria sido prevista desde o início, para nele terminar apoteoticamente como uma inquestionável tônica que ao mesmo tempo justifica e conclui a música cósmica da bioexistência. Não (não necessariamente). Enxergar os acordes vivos, expressos pelas várias espécies que povoam o bioma, significa apenas explorar uma abertura criativa para a escuta de soluções harmônicas diversificadas – mas isso não diz que o acorde do 'animal humano' é necessariamente um acorde melhor ou mais importante do que a configuração acórdica de certa espécie de golfinhos, ou mesmo de determinado tipo de platelminto. Pensar a diversidade da vida a partir de acordes inclui a possibilidade de se libertar (se se quiser percorrer o caminho desta liberdade) de uma perspectiva evolucionista teleologicamente antropocentrada – o que não significa rejeitar em absoluto a ideia da evolução das espécies[208].

---

208 Diz Richard Dawkins: "A evolução alcançou muitos milhões de fins provisórios (o número de espécies sobreviventes no momento da observação), e não há nenhuma razão além da

Na arte musical, sabe-se que os acordes não apresentam (ou não impõem) uma hierarquia estética, mas nos oferecem, simplesmente, *música*. Um acorde, é importante frisar, não é inferior a outro – não há o perfume perfeito, que empurra todos os demais para o segundo plano olfativo, e a variedade sempre renovada é o maior presente que pode ser oferecido pela arte acórdica dos mestres perfumistas, assim como os compositores nunca deixarão de nos surpreender com músicas entretecidas a partir de novas soluções harmônicas e articulações possíveis de seus acordes. Não podemos olhar ou escutar um acorde como inacabado em relação a outro simplesmente porque o segundo acorde retoma todas as suas notas e lhe acrescenta uma nova nota, coroando-o com uma nova sonoridade. Uma nova nota não apresenta – aos ouvidos, aos olhos, ao paladar ou à mente – um acorde *melhor*, mas apenas um novo fenômeno sonoro, visual, olfativo ou conceitual. Na verdade, a nova nota que se manifesta, ou o novo encontro de sons que se forma, só é de fato o melhor para aquele momento, para o desafio estético se apresenta naquele instante musical específico e no interior de um contexto sonoro mais amplo. Esta pequena lição proporcionada pela estética musical pode nos levar a enxergar de novas maneiras a extraordinária diversificação do bioma no planeta Terra.

O espetáculo da vida nos mostra que podem surgir sempre novos acordes. Em alguns, certas notas substituem outras. Em outros, notas desaparecem ou recuam para o silêncio (sem que isso signifique que estamos diante de uma involução)[209]. Há ainda as possibilidades de notas que são adiciona-

---

vaidade – vaidade humana, diga-se de passagem, já que somos nós que estamos falando – para designar qualquer um como mais privilegiado ou mais culminante do que outro" (DAWKINS, 2009, p. 21). A evolução, enfim, é progressiva no âmbito de um arco de maior alcance – uma vez que vai aperfeiçoando corpos e aptidões no decorrer de milhões de anos – mas, ao lado disso, atua polifonicamente através de diversas linhagens de progressos nas várias espécies. Trata-se, claro, de uma peculiar polifonia, uma vez que no limite primordial todas as árvores genealógicas vieram se dispersando a partir de uma bactéria original.

209 Na história natural de uma certa espécie de ser vivo, o recuo de uma nota pode ser configurado, eventualmente, como um movimento regressivo, mas isso não significa que este movimento de retorno a uma característica anterior não esteja perfeitamente integrado à evolução da espécie em que ocorreu. Por exemplo, as espécies de peixes e mamíferos que se deslocam para o habitat das cavernas tendem a perder os olhos ou a diminuir a acuidade visual; em contrapartida, não é raro que tenham os sentidos do olfato e do paladar mais aguçados. Já mencionamos, em momento anterior, a retroação de asas em aves para as quais o voo tornou-se energeticamente oneroso, ou de alguma maneira perigoso em um espaço aéreo dominado por novos predadores, ou de pouca utilidade em um novo ambiente natural. As reduções no tamanho e massa corporal de uma espécie, de outra parte, podem ocorrer para atender a demandas impostas pelas condições de sobrevivência em uma nova

das: uma tríade se transforma em tétrade quando acrescentamos, em relação à fundamental, um intervalo de sétima, e podemos depois acrescentar uma nona, décima primeira, décima terceira. Mas nem por isso esses novos acordes serão melhores ou mais aperfeiçoados do que a tríade da qual originalmente partimos. Podemos também alterar uma das notas de um acorde para intensificar o nível de tensão ou, ao contrário, para promover maior estabilidade. Também não temos aqui uma situação melhor ou pior do que a outra. O tigre não é melhor do que o bicho-preguiça. O voo do beija-flor, produzido com um impressionante bater de asas de mais de 80 vezes por segundo, tampouco é melhor do que o majestoso voo do albatroz, que pode planar milhares de quilômetros consumindo um mínimo de energia. Ambos são obras-primas da natureza. Ou da evolução...

Não há acordes melhores. Há simplesmente música. Também não há inferioridade hierárquica no acorde que se encaminha ao outro, ou que neste resolve as suas dissonâncias – a não ser que o compositor (ou o analista) deseje trabalhar com esse modo de leitura. Dotado de sua singularidade, cada acorde é o mais adequado para o momento em que se expressa, e para a composição musical na qual se inseriu, tornando-se a construção sonora perfeita para a identidade musical que pretende realizar. Acredito que possamos levar essa consciência musical a interagir com uma consciência voltada para a análise da vida, em toda a sua diversidade. Não nos propomos a nos valer da perspectiva acórdica para promover hierarquias e "centrismos" de quaisquer tipos, embora este uso possa ser eventualmente imaginado, por outras cabeças, tanto na área das ciências humanas como na perspectiva biológica. A concepção acórdica, no caso da Biologia, pode ajudar a visualizar de uma nova maneira os fatos da evolução, ao mesmo tempo em que podemos investir nas narrativas evolucionistas não teleológicas – isto é, naquelas que procuram não se mostrar viciadas pela obsessão de enxergar um fim já dado previamente. Tal como

---

situação ambiental. Para dar um exemplo no âmbito do gênero humano, podemos mencionar a redução de altura para um máximo de um metro na espécie *Homo floresiensis*, cujos fósseis foram encontrados em 2004 na Ilha das Flores, na Indonésia. A dificuldade de obter recursos alimentícios para manter um corpo mais avantajado, neste novo ambiente dentro do qual este grupo humano havia sido isolado há cerca de 700.000 anos, fez com que a seleção natural pressionasse a descendência desta espécie para uma acentuada redução de tamanho em relação ao de seus ancestrais. Este recuo de tamanho, no novo ambiente, representou um ganho evolutivo para esta espécie humana específica, carinhosamente apelidada pelos paleontólogos de *hobbits* em homenagem aos personagens criados pelo escritor J.R. Tolkien (2012).

dissemos, na Música, os acordes são *diferentes* – belos e intensos nas suas diferenças – mas não melhores uns do que os outros[210]. Tornar-se mais apto para enfrentar os desafios de um novo ambiente, ou de um novo espaço-tempo, não é o mesmo que se tornar "melhor". Neste último caso, atribuímos um juízo de valor; e naturalizamos equivocadamente a ideia de melhor, como se existisse um "melhor" teleológico, como um fim a ser atingido. O exemplo da Música, como sempre, vem em nosso auxílio. Um novo ambiente harmônico passa a aceitar melhor alguns acordes, e não outros. Pensemos, por exemplo, em uma certa tonalidade ampliada, e depois em outra. Os acordes que funcionarão bem em uma delas (e existirão diversas opções), possivelmente não funcionarão todos na outra tonalidade musical. Os peixes devonianos dos quais descendemos não se aventuraram parcialmente na terra porque desejaram fazer esta escolha. Foram demandados a isso por alguma razão. A música mudou; e com a mudança da música – ou do ambiente – os acordes precisaram mudar. E assim, como na música, segue-se a vida[211].

---

210 Os peixes de nadadeiras lobadas que, no período devoniano, transitaram para um modo de vida anfíbio – e que por isso podem ser situados em nossa narrativa evolutiva como nossos antepassados distantes – não *melhoraram* ao conquistar o ambiente terrestre. Apenas passaram de um acorde ao outro. Um acorde – ao ser transformado em outro por substituição, adição ou subtração de notas – adquire novas possibilidades musicais, e abandona outras que o acorde anterior proporcionava. Se as criaturas tetrápodes nas quais parte dos peixes devonianos se transformaram adquiriram novas possibilidades com seu trânsito evolutivo, também "perderam" outras. Ganharam a terra, às custas do mar. / Para uma crítica das leituras evolucionistas teleológicas, cf. o preâmbulo de *A grande história da evolução*, de Richard Dawkins. Nessa obra, destaco esta passagem: "Um andorinhão com veia de historiador, justificadamente orgulhoso do voo como a óbvia realização suprema da vida, considerará os andorinhões – essas espetaculares máquinas de voar com suas asas arqueadas, que se mantêm no ar por um ano ininterrupto e até copulam em pleno voo – como o ápice do progresso evolutivo. Elaborando aqui uma fantasia de Stevan Pinker, se os elefantes pudessem escrever a história, talvez retratassem a anta, o mussaranho-elefante, o elefante-marinho e o macaco-narigudo como ensaios, principiantes ao longo da estrada principal da evolução da tromba, dando os primeiros passos sem que nenhum deles – sabe-se lá por que – alcançasse verdadeiramente o sucesso: tão perto, e no entanto tão longe. Os elefantes astrônomos talvez especulassem se, em algum outro mundo, existiriam formas alienígenas de vida que teriam atravessado o rubicão nasal e dado o salto final para a plena proboscitude" (DAWKINS, 2009, p. 23). Em tempo: a história da vida é evolutiva; mas não precisa ser hierárquica, monoprotagonística e unidirecional, como se fosse composta para culminar com a experiência do humano moderno. Para evocar a Música mais uma vez, pode-se dizer que se trata de uma história polifônica na qual as melodias vão surgindo e se desdobrando das melodias que as precederam.

211 A história natural oferece muitos exemplos que podem nos colocar diante de questionamentos sobre o que é o melhor ou o mais apto em termos de evolução. Por exemplo, o kiwi (*Apterix*) constitui um gênero de aves da Nova Zelândia que não voam, têm hábitos noturnos

Gostaria de passar à próxima seção acrescentando o comentário de que o que fizemos aqui, ao percorrer com alguma liberdade de análise o bioacorde humano, foi uma experiência criativa de adaptar a leitura taxonômica modernamente aceita a uma visualidade (ou escuta) acórdica, na qual cada nova nota acrescenta uma coloração pontual à definição conceitual que pode ser proposta para o entendimento das características e da identidade compósita que pode ser atribuída a um ser vivo específico – no nosso caso escolhido, o animal humano. Ao se introduzir no cenário proposto, cada nota contribui para estabelecer certos 'intervalos' – certas relações com outras notas que já fazem parte do acorde. O exemplo proposto baseou-se em dados científicos: realmente se sabe que um ser humano possui todas as características acima mencionadas. Algumas destas características são decorrentes de ele estar vivo, como qualquer outra espécie de ser vivo, inclusive as bactérias. Outras decorrem de ele ser um animal, vertebrado, mamífero, primata, hominídeo, e assim por diante. Melhor dizendo, esse animal humano é um animal porque apre-

---

e vivem em buracos escavados no solo. Por um lado, é intrigante saber que o kiwi desce de uma ave ancestral que voava. Na série evolutiva das aves, atrofiar as asas e perder a capacidade de voo traz uma ideia, à primeira vista, de que foi sacrificada uma habilidade mais evoluída. Por outro lado, os kiwis adquiriram uma boa capacidade de deslocamento em terra e um sentido de olfato incomum na ampla maioria de aves. É preciso dar asas à imaginação para pensar hipóteses sobre as demandas que teriam provocado os kiwis a se tornarem o que são. De um modo ou de outro, eles encontraram uma nova música, assim como várias das outras espécies de aves não voadoras. Já nem precisamos mencionar o bem conhecido exemplo do avestruz, que embora privado do voo adquiriu longas pernas capazes de percorrer 35 quilômetros em apenas meia hora, o que faz deste animal o bípede mais veloz do mundo. / A própria história da Evolução pode nos oferecer outros exemplos interessantes, e por vezes curiosos. Percorrendo um caminho inverso em relação ao dos peixes pulmonados que passaram à terra há 300 milhões de anos, as baleias – primas evolutivas dos hipopótamos, com quem compartilham um concestral – perderam as pernas para ganharem de novo os mares, e desde há 45 milhões de anos seus ancestrais passaram a imperar nos oceanos, embora as baleias de hoje estejam ameaçadas de extinção por causa dos inescrupulosos caçadores humanos. / Por fim, como falamos dos animais que mudaram, podemos dar o exemplo de um extraordinário animal que permaneceu mais ou menos o mesmo: o ornitorrinco. Como dizer que este animal, que aos olhos humanos assume uma aparência desengonçada na qual se misturam partes de mamíferos, répteis e aves, é menos apto, se ele sobrevive como tal há milhões de anos? Basta nos concentrarmos neste fabuloso órgão sensor que é o seu bico: um sofisticadíssimo captador dos pequenos impulsos elétricos que são produzidos na água pela movimentação muscular dos camarões – o principal quitute alimentar na dieta deste notável mamífero monotremado. De olhos, ouvidos e narinas fechadas – mergulhado com seu estranho bico de pato no mais escuro e espesso lodo – o ornitorrinco localiza suas presas com precisão absoluta, e assim vem reatualizando os aspectos morfológicos do seu bioacorde há um tempo incomensurável. Como chamá-lo de pouco apto, de esdrúxulo ou de menos sofisticado? Sobre o sistema sensorial do ornitorrinco, cf. Pettigrew, Manger e Fine, 1998.

250

senta certas características que são compartilhadas por todos os seres vivos pertencentes a este reino, da mesma maneira que o homem é um primata porque também possui outras notas características que são compartilhadas por outros gêneros e espécies pertencentes à ordem dos primatas.

A leitura acórdica do sequenciamento de características taxonômicas do animal humano, proposta exemplificativamente na penúltima seção deste ensaio, foi basicamente um recurso para chamar atenção para as notas que podem compor o conceito de "homem" (ou de "ser humano", mais propriamente), e para enfatizarmos certas relações que surgem entre estas notas. Além de mostrar os elementos que devem ser reunidos para configurar o conceito de "ser humano" – de uma perspectiva biológica que depois começa a derivar para uma leitura antropológica e mesmo filosófica – o procedimento permitiu que tivéssemos a todo instante também a imagem da totalidade.

Fica fácil de ver, através deste feixe de notas que se apresenta simultaneamente como uma totalidade e como um sequenciamento interativo de notas, que o ser humano apresenta-se no cenário biótico como um novo tipo de ser vivo, em sua integridade, mas que a sua identidade também é constituída por elementos singulares e específicos – por notas e relações entre notas. O recurso também torna claro que este animal humano partilha notas em comum com outros tipos de seres vivos – cujas identidades já poderiam ser desvendadas através de outros bioacordes – mas que ainda assim o homem é totalmente diferente de todos os demais bioacordes porque em nenhum deles existem exatamente as mesmas notas e as mesmas relações entre notas, e tampouco as mesmas intensidades (ou importâncias) atribuíveis a cada uma destas notas. É oportuno lembrar, aliás, que a presença de notas comuns em dois acordes distintos pode indicar derivação ou desdobramento de um destes acordes a partir do outro, ou não. De fato, na aplicação biológica, seria possível argumentar que uma nota comum entre dois bioacordes pode indicar ligação ou descendência entre duas espécies, ou apenas uma simples "convergência evolutiva"[212].

---

212 Como já foi dito, a "convergência evolutiva" é o fenômeno através do qual uma característica semelhante (em nossos termos, uma 'nota comum') surge independentemente, em duas espécies não relacionadas, ou seja, que não possuam um ancestral comum do qual pudessem ter herdado tal característica. Já mencionamos a nota 'endotermia' (o "sangue quente"), que é compartilhada por mamíferos e aves. Esta característica comum teria surgido nestas duas classes vertebradas por caminhos inteiramente diferentes, já que aves e mamíferos derivam de percursos distintos de ancestralidade. Possivelmente, foi o contexto da adaptação da vida em nichos menos concorridos e pouco aquecidos, ao lado de uma vida

O exemplo que foi aplicado à Biologia, nesta penúltima seção, poderia servir de inspiração para experimentos em outras áreas científicas. O acorde, levado da Música para o universo mental e conceitual de outros campos de saber, é um recurso, um procedimento clarificador, uma nova forma de escuta de aspectos que podem ser percebidos no fenômeno ou no objeto analisado. Os fatos e informações são sempre e necessariamente científicos (ou obtidos cientificamente), mas os modos de apresentar é que podem variar: podemos apresentá-los e organizá-los sob a forma de gráficos, desenvolvê-los a partir de argumentos dispostos em um fluxo lógico, sintetizá-los em fórmulas matemáticas ou... compor acordes! O que estamos propondo com os exemplos que desenvolvemos neste livro não é senão um novo modo de dispor e apresentar os dados, informações e construções lógicas, que continuam sendo (sempre) científicos. Da mesma forma, para além dos modos tradicionais de sua exposição, os conceitos podem ser apresentados como acordes conceituais, sem prejuízo de sua utilidade científica e de sua funcionalidade teórica.

De fato, as notas que foram propostas para ilustrar o experimento teórico aqui realizado, nesta penúltima seção, não foram inventadas: referem-se concretamente aos resultados das diversas leituras científicas que já foram desenvolvidas por muitos naturalistas, biólogos, geneticistas e paleontólogos, sempre à

---

noturna que evitava o domínio agressivo dos grandes répteis durante o dia, o que produziu a emergência desta mesma nota nos acordes relativos a aves e mamíferos. Pressões seletivas semelhantes tendem a favorecer adaptações similares. Para dar mais exemplos, as asas das aves, insetos e morcegos possuem origens evolutivas inteiramente diferenciadas, embora umas e outras tenham conduzido à mesma possibilidade ou função nestes três grupos: a possibilidade do voo. Ainda com os morcegos, podemos lembrar o recurso de ecolocalização – técnica na qual o animal emite pulsos sonoros e se orienta espacialmente pelos ecos que recebe de volta – sendo que a mesma habilidade também foi desenvolvida pelos golfinhos. De igual maneira, o sexto sentido elétrico foi desenvolvido, através de evoluções independentes, pelos ornitorrincos e pelos peixes "espátulas". Por vezes, há setores acórdicos inteiros que podem ser atingidos por convergência evolutiva em duas espécies distintas. Há uma grande série de mamíferos marsupiais, cujo desenvolvimento ocorreu isoladamente na Oceania, que repetiu combinações similares de soluções que já haviam sido encontradas por mamíferos placentários de outras partes do mundo, a ponto de esses animais oceânicos terem sido batizados com nomes análogos aos das espécies placentárias mais conhecidas ("lobo da Tasmânia", "marmota marsupial", e assim por diante). / Enquanto isso, se as notas comuns podem ser atingidas por caminhos acórdicos não relacionados, em outras situações a identificação das "notas comuns" também pode ajudar a perceber as ligações entre espécies (ou entre bioacordes). Na Música, ocorre o mesmo. A "nota comum" pode ser tanto encontrada em acordes de uma mesma família ou função, como pode ser encontrada em acordes radicalmente distintos um do outro, e por vezes com funções bem diferenciadas. / Sobre Convergência Evolutiva, cf. McGhee, 2011.

252

luz de evidências trazidas pela descoberta de fósseis ou pela meticulosa investigação do DNA, além de outros procedimentos comparativos que hoje permitem a reconstrução imaginária da exuberante árvore genealógica que derivou da primeira forma de vida do planeta. Com relação ao bioacorde humano que foi atrás discutido, podemos dar um exemplo pertinente. Sabe-se que o mencionado "grande salto para a frente na cultura" realmente ocorreu, e pode-se datá-lo com base em uma série de fontes que levaram a um maior entendimento das novidades que foram trazidas aos *Homo sapiens* pelos chamados 'homens de Cro-Magnon'. De fato, esta nota ou conjunto de notas que podem ser entendidas como uma 'inflexão intensificada no âmbito da cultura' – incluindo dentro de si o surgimento da 'linguagem simbólica' junto a outros aprimoramentos na capacidade humana de abstração – pode até ter a sua entrada historicamente localizada no acorde humano, já que os registros fósseis e rastreamentos genéticos indicam a sua ocorrência há 40.000 anos. E assim pode ser feito para cada uma das notas que surgem neste ou em qualquer outro bioacorde, uma vez que – tal como ocorre com as notas musicais – elas se manifestam necessariamente em um determinado momento ou duração, sendo passíveis de serem localizadas no espaço-tempo e, sobretudo, de ter a sua emergência demonstrada efetivamente. Também os intervalos específicos – as relações entre as notas ou componentes de um fenômeno mais amplo – devem ser sempre examinados cientificamente. Para dar um exemplo entre tantos, há pesquisadores que estudam com foco especial a inter-relação tríplice entre o surgimento de uma 'linguagem' mais sofisticada, o processo paleolítico de 'encefalização' e a capacidade humana de formar 'redes sociais de maior alcance'[213].

O uso da leitura acórdica em uma adequada perspectiva científica, enfim, implica que possamos sustentar de maneira legítima a proposição e presença de cada nota em qualquer acorde, valendo-nos de argumentação pertinente e evidências aceitas para aquilo está sendo dito, sendo fulcrais as articulações de indícios e comprovações que sejam capazes de demonstrar que aquela percepção teórica ou interpretação pode ser de fato proposta. Na Ciência, os acordes precisam ser pensados em função do que pode ser demonstrado, com um bem articulado entremeado de argumentação e de evidências científicas. Neste caso, os acordes não são criações decididas artisticamente. Podemos, sim, dar um contorno artístico-criativo a observações científicas, do mesmo modo

---

213 Aiello e Dunbar, 1993; Dunbar, 2003.

que podemos escrever um belo texto – inclusive do ponto de vista literário – sobre qualquer tema científico[214].

6.4 Teorias que surgem como incontornáveis tramas acórdicas: o evolucionismo de Darwin

Uma vez que trouxemos para o cenário de reflexão a Biologia, pode ser interessante nos demorarmos um pouco mais neste ambiente teórico, agora para falar de outras questões. Ainda dentro deste campo disciplinar, gostaria de desenvolver um último comentário expandido nesta seção final. A perspectiva taxonômica – introduzida mais sistematicamente no século XVIII, mas já presente em tateamentos classificatórios que remontam à Antiguidade Grega – pôde se beneficiar muito da perspectiva evolucionista introduzida na segunda metade do século XIX. De uma cuidadosa e sistemática descrição da variedade

---

214 De resto, é importante ter em vista que a sucessão vertical de acordes que acabamos de elaborar – no caso, para contemplar os diversos níveis taxonômicos até chegar à espécie humana – foi apenas exemplificativa e muito lacunar. Nossa proposta foi somente a de apresentar uma ideia: uma perspectiva musical de enxergar a realidade biológica. Um bioacorde mais válido deveria ser muito mais complexo, e incluir muitas outras notas em quaisquer dos níveis exemplificados – do filo vertebrado à espécie humana. Assim, por exemplo, o acorde hominídeo não teria como notas apenas a 'perda da cauda' (fechamento da estrutura vertebral no cóccix), a 'inflexão para o bipedalismo' e a 'vocalização mais complexa'. Se tomarmos o problema da apreensão das cores, por exemplo, destaca-se o fato de que – contra a visão bicromática apresentada pela ampla maioria dos mamíferos – os grandes primatas (hominídeos) reconquistaram uma visão tricromática. Esta poderia ser registrada como uma nova nota que adentra o acorde hominídeo. E assim poderia ser feito para muitos outros aspectos. / Diga-se de passagem, os mamíferos perderam a visão tricromática ainda no período Cretáceo. Como os dias eram dominados pelos dinossauros, os primeiros mamíferos refugiavam-se em uma vida noturna e em nichos menos expostos, de modo que a visão das cores terminou por se degenerar. Mais uma vez, isso mostra que as notas vão se manifestando ou recuando nos bioacordes em função das circunstâncias (da música) nas quais se inserem. É igualmente comum que certas notas surjam em um bioacorde para confrontar ou responder a outros acordes que se acham em uma relação antagônica no ambiente de confronto gerado pela luta pela sobrevivência. A arte do disfarce, desenvolvida pela seleção natural através de engenhosos artifícios de camuflagem nos mais variados seres vivos, é decorrente de uma concomitante ampliação da capacidade do inimigo em desenvolver os seus poderes da percepção através de sentidos aguçados; e as couraças fortalecidas se desenvolvem para melhor resistir à agressividade dos predadores que as fustigam. *Nota contra nota* – dente-de-sabre contra couraça; velocidade de fuga contra velocidade de ataque; disfarce contra percepção aguçada – a escrita musical da vida também é contrapontística, e depende não apenas da harmonia geral circundante, mas também dos demais acordes que nela se inscrevem. Um último exemplo é o das relações simbióticas de mutualismo entre duas espécies distintas, nas quais um bioacorde harmoniza-se com outro e, a partir daí, ambos aperfeiçoam ainda mais as suas condições de sobrevivência.

de seres vivos, passou-se a uma análise problematizada de suas conexões – tanto as *sincrônicas* (aquelas que se dão no interior de seus ecossistemas atuais) como as *diacrônicas*, que se estabelecem genealogicamente no âmbito de uma história que pode ser recuperada até os seus mais remotos instantes, nos chamados tempos pré-históricos. Em tese, nossa imaginação, datação e análise taxonômica podem recuar até a primeira protobactéria da qual descendem todos os seres vivos.

Com a perspectiva evolucionista, um novo critério de organização passava a interagir com as taxonomias que meramente inventariavam as características intrínsecas e as relações de semelhança entre os seres vivos: a busca de relações de parentesco evolutivo entre as várias espécies. Para tal projeto, a História irmanava-se efetivamente com a Biologia através de uma teoria e prática que finalmente parecia merecer o título de História Natural, em uma extensão que poderia ser postulada como a mais rigorosamente apropriada para este termo. Em meados do século XX, a Cladística, aperfeiçoando nesta mesma direção as taxonomias que desde Lineu procuravam registrar a variedade dos seres vivos, empenhar-se-ia em construir a sua leitura das séries bióticas exclusivamente com base nas hipóteses de relações evolutivas[215].

A assimilação de uma dimensão histórica e genealógica que deveria passar a acompanhar o impulso de classificar os seres vivos, sempre e necessariamente, é um dos muitos sinais que revelam a importância e impacto da figura de Charles Darwin (1809-1882), e principalmente de sua obra, para a sua época e para a consolidação futura das ciências naturais. Sua importância e reconhecimento, aliás, só tendeu a se ampliar nos séculos seguintes. Embora a ideia de uma perspectiva evolucionista já estivesse no ar desde o princípio do século XIX, *A Origem das Espécies* (1859), de Charles Darwin, tornou-se a obra matricial de uma nova concepção sobre a imensa variedade de formas vivas, e sobre como o mundo chegou a ela. Quero aproveitar essa menção para uma última reflexão sobre a possibilidade de pensarmos o conhecimento nos termos do desenvolvimento de harmonias teóricas, que lidam com construções complexas e conceituais que podemos assimilar a noções como a de 'acorde'.

Na Música, os padrões de escuta se transformam com a história e com o tempo, ao atravessar os diversos espaços sociais e culturais nos quais se apre-

---

215 A Cladística consolida-se a partir do entomólogo Willi Hennig (1913-1976), tendo como ponto de partida a obra intitulada *Noções Básicas para uma Sistemática Filogenética* (1950).

sentam as variadas realizações musicais que vão sendo produzidas pelos compositores e *performers*, e que são concomitantemente assimiladas por diferentes tipos de ouvintes. Algumas vezes, neste ensaio, ressaltei que o conceito de 'dissonância' é relativo: uma formação sonora que pode ter sido percebida em uma época como dissonante pode passar a ser percebida por outra época como consonante – como ocorreu, por exemplo, com os intervalos musicais de terças e sextas, que eram percebidos como dissonâncias no período medieval e foram se tornando consonantes a partir da modernidade musical renascentista. Em várias oportunidades, a história da música tem nos mostrado casos em que uma dissonância aparentemente "indomável" termina por encontrar seu bem ajustado lugar em outro sistema musical. O exemplo clássico, já mencionado anteriormente, é o do famoso *diabolus in musica* (tal como foi um dia chamado o intervalo 'si-fa' que tanto incomodava os ouvidos medievais). No âmbito da estabilidade auditiva medieval, e no antigo sistema modal, este intervalo era considerado perturbador. Inserido no sistema tonal moderno, o trítono (intervalo 'si-fa') tornou-se uma dissonância fundamental e imprescindível para este sistema, pois se mostrou capaz de produzir tensões esteticamente úteis que seriam adequadamente resolvidas nos acordes seguintes[216]. Simplificando, se em um sistema o trítono foi evitado, aviltado ou mesmo perseguido, no outro sistema passou a ser aceito, e já não podíamos viver sem ele. A Música nos dá sempre interessantes exemplos, e quero aproveitá-los como metáforas para compreendermos o papel do evolucionismo darwinista na nova harmonia teórica que começava a se afirmar cada vez mais no mundo europeu-americano oitocentista da segunda revolução industrial.

Não há como deixar de reconhecer que a *Teoria da Seleção Natural*, de Charles Darwin, impactou decisivamente o ambiente intelectual de sua época. Por um lado, suas proposições eram fortes e perturbadoras, e estavam prontas a afrontar muitas das crenças e convicções que permaneciam bem vigentes na segunda metade do século XIX. As ideias evolucionistas são hoje muito familiares, pois são ensinadas, como aliás devem ser, já nos primeiros anos dos

---

216 A designação (*diabolus in musica*) aparece mais tardiamente, já no século XVII, no tratado de um músico eclesiástico conservador (*Gradus ad Parnassum*, de J.J. Fux, 1725). Mas os músicos católicos medievais possivelmente não rejeitariam essa designação que tão bem representa o incômodo que, para eles, era trazido pelas dissonâncias contidas no trítono – um intervalo não mais de 'quinta justa' (a chamada consonância perfeita), mas sim de 'quinta diminuta'.

bancos escolares. Não é sobre elas que quero discorrer nos últimos instantes deste livro, mas sim tangenciar de maneira instigante um pouco da história da sua aceitação[217]. Também gostaria de comentar, ainda de passagem, que na mesma época de Charles Darwin um outro extraordinário cientista dava os primeiros passos em outro campo igualmente importante para a Biologia, que foi o dos estudos da Genética. Trata-se do biólogo e botânico austríaco Gregor Mendel (1822-1884), que já não teve a mesma sorte de ser reconhecido em sua época, apesar de trazer uma contribuição inestimável que ficou esquecida por trinta e cinco anos até finalmente ser devidamente recuperada por cientistas a partir do século XX[218]. Mas, neste momento, quero discutir o caso do evolucionismo nascente no século XIX, que logo despontaria como uma nova e decisiva maneira de compreender a grande variedade da vida no espaço-tempo terrestre.

Darwin não estava sozinho quando ocorreu o ponto de amadurecimento de suas ideias sobre uma lógica evolucionista regida pela "seleção natural" (um conceito por ele introduzido). Particularmente na Inglaterra, já se formava em determinados meios intelectuais um certo ambiente harmônico que poderia

---

217 Apenas para situá-la nos seus pontos essenciais, podemos resumir os cinco princípios que interagem na teoria evolucionista proposta por Darwin. Além de reconhecer que todas as espécies são mutáveis (1), considera-se que todos os organismos descendem – através de um processo de evolução ramificada – de um ancestral comum (2). Para Darwin, a evolução é sempre gradual (3) – aspecto que foi matizado por biólogos que o sucederam. Como regra geral, as espécies tendem a se multiplicar (4). Por fim – e talvez possamos situar esta como a nota fundamental do acorde de "evolução" proposto por Darwin – os indivíduos e espécies estão sujeitos à lei da Seleção Natural (5). Não será o caso de analisar esta harmonia conceitual no momento, mas pode-se facilmente observar que existe uma perfeita interação (ou relação intervalar) entre as diversas notas que compõem o conceito de "evolução" conforme a perspectiva darwinista: 'mutabilidade da vida', 'ramificação a partir de um ancestral comum', 'gradualismo', 'tendência à multiplicação de espécies' e 'seleção natural'.

218 Gregor Mendel (1822-1884) era naturalista, especialmente dedicado à Botânica, e meteorologista; mas também era um monge agostiniano. Formulou as leis que regem a transmissão dos caracteres hereditários, e as apresentou à comunidade científica em 1865. A extraordinária importância do seu trabalho não foi reconhecida senão após a virada para o século XX. Os ouvidos não pareciam estar prontos para a escuta da harmonia teórica que começou a desenvolver com base em uma sólida argumentação e em experiências muito concretas a partir da análise de cruzamentos de ervilhas. Com ele, a Genética dava os seus primeiros passos, embora isto só tenha sido reconhecido depois. O século seguinte formularia um novo paradigma biológico colocando a interagir a teoria evolucionista de Darwin e a genética mendeliana – ou "harmonizando" estas duas perspectivas teóricas, se quisermos tomar mais uma expressão emprestada à Música –, sendo que depois os estudos genéticos tomaram rumos surpreendentes. As descobertas de Mendel, entretanto, só se beneficiaram de uma ampla publicização muitos anos depois de sua morte.

abrigar favoravelmente as novas perspectivas evolucionistas. O jovem naturalista Alfred Wallace (1823-1913), por exemplo, chegou a concepções bem similares às de Darwin na mesma época. Isto até mesmo acelerou o desejo de Darwin de publicar o quanto antes as observações sistemáticas que já vinha realizando há anos, como apoio à sua concepção evolucionista. Ele se demorava um pouco na decisão de tornar públicas as suas ideias porque sabia que elas perturbariam consideravelmente uma parte significativa da sociedade e do meio intelectual de sua época[219]. Talvez por isso, Darwin vinha adiando o inevitável momento em que introduziria as suas ideias no cenário científico de sua época, mas o fato de ter percebido que também Wallace acabara de se aproximar dessas ideias por um caminho independente terminou por precipitar a sua decisão de publicar simultaneamente um resumo de suas pesquisas sistemáticas e o novo sistema conceitual que propunha[220].

Na verdade – embora radicalmente contrária ao que se pensava sobre a origem da vida nos meios comuns e na maior parte dos meios científicos – a concepção evolucionista já estava de alguma maneira no ar quando Darwin

---

219 Stephen Jay Gould (1941-2002) chamou esta longa espera de "a protelação de Darwin" (1977). Alguns aspectos se combinaram para motivá-la. Darwin havia lido em 1844 um livro intitulado *Vestígios da História Natural da Criação*, escrito por um jornalista anônimo. A obra propunha uma perspectiva evolucionista, mas sem basear-se em sólidas evidências de pesquisa e sem apoiar-se em uma linguagem científica, tendo despertado uma implacável crítica do público religioso. A recepção furiosa deste livro fez Darwin perceber que precisava assegurar duas coisas antes de impactar a sociedade inglesa com uma obra tão desafiadora como a sua *A Origem das Espécies*. Precisava fundamentá-la em tantos dados quanto pudesse, e precisava se legitimar mais como cientista. Para assegurar este último aspecto, resolveu se desviar estrategicamente para a elaboração de um livro mais técnico e específico de história natural, sobre as cracas, de modo a conquistar um lugar mais visível entre os naturalistas ingleses antes de lançar sua grande obra. Também receava as críticas ferozes dos religiosos e dos setores intelectuais mais conservadores.

220 Darwin, que vinha trabalhando na sua teoria da evolução há já cerca de vinte anos, teve de fato uma terrível surpresa ao receber em 1858 uma carta do jovem naturalista Alfred Wallace, que vinha desenvolvendo pesquisas nas Ilhas Moluscas, na Indonésia. Wallace queria a sua opinião, como naturalista mais experimentado, sobre a teoria evolucionista que havia desenvolvido, e suas ideias eram de fato muito próximas das de Darwin. Como mencionamos na nota anterior, Darwin aguardava estrategicamente um momento mais apropriado para a publicação de suas próprias ideias, pois temia que sua carreira pudesse ser prejudicada pela inevitável perturbação que sua teoria iria provocar. Mas quando viu que Wallace chegara a conclusões similares, de forma inteiramente independente, quase entrou em desespero. Escreveu em uma carta a seu amigo Charles Lyell uma frase sintomática: "toda a minha originalidade será esmagada". Esta tensão se resolveu quando Charles Lyell e o botânico Joseph Dalton Hooker propuseram que os dois trabalhos fossem apresentados simultaneamente à Linnean Society of London. Isso ocorreu em 1° de julho de 1858, e logo depois Darwin se apressou a dar uma forma final à sua famosa obra *A Origem das Espécies* (1859).

publicou seu emblemático livro sobre *A Origem das Espécies* (1859). Mesmo antes das já referidas pesquisas independentes de Alfred Wallace, dois outros pesquisadores – William Charles Wells (1813) e Patrick Mathew (1831) – já haviam desenvolvido nas décadas anteriores propostas que não estavam tão longe da perspectiva evolucionista apresentada por Darwin, tal como o próprio naturalista inglês reconhece no prefácio para a sexta edição de seu livro *A Origem das Espécies*, publicado em 1876. Os receios de Darwin com relação à divulgação prematura das ideias evolucionistas não eram decerto infundados. A perspectiva evolucionista, obviamente, envolvia – e envolve ainda hoje – uma grande possibilidade de melindrar religiosos dogmáticos, uma vez que a sua explicação sobre o desenvolvimento da vida e sobre o surgimento das espécies não necessita da intervenção divina como variável independente. Ainda hoje, em certos ambientes – e bem mais do que isso deveria ocorrer – a teoria da evolução ainda provoca resistências, e já existem mesmo novas reações criacionistas às ideias de Darwin e às perspectivas evolucionistas que foram posteriormente aprimoradas, e isso em pleno século XXI.

De todo modo, quero me concentrar na própria época de Darwin. Após a publicação de seu trabalho, aconteceu o que Darwin já temia (e que talvez o motivava a se demorar demais na publicação de sua obra). Ao lado de uma parte do meio científico que se maravilhou com a nova lógica evolucionista esclarecida pelo naturalista inglês, Darwin também não deixou de receber críticas ferrenhas da Igreja, da Imprensa, e mesmo de setores mais conservadores dos meios científicos[221]. Tanto que, na segunda e na sexta edições de sua obra, Darwin fez algumas alterações, acrescentamentos e concessões que visavam abrandar a dissonância que sua obra produzira no quadro mais geral das concepções vigentes sobre a origem e variedade da vida. Estas alterações não prejudicaram a teoria como um todo, mas tentaram amenizar o seu impacto em grupos mais específicos de leitores. Para retomar a nossa metáfora musical, era como se, ao perceber que seus novos acordes eram ainda muito dissonantes para alguns de seus ouvintes, Darwin procurasse suavizá-los com timbres mais apropriados – ou como se estivesse tentando preparar melhor os ouvidos daqueles que poderiam escutar a nova música que estava propondo.

---

221 Contra Darwin, não faltaram nos jornais ingleses da época as caricaturas depreciativas que mostravam o naturalista inglês como um macaco. Cf. Browne, 2001, p. 496-509.

Na segunda edição de *A Origem das Espécies*, Darwin acrescentou uma epígrafe extraída de um texto de autoria do bispo anglicano Joseph Butler (1692-1752) que discorre brevemente sobre a importância dos "milagres" e de um "fator inteligente" para a evolução. Ora, tal epígrafe, particularmente no primeiro dos seus termos, está em franca dissonância com a lógica apresentada por Darwin, pois a argumentação do naturalista inglês em toda a sua exposição teórica leva à percepção de que Deus não precisaria, em absoluto, estar presente na equação da evolução dos seres vivos. Na verdade, a existência ou não de Deus não contradiz as ideias de Darwin e nem as apoia: são irrelevantes para o problema. Mas a ideia de que os milagres são importantes para a evolução das espécies realmente não soa bem dentro deste acorde: seria melhor dizer que Deus criou um sistema lógico, no qual o espaço-tempo e a seleção natural entravam como os principais artífices, do que evocar interferências divinas no processo evolutivo. Para conciliar o "sopro divino" com a perspectiva evolucionista – ou para ajustar as duas notas em um único intervalo – o gesto criador em relação à vida só deveria ter ocorrido uma única vez, pondo-se a partir daí o sistema biótico a se autorregular e a gerar as suas próprias transformações, o que implica colocar efetivamente de lado a imagem de que Deus tocara cada uma de suas criaturas de maneira independente[222]. De todo modo, a dissonância produzida pela introdução de um comentário religioso ficou mesmo relegada à epígrafe, sem afetar o conjunto da obra e a nova harmonia teórica que estava sendo proposta. Convenhamos, entretanto, que aquela epígrafe – *dissonante* em relação ao restante da obra, mas mais *consonante* em relação ao que os leitores da época já estavam acostumados a escutar sobre o tema – prepara melhor os ouvidos conservadores, mesmo que depois se mostre francamente desalinhada de todo o resto da composição.

Posto isso, o sucesso da teoria da evolução foi estrondoso para uma parte significativa de públicos diversos – mostrando que outros ouvidos já ansiavam

---

222 Diz-nos Charles Darwin, em uma das partes iniciais de sua obra: "Quando analisamos o problema da origem das espécies, compreendemos facilmente que o naturalista que analisa as afinidades mútuas dos seres vivos, suas relações embriológicas, sua distribuição geográfica, a sucessão geológica e demais fatos semelhantes chegue à conclusão de que as espécies não devam ter sido criadas de maneira independente, mas que, da mesma forma que as variedades, descendam de outras espécies. Todavia, essa conclusão, mesmo sendo bem fundamentada, seria insatisfatória, a não ser que se pudesse mostrar como as incontáveis espécies que existem nesse mundo teriam sido modificadas, até alcançarem a perfeição estrutural e de coadaptação que de forma tão efetiva excita a nossa imaginação" (DARWIN, 1946, p. 31).

por uma nova harmonia teórica, capaz de esclarecer uma lógica subjacente à enorme variedade de formas de vida que vinham sendo esmiuçadas pelas pesquisas desenvolvidas por naturalistas desde princípios do século XVIII. Tanto que os 1.250 exemplares da primeira edição de *A Origem das Espécies* logo se esgotaram, e em apenas dois meses ocorreu a segunda edição. Dois anos depois (1861) ocorreria uma terceira edição, e sucessivamente surgiriam outras – em 1866, 1869 e 1872 – até chegarmos à sexta edição de 1876, que foi o último texto alterado da obra. Em todas as edições de sua obra maior, Darwin foi fazendo pequenos ou maiores ajustes: ou para amenizar as dissonâncias ou para retomá-las, como se estivesse buscando o tom mais adequado para que a obra alcançasse um maior público mas sem concessões desnecessárias que prejudicassem o caráter científico e revolucionário da obra em seu âmago. Na sexta edição, por exemplo, o termo "Criador" aparece algumas vezes onde antes não estava, inclusive na página final, mas sempre de maneira que não afete em nada a argumentação desenvolvida ou suas implicações, quase sendo utilizado como um ornamento poético de linguagem.

> "Assim, da guerra da natureza, da fome e da morte, surge diretamente o mais excelso objeto que somos capazes de conceber: a produção dos animais superiores. Há grandeza nessa visão da vida, com seus vários poderes, insuflada que foi originalmente pelo Criador em algumas formas ou em uma, e no fato de que, enquanto este planeta prossegue seu giro em conformidade com a imutável lei da gravidade, de um começo tão simples evoluíram e continuam a evoluir infindáveis formas, as mais belas e fascinantes" (*A Origem das Espécies*).

De maneira muito bem dosada e comedida, a palavra "Criador" parece atender à estratégia discursiva de suavizar os ouvidos dos muito religiosos, mas sem constranger a leitura científica com uma dissonância intragável ou incompatível que pudesse pôr toda a harmonia a se perder. Note-se que o sistematizador da teoria evolucionista deixa que se entreveja claramente o princípio de que possivelmente todas as formas de vida teriam sido provenientes de uma única ("a vida insuflada originalmente pelo Criador em algumas formas *ou em uma*")[223]. As palavras são bem escolhidas, com a paciência de um

---

223 Darwin iria mais tarde oscilar diante desta concessão discursiva – o uso da palavra "Criador" no desfecho de uma teoria que trouxe como uma das grandes originalidades a possibilidade de prescindir desta referência. Na verdade, a teoria evolucionista até mesmo poderia explicar a poderosa ilusão de que a exuberante e sofisticada perfeição dos organismos vivos revelava necessariamente um projeto meticulosamente realizado por uma inteligência su-

compositor que seleciona meticulosamente os melhores timbres para a sua sinfonia, ciente de que logo ela terá de ser tocada pelas grandes orquestras e para os mais diversos auditórios. Por assim dizer, Darwin havia escrito o que tinha que escrever – ou composto a música necessária para uma nova época – mas precisava educar os ouvidos comuns para que pudessem receber sua obra sem maiores sobressaltos. O próprio encurtamento do título – que originalmente era *Sobre a Origem das Espécies por meio da seleção natural, ou a preservação das raças favorecidas na luta pela vida* – também revela o caminho da obra rumo a uma maior popularização.

Com muito cuidado, Darwin parece bastante empenhado em preparar os ouvidos e mentes da época para o que tinha a dizer, e isso já ocorre desde a primeira edição de seu livro. Assim, o naturalista inglês preocupa-se em mostrar que suas conclusões não eram prematuras nem negligentes, e que haviam sido produtos de uma pesquisa de muitos anos, com observações recolhidas em viagens sistemáticas para pesquisar a fauna e flora em seus ambientes bióticos e geológicos. Literalmente se desculpa com o leitor pelo fato de citar na obra pormenores de caráter pessoal, que tinham o fito de mostrar que suas conclusões não eram "resultado de uma atitude precipitada". Esse cuidado também ajuda a explicar a demora de Darwin em publicar sua obra máxima[224].

Avancemos um pouco mais nesta instigante página da História Intelectual moderna. Outro personagem especialmente importante na preparação dos

---

perior. Em uma carta ao botânico inglês Josep Dalton Hooker (1817-1911), Darwin comenta seu arrependimento de se ter deixado intimidar pela opinião pública nas edições posteriores de seu livro *A Origem das Espécies*. Sobre o impulso inicial que institui a vida, Darwin diz nesta carta que ela teria aparecido através de algum processo totalmente desconhecido, mas que especular sobre isto, naquele momento – mesmo cientificamente – teria sido tão profícuo quanto especular sobre a origem da matéria. Sobre as cartas de Darwin, cf. Gould, 1999.

224 Existem outros casos intrigantes de "protelação", ou mesmo de abandono literal da possibilidade de apresentar uma ideia revolucionária, na história da ciência. Gauss, talvez o maior matemático que já viveu até hoje, concebeu desde a década de 1820 a possibilidade de se pensar em espaços multidimensionais, confrontando a então bem-estabelecida geometria euclidiana. No entanto, preferiu não divulgar suas ideias relativas a este tópico "por receio das controvérsias que elas suscitariam entre os beócios" (palavras registradas em uma carta do matemático, datada de 1829). Temente às reações do meio conservador, decidiu abdicar da façanha de destronar a geometria euclidiana, que era o sistema de pensamento que confinava a matemática exclusivamente a um espaço de três dimensões. Em vista disto, esta tarefa teve de ser cumprida somente na geração seguinte, em 1859, pelo seu brilhante aluno Georg Bernhard Riemann (na verdade, por sugestão indireta do próprio Gauss). Mas então, neste novo cenário, a nova "geometria de Riemann" foi acolhida entusiasticamente. Para novos ouvidos, uma nova música tornava-se possível.

ouvidos da época para a nova harmonia teórica que Charles Darwin estava introduzindo, ao lado de outros cientistas que já vinham acenando de alguma maneira com a perspectiva evolucionista, foi o naturalista inglês Thomas Henry Huxley (1825-1895). Ele havia sido um dos poucos a quem Darwin confidenciara o resultado de suas pesquisas e de suas conclusões teóricas antes da publicação de *A Origem das Espécies* (1859). Huxley dobrou-se à lógica da nova teoria assim que a conheceu, embora sem deixar de ter algumas reservas relacionadas a um aspecto ou outro, como a sua já mencionada crítica ao gradualismo que se expressava na sempre tão repetida ideia darwiniana de que "a natureza não dá saltos"[225].

À parte pontos como este, Thomas Huxley assimilou muito bem a perspectiva evolucionista de Darwin. Secretamente, trabalhou com bastante afinco para preparar os ouvidos científicos para a nova harmonia teórica, talvez ainda com maior eficácia do que o próprio Darwin. Graças à sua influência na cúpula científica inglesa, diversos cientistas idosos e arraigados à tradição terminaram por ser substituídos por cientistas mais jovens, com os ouvidos mais preparados para escutar as novas propostas teóricas trazidas por Darwin. Com esta estratégia, Huxley contribuiu bastante para que a comunidade científica inglesa derivasse para uma posição mais permeável a novidades científicas, o que se verificou efetivamente quando se anunciou o momento propício para a divulgação da teoria evolucionista[226]. Mas talvez o momento-chave, destinado a por à prova a assimilação da nova harmonia teórica proposta pelo modelo evolucionista, tenha se dado em 30 de junho de 1860, em um debate em Oxford entre T.H. Huxley e o bispo anglicano Samuel Wilberforce (1805-1873). Sendo ambos extraordinários oradores, o debate mobilizou a assistência de centenas de espectadores.

A avaliação mais geral dos historiadores da Ciência sobre os resultados deste debate histórico, e sobre a sua repercussão junto à plateia imediata e ao

---

225 Cf. nota n. 127.

226 Max Planck (1858-1957), em sua *Autobiografia Científica*, registra os seguintes comentários sobre as dificuldades e resistências que precisam ser enfrentadas pelos paradigmas revolucionários que se confrontam contra uma tradição científica por demais arraigada aos antigos modos de ver as coisas: "uma nova verdade científica não triunfa convencendo seus oponentes e fazendo com que vejam a luz, mas sim porque seus oponentes finalmente morrem e uma nova geração cresce familiarizada com ela" (PLANCK, 1949, p. 33-34). Huxley parecia conhecer bastante bem esta tendência inercial da maior parte dos cientistas mais antigos. Sobre Thomas Huxley, cf. White, 2003.

público acadêmico da época, foi a de que o modelo darwinista terminou por se mostrar vitorioso, o que também se confirmaria no próprio trânsito destas últimas décadas do século XIX para o novo século. De fato, o novo modelo não tardaria a se consolidar como um novo paradigma biológico. Podemos dizer, para concluir a nossa metáfora, que a tônica evolucionista se tornou efetivamente a música dominante, tanto nos meios científicos como no ensino de Biologia em diversos níveis. Ao lado disso, o modelo evolucionista proposto por Darwin revelou-se tão impactante que não tardariam a surgir tentativas as mais diversas de aplicar esta harmonia teórica em outras áreas, gerando por vezes experiências que hoje estão desautorizadas como a de "evolucionismo social" – uma perspectiva que se queria empregar para sustentar a ideia de que algumas sociedades eram mais evoluídas do que outras (o que, no limite, dar-lhes-ia o direito de dominar ou tutelar as "sociedades inferiores"). Este modelo, que durante algum tempo conformou uma leitura da dinâmica social que passou a ser aceita entre outras, foi mais tarde desconstruído pela crítica acadêmica ao eurocentrismo e às pretensões colonialistas[227].

---

227 O primeiro empenho de derivação mais sistemática da perspectiva biológica do evolucionismo para a antropologia e sociologia pode ser atribuído ao filósofo, biólogo e antropólogo Herbert Spencer (1820-1903), também inglês, que procurou transpor essa harmonia teórica que foi o evolucionismo darwinista para o entendimento de todos os níveis da atividade humana, inclusive a sua organização social e progresso tecnológico. Para utilizar os termos que estamos encaminhando em nossa proposta de leitura, Spencer teria transposto alguns acordes conceituais da teoria das espécies para novos problemas já tingidos por uma tonalidade antropológica. Esta aplicação foi posteriormente muito distorcida. A ideia de "sobrevivência do mais apto" – uma expressão que foi, aliás, cunhada por Spencer – foi desvirtuada mais tarde para justificar opressões sociais, e até mesmo Hitler chegou a propor a ideia de que a "luta entre as nações" seria o equivalente político planetário da "luta das espécies", além de tentar encontrar no evolucionismo uma justificativa para as práticas eugenistas. Ao mesmo tempo, o eventual desvirtuamento hitlerista dos acordes conceituais evolucionistas – que aconteceu ao lado de inúmeros outros desvirtuamentos no bizarro Frankenstein teórico elaborado por Hitler e por seus mentores e seguidores – foi mais tarde evocado por correntes criacionistas para tentar denegrir o próprio evolucionismo biológico. Um opositor das ideias darwinistas, Richard Weickart (2004), tem se empenhado em tentar desvalorizar a teoria evolucionista com o argumento (não científico) das "consequências adversas" – que é o tipo de argumentação que procura desvalidar uma teoria alegando apenas que as consequências da sua adoção podem ser danosas. Tudo isso mostra que, uma vez criada uma certa 'harmonia teórica' – um sistema articulado e coerente de 'acordes conceituais' aplicado a um determinado conjunto de problemas –, nada impede que surjam outros usos, e mesmo distorções, para a elaboração teórica proposta. Empunhando-se conceitos, até mesmo podem ser travadas guerras teóricas e pragmáticas. / Outro exemplo de transposição da harmonia teórica evolucionista, agora para o âmbito da Geografia, foi proporcionado pelo determinismo geográfico de Friedrich Ratzel (1844-1904), um geógrafo alemão que argumentou que a luta pela existência era principalmente uma luta pelo espaço.

Na Biologia, entrementes, a perspectiva evolucionista iria assumir o seu lugar de destaque, tornando-se consensual entre todos os praticantes deste campo, além de se abrir à possibilidade de se desdobrar em muitos desenvolvimentos posteriores, os quais renderiam não apenas a confirmação e aprimoramento da teoria biológica evolucionista, como também benefícios diversos para a humanidade. A harmonia conceitual hoje utilizada para compreender os processos evolutivos tanto aproveitou os conceitos introduzidos por Darwin – sobretudo o princípio da seleção natural – como introduziu novos aportes. Além da própria hipótese da "seleção natural", hoje confirmada e elevada a um princípio que explica a evolução adaptativa das espécies, os conceitos de "deriva genética" e de "fluxo gênico" compõem uma tríade conceitual básica para a síntese moderna da Teoria da Evolução[228]. A dimensão fundamental que se acrescenta à perspectiva darwinista é a da própria Genética, com todos os seus extraordinários desenvolvimentos do início do século XX até os tempos recentes, sem deixar de considerar as descobertas de Mendel no século anterior (1865), estas concernentes aos modos de transmissão de características de duas fontes genéticas para o indivíduo vivo da geração seguinte – contribuição científica à qual, aliás, só se deu a devida atenção no início do século XX.

Pode-se mesmo dizer que uma série de cientistas da primeira metade do século XX atuou com especial eficácia na "harmonização" das teorias de Darwin e Mendel, articulando uma à outra, além de trazer à tona novas evidências que as comprovaram sucessivamente, e a cada vez de forma mais inquestionável. Estes aspectos nos levam a destacar enfaticamente que uma harmonia teórica, na Ciência, não é produzida apenas por escolhas dos cientistas, mas também pelas possibilidades que se abrem com as descobertas efetivas e com as evidências que são incessantemente produzidas a partir de novas observações e experimentos. O horizonte científico de uma época abre certas possibilidades, e fecha outras, e a Ciência segue em perpétuo aprimoramento testando a falibilidade de todas as teorias, abandonando os aspectos teóricos inadequados e selecionando os que se mostram aptos a seguir adiante. Quase parece se

---

228 O "fluxo gênico" relaciona-se à transmissão de alelos de uma população a outra, em decorrência, por exemplo, de encontros migratórios. Em uma nota anterior (170), destacamos que, há 50.000 anos, teria ocorrido um fluxo gênico entre neanderthais e *Homo sapiens*, fora do ambiente africano, de modo que os homens atuais não africanos apresentam entre 1,8 e 2,6% de genes neanderthais. Os "fluxos gênicos" acrescentam uma nota de complexidade ao processo evolutivo, assim como as "derivas genéticas", que já se referem aos eventos aleatórios que podem mudar a frequência de um alelo em certa população.

aplicar, ao próprio desenvolvimento da Ciência (seja de que modalidade de saber estejamos falando), os próprios pressupostos da seleção natural.

Para a questão que nos interessa mais diretamente neste momento, podemos considerar que tudo terminou por confluir para esta consolidação do evolucionismo, na História da Ciência, como o modelo mais coerente para explicar a história natural – da crescente descoberta de fósseis que cada vez mais ajudaram a esclarecer as lacunas e ligações entre as diversas formas de vida, à decisiva e inquestionável contribuição das tecnologias que proporcionaram para a análise genética um conjunto de procedimentos tão precisos e eficazes como os que são disponíveis, nos dias de hoje, para a perícia criminal. Na Ciência, em particular, o sucesso de um modelo teórico depende efetivamente das evidências que o apoiam e que o vão confirmando posteriormente, o que de fato se verificou de maneira decisiva no decorrer do século XX no que se refere à perspectiva evolucionista. A descoberta da estrutura do DNA, entre outras, reforçou mais do que nunca a perspectiva evolucionista. Além disso, o rastreamento genômico – que só se tornou possível a partir da bem articulada combinação dos extraordinários desenvolvimentos da Genética e da Informática nas últimas décadas – permitiu aos cientistas recuperar com considerável precisão a história da vida e da evolução, em uma impressionante viagem através do tempo que passou a operacionalizar os próprios corpos e organismos atuais como as suas principais fontes históricas, ao lado das já tradicionais fontes fósseis[229].

A recolha de material genômico de populações do planeta (de humanos e outros seres vivos), a tecnologia das máquinas de sequenciamento automático, e as montagens e análises dos dados obtidos através de algoritmos e redes de computadores – tudo isso conformando um complexo entremeado técnico

---

229 Os mapeamentos de genomas – em especial o do genoma humano – não tinham por objetivo central esclarecer a história do bioma e da humanidade, mas sim permitir avanços na medicina e também beneficiar outras áreas como a agricultura e nutrição. No entanto, a Genômica Comparada terminou por possibilitar outras conquistas como a compreensão da história das populações humanas ancestrais e do próprio desenvolvimento evolutivo das várias espécies vivas ou já extintas. Adicionalmente, as informações derivadas do Projeto Genoma Humano ajudaram a desconstruir quaisquer perspectivas errôneas de que a humanidade atual poderia ser vista como constituída por diferentes raças ou subespécies. Já no que concerne às hipóteses evolucionistas, uma das contribuições dos mapeamentos de genoma foi a de mostrar a semelhança de vários genes humanos com outras espécies de seres vivos – das bactérias aos vermes, ratos e macacos. O projeto confirmou que todos os seres vivos que habitam a Terra são primos distantes, ligados por relações de parentesco que podem ser mapeadas.

que se tornou possível no alvorecer da sociedade digital – permitiram, de fato, identificar uma possível origem única da vida, estudar as relações de parentesco entre as diversas espécies, historiar populações de diferentes tipos de seres vivos e iluminar os momentos em que ocorreram e se consolidaram mutações que terminaram por desdobrar novas formas de vida e produzir novos comportamentos adaptativos. Ao retornar no tempo à primeira bactéria, mãe de todas as formas vivas, os cientistas realizaram uma façanha só comparável ao recuo no tempo que os permitiu retroagir ao big-bang – ao próprio momento cósmico de nascimento do universo em que neste momento vivemos[230].

---

230 A fascinante possibilidade de uma leitura acórdica da formação da vida poderia seguir por aqui e se expandir por muitas direções, adentrando as possibilidades de enxergar como acordes as próprias configurações genéticas, ou, ainda, de abordar a formação histórica da primeira célula eucariótica como um extraordinário encontro acórdico de uma bactéria que hospedou um protoprotozoário (uma nova nota), o qual terminou então por se agregar ao organismo bacteriano e se transformar no primeiro cloroplasto ou na primeira mitocôndria. Enquanto isso, a história de um filo específico – como o dos cordados, por exemplo, ou quaisquer outros – pode ser audaciosamente descrita como uma magnífica polifonia de acordes, uns derivando de outros, mas com algumas séries de acordes se desdobrando de outras e, a partir daí, avançando juntas à maneira de uma polifonia de novos gêneros e espécies, de modo que todas estas séries de acordes terminam por gerar uma deslumbrante sinfonia evolutiva. Há muitas possibilidades de se seguir adiante com uma visão musical da história da vida. De minha parte, será prudente deixar o caminho para os especialistas que quiserem trilhar este campo de especulações que foi imaginado por um músico-historiador através da leitura das obras dos próprios biólogos. / No que concerne ao tema do grande encontro que formou a primeira célula eucariótica, é hoje aceita quase universalmente a hipótese de que estas células – configurações celulares complexas com núcleo, membrana citoplasmática e mitocôndrias – foram formadas primordialmente pelo encontro entre uma bactéria e um protoprotozoário que iniciaram (ou praticamente inventaram) um novo tipo de relação: a simbiose. Indo além deste encontro ancestral entre dois indivíduos, os organismos multicelulares dos diversos animais e plantas passaram a ser formados por células eucarióticas que, por si mesmas, são constituídas por uma já complexa estrutura da qual fazem parte populações inteiras de mitocôndrias que possibilitam a respiração celular. Do ponto de vista de uma mitocôndria, se pudermos nos imaginar neste lugar microscópico, ela seria apenas um dos indivíduos que fazem parte de uma população mais ampla de mitocôndrias, as quais vivem no interior deste grande ambiente que é uma célula eucariótica específica. Esta população, no entanto, é ela mesma mais uma nota no acorde da célula, unidade mínima dos organismos complexos. Deste modo, podemos perceber que uma nota tem a sua existência individual; mas pode se juntar a outras para formar uma coisa maior, uma estrutura realmente complexa na qual surgem 'intervalos' como a respiração celular ou diversas outras funções. Não será isso um acorde? Não teremos aqui 'notas' que se entrelaçam, formando 'intervalos' com funções diversas, e tudo isso terminando por conformar uma estrutura maior que também pode ser vista como uma unidade? Depois, muito mais além, não poderíamos entender ainda, rendendo-nos mais uma vez a um ponto de vista musical, que estas unidades acórdicas podem terminar por se juntar a outras para formar unidades-diversidades ainda maiores, capazes de funcionar como estruturas dentro de estruturas – órgãos dentro de organismos –, de modo a constituírem seres complexos que finalmente se juntam a outros para formar essa fantástica sinfonia da vida? Música...

Considerações finais

A elaboração deste livro envolveu, de minha parte, um esforço interdisciplinar bastante considerável. O objetivo era alçar nosso conjunto de reflexões a um nível que dissesse respeito a muitas áreas diferenciadas de saber, mostrando que todas elas precisam de conceitos, e que os conceitos por elas produzidos apresentam aspectos recorrentes como o potencial de generalização, historicidade, polissemia, a elaboração abstrata, o diálogo com a realidade concreta, a dinâmica entre complexidade e simplicidade, o esforço criador, e a sua rediscussão constante em cada meio científico, entre vários outros aspectos. Para isto, tornou-se especialmente oportuno trazer exemplos de áreas bem diversificadas como a História, Antropologia, Geografia, Linguística, Psicologia, Filosofia, Economia, Física, Matemática, Biologia, e a própria Música, que nos emprestou a metáfora condutora de todo o nosso raciocínio na segunda parte desta obra.

Literalmente, precisei me aproximar de todos estes saberes lendo obras basilares, avizinhando-me das controvérsias de cada campo, adentrando a história de cada disciplina, esforçando-me por perceber pontos em comum e divergências entre os campos. O gesto de me aproximar de algumas das especificidades dos vários saberes que não haviam participado mais diretamente da minha formação especializada – ela mesma já bastante interdisciplinar – terminou por me levar a compreender melhor mesmo as áreas que já me eram familiares. Espero que esse ganho também possa ter sido repassado aos leitores deste livro[231].

---

231 Minha formação mais especializada alternou-se, no mesmo nível de profundidade, entre a Música e a História – que foram ambas áreas de graduação para mim, bem como de pesquisa e de atuação através do Ensino. Tão importante como a minha formação em bancos universitários, considero a minha inserção autodidata em uma formação literária, principal-

A proposta é que algumas das ideias aqui formuladas sejam retomadas por especialistas dos vários campos de saber para maior aprimoramento, ou para ajustes adequados de acordo com cada diferente perspectiva disciplinar. Uma das motivações que me levaram a escrever este livro foi o fato de que uma obra anterior – *Os Conceitos: seu uso nas ciências humanas* – terminou por ultrapassar o horizonte inicial para o qual eu havia direcionado a sua leitura, e recebeu públicos leitores ligados a várias outras áreas, relativas às ciências exatas, ciências da terra, e ciências da saúde. Como o livro anterior abordava em sua primeira parte uma reflexão sobre os conceitos que podia ser aplicada a qualquer campo de saber, embora chamando atenção para eventuais especificidades de cada área, atribuí que esse teria sido o principal atrativo daquela obra. Ato contínuo, percebi que existe uma significativa lacuna de obras que trabalhem os conceitos no nível mais amplo da ciência – de *todas* as ciências – e não de cada ciência em particular. Imaginei que seria oportuno colocar distintas perspectivas conceituais – oriundas de saberes diversos – a dialogar umas com as outras. Esse foi o meu desafio.

Também quis avançar para um experimento maior em relação à contribuição mais inovadora deste livro, que está na sua segunda parte. Devido à minha dupla formação em Música e História, tenho assumido como uma oportunidade importante a pesquisa e experimentação sobre a possibilidade de aplicação, nas diversas ciências humanas, de certos conceitos, perspectivas e modos de imaginação típicos da Música. Em algumas obras anteriores experimentei e propus a aplicação de uma imaginação musical a aspectos e problemas variados da História, Geografia, Antropologia, Sociologia e Filosofia[232]. Esta,

---

mente através de uma prática como escritor, tanto de obras ensaísticas como de literatura criativa. Também sempre tive interesses, sem mencionar as próprias áreas das ciências humanas, em áreas mais distanciadas como a Física. Aproximei-me muito, por causa da elaboração deste livro, da Matemática e da Biologia. Registro a minha aproximação de todos estes saberes – uns por formação mais direta, outros por aproximação mais autodidata – apenas para dar um testemunho da seriedade com que enfrentei o desafio de escrever este livro interdisciplinar, e da humildade que me faz compreender os seus limites.

232 Com relação à História, desenvolvi na série *Teoria da História* (volume IV) uma primeira proposta de que poderíamos pensar a historiografia – ou, no caso, as identidades dos historiadores – a partir de 'acordes historiográficos' (BARROS, 2011). Mais tarde, no livro *A Fonte Histórica e seu lugar de produção*, explorei a possibilidade de pensarmos em 'acordes de identidades' para compreendermos as múltiplas inserções coletivas de um mesmo indivíduo, bem como o seu reconhecimento social e autorreconhecimento – uma aplicação que também pode beneficiar a Antropologia (BARROS, 2020). A aplicação do conceito de polifonia para o tratamento de certos tipos de fontes históricas foi desenvolvida na última parte do

para mim, é uma importante linha de pesquisa, para a qual tenho direcionado minha energia e esforços criativos: investigar possibilidades de aplicação de um modo de pensar e de agir musicalmente a outros campos de saber, como aqueles que configuram as ciências humanas. Enfrentando um desafio análogo, ampliei, na segunda parte deste livro, este instigante projeto – sugerindo a possibilidade de que a interdisciplinaridade com a Música poderia ajudar efetivamente a renovar a perspectiva teórica nas mais diversificadas grandes áreas de saber.

No que concerne à aplicação da proposta dos acordes conceituais aos diversos campos, espero que tenha ficado claro que não estou trabalhando com a hipótese de que o mundo – nos seus diferentes âmbitos de realidade – funciona musicalmente; mas sim de que estes âmbitos podem ser criativamente compreendidos através de uma imaginação musical. Existe também a hipótese, é claro, de que o próprio Universo apresenta efetivamente uma natureza musical – e certos setores da Física têm de fato trabalhado esta proposta a partir de desenvolvimentos teóricos como o da Teoria das Cordas –, mas esta perspectiva de enxergar a música na própria realidade, de resto fascinante, não foi propriamente o meu campo de reflexão neste momento. Quis mostrar, há uma pequena diferença, que podemos enxergar musicalmente o mundo – vale dizer, podemos estender um olhar musical para a História, para a Geografia, Física, Biologia, ou para qualquer outro campo de saber. Pode ser que a realidade seja musical (é uma proposta instigante), mas não foi esse o problema que enfrentei neste momento. Quis desenvolver a ideia de que nossa leitura da realidade pode se tornar musical – ou que pode ser beneficiada por uma imaginação musical.

Podemos enxergar a História polifonicamente – compreendendo que as diversas fases históricas não se alternam como grandes compartimentos que se sucedem uns aos outros, mesmo que por suave deslizamento; mas, sim, que os processos históricos vão acontecendo à maneira de melodias que se apresentam polifonicamente, de modo que tendências diversas, e por vezes dissonantes, podem conviver umas com as outras, em uma trama de grande riqueza polifônica. Podemos estender um olhar acórdico para a Antropologia,

---

livro *Fontes Históricas – uma introdução aos seus usos historiográficos* (BARROS, 2019). O uso do conceito de acorde para uma compreensão das paisagens geográficas e das configurações de territórios foi desenvolvido no livro *Espaço, História, Geografia* (2015). Em *Interdisciplinaridades* (2020), sugeri outras possibilidades.

de modo a entender os 'acordes de identidades' como configurações formadas por diversas notas que interagem umas com as outras, de modo que um indivíduo não deve ser classificado no interior de um único compartimento identitário que o define de uma vez por todas, mas sim ser compreendido como ponto de encontro das notas que constituem um acorde. Podemos ler musicalmente as paisagens geográficas, percebendo que elas são formadas por notas trazidas de tempos diversos – de modo que se torna possível olhar para uma paisagem urbana e perceber nela um edifício do século XXI, residências do século XX, uma igreja do século XIX, um calçamento do século XVIII, árvores nascidas há quinhentos anos e um morro ao fundo, talhado em uma pedra tão antiga como a Terra. Autores como Dostoiévski, e analistas como Mikhail Bakhtin, mostraram que as obras literárias podem ser compostas criativamente a partir de uma perspectiva musical que envolve diálogos polifônicos diversos, implícitos ou explícitos, dinâmicas de tensionamentos e destensionamentos que podem ser evocadas a partir da perspectiva musical das dissonâncias e consonâncias. E por que não a Vida?

Acabo de dar exemplos sobre como podemos enxergar musicalmente a História, a Antropologia, a Geografia e a Criação Literária – assim como já desenvolvi, em oportunidade anterior, uma reflexão sobre a possibilidade de olharmos musicalmente para a Filosofia de maneira a compreender os conceitos como acordes. Retomei esta linha de experimentação em maior profundidade na segunda parte deste livro, mostrando que também podemos estender um olhar musical para a Matemática, para a Física, Biologia, Psicologia. Na verdade, podemos tornar mais ricas as nossas experiências com os diversos campos de saber a partir de um grande número de possibilidades, pois também podemos enxergar matematicamente a Biologia, conceber antropologicamente a Física, abordar geograficamente a Linguística, ou inúmeras combinações como estas. Como tenho uma formação musical no meu 'acorde de identidades', tornou-se natural para mim investir na possibilidade de enxergar musicalmente os demais saberes, consistindo esta a proposta desenvolvida na segunda parte deste livro. Mas as *interdisciplinaridades cruzadas*, ou os olhares interdisciplinares de um campo sobre o outro, podem ser realizadas através de incontáveis maneiras e diversas combinações de acordo com os talentos de quem os pratica.

Com relação aos conceitos – objeto central deste livro – vimos algumas coisas importantes que devem ser retidas para reflexões e desenvolvimentos posteriores. Os conceitos, tal como discutimos em um dos capítulos iniciais, não existem como elementos da própria realidade, *tout court*. O mesmo podemos dizer dos 'acordes conceituais' que propusemos na segunda parte deste livro, os quais configuram uma maneira especial e criativa de se pensar os conceitos. Imaginar artisticamente um instrumento científico não afeta, senão positivamente, a ciência envolvida neste processo. No empenho de compreender a realidade, ou determinados aspectos selecionados da realidade, precisamos elaborar modelos e construir suposições abstratas para segui-las e verificar até onde elas nos levam. Depois disso, no confronto destes modelos com a realidade, é que decidiremos se as diferenças detalhadas que saltam à vista na realidade apreendida são importantes ou não, e se deveremos passar a considerá-las para retificar os nossos modelos.

A elaboração de conceitos, similar à composição de acordes musicais ou olfativos, funda-se neste paciente trabalho de abstração e concretude, de imaginação criadora e sistematizadora que – após ser colocada em movimento – deve ser logo matizada a partir da realidade e das experiências concretas. Também os músicos fazem isso na escolha de seus acordes. Sua imaginação musical permite que criem acordes e imaginem caminhos harmônicos, mas no instante seguinte já estão experimentando os acordes que criaram nos seus instrumentos, e retificando-os ou reajustando-os a partir da sonoridade que se quer confirmar como agradável, bela, intensa, impactante, ou quaisquer outras propriedades estéticas que desejem produzir e que se integre bem no *momentum* musical para o qual seu uso foi previsto. Os conceitos, como os acordes – e os 'acordes conceituais', instrumentos teóricos aqui concebidos como uma forma criativa de entender os conceitos –, são criações abstratas que nos ajudam a compreender a realidade concreta; e que, no instante seguinte, também poderão afetar eventualmente esta mesma realidade. Vimos isso ao discorrer sobre a historicidade dos conceitos: os conceitos são afetados pela história, surgindo dela; mas também afetam eles mesmos a história, interferindo nela depois que surgem. As tramas conceituais são como uma música, que surge em decorrência de demandas e possibilidades reais, mas que no momento seguinte já está interferindo na própria realidade.

Quisemos mostrar, particularmente, outra fascinante propriedade dos conceitos: devem ser complexos, mas apresentados de maneira tão simples quanto possível. Esta dinâmica entre o simples e o complexo também aproxima os conceitos do acorde: totalidades que expõem as suas partes e relações entre as partes, ao mesmo tempo em que continuam a se apresentar alternativamente como totalidades aos sentidos e à mente. Como construções acórdicas, os conceitos são luminosos pontos de encontro, ou portais à entrada dos quais vêm ter outros conceitos, selando novos acordos e possibilidades de conceber o mundo. Dentro deles ressoam, como na música, outros conceitos e tramas harmônicas: séries ocultas de notas à maneira dos harmônicos que silenciosamente ajudam a definir o timbre de um som. Através de um conceito puxamos o fio de uma filosofia, como a música que se desdobra de um acorde, ou como o perfume que interage com a pele humana e atinge os órgãos olfativos através de todas as suas notas, revelando um pouco do paciente trabalho dos mestres perfumistas que o conceberam e que o destilaram.

Lugar que mostra muitas coisas de uma só vez, e que pode pairar estático em um dicionário que abriga outros conceitos como ele, o conceito também pode se tornar movimento, articulando-se a outros para formar uma harmonia teórica, para enunciar hipóteses, para construir enunciados. Como o acorde – feixe vertical de notas que conformam uma múltipla e única sonoridade –, o conceito ajusta-se a outros para fazer música, ou para produzir teorias. Aos estudiosos de qualquer campo de saber apresenta-se a incontornável e meticulosa tarefa de estudar os conceitos, discuti-los, reajustá-los; de bani-los provisoriamente ou convocá-los para novas lutas; de desfechar contra alguns o tiro de misericórdia ou de reavivá-los para novas encarnações teóricas; de criar novos conceitos para as realidades inéditas que se apresentam, ou de levá-los para conhecer outros campos disciplinares que não aqueles que os conceberam. Aos estudiosos dos vários campos de saber cabe seguir adiante como maestros que se colocam diante de suas orquestras, prontos a reger a música dos conceitos.

Referências

AAA. (1998). *American Anthropological Association statement on "Race"* [Disponível em www.aaanet.org/stmts/racepp.htm].

ABBAGNANO, N. (2014). *Dicionário de Filosofia*. São Paulo: Martins Fontes [original: 1971].

ADAMS, D. (2010). *Guia do Mochileiro das Galáxias*. São Paulo: Arqueiro [original: 1979].

ADORNO, T.W. (1995). "Educação após Auschwitz" In: *Educação e Emancipação*. Rio de Janeiro: Paz e Terra, p. 119-154 [original: 1965].

AIELLO, L.C. & DUNBAR, R.I.M. (1993). "Neocortex Size – Group Size and the Evolution of Language". In: *Current Anthropology*, n. 34 (2), p. 184-193.

ARENDT, H. (1999). *Eichmman em Jerusalém* – Um relato sobre a banalidade do mal. São Paulo: Companhia das Letras [original: 1963].

_____ (1998). *Da revolução*. Brasília: UnB [original: 1963].

ARGAND, J.R. (1971). *Essai sur une manière de représenter les quantités imaginaires dans les constructions géométriques*. Paris: Blanchard [original: 1806].

ARNAULD, A. & NICOLE, P. (2016). *A Lógica, ou A Arte de Pensar*. Lisboa: Gulbenkian [original: 1662].

AZEVEDO, C. (2010). "À procura do conceito de *Religio*: entre o *Relegere* e o *Religare*". In: *Religare*, n. 7 (1), p. 90-96.

BAKHTIN, M. (Voloshinov) (2008). *Problemas da poética de Dostoiévski*. Rio de Janeiro: Forense Universitária [original: 1929].

_____ (2000). *Estética e Criação Verbal*. São Paulo: Martins Fontes [original: 1922].

_____ (1985). *Marxismo e Filosofia da Linguagem*. São Paulo: Hucitec [original: 1929].

BARRETT, T. (2003). "Interpreting Visual Culture". In: *Art Education*, p. 17-24.

BARROS, J.D'A. (2020). *A Fonte Histórica e seu lugar de produção*. Petrópolis: Vozes.

_____ (2019-a). *Interdisciplinaridade*: na História e em outros campos de saber. Petrópolis: Vozes.

_____ (2019-b). *Fontes Históricas* – Uma introdução ao seu uso historiográfico. Petrópolis: Vozes.

_____ (2017). *História, Espaço, Geografia*. Petrópolis: Vozes.

_____ (2016). *Igualdade e Diferença*. Petrópolis: Vozes.

_____ (2015). *Os Conceitos:* seus usos nas ciências humanas. Petrópolis: Vozes.

_____ (2013). *O Tempo dos Historiadores*. Petrópolis: Vozes.

_____ (2012). *Papas, Imperadores e Hereges na Idade Média*. Petrópolis: Vozes.

_____ (2011-a). "Paul Ricoeur: a 'consonância dissonante': encontros entre Historicismo, Hermenêutica e Fenomenologia" In: *Teoria da História*. Vol. IV. Petrópolis: Vozes, p. 183-302.

_____ (2011-b). "As influências da arte africana na arte moderna". In: *Afro Ásia*, n. 44, p. 37-95.

_____ (2010-a). "Os Tempos da História: do Tempo Mítico às representações historiográficas do século XX". In: *Crítica Histórica*, vol. 2, n. 6, p. 3-46.

_____ (2010-b). "Heresias na Idade Média: considerações sobre as Fontes e discussão historiográfica". In: *Revista Brasileira de História das Religiões*, ano I, n. 2, p. 180-206.

_____ (2009a). "Cristianismo e Política na Idade Média: as relações entre Papado e Império na Idade Média". In: *Horizonte*, vol. 7, n. 15, p. 53-72.

_____ (2009b). *A Construção Social da Cor* – Diferença e desigualdade na formação da sociedade brasileira. Petrópolis: Vozes.

BARTHES, R. (1992). "A partitura". In: *Uma análise da novela* Sarrasine *de Honoré de Balzac.* Rio de Janeiro: Nova Fronteira [original: 1970].

BARUCHA, J.J. & KRUMHANSL, C.L. (1983). "The representation of harmonic structure in music: hierarchies of stability as a function of contexto". In: *Cognition,* n. 13, p. 63-102.

BASSALO, J.M.F. (1994). "Partículas Elementares: do átomo grego à supercorda" In: CARUSO, F. & SANTORO, A. (orgs.). *Do átomo grego à Física das interações fundamentais.* Rio de Janeiro: CBPF, p. 71-130.

BECK, B.B. (1980). *Animal Tool Behavior:* the use and manufacture of tools. Nova York: Garland Press.

BIGAND, E. & PARNCUTT, R. (1999). "Perceiving musical tension in long chord sequences". In: *Psychological Research,* n. 62, p. 237-254.

BLOOM, H. & ROSENBERG, D. (1992). *O livro de Jó.* Rio de Janeiro: Imago [original: 1990].

BOHR, N. (1979). *Sobre a Constituição dos Átomos e Moléculas.* Lisboa: Fundação Calouste Gulbenkian [original: 1913].

BOESCH, C. & BOESCH, H. (1990). "Tool use and tool making in wild chimpanzés". In: *Folia Primatologica,* n. 54, p. 86-99.

BODNER, E.; GILBOA, A. & AMIR, D. (2007). "The unexpected side-effects of dissonance". In: *Psychology of Music,* vol. 35 (2), p. 286-305.

BOYLE, A. (2010). *The case for Pluto:* how a little planet made a big difference. Hoboken, NJ: John Wiley & Sons.

BRAUDEL, F. (1978). "História e ciências sociais: a longa duração". In: BRAUDEL, F. *Escritos sobre a História.* São Paulo: Perspectiva [original: 1958].

BROWN, P. et al. (2004). "A New Small-bodied Hominin from the Late Pleistocene of Flores, Indonesia". In: *Nature,* n. 431, p. 1.055-1.061.

BROWNE, J. (2001). "Darwin in Caricature: A Study in the Popularisation and Disseminatin of Evolution". In: *Proceedings of the American Philosophical Society,* n. 145 (4), p. 496-509.

BUDGE, E.A.W (org.) (2019). *O Livro dos Mortos do Egito Antigo*. Rio de Janeiro: Madras [tradução original: 1895].

BUMGARNER, R.J. (2015). *Emotional Responses to Musical Dissonance in Musicians and Nonmusicians*. Michigan: Western Michigan University Press.

BURNS, E.M. (1999). "Intervals, scales, and tuning". In: DEUTSCH, D. (org.). *Academic Press series in cognition and perception: A series of monographs and treatises* – The psychology of music. São Diego: San Diego Academic Press, p. 215-264.

BURTON, R.F. (1941). *Viagens aos Planaltos do Brasil*. São Paulo: Companhia Editora Nacional [original: 1869].

CARUSO, F. (1994). "Dividindo o Indivisível". In: CARUSO, F. & SANTORO, A. (orgs.). *Do átomo grego à Física das interações fundamentais*. Rio de Janeiro: Aiafex, p. 49-59.

CAVALIER-SMITH, T. (1993). "Kingdom protozoa and its 18 phyla". In: *Microbiological Reviews*, n. 57 (4), p. 953-994.

CHAUNU, P. & CHAUNU, H. (1955). *Seville et l'Atlantique (1504-1650)*. Paris: Armand Colin.

CHERFAS, J. & GRIBBIN, J. (2003). *The First Chimpanzee*: in search of human origins. Londres: Barnes and Nobel Books.

CHILDE, G. (1960). *O que aconteceu na História*. Rio de Janeiro: Zahar [original: 1942].

_____ (1950). "The Urban Revolution". In: *The Town Planning Review*, vol. 21, n. 1, p. 3-17.

CLAUSEWIZ, C. (1979). *Da Guerra*. São Paulo: Martins Fontes [original: 1827].

COPELAND, H.F. (1956). *The Classification of Lower Organisms*. Chicago: Pacific Books.

CRAMER, J.G. (2015). *The Quantum Handshake*: Entanglement, Nonlocality and Transactions. Nova York: Springer.

CRAWFORD, M.A. (1992). "The role of dietary fatty acids in biology: their place in the evolution of human brain". In: *Nutrition Reviews*, vol. 50, n. 4, p. 3-11.

DACHET, F. (2008). "L'Émancipation de la dissonance: a propos du Cas Schönberg d'Esteban Buch". In: *Superflux*, n. 2. Paris: Éditions de l'Unebévue.

DAHLHAUS, C. (1990). *Studies in the Origin of Harmonic Tonality*. Princeton: Princeton University Press.

DANTZIG, T. (1970). *Número*: a linguagem da ciência. Rio de Janeiro: Zahar [original: 1930].

DARWIN, C. (1998). *The descent of man and selection in relation to sex*. Nova York: Prometheus Books [original: 1871].

———— (1946). *A Origem das Espécies*. Porto: Lello & Irmãos [original: 1850].

DAWKINS, R. (2009). *A Grande História da Evolução*. São Paulo: Companhia das Letras [original: 2004].

DEANE, J. (2011). *A History of Medieval Heresy and Inquisition*. Lanham: Rowman & Littlefield.

DEBRET, J.-B. (1981). *Viagem Pitoresca e Histórica ao Brasil*. Rio de Janeiro: Círculo do Livro [original: 1831].

DELEUZE, G. & GUATTARI, F. (1992). *O que é filosofia?* São Paulo: Editora 34.

———— (1977). *Anti-Oedipus*: Capitalism and Schizophrenia. Nova York: Viking Press [original: 1972].

DeWAAL, F.B.M. (1999). "Cultural primatology comes of age". In: *Nature*, n. 399, p. 635-636.

DIAMOND, J. (2011). *O Terceiro Chimpanzé, a evolução e o futuro do ser humano*. Rio de Janeiro: Record [original: 1991].

DICK, S. (2013). *Discovey and Classification in Astronomy*: controversy and Consensus. Cambridge: Cambridge University Press.

DOLLO, L. (1893). "Le lois de l'évolution". In: *Bulletin de La Société* – Belge de Géologie de Paléontologie et d'Hydrologie, n. VII, p. 164-166.

DONDIS, A.D. (2003). *Sintaxe da Linguagem Visual*. São Paulo: Martins Fontes [original: 1973].

DOSTOIÉVSKI, F. (2016). *Crime e Castigo*. Rio de Janeiro: Editora 34 [original: 1866].

DUBY, G. (1990). "Heresias e Sociedades na Europa Pré-Industrial, séculos XI-XVIII". In: *Idade Média* – Idade dos Homens. São Paulo: Companhia das Letras, p. 175-184 [original: 1988].

DUNBAR, R.I. (2003). "The social brain: mind, language, and society in evolutionary perspective". In: *Annual Review of Anthropology*, n. 32, p. 163-181.

EATWELL, R. (1996). "On defining the 'Fascist Minimum': The centrality of ideology". In: *Journal of Political Ideologies*, vol. 1, n. 3.

EISBERG. R. & RESNICK, R. (1979). *Física Quântica*. Rio de Janeiro: Campus.

ELDREDGE, N. & GOULD, S.J. (1972). "Punctuated equilibria: an alternative to phylect gradualism". In: SCHOPF, T.J.M. *Models in Peleobiology*. São Francisco: Freeman Cooper, p. 82-115.

ELIADE, M. (1969). *Le mithe de l'éternel retour*. Paris: Gallimard [original: 1954].

ELIAS, H. & SCHWARTZ, D. (1969). "Surface areas of the cerebral cortex of mammals determined bystereological methods". *Science*, n. 166, p. 111-113.

ELSTER, J. (1983). *Sour Grapes*: Studies in the Subversion of Rationality. Cambridge: Cambridge University Press.

EUCLIDES (2009). *Os Elementos*. São Paulo: Unesp [original: 300 a.C.].

EVANS, R. (2013). *O Terceiro Reich em guerra*. São Paulo: Planeta [original: 2008].

_____ (2012). *O Terceiro Reich no poder*. São Paulo: Planeta [original: 2005].

_____ (2010). *A chegada do Terceiro Reich*. São Paulo: Planeta [original: 2003].

FERNANDES, C.V. (2010). "Intensividade e Extensividade: proposta de análise semiótica das dissonâncias musicais". In: *Estudos Semióticos*, vol. 6 (2), p. 49-54.

FESTINGER, L. (1957). *A Theory of Cognitive Dissonance*. Stanford: Stanford University Press.

FESTINGER, L.; RIECKEN, W. & SCHACHTER, S. (1956). *When Prophecy Fails*: A Social and Psychological Study of a Modern Group that Predicted the End of the World. Minnesota: University of Minnesota Press.

FLAMENT, D. (2003). *Histoire des nombres complexes*: entre algèbre et géométrie. Paris: CNRS.

FOUCAULT, M. (2005). *Em defesa da sociedade*. São Paulo: Martins Fontes, 2005 [original: 1975].

_____ (1993). "O Anti-Édipo: uma introdução à vida não fascista". In: *Cadernos de Subjetividade*, vol. 1, n. 1, p. 197-200 [original: 1977].

_____ (1977). "Preface". In: DELEUZE, G. & GUATTARRI, F. *Anti-Oedipus*: Capitalism and Schizophrenia. Nova York: Viking Press, p. XI-XIV.

FOUCAULT, M. (org.) (2018). *Eu, Pierre Rivière, que degolei minha mãe, minha irmã e meu irmão...* – Um caso de parricídio no século XIX. Rio de Janeiro: Zahar [original: 1973].

FRASSETTO, M. (2007). *Heretic Lives* – Medieval Heresy from Bogomil and the Cathars to Wyclif and Hus. Londres: Profile Books.

FREEDMAN, D. (1998). *When is a planet not a planet?* – Arguments for and against demoting Pluto [Disponível em www.theatlantic.com/magazine/archive/1998/02/when-is-aplanet-not-a-planet/305185].

GANDAVO, F.M. (1980). *Tratado da Terra do Brasil* – História da Província de Santa Cruz. São Paulo/Itatiaia: EdUSP [original: 1576].

GAUSS, C.F. (2014). "Theoria residuorum biquadraticorum". Trad. G. Grimberg. In: *Revista Brasileira de História da Matemática*, vol. 14, n. 29, p. 160-166 [original: 1831] [Disponível em http://www.rbhm.org.br/issues/RBHM%20-%20vol.14,no29/7%20-%20Grimberg.pdf].

GIBBONS, A. (2017). "Food for Thought: Did the first cooked meals help fuel the dramatic evolutionary expansion of the human brain?" In: *Science*, n. 316 (5.831), p. 1.558-1.560.

GIBSON, K.R. & PARKER, S.T. (1990). *'Language' and intelligence in monkey and apes*: comparative developmental perspectives. Cambridge: Cambridge University Press.

GOBINEAU, A. (1967). *Essai sur l 'inégalité des races humaines*. Paris: Pierre Belfond [original: 1853].

GOSWAMI, O. (1959). *The Story of Indian Music*. Londres: Asian.

GOULD, S.J. (1980). *The Panda's Thumb*. Nova York: W.W. Norton.

_____ (1977). *Ever Since Darwin*. Nova York: W.W. Norton.

GOULD, S.J. (org.) (1999). *As Cartas de Charles Darwin (1825-1859)*. São Paulo: Unesp.

GRADY, J. (1997). "Theories are Buildings revisited". In: *Cognitive Linguistics*, n. 8, p. 267-290.

GRAHAM, M. (1956). *Diário de uma Viagem ao Brasil e uma estadia nesse país durante parte dos anos de 1821, 1822 e 1823*. São Paulo: Companhia Editora Nacional [original: 1824].

GRAMSCI, A. (1976). *Maquiavel, a política e o Estado moderno*. Rio de Janeiro: Civilização Brasileira [original: 1932-1934].

GRIBBIN, J. & CHERFAS, J. (1982). *The Monkey Puzzle*. Londres: Bodley Head.

GUIMARÃES, A.S.A. (1999). *Racismo e Anti-Racismo no Brasil*. São Paulo: Editora 34.

HAECKEL, E. *(1866). Generelle Morphologie der Organismen*. Berlim/Nova York: G. Reimer.

HARARI, Y.N. (2015). *Sapiens* – Uma breve história da humanidade. Porto Alegre: LPM [original: 2012].

HEIDEGGER, M. (2014). *O Ser e o Tempo*. Petrópolis: Vozes [original: 1927].

HENNIG, W. (1999). *Phylogenetic Systematics*. Illinois: University of Illinois Press [original: 1950].

HESA (2014). *The Higher Education Classification of Subjects (HECoS)*. Londres: Hesa.

HILLENIUS, W.J. & RUBEN, J.A. (2004). "The Evolution of Endothermy in Terrestrial Vertebrates: Who? When? Why?" In: *Physiological and Biochemical Zoology*, n. 77 (6), p. 1.019-1.042.

HINDE, R.A. (1983). *Primate social relationships*. Sunderland: Sinauer.

HOBSBAWM, E. (2015). *Revolucionários*. Rio de Janeiro: Paz e Terra [original 1973].

HOFFMAN, D.D. (2000). *Inteligência visual*: como criamos aquilo que vemos. Rio de Janeiro: Campus [original: 1998].

HUXLEY, T. (2006). *Darwiniana*: a origem das espécies em debate. São Paulo: Madras [original: 1859].

_____ (1893). "Evolution in Biology". In: *Collected Essays II*: Darwiniana. Londres: Macmillan, p. 187-226 [original: 1878].

IAU (International Astronomical Union) (2006). *Resolution B5 – Definition of a planet in the Solar System & Resolution B6 – Pluto* [Disponível em https://www.iau.org/static/resolutions/Resolution_GA26-5-6.pdf].

IFRAH, G. (2005). *Os números*: a história de uma grande invenção. São Paulo: Globo [original: 1985].

JIMENEZ-SANCHEZ, P. (2008). *Les catharismes*: modèles dissidents du christianisme médiévale (XIIᵉ-XIIIᵉ siècles). Rennes: Presses Universitaires de Rennes.

JOHNSON-LAIRD, P.; KANG, O. & LEONG, Y. (2012). "On musical dissonance". In: *Music Perception*: an Interdisciplinary Journal, vol. 30 (1), p. 19-35.

JOLY, M. (2015). *Introdução à análise da imagem*. Campinas: Papirus [original: 1994].

KAKU, M. (2000). *Hiperespaço*. Rio de Janeiro: Rocco [original: 1994].

_____ (1999). *Introduction to Superstrings and M-Theory*. Nova York: Springer-Verlag.

KANT, I. (1963). *El conflicto de las facultades*. Buenos Aires: Losada [original: 1798].

KEITH, A. (1948). *A New Theory in Human Evolution*. Londres: Watts & Co.

KIERKEGAARD, S. (2010-a). *O Conceito de Angústia*. Petrópolis: Vozes [original: 1844].

_____ (2010-b). *O Desespero Humano*. São Paulo: Unesp [original: 1849].

KINGDON, J. (2003). *Lowly origin*: when and why our ancestors first stood up. Princeton: Princeton University Press.

KLINE, M. (1972). *Mathematical trought from ancient to modern times*. Nova York: Oxford University Press.

KOCHAKOWICZ, L. (1987). "Heresia". In: *Enciclopédia Einaudi* – Mythos / Logos, Sagrado / Profano. Vol. 12. Lisboa: Imprensa Nacional, p. 301-325.

KOELLREUTTER, K. (2018). *Harmonia Funcional* – Introdução à teoria das funções harmônicas. São João Del Rei: Fundação Koellreutter [original: 1978].

KOSELLECK, R. (2006). *Futuro Passado* – Contribuição à semântica dos tempos históricos. Rio de Janeiro: Contraponto [original: 1979].

KOSTER, H. (2003). *Viagens ao Nordeste do Brasil*. Fortaleza: ABC [original: 1816].

KOSTKA, S.M. & PAYNE, D. (1995). *Tonal harmony, with an introduction to twentieth-century music*. Nova York: McGraw-Hill.

LAKOFF, G. (1987). Women, *Fire and Dangerous Things* – What Categories Reveal about the Mind. Chicago: University of Chicago Press.

LAKOFF, G. & JOHNSON, M. (1999). *Philosophy in the Flesh*: The Embodied Mind and its Challenge to Western Thought. Nova York: Basic Books.

_____ (1980). *Metaphors We Live By*. Chicago: The University of Chicago Press.

LAKOFF, G. & NÚÑES, R. (2000). *Where Mathematics Comes From* – How the Embodied Mind Brings Mathematics into Being. Nova York: Basic Books.

LAKOFF, G. & TURNER, M. (1989). *More than Cool Reason*: A Field Guide to Poetic Metaphor. Chicago: The University of Chicago Press.

LALAND, K. & GALEF, B. (orgs.) (2009). *The question of animal culture*. Cambridge, MA: Harvard University Press.

LEIBNIZ, G. (1703). "Explication de l'Arithmétique Binaire". In: *Revista Brasileira de História da Matemática*, n. 11, p. 89-94 [trad. de Frederico J.A. Lopes].

LEITE LOPES, J. (1992). *A Estrutura Quântica da Matéria*: do átomo Pré-Socrático às Partículas Elementares. Rio de Janeiro: EdUFRJ/Erca.

LÉRY, J. (1972). *Viagem à Terra do Brasil.* São Paulo: Martins Editora/Editora da Universidade de São Paulo [original: 1578].

LIEBERMAN, P. (1998). *Eve spoke*: human language and human evolution. Nova York, NY: W.W. Norton & Company.

LINEU, C. (1735). *Systemae Naturae, sive regna tria naturae, systematics proposita per classes, ordines, genera & species.* Stockholm: Laurentii.

LIVIO, M. (2006). *Razão áurea*: a história do *phi.* São Paulo: Record [original: 2002].

LOVEJOY, C.O. (1988). "The evolution of human walking". In: *Scientific American*, n. 259 (5), p. 118-125.

LUDWIG, E. *Talks with Mussolini* (1933). Boston: Little, Brown and Company [original: 1932].

MANN, M. (2008). *Fascistas.* Rio de Janeiro: Record [original: 2004].

MARSICANO, A. (2006). *A Música Clássica da Índia.* São Paulo: Perspectiva.

MARTIN, R.D. (1990). *Primate Origins and Evolution*: A Phylogenetic Reconstruction. Princeton: Princeton University Press.

MARVIN, L.W. (2008). *The Occitan War* – A Military and Political History of the Albigensian Crusade (1209-1218). Cambridge: Cambridge University Press.

MARX, K. (2012). *Crítica ao programa de Gotha.* São Paulo: Boitempo [original: 1875].

_____ (2004). *A origem do capital.* São Paulo: Centauro [original: 1867].

_____ (1983). *Contribuição à crítica da economia política.* São Paulo: Martins Fontes [original: 1859].

MARX, K. & ENGELS, F. (1989). *A ideologia alemã.* Rio de Janeiro: Martins Fontes [original: 1845].

MATSUZAWA, T. (2001). "Primate foundations of human intelligence: a view of tool use in non human primates and fossil hominids". In: MATSUZAWA, T. (org.). *Primate origins of human cognitionand behavior.* Tóquio: Springer, p. 3-25.

MAYR, E. (2009). *O que é Evolução*. Rio de Janeiro: Rocco [original: 2001].

McGHEE, G.R. (2011). *Convergent Evolution*: Limited Forms Most Beautiful. Cambridge (MA): Massachusetts Institute of Technology Press [Vienna Series in Theoretical Biology].

McGREW, W.C. (1998). "Culture in nonhuman primates". In: *Annual Review of Anthropology*, n. 27, p. 301-328.

_____ (1993). "The intelligent use of tools: twenty propositions". In: GIBSON, K.R. & INGOLD, T. (orgs.). *Tools, language and cognition in human evolution*. Cambridge: Cambridge University Press, p. 151-170.

McHENRY, H.M. (1986). "The First Bipeds: A Comparison of the A. afarensis and A. africanus Post-Crania and Implications for the Evolution of Bipedalism". In: *Journal of Human Evolution*, n. 15, p. 177-191.

MORRIS, D. (1996). *O macaco nu* – Um estudo do animal humano. Rio de Janeiro: Record [original: 1967].

MORUS, T. (1980). *Utopia*. São Paulo: Abril Cultural [original: 1516] [Pensadores].

MUNANGA, K. (2006). "Algumas considerações sobre 'raça', ação afirmativa e identidade negra no Brasil: fundamentos antropológicos". In: *Revista USP*, 68, p. 46-57.

_____ (2003). "Uma abordagem conceitual das noções de raça, racismo, identidade e etnia. In: *III Seminário Nacional Relações Raciais e Educação*. Rio de Janeiro: Penesb.

NAHIN, P. (2007). *An imaginary tale*: the history of $\sqrt{-1}$. Nova Jersey: Princeton University Press [original: 1998].

NATTIEZ, J.-J. (1984). "Harmonia". In: *Enciclopédia Einaudi*. Vol. 3. Lisboa: Imprensa Nacional, p. 245-271.

NIETZSCHE, F. (2008). *Sobre a verdade e a mentira*. São Paulo: Hedra [original: 1873].

_____ (2005). "Sobre a utilidade e desvantagens da História para a Vida (2ª Consideração Extemporânea)". In: *Escritos sobre a História*. São Paulo: Loyola [original: 1873].

OECD (Organisation for Economic Co-operation and Development) (2007). *Revised Field of Science and Technology (FOS) Classification in the Frascati Manual*. Londres: OECD.

_____ (2002). *Frascati Manual* – Guidelines for Collecting and Reporting Data on Research and Experimental Development. Londres: OECD.

ORÓ, J.J. (2004). "Evolution of the brain: from behavior to consciouness in 3,4 billion Years". In: *Neurosurgery*, n. 6, p. 1.287-1.296.

ORWELL, G. (2009). *1984*. São Paulo: Companhia das Letras [original: 1948].

OUSPENSKY, P.D. (1985). *Consciência*: em busca da verdade. São Paulo: Martins Fontes [original: 1931-1946].

_____ (1983). *Psicologia da evolução possível do homem*. Petrópolis: Vozes [original póstumo: 1947].

PAPAGIANNI, D. & MORSE, M. (2015). *Neanderthals Rediscovered*: How Modern Science is Rewriting Their Story. Londres: Thames & Hudson.

PARNCUTT, R. & GRAHAM, H. (2011). "Consonance and Dissonance in Music Theory and Psychology: Disentangling Dissonant Dichotomies". In: *Journal of Interdisciplinary Music Studies*, vol. 5, n. 2, p. 119-166.

PASQUINO, G. (2000). "Revolução". In: BOBBIO, N. et al. *Dicionário de Política*. Brasília: UnB.

PATTARO, G. (1975). "A Concepção Cristã do Tempo". In: RICOEUR, P. (org.). *As Culturas e o Tempo*: estudos reunidos pela Unesco. Petrópolis: Vozes, p. 197-228.

PAXTON, R.O. (2007). *A Anatomia do Fascismo*. São Paulo: Paz e Terra [original: 2004].

PEIRCE, C.S. (1999). *Semiótica*. São Paulo: Perspectiva.

PETTIGREW, J.D.; MANGER, P.R. & FINE, S.L.B. (1998). "The sensory Word of the platypus". In: *Philosophical Transactions of the Royal Society of London*: Biological Sciences, n. 353, p. 1.199-1.210.

PINTO, A.C. (2013). On "Fascists". In: *Análise Social*, vol. 48, n. 209, p. 965-969.

PISTON, W. (1978). *Harmony [revised and expanded by Mark Devoto]*. Nova York: Norton & Co.

PLANCK, M. (1949). *Scientific Autobiography and Other Papers*. Nova York: Philosophical Library [original póstumo].

POLIAKOV, L. (1974). *O mito ariano*: ensaios sobre as fontes do racismo e dos nacionalismos. São Paulo: Perspectiva/EdUSP.

POMIAN, K. (1990). "A história das estruturas". In: LE GOFF, J. (org.). *A história nova*. São Paulo: Martins Fontes, p. 98-123 [original: 1978].

PROUDHON, P.-J. (1975). *O que é a Propriedade?* Lisboa: Estampa [original: 1840].

_____ (1846). *Carta a Karl Marx*. Lyon [Disponível em https://www.marxists.org/reference/subject/economics/proudhon/letters/46_05_17.htm].

PUCCIARELLI, D. (2018). "Elementos da Teoria Crítica da Dissonância de Theodor W. Adorno". In: *Kriterion* – Revista de filosofia, vol. 59, n. 139.

RADINSKY, L.B. (1974). "The fossil evidence of anthropoid brain Evolution". In: *American Journal of Physical Anthropology*, n. 41, p. 15-27.

REICH, W. (1969). *A revolução sexual*. Rio de Janeiro: Zahar [original: 1936].

RENARD VALLET, E. (2016). "Sonancia: una clarificación conceptual". In: *Quodlibet*, n. 61, p. 58-64.

RITTER, J. (2002). "Closing the Eye of Horus: the Rise and Fall of 'Horus-Eye Fractions'". In: STEELE, J. & IMHAUSEN, A. *Under One Sky*: Astronomy and Mathematics in the ancient Near East. Münster: Ugarit, p. 297-323.

ROBINS, G. & SHUTE, C. (1987). *The Rhind mathematical papyrus*: an ancient Egyptian text. Michigan: British Museum Publications.

ROEDERER, J.G. (1995). *The Physics and Psychophysics of Music*: an Introduction. 3. ed. Nova York: Springer-Verlag.

ROQUE, T. (2012). *História da Matemática* – Uma visão crítica, desfazendo mitos e lendas. Rio de Janeiro: Zahar.

ROSENBLUM, B. & KUTTNER, F. (2017). *O Enigma Quântico* – O encontro da física com a consciência. Rio de Janeiro: Zahar [original: 2009].

ROSSI, M.H. (2003). *Imagens que falam*. Porto Alegre: Mediação.

SAINT-HILAIRE, A. (1938). *Viagem pelas províncias do Rio de Janeiro e Minas Gerais*. São Paulo: Companhia Editora Nacional [original: 1816].

SAMSON, J. (1977). *Music in Transition*: A Study of Tonal Expansion and Atonality, 1900-1920. Nova York: Norton.

SANTAELLA, L. (2000). *A teoria geral dos signos*: como as linguagens significam as coisas. São Paulo: Pioneira Thompson Learning (Guazelli).

SARTRE, J.-P. (1978). *O existencialismo é um humanismo*. São Paulo: Abril Cultural [original: 1946].

SAUSSURE, F. (2006). *Curso de Linguística Geral*. São Paulo: Cultrix [original póstumo: 1916].

SCHENKER, H. (1956). *Harmony*. Chicago: University of Chicago Press.

SCHOENBERG, A. (1999). *Harmonia*. São Paulo: Unesp [original: 1911].

SPENCER, H. (2007). *Principles of Biology*. Harvard: Harvard University Press [original: 1864].

SPIX, J.B. & MARTIUS, C.F.P. (1938). *Viagem pelo Brasil*. 4 vol. Rio de Janeiro: Imprensa Nacional [original: 1817-1820].

STADEN, H. (2008). *Duas Viagens ao Brasil*. Belo Horizonte: Itatiaia [original: 1557].

STEWARD, E.G. (2008). *Quantum Mechanics*: Its Early Development and the Road to Entanglement. Londres: Imperial College Press.

STRAYER, J. (1992). *The Albigensian Crusades*. Ann Arbor: University of Michigan Press.

STRIEDTER, G.F. (1997). "The telencephalon of tetrapods in Evolution". In: *Brain, Behavior and Evolution*, n. 49, p. 179-213.

STUURMAN, S. (2000). "François Bernier and the Invention of Racial Classification". In: *History Workshop Journal Issue*, n. 50.

TENNEY, J. (1988). *A history of "consonance" and "dissonance"*. Nova York: Excelsior Music Publishing Co.

TEZZA, C. (2002). "Polifonia e ética". *Revista Cult*, ano VI, n. 59, p. 60-63.

THÉRY, J. (2005). "Innocent III – Le rêve de la théocratie". In: *Le Moyen Âge des hérétiques* – Les collections de L'histoire, n. 26, p. 58-61.

TOLKIEN, J.R.R. (2012). *O Hobbit*. São Paulo: Martins Fontes [original: 1937].

TROJANOWSKI, E. (2014). *Le "nouveau" Front National*: Étude de la nouvelle ligne du parti à travers le discours de Marine Le Pen. Saarbrucken: Editions Universitaires Européennes.

TUNLEY, D. (1978). *Introductory Studies in Tonal Harmony*. Londres: Kalmus.

UEWELLYNG, D.; WONG, S. & ORTEGA, I. (2015). "The Controversy over Pluto: Planet or Astronomic Oddball?" In: *Science Scope*, p. 18-25.

VAUCHEZ, A. (1995). *A Espiritualidade na Idade Média Ocidental*: séculos VIII a XIII. Rio de Janeiro: Zahar [original atualizado: 1994].

VILÀ, C. & WAYNE, R.K. (1999). "Hybridization between wolves and dogs". In: *Conservation Biology*, n. 13, p. 195-198.

VITKINE, A. (2016). *Mein Kampf* – A história do livro. Rio de Janeiro: Nova Fronteira [original: 2009].

WEBERN, A. (2020). *O Caminho para a Música Nova*. São Paulo: EdUSP [original: 1933-1934].

WEIKART, R. (2004). *From Darwin to Hitler*: evolutionary ethics, eugenics, and racism in Germany. Nova York: MacMillan.

WEINTRAUB, D. (2007). *Is Pluto a planet?* – A historical journey through the solar system. Princeton, NJ: Princeton University Press.

WESSEL, C. (1897). *Essair sur la représentation analytique de la direction*. Copenhague/Paris [original: 1798].

WHITE, P. (2003). *Thomas Huxley*: Making the Man of Science. Cambridge: Cambridge University Press.

WHITEN, A. et al. (1999). "Cultures in chimpanzés". In: *Nature*, n. 399, p. 682-685.

WHITTAKER, R.H. (1969). *"New concepts of kingdoms of organisms"*. In: *Science*, n. 163 (3.863), p. 150-160.

WINN, P. (2010). *A revolução chilena*. São Paulo: Unesp [original: 1986].

WISNIK, J.M. (1999). *O som e o sentido* – Uma outra história das músicas. São Paulo: Companhia das Letras [original: 1989].

WOESE, C.R.; BALCH, W.E.; MAGRUM, L.J.; FOX, G.E. & WOLFE, R.S. (1977). "An ancient divergence among the bactéria". In: *Journal of Molecular Evolution*, n. 9 (4), p. 305-311.

WRANGHAM, R. (2010). *Pegando fogo* – Por que cozinhar nos tornou humanos. Rio de Janeiro: Zahar [original: 2009].

YUDELL, M.; ROBERTS, D.; DESALLE, R. & TISHKOFF, S. (2016). "Taking race out of human genetics". *Science*, vol. 351, n. 6.273, p. 564-565.

Índice onomástico

Adams, D. 38

Arendt, H. 106-107, 119, 160-161

Aristóteles 10, 32

Arquimedes 44

Assis (Francisco de) 216-217

Bach, J.S. 139-140, 148

Bakhtin, M. 141-144

Bakunin, M. 78

Barthes, R. 144

Bernier, F. 185

Bobbio, N. 117

Bohr, N. 66

Braque. G. 85

Braudel, F. 112

Brecht, B. 125

Butler, J. 260

Cardano, G. 21

Cavalier-Smith, T. 220

Celestino IV 217

Chaunu, P. 112

Cherfas, J. 122

Childe. G. 112, 113-114

Clausewitz, C. 91

Cohen, L. 6

Constantino I (Imperador) 214

Copeland, H.F. 220

Cristo 55, 72, 80-81, 209-210

Darwin, C. 178, 242, 254-267

Dawkins, R. 122, 236, 239-240, 246, 249

De Broglie, L. 169

Debussy, C. 175

Deleuze, G. 110

Demócrito 184

Dostoiévski, F. 141-142, 145, 272

Duby, G. 215

Eatwell, R. 191

Einstein, A. 23, 61, 224

Eliade, M. 210

Elredge 178

Elster, J. 137

Engels, F. 114

Esopo 137

Euclides 32

Fanelli, G. 78

Fauré, S. 82

Festinger, L. 136

Foucault, M. 146-147, 201

Friedmann, A. 224

Furet, F. 111

Fux, J.J. 256

Fuxi (Imperador) 70

Gândavo, P.M. 148

Gandhi, M. 117

Gauss, C.F. 21, 43, 262

Gobineau, A. 186

Gould, S.J. 179

Grossman, L. 142, 144

Gramsci, E. 115

Gribbin, J. 122

Guardia, F.F. 78

Guattari, F. 110, 111

Haeckel, E. 220

Hegel 170

Heidegger, M. 52

Hennig, W. 219, 255

Hiernaux, J. 188

Hitler 73, 191, 196, 197, 199, 200-201, 264

Hobsbawm, E. 119

Hooker, J.D. 258, 262

Horus 82-89

Hubble, E. 224

Huxley, T. 178, 263

Inocêncio III 213, 216

João XXII 217-218

Kaku, M. 172

Kant, E. 126

Kierkegaard, S. 49, 52

Koellreutter, H.-J. 166, 183

Koselleck. R. 210

Komaróvitch, V. 142

Krause, K.C.F. 207

Le Pen, J.-M. 191, 195

Lemâitre, G. 224

Leibniz, G.W. 70

Lery, J. 148

Leucipo 184

Lineu, C.N. 185-186, 219, 220, 255

Liszt, F. 174

Lucas, G. 206

Lyell, C. 258

Martins IV 217

Marx, K. 114, 116

Mathew, P. 259

Maybon, A. 185

Mayr, E. 122

Mendel, G. 257, 265

Monteverdi, C. 215

Morus, T. 116

Munanga, K. 188

Mussolini, B. 196, 198

Nietzsche, F. 95, 243

Nicolas III 217

Orwell, G. 136

Ouspensky, P.D. 243

Owen, R. 218

Ozouf, M. 111

Pasquino, G. 117, 118

Pattaro, G. 210

Paxton, R. 191

Planck, M. 169, 263

Picasso, P. 85

Platão 37

Pomian, K. 111-112, 121

Proudhon, J. 75-76, 78

Ratzel, F. 264

Ravel, M. 175

Reich, W. 112

Ricoeur, P. 138

Riemann, B. 43-44, 262

Saint-Hilaire, A. 148

Sartre, J.-P. 49-52

Saussure, F. 56

Sautoy, M. 21

Schöenberg, A. 175, 183

Seeley, H. 218

Seurat, G. 173

Sollertinskii, I. 144

Spencer, H. 264

Spix, J.B. 148

Staden, H. 148

Stifel, M. 101

Teodósio I (Imperador) 214

Tolstoi, L. 142

Tutankhamon 83

Vauchez, A. 218

Villa-Lobos, H. 140

Voloshinov, V. 144

Wallace, A. 258-259

Wayne, R.K. 219

Webern, A. 215

Weickart, R. 264

Wells, W. 259

Wilberforce, S. 263

Weil, A. 44

Wessel, C. 21

Whittaker, R. 220

Winn, P. 117

Wisnik, J.M. 215

Woese, C. 220-221

Yudina, M. 144

Zapata, E. 110

Índice remissivo

Abelhas 51

Abstração 38, 237, 241, 253

Acorde (na Música) 151-155

Acorde (na Arte do Perfume) 154, 175

Acorde Conceitual 151-189

Albigense (Cruzada) 213

Algarismo 58

Altura (na música) 177

Anacronismo 21

Anarquismo 55, 58, 70, 74-80

Angústia 47-50, 52

Animismo 205, 207, 208

Annales (Escola dos) 112

Antropologia 184, 188, 271-272

Áreas de saber 19-24

Aritmética 32, 70

Arte 20-21, 85, 242, 244

Árvore conceitual 108, 160

Astronomia 17, 22, 25, 98

Átomo 95, 172, 178, 184

Audição 86, 133

Audição (ampliação da) 138, 215

Autoridade 55, 75

Axioma 21

Ba Gua 63, 69

Baixo (de um acorde) 193

Bakhtin (Círculo de) 143-144

Bíblia 82, 211-212

Biologia 23-24, 25, 29, 218-267

Bipedismo 230, 235

Budismo 208, 214

Catolicismo 202, 213

Célula eucariótica 229, 267

Ciência 10, 224, 265

Ciências Jurídicas 184

Cinema 134, 138, 199

Cladística 219, 255

Classe (biológica) 233-234

Complexidade 32, 60

Compreensão (de um conceito) 10, 27, 40, 96-97, 102-104

Compreensão / Extensão 96-97, 102, 159

Conceito de conceito 8-11, 36, 37, 157-158

Conceitos agrupadores 25-33, 97

Conceitos taxonômicos 35

Conceitos transversais 33-35

Concepção 8

Conjuntos numéricos 30-32, 100-101

Consonância 134-135

Contar 39

Contradição 171

Convergência Evolutiva 232, 233, 251

Conversibilidade (regra da) 118

Cordas 172

Cores 64, 173

Criacionismo 233

Cristianismo 71, 72, 80-82, 202-218

Cro-Magnon (Homem de) 241-242, 253

Cruz 54-55, 80-82, 210-211

Cubismo 85

Culinária 154, 175

Cultura 241-242

Cultura / Natureza 238

Dança 133

Definição (de conceito) 36, 157

Densidade demográfica 23, 96-97

Deriva Genética 265

Design Inteligente 232

Diabolus in Musica 256

Dialética 170

Dialogismo 142-143, 211

Disjunção (entre conceitos) 173

Dissonância 135-138

Dissonância Cognitiva 136-137

Dissonância / Consonância 134, 166

Distopia 199

Ditadura 117

Dodecafonismo 175

Domesticação 113, 239, 244

DNA 187, 226-227

Dualidade 64, 65, 67, 69

Eficácia simbólica 55

Egito antigo 85

Emaranhamento quântico 168

Emblema 109

Encefalização 253

Endotermia 232, 233

Englobamento 172

Enologia 154, 175

Escala (geográfica) 35

Escala (musical) 175, 181

Escolha 50-51

Espaço 35

Essência necessária 9, 18, 82, 192

Essência substancial 10

Estrela 17, 22, 25, 97, 224

Estrutura 111-112

Estrutura (dos conceitos) 158

Estruturação celular 227

Evolução 23, 121-122, 180-181, 227

Evolucionismo social 264

Extensão (de um conceito) 10, 97-98

Extensividade 127, 161

Fala 241

Falibilidade (da ciência) 47, 265

Fascismo 194-195, 198, 200-202

Filo 222, 231

Filosofia 40, 49-52, 157

Finitude (sensação de) 52, 242

Física 23, 44-45, 100, 169, 172, 184, 271

Física Quântica 66, 169

Flexibilidade manual 235, 237-239

Fluxo gênico 222, 265

Fontes dialógicas 145

Fontes Históricas 34, 144

Fontes Históricas Polifônicas 145-149

Força de Trabalho 115

Forma (na Geometria) 35

Formigas 239

Fóssil 228, 241, 253, 266

Franciscanismo 216-218

Frontalidade (Lei da) 85

Führer 196

Função (dos conceitos) 17-19

Funções Harmônicas 166, 183

Generalização 24-33

Genoma 222, 266

Geografia 20, 34, 35, 97, 272

Geometria 32, 35

Globalização 34

Golfinho 38, 240

Golpe de Estado 127

Governo 75

Harmonia 131, 133, 135, 139, 167-168, 182-183

Harmônicos (série dos) 134, 177, 274

Heresia 214-216

História 21-22, 23

Historicidade (dos conceitos) 23-24, 32

Homo erectus 237, 240, 244

Homo floresiensis 245, 248

Homo habilis 113, 179, 236, 237, 240

Homo sapiens 29, 179, 185, 222, 235, 237, 239, 241

Homofonia 139

Humor 242

I Ching 63, 69

Ícone 57, 58

Ideologia 23, 45, 72, 100, 170, 194-195

Igualdade / Desigualdade 171

Imagem 43-44, 54-62, 63

Imagem acústica 56

Imagem conceitual 63-70

Impressionismo 154, 174, 175

Informática 266

Instrumento teórico 9, 11

Instrumentos científicos 37

Instrumentos musicais 140, 242, 244

Intensão (de um conceito) 10-11, 28, 40

Intensidade (das revoluções) 127

Interdisciplinaridade 149, 172, 271

Internet 128, 197

Interpenetração dos contrários 66, 170

Interpenetração (em acordes) 173

Intersecção (conceitual) 173

Intertextualidade 76, 143

Intervalo 76, 153, 174-175, 176-177, 232, 244

Inversão (em acordes) 174

Jornais 145

Letras (área de) 20

Léxico 56

Liberdade 50, 52, 107-108

Libertação 107-108

Linguagem 241

Linguagem simbólica 39, 41-42, 253

Linguagens conceituais 41-44

Linguística 52, 139, 141-144

Livro dos Mortos 83

Maçonaria 78

Matemática 18, 20, 21, 30, 32, 34-35, 42-43, 45, 58, 87, 100-101

Mamífero 233-234

Materialismo Histórico 170, 172

Mediação 81

Melodia 134-135, 139, 151

Metáfora 42, 89-95

Metodologia 34-35

Migração 34

Mito 42, 86, 136

Modernidade 107, 148, 187

Modo de Produção 114, 170

Modulação 144

Monodia 139

Monoteísmo 203, 204, 205

Música 131-133, 134, 163-164

Música (surgimento da) 242

Mutação 179

Narrador 141-142

Nazismo 55, 70-71, 72, 202

Neanderthal (Homem de) 222, 237, 265

Neonazismo 191, 199

Neozapatismo 110

Nota (de um conceito) 28, 65

Notação musical 152-153

Notas Comuns (entre acordes) 180-183

Notas musicais 140-141, 151, 177-178

Novo (sensação de) 106-107

Número 21, 23, 30-32, 35

Número Áureo 43

Número Complexo 21, 30, 31, 43-44

Número Fracionário 32

Número Imaginário 21, 32, 101

Número Irracional 43, 101

Número Negativo 32, 101

Número Positivo 30, 101

Número Primo 43-44, 100, 102

Número Racional 31, 101, 102

Nutrição 227, 228-230

Olfato 86, 88, 154

Olho de Horus 82-89

Onda 168-169

Onisciência 82-84, 86-89

Opressão 108

Ordem (taxonômica) 234

Origem das Espécies 254-264

Osmólogo 167

Ovelhas 51, 243

Paisagem imaginária (na matemática) 43-44

Paladar 86, 167

Palavras comuns 45-47

Partícula 168, 172

Partitura 152

Pauta musical 152-153, 162

Paz 59-60, 68

Perfume 154, 166, 167, 175

Planeta 22, 97, 98

Plutão 22, 98

Poesia Concreta 42

Poliacorde 167, 195

Polifonia 123, 139-142

Polissemia 22-23, 52, 98

Politextualidade 140, 212

Pontilhismo 173

Primata 234

Processos Criminais 146-147

Prova (matemática) 35

Psicologia 20, 49, 135-138

Quantum 169

Química 30, 225

Raça 24, 184-189, 223

Racismo 74, 186-188

Radiação 100

Rapidez Processual (revolução) 112-114, 120-122

Realidade 37

Redes sociais 197, 253

Referente 56

Reino 229

Reino Animal 221-222, 231

Relações partitivas (em conceitos) 172

Relatividade 23, 113, 121

Relatos de Viagem 148

Representação 37

Revolução 26-28, 104-128, 160-163

Revolução Agrícola 28-29, 111-113, 115, 120, 238

Revolução Americana 118

Revolução Burguesa 114, 172

Revolução Chilena 117

Revolução Científica 116, 120

Revolução Comercial 120

Revolução Digital 28, 114, 121-122, 124, 128

Revolução Francesa 26-27, 36, 107, 109, 114, 123, 126

Revolução frustrada 118

Revolução Industrial 28, 115-116, 123

Revolução Iraniana 27

Revolução Mexicana 110, 123

Revolução Russa 27, 109, 123

Revolução Sexual 112, 120

Revolução Socialista 27

Revolução Urbana 28, 112, 113

Ritmo 121

Roda 113

Ruptura 105, 106, 107, 126

Sabores 154

Sapiens (*Homo sapiens*) 29, 222, 235, 237, 239, 240, 245, 253, 265

Sedentarismo 113, 238

Seleção natural 180-181, 248, 254-267

Semiótica 57

Sequência (de acordes) 173, 181-182

Senso de Humor 242

Ser Humano 234-245

Ser Vivo 218-219, 221

Significado 54, 55

Significante 54, 56

Signo 54, 55, 58

Símbolo 55, 71-80

Símbolo conceitual 59-60

Sintaxe 56

Sistema Tonal 165

Sociedade Digital 114

Sociologia 45, 100, 184

Sommelier 167

Suástica 71-72, 73, 193

Substância 30

Sucessão (de acordes) 173

Sujeito coletivo 127

Tambores matemáticos 44

Taoismo 63, 67, 208

Tato 86

Taxonomia 29, 218-219

Telencéfalo 235, 237, 238, 240

Tempo (rápido e lento) 113

Teorema 21, 35

Teoria da Evolução 180-181, 254-267

Teoria da Relatividade 23

Teoria das Cordas 172, 271

Teoria dos Números 30, 32

Teoria Quântica 168-169

Timbre 140, 177

Tonalidade 165, 166

Totalidade (em acordes) 164-165

Totalitarismo 194

Universo 66, 67, 172, 223-224

Utopia 116

Vermelho 57, 73-74

Versalhes (Tratado de) 195

Vertebrado 231, 232, 233

Vida (origem da) 223-224

Vinho 154, 166, 167, 175

Violência 18, 25, 91-92, 106, 109, 115-117, 182-183

Visão 84, 88, 254

Viviparidade 234

Yin Yang 62-69

Índice geral

Sumário, 5

Prefácio, 7

Primeira parte: O reino dos conceitos, 13

1 Conceitos: uma introdução interdisciplinar aos seus principais aspectos, 15

    1.1 Os conceitos e seu lugar na produção do conhecimento científico, 15

    1.2 Características inerentes aos conceitos, 19

    1.3 O potencial de generalização dos conceitos, 24

    1.4 Conceitos transversais, 33

2 Linguagens conceituais, 37

    2.1 Conceito: uma construção abstrata a partir de uma referência concreta, 37

    2.2 Três diferentes linguagens conceituais, 41

    2.3 A expressão de conceitos a partir da linguagem verbal, 44

    2.4 A expressão de conceitos a partir da linguagem simbólico-visual, 53

    2.5 Análise de uma imagem conceitual: o símbolo do *Yin Yang*, 63

    2.6 Duas imagens em confronto: o símbolo do Anarquismo e a suástica do Nazismo, 71

    2.7 Análise de dois símbolos místico-religiosos: a cruz do Cristianismo e o *Olho de Horus*, 80

    2.8 Metáforas conceituais, 89

3 A 'Compreensão' e a 'Extensão' dos conceitos, 96

    3.1 Compreensão e Extensão: duas dimensões complementares, 96

    3.2 O conceito de 'revolução': em busca de compreensão e extensão de um conceito, 104

3.3 A permanente elaboração de um conceito, 110

3.4 Ampliando a experiência: mais um conceito de "revolução", 120

Segunda parte: Harmonia conceitual, 129

4 Uma digressão: a Música como inspiração interdisciplinar, 131

4.1 Como a Música pode ajudar a renovar a teoria, a metodologia e os recursos expressivos de outros saberes, 131

4.2 Dissonância e Consonância: a Música como linguagem geradora de tensões e distensões, 134

4.3 A assimilação do conceito de 'dissonância' em outros campos de saber: o exemplo da Psicologia, 135

4.4 Polifonia: a simultaneidade de diversas vozes musicais em um único discurso, 139

4.5 A apropriação da Polifonia pela Linguística e pela História, 141

5 Acordes conceituais: uma nova possibilidade de conceber os conceitos, 151

5.1 O acorde na linguagem musical e sua reapropriação em outros campos de saber, 151

5.2 Acordes conceituais, 157

5.3 Vantagens de compreender os conceitos como acordes conceituais, 164

6 Algumas análises de acordes conceituais, 190

6.1 O acorde conceitual do Nazismo: análise de um acorde totalitário, 190

6.2 O acorde conceitual do Cristianismo, 202

6.3 Os poliacordes taxonômicos da Biologia, 218

6.4 Teorias que surgem como incontornáveis tramas acórdicas: o evolucionismo de Darwin, 254

Considerações finais, 269

Referências, 275

Índice onomástico, 293

Índice remissivo, 297

LEIA TAMBÉM:

Teoria e formação do historiador

José D'Assunção Barros

Este livro é proposto como um primeiro passo para o estudo da História como campo de saber científico. A obra apresenta-se como um convite para que os seus leitores, em especial os estudantes de História, aprofundem-se posteriormente em obras mais complexas – como é o caso da coleção *Teoria da História*, em cinco volumes, assinada pelo mesmo autor e também publicada pela Editora Vozes.

O texto é particularmente adequado para o ensino de Graduação em História, especialmente em disciplinas ligadas à área de Teoria e Metodologia da História. A obra também apresenta interesse para outros campos de saber, uma vez que discute, em sua parte inicial, o que é Teoria, o que é Metodologia, o que é Ciência, bem como a relatividade do conhecimento científico. Além disso, a sua leitura beneficiará o leitor não acadêmico que deseja compreender o que é realmente a História enquanto campo de saber científico, pois nela são refutadas perspectivas que, embora já superadas entre os historiadores, ainda rondam o imaginário popular sobre o que é História.

José D'Assunção Barros é historiador e professor-adjunto de História na Universidade Federal Rural do Rio de Janeiro (UFRRJ), além de professor-colaborador no Programa de Pós-Graduação em História Comparada da Universidade Federal do Rio de Janeiro (UFRJ). Doutor em História pela Universidade Federal Fluminense (UFF) e graduado em História pela Universidade Federal do Rio de Janeiro (UFRJ), possui ainda graduação em Música (UFRJ), área à qual também se dedica ao lado da pesquisa em História. Além de uma centena de artigos publicados, trinta dos quais em revistas internacionais, publicou diversos livros dedicados à pesquisa historiográfica, à teoria da história e aos grandes temas de interesse dos estudiosos da área.

CULTURAL
- Administração
- Antropologia
- Biografias
- Comunicação
- Dinâmicas e Jogos
- Ecologia e Meio Ambiente
- Educação e Pedagogia
- Filosofia
- História
- Letras e Literatura
- Obras de referência
- Política
- Psicologia
- Saúde e Nutrição
- Serviço Social e Trabalho
- Sociologia

CATEQUÉTICO PASTORAL
Catequese
- Geral
- Crisma
- Primeira Eucaristia

Pastoral
- Geral
- Sacramental
- Familiar
- Social
- Ensino Religioso Escolar

TEOLÓGICO ESPIRITUAL
- Biografias
- Devocionários
- Espiritualidade e Mística
- Espiritualidade Mariana
- Franciscanismo
- Autoconhecimento
- Liturgia
- Obras de referência
- Sagrada Escritura e Livros Apócrifos

Teologia
- Bíblica
- Histórica
- Prática
- Sistemática

REVISTAS
- Concilium
- Estudos Bíblicos
- Grande Sinal
- REB (Revista Eclesiástica Brasileira)

VOZES NOBILIS
Uma linha editorial especial, com importantes autores, alto valor agregado e qualidade superior.

PRODUTOS SAZONAIS
- Folhinha do Sagrado Coração de Jesus
- Calendário de mesa do Sagrado Coração de Jesus
- Agenda do Sagrado Coração de Jesus
- Almanaque Santo Antônio
- Agendinha
- Diário Vozes
- Meditações para o dia a dia
- Encontro diário com Deus
- Guia Litúrgico

VOZES DE BOLSO
Obras clássicas de Ciências Humanas em formato de bolso.

CADASTRE-SE
www.vozes.com.br

EDITORA VOZES LTDA.
Rua Frei Luís, 100 – Centro – Cep 25689-900 – Petrópolis, RJ
Tel.: (24) 2233-9000 – Fax: (24) 2231-4676 – E-mail: vendas@vozes.com.br

UNIDADES NO BRASIL: Belo Horizonte, MG – Brasília, DF – Campinas, SP – Cuiabá, MT
Curitiba, PR – Fortaleza, CE – Goiânia, GO – Juiz de Fora, MG
Manaus, AM – Petrópolis, RJ – Porto Alegre, RS – Recife, PE – Rio de Janeiro, RJ
Salvador, BA – São Paulo, SP